시민단체의 갈등중재 역할

시민단체의 갈등중재 역할

김 영 수 著

KSi 한국학술정보[주]

머리말

　현재 우리 사회가 풀어야 할 중요한 과제들 중의 하나는 사회적 갈등을 합리적으로 조정하여 민주정치 발전을 지속적으로 추구해 나가는 것이라고 생각한다. 그러나 노무현 정부 이전, 사회적으로 중요한 갈등 문제를 해결해야 할 국회나 정부가 그 역할을 다하지 못하고 갈등이 심화되어 가자 시민단체들이 직접 갈등중재에 나서는 특수한 상황이 전개되었다. 이들의 개입에 대하여 긍정적인 평가도 있었지만 여러 측면에서 비판이 가해지기도 하였는데 그 대표적인 것은 시민단체들이 중재역할을 수행하는 과정에서 소수 지도자에 의하여 비민주적 의사결정이 이루어섰다는 지석이다. 이러한 비판적 견해가 나오게 된 원인은 한국에 있어 시민단체의 성장이 시민들의 광범위한 참여보다는 사회 저명인사들 중심으로 이루어졌고, 시민단체 지도자들이 중재과정에서 합의안의 도출여부가 곧 자신들의 능력에 대한 평가라고 판단하여 가능한 한 신속하게 합의를 이끌어 내려고 하였기 때문이다. 그 결과 중재의 효율성은 강조되었지만 갈등당사자들 간의 충분한 의견 수렴과 토론을 통해 해결해야 한다는 갈등관리의 본질은 상당히 훼손되고 말았던 것이다. 또한 조직의 창업기에 있어 치우선 과제는 주변의 저항을 극복하고 새로운 조직의 기틀을 마련하는 것이므로 소수 창업가에 의해 권위주의적인 의사결정구조를 갖게 된다는 이론을 수용할 경우, 시민단체의 중재가 소수 엘리트 중심으로 이루어졌다는 사실은 시민단체 초기의 성장과정에서 필연적으로 나타나는 현상으로 정당화될 수 있을 것이다. 그러나 시민단체의 창업기가 지나고 조직이 서서히 산출물의 질 향상을 추구해야하는 수성기(守成期)로 접어든 오늘날에 있어서는 시민단체의 역할이나 운영이 보다 합리성과 민주성을 추구하는 방향으로 변화되어야한다고 생각한다. 과거 우리의 시민단체들은 권위주의 정권과의 투쟁 속에서 민주화에 커다란 공헌을 해왔던 것이 사실이지만 타도의 대상이었던 독재정권 대신, 민주화된 정부가 들어선 오늘날에 있어서는 시민단체들도 과거와는 다른 방식으로 시민단체의 운영이 이루어져야 한다고 보기 때문이다.

본 연구는 사회적 갈등을 해결하는데 있어 주된 행위자인 정부의 갈등조정 메커니즘이 그 한계를 드러낼 경우, 이를 보완해줄 수 있는 대안은 공익을 추구하는 시민단체임을 전제하에 세 가지 사례들을 중심으로 과거 시민단체들이 중재과정에서 수행한 역할을 분석하였다. 그리고 시민단체들의 바람직한 발전방향 제시를 위해 다음과 같은 점들을 규명해 보고자 하였다.

첫째, 세 가지 사례를 통한 시민단체의 중재활동을 분석함으로써 시민단체들의 중재의 유용성과 문제점이 무엇이었는지를 살펴보며 이를 통해 과연 시민단체가 정부를 대신하여 효율적인 중재를 할 능력이 있는지, 혹은 시민단체가 중재를 하는데 있어 한계는 무엇인지를 규명하고자 하였다.

둘째, 갈등문제의 성격과 관련하여 어떤 성격을 가진 갈등문제에서 시민단체의 중재가 성공할 가능성이 높은 것인지를 분석하고, 또한 중재가 실패할 가능성이 높다면 시민단체는 중재역할 이외에 어떠한 역할을 하는 것이 갈등해결을 위해 도움이 될 것인지를 규명하고자 하였다.

셋째, 이러한 분석을 통해 시민단체의 중재가 일정한 영역에서 효율성을 가질 가능성이 있다면 시민단체의 중재에 있어 어떠한 점을 개선하고 보강하여야 할 것인지를 제시함으로써 시민단체들의 갈등관리역량을 강화시키는데 도움을 주고자 하였다.

이 책은 기본적으로 박사학위논문을 토대로 구성된 책으로 수정과 가필을 하는데 한계가 있었다. 본 연구를 기초로 하여 사회적으로 중요한 갈등을 해결하는데 도움이 될 우리 실정에 부합한 모형을 개발하는 것이 앞으로 저자에게 주어진 과제라고 생각한다.

　이 책이 나오기까지에는 많은 분들의 격려와 지원이 있었다. 서울대 행정대학원 석사과정부터 지금까지 학자로서의 길을 걷는데 모범을 보여 주신 오석홍 교수님, 논문지도교수 김준기 교수님, 정용덕, 이달곤, 권해수, 홍준형 교수님들께 감사드린다. 그리고 이 책의 출간을 흔쾌히 맡아주신 한국학술정보(주) 채종준 사장님, 황명현 팀장님, 어머님, 동생 의숙, 영훈이, 안기환 판사, 임철민 사장, 이정근 박사에게도 지면을 통해 감사드린다. 그리고 이 많은 분들의 협조에 보답하는 길은 앞으로 이 분야 연구에 더욱 정진하는 것이라 스스로 다심해본다.

　　　　　　　　　　　　　　　　　　　　2004년　여름
　　　　　　　　　　　　　　　　　　　남산이　보이는　연구실에서
　　　　　　　　　　　　　　　　　　　　김 성 수　씀

목 차

제1장 서 론

제1절 연구목적 ……………………………………………………… 15

제2절 연구의 범위 ………………………………………………… 19

제3절 연구방법 …………………………………………………… 22

제2장 시민단체의 역할에 관한 이론

제1절 시민단체의 공익적 역할 ………………………………… 27

  1. 시민단체의 정의　27

  2. 시민단체의 형성에 관한 이론　30

    1) 시장실패・정부실패(Market Failure・Government Failure)이론　30

    2) 계약실패이론(Contract Failure Theory)　30

  3. 시민단체의 특성　31

    1) 시민단체 고유의 특성　31

    2) 정부와 시민단체의 관계변화에서 본 시민단체의 특성　36

  4. 시민단체의 역할에 관한 선행연구의 검토　40

    1) 시민단체의 일반적 역할에 관한 선행연구　41

    2) 갈등관리역할을 포함시킨 선행연구　45

  5. 시민단체의 역할과 유형화　47

    1) 시민단체의 역할　47

    2) 시민단체 역할의 유형화　50

제2절 시민단체의 갈등관리역할 ·· 52

   1. 갈등관리의 정의　52

   2. 갈등관리전략　56

      1) 갈등에 대한 두 가지 관점　56

      2) 갈등관리전략의 유형　58

      3) 본 연구에 있어서의 갈등관리전략　60

   3. 정부의 갈등관리역할의 한계　63

   4. 시민단체의 갈등관리 역할　69

제3장 시민단체의 갈등중재의 성공요인

제1절 갈등중재의 성공요인 분석 ·· 71

   1. 선행 연구의 검토　74

   2. 요　약　82

제2절 갈등중재의 평가기준 ·· 85

   1. 사회적 정당성　85

      1) 사회적 정당성의 정의　85

      2) 갈등의 잠재성과 정부개입의 가능성　87

      3) 사회적 정당성의 측정　95

   2. 신뢰성　96

      1) 신뢰성의 정의　97

      2) 신뢰성의 세 가지 관점　100

      3) 신뢰성의 측정　102

      4) 측정방법　106

   3. 전문성　106

      1) 전문성의 정의　107

      2) 전문성의 측정　112

　　4. 자율성　　113

　　　　1) 자율성의 정의　113

　　　　2) 자율성과 중립성, 공정성과의 관계　115

　　　　3) 자율성의 측정　118

제3절 분석틀의 제시 ··· 120

제4장 사례분석

제1절 한약분쟁사례 ··· 123

　　1. 사례의 개요와 특성　　123

　　　　1) 사례의 개요　123

　　　　2) 갈등문제의 특성　133

　　2. 분석틀의 적용　　138

　　　　1) 사회적 정당성　138

　　　　2) 신뢰성　145

　　　　3) 전문성　152

　　　　4) 자율성　170

　　3. 소　결　　176

제2절 의약분업사례 ··· 182

　　1. 사례의 개요와 특성　　182

　　　　1) 사례의 개요　182

　　　　2) 갈등문제의 특성　196

　　2. 분석틀의 적용　　198

　　　　1) 사회적 정당성　199

　　　　2) 신뢰성　205

　　　　3) 전문성　211

　　　4) 자율성　216

　3. 소　결　　232

제3절 김포매립지 사례 ··· 239

　　1. 사례의 개요와 특성　　239

　　　1) 사례의 개요　239

　　　2) 갈등문제의 특성　244

　　2. 분석틀의 적용　　246

　　　1) 사회적 정당성　247

　　　2) 신뢰성　251

　　　3) 전문성　254

　　　4) 자율성　259

　　3. 소　결　　264

제4절 종합적 논의 ··· 268

　　1. 평가기준에 의한 사례의 비교분석　　268

　　　1) 사회적 정당성에 의한 비교분석　269

　　　2) 신뢰성에 의한 비교분석　270

　　　3) 전문성에 의한 비교분석　271

　　　4) 자율성에 의한 비교분석　271

　　2. 갈등문제의 특성에 의한 사례의 비교분석　　274

　　3. 시민단체의 중재역할에 관한 사례의 비교분석　　275

　　　1) 시민단체의 중재역할과 정부와의 관계　275

　　　2) 시민단체 중재역할의 효과　277

　　　3) 시민단체 중재역할의 한계　279

제5장 결　론

제1절 연구의 요약 ……………………………………………… 283

제2절 이론적 시사점 …………………………………………… 291

제3절 정책적 시사점 …………………………………………… 295

제4절 연구의 한계 ……………………………………………… 299

〈 참고문헌 〉 ……………………………………………… 301

〈 표 목차 〉

〈표 2-1〉 정부와 시민단체의 특성 비교 ·················· 35
〈표 3-1〉 갈등관리요건에 대한 선행연구 종합 ·················· 84
〈표 3-2〉 각 사례들의 정책유형 ·················· 94
〈표 3-3〉 신뢰성의 세 가지 관점 ·················· 102
〈표 3-4〉 평가기준과 측정내용 ·················· 122
〈표 4-1〉 한약분쟁사례의 평가기준과 측정내용 ·················· 181
〈표 4-2〉 1999년 5월~8월 표제행위 주체의 신문사별 비교 ········ 219
〈표 4-3〉 1999년 11월~2000년 2월 표제행위 주체의 ·················· 223
〈표 4-4〉 2000년 6월~9월까지 표제행위 주체의 신문사별 비교·230
〈표 4-5〉 의약분업사례의 평가기준과 측정내용 ·················· 238
〈표 4-6〉 주요 지원책 내역 ·················· 256
〈표 4-7〉 김포매립지 사례의 평가기준과 측정내용 ·················· 267
〈표 4-8〉 각 사례별 비교분석 ·················· 273

〈 그림 목차 〉

〈그림 2-1〉 갈등관리 유형 ·················· 62
〈그림 3-1〉 본 연구의 분석틀 ·················· 120

제1장 서 론

제1절 연구목적

인류 역사는 많은 대립과 갈등 속에서 발전과 후퇴를 거듭해오고 있으며, 기존질서 속에서 갈등의 잉태는 더 나은 발전을 가져올 새로운 개혁의 계기를 마련하고 사회를 발전시켜나가는 원동력을 제공하게 된다. 여기서 갈등은 정(正), 반(反)으로 대립된 당사자들을 합(合)으로 인도함으로써 한층 더 높은 상태로 발전시킬 수 있는 계기를 제공할 수 있지만 우리의 경우에 있어서는 갈등현상이 사회 전체를 분열상태로 몰아가고 있으며, 갈등의 조정역할을 수행하여야 할 정치부문은 갈등을 자신들의 정치적 이해관계에 유리하게 이용함으로써 갈등현상을 오히려 증폭시키고 있는 상황이다. 1987년 6·29선언 이후 문민정부의 출현과 함께 더욱 급격히 분출되고 있는 사회 전반에 걸친 갈등을 관리하는데 있어, 1차적인 책임이 있는 정부는 오히려 뒤로 물러나 수수방관하고 있는 상황이 계속되고 있다. 즉, 갈등을 조정하고 제어해야할 책임이 있는 정부가 사회적 쟁점에 대한 명확한 해결책을 제시하지도 못할 뿐더러 다른 부분에 책임을 전가하거나 갈등을 지연시킴으로써 국민들로 하여금 정부의 문제해결 능력을 의심케 하고 정부 권위에 대한 회의와 불신을 증대시키고 있는 것이다. 이와 같이 정부가 갈등관리자로서의 역할을 충분히 수행하지 못했던 원인으로는 다음과 같은 점들을 지적할 수 있다.

첫째, 민주화의 역사가 일천하여 갈등을 합리적으로 해결하는데 필요한 갈등관리 시스템이 마련되지 못했다는 점이다. 지난 반세기 동안 우리 사회는 양적·질적으로 사회 각 부문에 걸쳐 매우 빠르고 격렬한 변화를 거듭해 왔으며, 그 이면에는 경제 성장 중심의 발전행정론의 국가운영 논리가 크게 작동하였다. 따라서 그동안 권위주의적인 정권에 의해 지배기구로서의 국가조직을 형성하는 과정이 사회구성원의 동의와는 상관없이, 위로부터 강압적으로 이루어지게 됨으로써 국가의 정당성이 훼손되었고, 군부정권은 자신들의 아킬레스건(腱)인 정당성에 대한 취약점을 비약적인 경제성장을 통해 만회하려고 하였다. 이러한 강제력을 바탕으로 갈등은 억압된 혹은 잠재된 형태로서 진행되어 왔으며, 갈등이 발생한다고 하더라도 국가권력으로 충분히 제압할 수 있었기 때문에 갈등의 조정을 위한 합의된 규칙이나 제도 마련에 대한 요구는 불필요한 것으로 인식되었다. 즉, 당시의 군사문화가 정부뿐만 아니라 사회 각 계각층에까지 스며들어 일방적인 명령위주의 사회가 형성되었고, 대등한 인간관계의 토대 위에서 대화를 통한 타협의 과정을 경험하지 못한 상태에서 민주화를 맞게 된 것이다. 그러나 6·29선언을 계기로 그동안 억압되고 있었던 갈등들이 급격하게 표출되기 시작하였고, 정부는 종전의 갈등관리의 방법과 자세에 대한 변화 없이 대처하려고 하여 문제가 발생하였던 것이다. 즉, 적극적인 정부의 조정제도나 전문가의 중재와 같은 해소 장치를 정착시키지 못한 상황에서 갈등당사자간의 협상을 통한 자율적 해결에 맡겨둔 후 여의치 않을 경우, 마지막 단계에서 공권력을 투입하는 방법이 민주화 이후에도 계속적으로 이루어져 국민들로 하여금 정부에 대한 불신감의 증대와 함께 적개심의 증대까지도 가져오게 되었다.

둘째, 1990년대 이후 행정의 변화로 시민단체들의 영향력이 증대되어 가는 반면 정부의 영향력은 줄어들기 시작한 데에서도 그 원인을 찾을 수 있다. 1980년대 초, 영국의 대처 내각과 미국의 레이건 행정부에 의해 시작된 '작은 정부'운동은 신공공관리론(New Public Management)

이라 칭해지는데, 이는 경쟁원리의 도입과 관리의 자율성 강화로 기업가적 정부운영을 시도하려는 것이었다. 이 운동은 정부정책의 실패에 대한 국민 불신이 높았던 우리나라에서도 문민정부의 행정개혁의 원리로서 작동되기 시작하였다. 또한 국정관리(governance)와 제3자 정부론 등은 정책결정이나 집행과정에 다양한 주체의 참여를 강조하였으며(정정길, 2001, 김준기, 2001), 이 과정에서 시민단체는 중요한 정책의 참여자로 등장하게 되었던 것이다. 특히 국민의 높은 신뢰를 받지 못하고 있었던 정부는 시민단체들을 정부위원회의 위원으로 참여시켜 정책의 정당성을 확보하려 하였고, 경우에 따라서는 정부가 해결하기 힘든 갈등의 중재 역할까지도 시민단체들에 떠넘겼던 것이다. 정부가 시민단체들을 전략적으로 이용하려는 시도(김준기, 2001)들은 결과적으로 정부에게 부여된 역할을 스스로 소홀히 하게 하는 원인으로 작용하였다.

이와 같이 정부가 갈등해결의 역할과 책임을 다하지 못하고 있을 때 대안으로 지적할 수 있는 부분이 바로 국회나 정당, 언론기관 등이라 할 수 있다. 그러나 한국의 국회와 정당은 국민들의 요구들을 제대로 국정에 반영하지 못하고 소아적(小兒的)인 정권욕에 사로잡혀 비효율적인 정쟁을 일삼고 있었다. 그리고 언론 역시 사회적으로 중요한 갈등을 해결하는 과정에서 공개적인 토론을 통해 해결되는 장(場)을 마련하지 못하고 있는 상황에서, 갈등조정을 위한 우리 사회의 마지막 대안으로 바로 시민단체가 대두되었고,[1] 실제로 중재자로서의 역할을 수행하기도 하였던 것이다. 그러나 시민단체들의 이러한 중재 활동은 책임성 부족과 협상능력을 비롯한 전문성의 부족, 시민단체내의 의사결정의 비민주성 등으로 인해 비판을 받게 되었다.

---

1) 강력한 국가 및 시장기제에 의해 억압되었던 시민사회는 역설적으로 잠재적 형성기를 거쳐 양 기제를 제어할 수 있는 제3의 영역으로 성장하게 되었으며 한국의 시민사회의 과제는 약화된 공권력의 위상을 대신할 수 있는 공개념 구축에 있으며 향후 비정부조직(NGO) 및 비영리조직(NPO)의 역할이 더 커질 전망이라는 견해가 있다(김선빈, 2001).

본 연구는 점차 개인의 권리와 다양성이 강조되어 감에 따라 증가될 사회적 갈등을 해결하는데 있어[2] 주된 행위자인 정부의 갈등조정 메커니즘이 그 한계를 드러낼 경우, 이를 보완해줄 수 있는 대안은 공익을 추구하는 시민단체임을 전제하고, 시민단체가 중재 역할을 담당했던 세 가지 사례들에 대한 분석을 통하여 다음과 같은 점들을 규명해 보고자 한다.

첫째, 세 가지 사례를 통한 시민단체의 중재활동을 분석함으로써 시민단체에 의한 중재의 유용성과 문제점을 살펴보고자 한다. 그리고 세 가지 사례를 통해 시민단체가 정부를 대신하여 효율적인 중재를 할 능력이 있는지, 혹은 시민단체의 중재가 바람직한 것인지, 시민단체가 중재를 하는데 있어 한계는 무엇인지를 규명하고자 한다.

둘째, 갈등문제의 성격과 관련하여 어떤 성격을 가진 갈등문제에서 시민단체의 중재가 성공할 가능성이 높은 것인지를 분석하고, 또한 중재가 실패할 가능성이 높은 갈등문제라면 시민단체는 중재 역할 이외에 어떠한 갈등관리역할을 하는 것이 갈등해결을 위해 도움이 될 것인지를 밝히고자 한다.

셋째, 갈등중재의 성공요인을 제시하고, 이 기준에 비추어 세 가지 사례에서 나타난 시민단체들의 실제 중재 활동을 분석함으로써, 앞으로 시민단체가 어떠한 점을 개선하고 보강하여야 할 것인지를 제시하고자 한다.[3] 이는 시민단체들의 갈등관리역량을 강화시키는데 도움을 주고자

---

2) 정보화의 물결 속에서 사회체제의 분화와 다양화가 이루어지고, 정보와 지식이 키워드가 된 지식기반경제(knowledge-based economy)의 확산과 디지털 격차(digital divide) 등으로 여러 방면에서 갈등의 증가가 예상되는데 행정학 분야에서도 이와 같은 갈등관리문제에 대한 활발한 논의가 이루어져야 할 것이라고 생각한다.

3) 시민단체들의 중재가 실패한 것은 시민단체 자체의 특성에도 원인이 있을 수 있지만, 시민단체들이 중재과정에서 준수하여야 할 요건들을 소홀히 한 점에서도 그 원인을 찾을 수 있다. 따라서 시민단체들이 중재자로서의 역할을 수행하는데 있어 선행연구들에서 제시되고 있는 성공적(효율적)인 갈등중재를 위한 기준들을 설정하고, 이러한 기준에 비추어 시민단체들이 중재역할을 어떻게 수행하였

할 뿐만 아니라 21세기, 새로운 전환기에 서있는 한국의 시민단체들의 지속적인 발전을 위해 참고할 수 있는 하나의 대안이 되었으면 하는 바람이기도 하다.

제2절 연구의 범위

시민단체의 공익적 역할에 대해서는 학자들에 따라 다소 차이는 있지만, 권력에 대한 견제역할, 서비스 공급 역할, 갈등조정역할, 민주시민교육 역할(박동서, 2000), 혹은 공공서비스 제공의 역할, 국가권력과 경제 권력에 대한 견제역할, 공공가치의 학습과 보전역할, 사회적 안전과 통합의 역할(박상필, 2001) 등이 제시되고 있으며, 앞서 언급한 바와 마찬가지로 본 연구는 이러한 시민단체의 여러 역할들 중에서도 갈등중재 역할을 중심으로 분석하고자 한다. 다만, 사례에서도 나타나듯이 갈등문제의 특성에 따라 시민단체의 공익적 역할이 달라질 수 있는데 시민단체의 역할들 중에서 1차적으로 갈등중재의 역할을 중심으로 보되, 부차적으로 중재와 관련된 공익적 역할들에 대해서도 분석의 시각을 넓힘으로써 사례들에서 나타난 시민단체의 기여점이 무엇인지를 규명하고자 한다.

둘째로, 본 연구에서 다루고자 하는 갈등관리의 유형은 제3자에 의한 중재이다. 갈등관리의 유형은 갈등당사자간의 직접적인 협상(bargaining)과 정부를 포함한 제3자에 의한 중재(mediation)의 두 가지로 크게 나눌 수 있다(안광일, 1994). 즉, 갈등문제가 제기되면, 우선 갈등당사자들 간의 협상이 이루어지게 되는데 이러한 협상을 통한 자발적 해결이 이루어

는가를 평가하고 분석함으로써 시사되는 점들을 토대로 시민단체들의 갈등중재 역량의 강화방안을 모색하고자 하는데 또 하나의 연구목적이 있는 것이다.

지지 못할 경우, 중립적인 제3자의 중재에 들어가게 된다(김기홍, 2002: 209). 본 연구에서는 자발적인 협상을 통해 갈등이 해결되는 경우는 분석 범위에서 제외하기로 하고, 갈등당사자들 간의 직접적인 협상으로 해결이 어려워 제3자의 개입이 이루어지는 경우만을 분석하기로 한다.

셋째, 성공적인 중재에 대한 본 연구의 기본입장은 성공적(효율적)인 중재란 갈등당사자 모두가 수용할 수 있고 해결책이 지속적이며, 당사자들의 관계가 갈등 전보다 더 긍정적인 관계로 발전된 상태를 의미하는 것으로 본다. 이외에도 중재과정이 반드시 민주적인 절차에 따라 이루어져야 되는 요건을 포함한다. 따라서 제3자의 중재로 합의안이 도출되더라도 민주적 절차를 거치지 않은 경우에는 중재는 실패한 것으로 본다.

넷째, 본 연구에서 다룰 시민단체의 범위는 한약분쟁사례에서는 경제정의실천시민연합(경실련), 의약분업사례의 경우에는 경실련, 참여연대, YMCA, 녹색소비자연대, 한국소비자연맹 등 5개 시민단체, 김포매립지 사례에서는 장원 교수가 소속되었던 배달환경연구소로 규정한다.

다섯째, 시민단체의 갈등중재를 중심으로 한 공익적 역할을 설명하는 사례로서 한약분쟁, 의약분업, 김포매립지의 3가지 사례로 한정하였는데, 이러한 사례를 선정하게 된 이유는 다음과 같다.

우선, 한약분쟁과 의약분업, 김포매립지 사례는 시민단체가 중재를 통해 합의안을 이끌어낸 경우에 해당되는 것으로 본 연구의 목적과 관련, 적합한 사례라고 생각하였다. 이외에도 동강댐이나 새만금사업도 검토하였으나, 이 사례들은 두 갈등당사자 간의 분쟁에 시민단체가 중재하여 합의안을 도출해낸 것이 아니라 시민단체 스스로가 갈등당사자의 한 축으로 활동하였기 때문에 분석대상에서 제외하였다. 또한 한약분쟁과 김포매립지 사례가 가지고 있는 특징들 중의 하나는 두 사례가 시민단체 지도자(leader)의 개인적 동기와 역할이 두드러졌다는 것이며, 김포매립지 사례의 경우 시민단체의 초기 성장과 관련하여 기업가정신을 갖는 지도자의 역할이 중요하다는 점을 지적할 수 있다. 다음으로 서로 유사한 유형의 사례들을 비교하는 것이 갈등중재자로서의 시민단체 역할을 분명하게 나타낼 수 있다고 보아 직능집단간의 이익갈등의 성격을 띠고 있는 경우인 한약분쟁과 의약분업사례를 선정하였으며, 환경문제를 둘러싼 갈등사례로서 비교적 성공적인 사례로 꼽히는 김포매립지 사례를 선정하였다.4)

여섯째, 정책유형의 분석과 관련하여 정책들 중에는 규제정책과 같이 필연적으로 갈등이 생길 수밖에 없는 유형의 정책(Lowi, 1964)이 있고, 이러한 갈등이 생겼을 때 정부가 기능하면 개입하지 않으려는 유형의 정책이 있는데(Wilson, 1986), 본 사례들은 모두 이 두 유형에 해당되는 것으로 시민단체의 중재역할이 더욱 중요한 비중을 차지하게 된다고 생각되어 사례로 선정하였다.

끝으로 사례들 중에서 김포매립지 사례의 경우는 종결된 경우이지만, 한약분쟁5)과 의약분업사례의 경우는 아직도 진행 중인 사례로 연구에 있어 분석의 시간적 범위가 문제된다. 이러한 사건의 전개에 대한 분석을 위해서는 동태적인 분석이 필요하지만, 분석의 편의를 위해서 연구의 시간적 범위를 다음과 같이 제한하였다. 한약분쟁의 경우는 약사법 시행규칙 개정안 입법예고가 있었던 1993년 1월 30일부터 약사법 개정안이 국회를 통과한 1993년 12월 17일까지를 시간적 범위로 하였으며, 의약분업

---

4) 김포매립지 사례를 시민단체에 의한 성공적인 사례를 보는 견해는 이수장 (1996), 이수장, 박영숙(2001) 등이다.
5) '약대 6년제 안'을 놓고 약사와 한의사들이 맞서 '제2의 한약분쟁'으로 이어질 조짐을 보이고 있다(조선일보, 2002. 12. 3), '약대 6년제 안'은 1995년 보건복지부가 한약분쟁의 해결책으로 내놓은 '한의학 종합발전대책' 중 한 항목이었는데, 그동안 6년제를 하겠다는 약대가 없어 지지부진해오다, 2000년 말 의약분업 후 설립된 대통령자문기구인 '약사제도개선 및 보건산업발전특별위원회'에서 '약대 6년제 안'을 의결함으로써 쟁점화 되었다. 한의사회 측은 "약사들이 한약 조제권을 가져가려는 음모"라는 성명을 발표하며 저지에 나섰는데 반해 약사회는 "의약분업으로 임상약학 교육을 강화할 필요성이 생겼고, 선진 외국도 대부분 약대의 수업연한이 5~6년제"라는 주장으로 맞서고 있다.

의 경우는 복지부가 의약분업추진을 위해 의약분업추진위원회를 구성한
1998년 5월부터 의·약정 합의를 통한 약사법 개정안이 국회를 통과한
2002년 2월 28일까지, 김포매립지 사례의 경우는 1992년 4월 11일, 정부
의 일방적인 산업폐기물 반입결정이 있었던 날로부터, 협약서 체결로 갈
등이 종료된 1993년 5월 14일까지를 시간적 범위로 하였다.

제3절 연구방법

본 연구는 시민단체의 공익적 역할들 중 갈등중재 과정에서의 역할을
중심으로 보되, 기본 전제는 갈등을 해결하는데 있어 1차적인 책임자는
갈등을 다루게 되는 주무 부서를 중심으로 한 정부라고 보았다. 물론
선진국의 경우 사회적으로 중요한 갈등에 대해서는 국민의 대표기관인
의회가 해결하는 것이 일반적이다. 그러나 우리나라의 경우 행정부가
국가발전의 견인차 역할을 한 역사적 경험 등으로 인해 국회는 갈등관
리의 중요한 역할을 하지 못하고 있는 실정이어서 실제로 갈등관리역할
을 담당하고 있는 것은 주무 부서를 중심으로 한 행정부라 할 수 있다.
즉, 갈등관리의 주된 책임자인 정부의 갈등조정 메커니즘이 한계를 드
러낼 경우, 이를 보완해줄 수 있는 대안은 공익을 추구하는 시민단체라
고 보고, 그동안 시민단체들이 중재한 세 가지 사례들에 대한 분석을
통하여 연구목적에서 제시한 문제들을 규명하고자 하였다. 그리고 시민
단체들의 중재가 실패한 경우도 있었는데 시민단체들이 중재에 실패한
이유들 중의 하나는 성공적인 중재를 위해 지켜야할 원칙들이 제대로
준수되지 않았음에도 그 원인이 있다고 보았다. 이를 분석하려는 렌즈
로 성공적인 갈등해결을 위해 갈등관리자에게 필요한 네 가지 변수들,

사회적 정당성과 신뢰성, 전문성, 자율성을 제시하고, 이를 측정하기 위한 하위변수들을 채택하였다. 이를 근거로 세 사례를 분석함으로써 중재과정에서 나타나는 문제점들을 규명하고, 그에 대한 정책적인 시사점을 제시하고자 하였는데 이는 결국 시민단체들의 갈등중재역량을 강화시키고, 나아가 전환기에 있는 시민단체들의 지속적인 발전에 도움이 될 수 있으리라 생각된다.

본 연구는 성공적인 갈등해결을 위하여 중재자에게 필요한 네 가지 변수들과 하위변수들을 규명하는 연구와 이를 세 가지 사례에 적용시켜 분석하는 연구로 나누어지는데, 두 번째 연구에서는 사례연구의 방법을 택하게 된다. 이러한 사례연구에 대해서는 과학적 일반화의 기초를 제공해주지 못하고 정밀성이 부족하다는 비판이 제기되고 있으나, 시민단체의 특성을 구체적으로 설명하고 특정한 사례들의 동태적인 분석을 위해서는 이 방법이 필수적이라고 생각된다(김렬, 1995). 특히 시민단체들의 중재활동에 관한 자료들은 거의 정리되어 있지 않고 있으며, 시민단체들의 대외적 이미지 때문인지 홍보용 자료는 많을 뿐, 실패한 부분에 관한 자료들은 찾기가 어려운 현실을 감안, 이러한 환경 속에서 구체적인 사례들에 대한 분석을 위해서는 사례에 대한 심층연구가 가능한 사례연구 방법이 효율적이라고 생각되었다. 다만, 사례연구의 일반화가 어렵다는 한계를 어느 정도 보완하기 위한 노력으로 세 개의 사례를 분석, 비교하였다. 사례분석에서 특히 의약분업의 경우는 아직도 진행 중인 사례여서 결론을 내리는 데에는 한계가 있으나 분석의 편의상 분석 시기를 한정하였다. 또한 진행 중인 사례이기 때문에 분석이 충분하지는 못하다는 결점이 있지만, 객관성을 확보하기 위하여 선행연구들 이외에 실무자들과의 면접조사로 연구의 한계를 보완하는 노력을 하였다.

본 연구에서 제시한 평가기준들 중에서 사회적 정당성이 제3자로서의 시민단체가 중재과정에 개입한데 대한 평가라고 한다면, 신뢰성이나 전문성, 자율성의 평가기준들은 중재과정 자체에 대한 평가라고 할 수 있을 것이다. 따라서 사회적 정당성은 시민단체가 중재자로서 개입하는 그 시기만을 평가하게 되므로 동태적인(dynamic) 분석이 중요하지 않고, 전문성도 중재기간 중 큰 변화가 일어날 가능성이 적으므로 동태적인 분석에서는 제외하기로 한다. 반면, 신뢰성과 자율성들은 각 사례들이 전개되어 가는 과정 속에서 시민단체가 중재활동을 하는 것을 분석대상으로 함으로 시간이라는 요소가 개재된 동태적인 분석이 필요하다고 생각된다. 신뢰성과 자율성의 경우에 있어서도 사례분석에서 현저한 변화를 보인 경우만을 다루기로 하며, 미미한 변화가 있었던 경우는 제외하기로 하였다.6)

본 연구의 자료수집방법으로 우선 문헌조사를 통해 각 사례들의 갈등의 원인과 성격, 사례의 진행과정, 시민단체의 중재역할 등에 관한 정확한 이해를 하고자 하였다. 문헌조사는 각 사례들에 대해 직·간접적으로 관련 있는 단행본들과 학위 논문들, 연구보고서, 정부 관련 자료, 공문서, 유인물, 회의자료, 기관내부자료, 언론 보도, 인터넷상의 각종 정보들을 참고하였으며, 하나의 갈등사례를 서로 상이하게 언급하고 있는 경우와 문헌조사만으로는 사례의 본질을 파악하기 어려운 경우에는 사례들과 관련하여 활동을 한 당시 시민단체들의 핵심 인사들과의 면접조사를 통해 문헌조사의 한계를 보완하였다. 그리고 보다 정확한 분석을 위해서는 갈등당사자들에 대한 설문조사와 같은 통계조사가 병행되어야겠지만, 한약분쟁이나 김포매립지 사례의 경우처럼 10년 가까이 된 사례의 경우, 실무자와의 접촉도 용이하지 않았고, 상당수 주민들의 이주와 대상 집단의 연령 변화 등으로 인한 표본추출의 어려움 등으로 당시

---

6) 신뢰성의 변화가 있었던 것은 의약분업과 김포매립지의 두 가지 사례를 통해 알수 있었는데 의약분업사례에서는 의사협회의 시민단체에 대한 신뢰성이 서서히 낮아지는 이유를 의약분업사례 중, 신뢰성 부분에서 언급하였고, 김포매립지 사례에서는 장원 교수에 대한 주민들의 신뢰성이 서서히 높아져 가는 것을 신뢰성 부분에서 지적하였다. 또한 자율성 측면에서는 의약분업사례의 경우 언론으로부터 시민단체의 자율성이 영향을 받은 사실이 확인되었다.

의 설문조사 결과를 인용하거나 이러한 자료가 없을 경우에는 사례들에
대한 선행연구들로 대신하였는데 이들 선행연구들에 대한 중요한 사실
확인은 시민단체들의 관련자와의 면접조사를 통해 확인하여 연구의 한
계를 보완하고자 하였다. 이외에도 자료를 분석하는 방법으로는 의약분
업사례 등에서 언론의 변화에 따른 시민단체의 태도변화를 파악하기 위
해 기사검색을 하였다. 즉, 주요 일간지들을 검색하였는데, 주로 표제의
행위주체에 관한 분석을 하였으며 의약분업 이외의 다른 사례들도 전체
사례의 흐름을 파악하기 위해 기사검색을 통한 분석을 하였다. 그리고
시민단체가 개별사례들에서 밑있던 갈등중재역힐들을 분석하기 위해 선
행연구에서 가장 많이 언급된 요소가 무엇인지를 찾아내어 이를 기준으
로 성공적인 갈등관리요건들을 도출하였으며 이러한 요건들을 측정변수
로 하고 실제 사례에 적용시켜 분석하기 위하여 다시 하위변수들을 선
정하여 분석틀의 평가기준으로 구성하였다. 그리고 이 기준을 세 사례
들에 직접 적용시키는 방법을 택하였다. 이와 같은 과정을 통한 세 가
지 사례들에 대한 최종적인 분석결과는 제4장 제4절에서 〈표 4-8〉로
정리하였다.

제2장 시민단체의 역할에 관한 이론

제1절 시민단체의 공익적 역할

시민단체의 역할을 파악하기 위해서는 시민단체의 정의와 특성에 대하여 살펴볼 필요가 있다. 먼저 시민단체를 정의하고, 시민단체가 민간기업과 정부와 다른 특징을 지적하기로 한다. 또한 한국의 시민단체의 특성을 파악하기 위해서는 정부와 시민단체와의 관계변화를 주시할 필요가 있다.

1. 시민단체의 정의

시민단체(CSO: Civil Society Organization)란 비정부·비영리적이면서 자발적으로 형성된 조직으로서 사회변화를 의도하고 있는 조직(권해수, 1999: 147), 혹은 추구하는 목표가 사회 구성원 모두의 공공이익과 관련된 공공재, 예컨대 환경보호, 평화운동, 경제정의, 사회개혁, 교육개혁 등을 그 활동대상으로 삼으면서 그 활동결과에 따른 혜택이 회원들 뿐만 아니라 이에 참여하지 않는 사회 구성원들에게도 동등하게 돌아가는 집단을 말한다. 이러한 시민단체는 주로 공익을 추구하는 비정부조직으로서 advocacy조직, 소비자단체, 환경운동단체, 권익보호집단 등이 포함되는데 보수적인 접근을 하는 경향이 있는 연성조직과 조직색

채가 좀더 급진적인 경성조직[1]의 두 가지로 나뉜다.

시민단체는 정부 견제 및 정부비대화 억제, 재벌체제 및 시장일반의 문제점에 대한 비판 및 대안제시, 환경보호, 인권 및 소비자 권익의 보호, 교육정책의 개혁 등의 활동을 하고 있는데, 1994년 설립된 한국시민단체협의회에 따르면, 그 58개 회원단체는 환경운동단체 12개, 사회 및 정치개혁 단체 13개, 여성단체 4개, 자선단체 6개, 기타 23개의 활동분야별 분포를 보이고 있다. 시민단체들은 그 가용자원이 제한되어 있으면서도 너무 많은 영역에서 너무 많은 이슈에 개입하고 있기 때문에 '백화점식 운동' 방식이라고 비판받기도 하며 각기 나름대로의 접근방식을 강조하기 때문에 여타 단체와의 협조가 부족한 면도 있는 것이 특징인데, 시민단체와 구별해야할 유사 개념들은 다음과 같다.

첫째, 비영리단체(NPO: Non Profit Organization)는 일반적으로 이윤을 추구하지 않는 영역에서 주로 활동하는 준공공(semipublic) 및 민간(private) 조직을 포괄적으로 지칭하는데, 비영리단체는 이윤동기에 의하지 않으면서 '배분금지 제약'(non distribution constraint)을 받는, 주로 공적 또는 사적으로 재원을 충당하는 모든 법인 및 비법인을 포함한다. Kim & Hwang(2000)에 따르면 '모든 문화예술단체, 재단, 양로시설, 연구소, 종교단체, 각종 직업협회 및 이익집단'이 이러한 비영리부문의 범주에 속한다고 한다. 이러한 비영리단체들은 정부와의 관계도 적대적인 것에서부터 협조적인 것까지 다양하다.

---

1) 이는 시민운동단체(CMO)로 통칭되기도 하는데, 시민운동단체(CMO: Civil Movement Organization)는 1980년대 중반 이후 90년대에 경제·정치·사회적 정의를 실현할 목적으로 설립되어 주로 advocacy 영역에서 활동하고 있는 단체들을 지칭하며, 1990년대 초 이래 관심영역을 정치개혁, 사회정의, 환경, 소비자, 인권 등의 이슈로 넓혀오고 있다. 시민운동단체는 현상유지에 대한 도전을 강조하고, 급진적 변화를 통해 사회경제 및 정치체제의 개혁을 이루고자 하기 때문에 종종 급진좌파로 인식되고, '경성'(hard) 비정부단체로 불리기도 하는데, 시민단체(CSO)의 하위범주라 할 수 있다. 이러한 시민운동단체의 대표적인 단체가 경제정의실천시민연합이나 참여연대이다(김준기, 2000).

둘째, 비정부조직(NGO: Non Governmental Organization)은 주로 비정부적 활동에 참여하는 조직을 일컫는데, 이들은 자발적으로 활동하며, 또 활동의 대부분을 advocacy 영역 및 비정부적 특성을 요하는 영역에 집중한다는 점이 특징이다.

셋째, 관변단체는 시민운동단체와는 대조적으로 국가와 긴밀하고 매우 협조적인 관계를 유지하는 단체로 1970~80년대를 거치면서 새마을운동협의회, 한국자유총연맹, 바르게살기운동협의회 등 정부에서 위임된 업무를 수행하기 위해 설립되었다. 이들은 재정의 정부의존도가 매우 높기 때문에 정부가 그 운영을 강력히 통제해 온 것이 사실이며, 오랜 기간동안 관변단체들은 비영리단체에 제공되는 재정지원을 독식하면서 정부와 긴밀한 관계를 유지해왔으며, 1999년 행정자치부에서 공개경쟁을 통해 비영리단체에 지원한 일반지원금 75억 원 중 41%가 이러한 관변단체에 속하는 단체들에 제공되었다(김준기, 1999). 이러한 시민단체에 대한 입법태도는 2000년 발효된 '비영리민간단체지원법'을 통해 알 수 있는데, 이 법에서 규정하고 있는 비영리민간단체란 "영리가 아닌 공익활동을 수행하는 것을 주된 목적으로 하는 민간단체로서(비영리민간단체지원법 제2조), 사업의 직접 수혜자가 불특정 다수일 것, 구성원 상호간에 이익분배를 하지 아니할 것, 특정 정당 또는 선출직 후보를 지지·지원할 것을 주된 목적으로 하거나, 특정 종교의 교리전파를 주된 목적으로 설립·운영되지 않을 것, 상시 구성원 수가 100인 이상일 것, 최근 1년 간 공익활동실적이 있을 것, 법인이 아닌 단체일 경우에는 대표자 또는 관리인이 있을 것"등의 요건을 규정하고 있다. 이를 통해서 알 수 있는 것은 시민단체를 포함한 비영리민간단체들의 특성이란 민주사회 구현 등 공익적 이슈와 관련해 활동하며, 잔여수입에 대한 배분금지의 제약을 받고, 정치적이거나 종교적인 성격을 띠지 않는 것(김준기, 2000: 79) 등이지만, 더욱 자세한 시민단체의 특징을 알기 위해서는 시민단체의 생성에 관한 이론을 검토할 필요가 있다.

2. 시민단체의 형성에 관한 이론

1) 시장실패 · 정부실패(Market Failure · Government Failure)이론

Weisbrod(1988)는 경제학의 시장실패와 정부실패이론을 원용하여 시민단체의 생성과 역할에 관한 일반이론을 제시하고 있는데, 사회내의 기본적 수요는 1차적으로 이윤추구를 목적으로 하는 기업들이 시장기제를 통해 충족되며 시장기제에서 충족되지 않는 재화나 용역의 수요는 2차적으로 정부를 통해 충족된다는 기본적 가정을 전제로 한다. 이 이론의 관점에 의하면 시민단체가 출현하게 되는 배경은 사회의 기본적 수요에 대하여 기존의 시장 및 정부 메커니즘을 통해 충족되지 않는 틈새수요의 영역이 존재하며 이에 대응하기 위해 다양한 민간의 자율적 영역인 시민단체가 성장하게 된다는 것이다. 시장실패이론(market failure theory)에 의하면 시장기제를 통한 공공재나 서비스 제공에는 근본적으로 한계가 있으며, 시장은 수요와 공급법칙, 그리고 지불능력에 근거하여 재화와 서비스가 제공되며 생산비용의 한계라는 문제로 인해 영리를 추구하는 기업에 의한 서비스 충족에는 한계가 있게 마련이며, 이 경우 시민단체들이 공공재에 대한 민간부문의 공급자로서의 역할을 수행하게 되는 것이다(Hansman, 1987: 29). 그리고 정부실패의 논리는 정부가 제공하는 재화와 용역의 공급은 중위투표자(median voter)를 만족시키는 수준에서 결정되므로 이러한 중위투표자의 만족수준을 초과하는 공공재와 용역에 대한 초과수요가 존재하게 되며, 시민단체들은 이러한 공공재의 초과수요에 대해 충족시켜주는 기능을 수행하기 위해 출현하게 된다는 주장이다.

2) 계약실패이론(Contract Failure Theory)

시장실패와 정부실패이론이 '공공재의 초과수요'에 대한 보완적 충족기
능에 초점을 두어 NGO의 출현배경을 설명하고 있다면, 계약실패이론은
탁아, 노인시설 등과 같은 민간재(private goods) 또는 시장재(market
goods)에 있어 소비자와 생산자간의 정보의 비대칭성으로 인한 신뢰의
문제가 발생하며 이에 대한 대안으로 시민단체의 발생을 설명하고 있다.
Nelson과 Krashinsky(1973) 등이 발전시킨 거래비용과 관련된 계약실패
이론에 따르면 비영리단체는 전통적으로 서비스가 구매되는 상황이나 또
는 그 서비스 자체 성격으로 말미암아, 소비자들이 영리기업이 생산해내
는 서비스의 질과 양을 정확히 평가하지 못하기 때문에 이를 보완할 필요
에서 등장하였다는 주장을 하고 있다. 즉, 소비자는 정보의 비대칭성 문
제로 인하여 기업이 생산하는 특정재화의 질과 양을 정확히 평가할 수 없
을 때 공공의 신뢰를 확보할 수 있는 비영리조직이 그 역할을 수행하게
된다는 주장이다. 이 이론은 정부와 시장의 실패라는 근본적인 전제에 그
토대를 두고 있다. 계약실패이론에 의하면 민간기업에 의한 민간재나 시
장재의 공급은 다음과 같은 3가지 기준이 충족되어야 하는데, 첫째로 고
객이 최종생산물에 대한 가격과 품질을 비교할 수 있어야 하고, 둘째로는
고객은 기업들과 협정(agreement)을 맺을 수 있어야하며, 마지막으로 고
객들이 계약에 의하여 기업을 평가할 수 있어야 한다는 것이다. 양로원
같은 경우 정확한 정보에 기초한 소비자 선택이 이루어지기 어려우며 소
비자는 제공되는 서비스에 대해 불신하기 쉽다. 이 경우 제공되는 서비스
의 질과 양에 대한 정확한 정보를 제공할 수 있는 대안적 조직으로서 시
민단체를 필요로 하게 되는 것이다(Salamon, 1987: 109).

3. 시민단체의 특성

1) 시민단체 고유의 특성

　　시민단체들과 같은 비영리단체들이 가지고 있는 특징들에 대한 일반적인 논의에서 비영리단체는 임시적이고 비공식적인 모임이 아니라 어느 정도 제도화, 기구화(institutionalize)되어 있는 조직체(organizations)로서 정부부문으로부터 독립되어 정부의 지배를 받지 않는 민간부문이다. 또한 소유주나 기부자들에게 이익을 배분하지 않는 이익무분배(non profit distributing)원칙을 지키며 어느 기관으로부터 간섭과 통제를 받지 않고 자신의 자체적인 의사결정절차에 따라 자신의 활동을 통제하고 조절하는 자치성(selfgoverning)을 가지고 있다. 조직의 활동과 운영에 자발적으로 참여(voluntary)하고, 공공목적을 위해 활동하고 공익에 기여함을 목적으로 한다는 점(Salamon, 1999, 임승빈, 1999)이 특색이다. 시민단체 형성에 관한 이론을 통하여 시민단체의 특성을 부분적으로 파악할 수 있는데 시장실패·정부실패이론을 검토해보면, 시민단체들은 정부와 시장의 틈새 수요의 영역에서 정부와 시장이 제공하지 못하는 재화와 서비스를 제공하게 되는 특성을 갖는다는 것이다. 이와 같이 사회의 수요는 있지만 영리단체나 정부에 의한 생산이 이루어지지 못하고 있는 공공 서비스를 비영리부문이 맡게 된다는 것인데, 이러한 공공 서비스의 대표적인 것은 장애자, 빈민구제, 가정이나 사회의 폭력으로부터 피해를 당한 여성이나 아동들의 보호, 소외된 노인들이나 마약 중독자들의 의료, 복지시설, 탁아시설 등을 들 수 있다. 또한 계약실패이론은 소비자와 생산자간의 정보의 비대칭성으로 인한 신뢰의 문제가 주제인데, 이를 통해 시민단체와 같은 비영리단체의 요건으로 신뢰성의 중요성이 필수적임을 알 수 있다. 그리고 시민단체들이 공익적인 활동을 한다는 것은 사적인 이익을 추구하지 않고, 사회적 다수 또는 약자를 위한 활동을 지속적이고 일관성 있게 추구한다는 것으로, 이를 위해서는 시민단체의 활동이 정부나 어느 기관으로부터 통제나 간섭을 받지 않는 시민단체의 독립성 또는 자율성2)이 필연적으로 요구된다(김준기, 2001, 박상필, 1998). 시민단체는 사익을 추구하는 기업과는 판이하게 다르고, 공익을 추구하는 점에서 정부와 공통점이 있지만 다음과 같은 점에서 정부와 근본적으로 다른 성격을 띠고 있다. 이러한 본질적 차이는 시민단체와 정부가 어떤 사업을 수행하거나 행동을 취함에 있어 상이한 성격을 나타나게 되어 양자의 관계에 대해서도 적지 않은 영향을 미치게 된다. 시민단체와 정부와의 본질적인 차이는 다음과 같다(James & Rose-Ackerman, 1986: 69-77).

첫째로 재원의 출처가 다르다. 정부는 의회의 승인을 통하여 해마다 예산에 따라 재정을 충당하는데 이 과정은 고도의 정치적 과정에 속한다. 이에 반해 시민단체는 기부금, 회원들의 회비, 정부의 재정지원, 서비스 요금 등 출처가 다양하며 예산집행 후 통제를 받는 정부에 비해 회계책임으로부터 상대적으로 자유로운 것이 특징이다. 그리고 어느 조직에서나 성과(performance)란 그 조직의 궁극적인 시험장이 되는데 영리를 추구하는 기업들은 이러한 성과를 매우 좁게 해석하여 재무제표 상의 이익란(the financial bottom line)으로 귀착시키는데 반해 시민단체의 경우는 이러한 난이 없는 것(Drucker, 1990: 139)이 특징이다.3)

둘째로, 정부는 의회나 국민전체에 대해 책임을 지고 주어진 목표를 효율적으로 달성4)하기 위하여 계층적인 관료제를 바탕으로 운영되는데

2) 시민단체의 자율성을 위한 요인으로, 첫째는 시민단체의 자율성에 대한 조직의 분명한 자각과 헌신(commitment)을 뜻하는 시민단체의 정체성, 둘째는 재정의 안정, 셋째는 대중기반, 넷째는 기술적 전문성, 일반적으로 인식되고 있는 원리와 전문지식의 범주사이에는 사회 전반의 개혁을 주도해 나가는 '학습을 통한 전략적 지식'이 존재하는데 이러한 전략적 지식은 현장에서 얻어진 여러 지식과 정보를 이용한다는 이론과 실상의 접목 등이다(www.gspa.snu.ac.kr).

3) 미국의 경우에 있어서도 1950년대까지는 경영이라는 말이 NGO의 세계에서는 금기시 되었다고 한다. 그 이유는 경영이란 단어의 뜻이 어떤 영리사업처럼 여겨지고 시민단체들과 같은 비영리단체들이 영리를 위한 사업을 하지 않기 때문이었다(Drucker, 1990). 그러나 시민단체가 손해를 보는 경우, 손해의 결과가 시민단체 자체의 것으로 보는 것은 현실과 맞지 않고, 기부를 한 후원자들에게 시민단체들은 보답할 책임이 있다는 점에서 이제 시민단체 관리자들은 후원 받은 자금을 가지고 좋은 성과의 결과를 내야 할 의무와 책임을 져야 한다는 견해가 미국에서 제기되었다(Drucker, 1990, 139-140).

4) 이 점에서 정부는 시민단체들보다 더 시간적인 압박을 받게 된다. 예컨대 정기국회에서 반드시 법안을 통과해야 예산운용이 순조롭게 이루어질 수 있거나 대

반해 시민단체들은 정부 관료제에 비해 상대적으로 수평적인 조직구조를 가지고 있고 다른 사회집단으로부터 독립성과 자율성이 많이 확보되어있는 것이 특징이다.

셋째로, 정부는 주어진 권력을 바탕으로 행정 서비스의 공급을 독점하므로 유사한 단체들 간에 경쟁이 이루어지고 있는 시민단체들에 비해 독점성이 강한 것이 특징이며, 정부나 시민단체 모두가 공익을 추구[5]한다고 하지만 정치성을 더 많이 띠고 있는 행정은 추구하는 이념에 있어서도 시민단체와 근본적으로 다른 특징들을 갖게 된다. 즉, 정부는 시민단체들에 비해 형평성(equity)을 추구하는데 대하여 시민단체들은 대응성(responsiveness)이 지도원리가 된다(Smith and Lipsky, 1993). 또한 정부는 선거를 통해 집권하는 정치인들의 정책결정을 돕고 결정된 정책을 집행하는 기관으로 우선 특정한 계층의 국민들에 대한 서비스 혜택부여보다는 보다 많은 수의 국민들에 대한 행정서비스를 제공하여야 하며 시민들의 선호가 제각기 다르다고 하더라도 이른바 중위 투표자(median voter)를 존중하지 않을 수 없다(Young, 1999: 34-36).

이와 같이 전체 국민들의 지지와 여론에 신경을 쓸 수밖에 없는 정부에 비하여 시민단체는 특정한 계층에 대한 필요에 부응하고 정부에 비해 도덕적 동기(moral causes)가 강하게 작용하는데 이러한 사명감

통령이나 국회의원의 임기만료 이전에 해결해야한다는 등의 시간적 압력을 받게 되는 것이다.

5) 공공성은 공공원리, 공공정신, 공공의식 등 다양하게 표현되고 있는데 특히 경실련이나 참여연대와 같은 시민단체는 비정부·비정파·비영리 결사체로서, 시민들의 자발적이고 능동적인 참여로 이루어지고 자발성에 입각하여 회원들의 직접적인 수혜와 관계없이 공익 추구를 목적으로 하고 있다. 따라서 정부와 기업의 간섭을 받지 않는 자주성을 가지며 회원 가입이 개방되어 있고, 다른 비영리단체에 비하여 공공성이 강하고 정부를 견제하는 역할도 큰 것이 특징이다. 이러한 공공성을 추구하는 시민단체와 정부와의 관계는 정부정책에 대한 비판을 통하여 견제기능을 수행하기도 하지만, 때로는 정부와 협력하여 공공 서비스를 제공하기도 하고 국가권력에 대한 정당성을 부여하기도 하는 등, 이슈에 따라 대립관계와 협력관계가 유동적인 것이 사실이다.

(mission)이 바로 시민단체의 존재의미인 것이다. 따라서 시민단체들이 이러한 사명감에서 눈을 돌리게 되면 그 기반은 무너지고 마는 것이지만 이러한 요소로 인해 시민단체가 하는 일은 모두 선하고 도덕적으로 옳은 것이므로 결과가 어떻게 되든 맡은 일을 무조건 추진해야한다는 믿음(Drucker, 1990: 111-112)을 강하게 표출하게 되어 정부나 다른 이익집단 간의 관계에 있어 문제된다. 그리고 정부와 시민단체간의 관계에 있어서도 시민단체들은 사명감에 입각하여 도덕적 동기에 의해 움직이므로 정부에 비해 비교적 일관성을 유지하는데 반해, 정부의 태도는 언론이나 국민 여론에 의해 변화하는 경우가 많이 시민단체와의 관계에 심한 기복을 가져올 수 있다. 그 결과 정부에 비해 상대적으로 일관성이 있는 시민단체를 국민들은 더 신뢰할 수 있는 단체라고 여기고 있을지도 모른다. 정부와 시민단체의 성격의 차이를 정리해보면 〈표 2-1〉과 같다.

〈표 2-1〉 정부와 시민단체의 특성 비교

	정 부	시민단체
재원의 출처	예산(정치적 성격, 강한 통제를 받음)	기부금, 회원들의 회비, 재정지원, 서비스요금 등 다양한 출처(통제로부터 자유로움)
조직구조	계층적인 관료제 (대통령-국무총리-장관-실무관료들로의 명령체계)	상대적으로 수평적 구조, 리더 역할의 중요성
서비스의 독점성	권력을 바탕으로 독점성이 강함	권력의 바탕 없이 독점성 약함
추구 이념	형평성(equity)	대응성(responsiveness)
동기적 요인	선거에 의해 집권하므로 정치적 동기가 중요(median voter의 중요성 등)	도덕적 동기(moral cause), 사명감(mission)

출처: www.gspa.snu.ac.kr. "NGO 강의노트"를 재작성함.

　시민단체는 일반대중의 보편화된 이익, 즉 공익을 실현하기 위해서 활동하며 소수의 특정한 직업집단에 한정되지 않고 대다수 시민들에 개방되어 그들의 자발적 참여로 운영되는 것이 특징인데, 비영리적·비정치적·비종교적·자발적·자치적·사적 조직으로 운영된다. 또한 시민단체는 자신들의 신념에 근거, 공익적 이슈를 다투는 조직들로 정부와 기업으로부터 사회적 약자의 인권보호, 환경보호, 민주화를 포함한 사회정의의 실현, 정치개혁, 정부의 정책이나 시장에 대한 감시와 비판을 임무로 하는 것이 특징이다. 그리고 시민단체의 대변자(advocacy)6) 기능은 이슈를 제기하고 이를 이슈화시켜 정책의제 속에 포함시키는 것이 중요 임무이며, 이 과정에서 대중매체는 이슈들이 정책의제화 되는 과정에 있어 결정적인 문지기(gatekeeper)역할을 하게 된다(Jenkins, 1987: 308). 또한 시민단체의 이러한 활동이 보장받기 위해서는 시민단체의 독립성과 자율성을 확보가 중요하다고 본다.

　이와 같은 시민단체의 특성들이 특정 국가를 막론하고 시민단체 자체의 고유한 특성이라고 한다면, 한국의 시민단체에서 찾아볼 수 있는 또 다른 특성은 정부와 시민단체와의 관계 변화에 대한 분석을 통해 찾아낼 수 있을 것이다.

2) 정부와 시민단체의 관계변화에서 본 시민단체의 특성

　한국의 시민단체 특성을 이해하기 위해서는 정부와 시민단체간의 역사적 전개과정을 살펴볼 필요가 있으며, 정부와 시민단체와의 관계 유

---

6)　advocacy를 김준기(2001: 37)는 '대변자'로 번역하고 있으며, 강상욱(2001: 24)은 '일반적으로 정책에 영향을 미치려는 제반 행위를 지칭'하는 용어로 보고 있다. 이러한 advocacy기능에 초점을 두고 비정부조직(NGO)을 Service형 단체와 Voice형 단체로 구분한 강상욱(2002: 5)은 Voice형 단체란 단체의 주요 활동이 정부정책이나 입법 활동의 감시, 비판, 대안제시, 소외계층 권익보호, 사회문제개혁을 위한 시민운동 전개 등의 사업이나 활동을 전개하는 단체로 정의 내리고 있다.

형7)의 변화는 다음과 같이 세 가지로 요약될 수 있다.

억압관계인 제1기(1960년~1979년)에서 우리나라의 시민운동은 정부로부터 무시되고 상당한 억압을 받았던 시기였고, 갈등관계인 제2기(1980년~1987년)에서 정부는 시민운동의 성향에 따라 이원적인 태도를 취하였으며 노동운동이나 학생운동 등에 대해서는 억압과 통제일변도였다. 관용관계인 제3기(1988년~1992년)에서는 1987년 6월 민주화운동과 함께 시민단체 활동은 활성화되기 시작하였으며 노태우 정권은 시민단체의 정당성을 조금씩 인정하기 시작하였지만 시민단체들의 요구에 대해서는 선택적으로 반응하고 있었던 시기였나(권해수, 1999: 153). 자율관계인 제4기(1993년 이후) 문민정부에서는 대체적으로 정부가 시민단체에 대하여 견제와 비판을 기본으로 하되 사안별로 협력·보완하는 방향으로 공감대가 형성되었으며, 김대중 정부 이후 양자의 관계는 보다 협력적인 방향으로 발전하였다.8)(박병옥, 2000) 그러나 한국의 시민사회는 1987년의 민주화 운동 이후 제도화되는 과정에서 문제를 발생시켰는데 그것은 김영삼 정부에서 시민단체들의 핵심 간부들이 정부 요직에 기용됨에 따라 '결사체의 정치'보다는 결사체를 이끌었던 엘리트의 '개별적, 선별적 정치화'를 심화시켰기 때문이었다. 즉, '집단의 동원'이 아니라 '개인의 동원'을 선호하여 토크빌이 민주정치의 중요한 매개요소로서 강조하였던 "결사체의 활동(associational activity)"을 오히려 약화시키는 결과를 초래하여(송호근, 1999: 115), 리더십을 상실한 시민단체들은 잦은 이합집산을

---

7) 권해수(1999: 151)는 정부와 시민단체간의 관계유형을 정부와 시민단체의 목적과 수단의 일치여부에 따라 네 가지 유형으로 나누었는데, 정부와 시민단체의 목적과 수단이 모두 불일치하면 억압관계, 목적은 일치하지만 수단이 불일치하면 갈등관계, 수단은 일치하나 목적이 불일치하면 관용관계, 목적과 수단이 모두 일치하면 자율관계로 보고 있다.

8) 김대중 대통령은 "정치권이 국민의 신망을 잃어 국민이 시민단체를 지지하는 결과가 됐으며, 대의민주주의가 참여·직접·전자 민주주의로 가는 큰 흐름을 보여준 것"이라며 NGO의 정치활동을 "시대의 흐름"이라고 강조하기도 했다(주성수, 2001).

통하여 명맥을 이어가게 되었고, 이 과정에서 새로 등장한 리더십은 원
래 목적에 충실하기보다는 출세지향적 행위성향을 보이게 되었던 것이다
(송호근, 1998). 그 결과 엘리트 성향을 보이는 시민단체와 이러한 추세
를 비판하는 세력들이 병존하면서 시민운동 자체의 정향에 일관성이 상
실되고 있었다. 김영삼 정부는 개별 구성원들의 자유와 권리를 확대하고
권위주의적인 권력행사를 대폭 제한하였다는 점에서는 괄목한 성과를 거
두었지만 국가 - 개인의 직접적인 대면관계를 국가 - 결사체 - 개인의
3자적 관계로 변환시키지 못했다9)는 점에서 한계를 가지고 있었다(송호
근, 1999: 45). 그 결과 사회적 갈등을 해결하는데 있어 "협의 정치"적
기제의 취약으로 조정의 정치(politics of coordination)에는 대단히 미
숙함을 노출시켰다.

  김대중 정부는 금융구조조정 및 재벌개혁, 의약분업 등 보다 개혁적
인 정책을 추진하였는데, 이러한 정책들은 이전부터 시민단체들이 주장
해왔던 개혁정책이었기 때문에 소수 정부 입장에서 시민단체를 개혁정
책의 한 파트너로 생각할 수 있었으며, 시민단체들도 오랜 숙원이었던
개혁정책들의 추진에 동참하였던 것이다(박병옥, 2000: 159). 특히 '비
영리민간단체지원법'을 통한 재정지원은 협력적 관계를 강화하는 계기가
되었다. 이와 같이 한국의 시민단체 발달과정은 특수한 환경적 요소를
배경으로 하여, 다음과 같은 특성을 지니고 있었다.

  첫째, 한국의 시민운동발달사는 과거 권위주의정권과의 민주화 투쟁
으로 요약되므로 시민단체는 체질적으로 정부에 대한 감시와 비판이라
는 숙명적인 요소를 간직하게 되었다는 점이다.10)

---

 9) 민주화란 국가와 개인의 직접적인 대면관계를 국가와 시민사회라는 집단적 대면
    관계로 전환시키는 것이라 할 수 있다. 따라서 개별적인 시민이 국가권력에 그
    대로 노출되는 것을 막고 그 사이에 집단적 활동이라는 매개적 보호망을 활성화
    하는 것으로 결사체의 활동을 통해 한층 높은 단계의 민주주의로 이행되는 것이
    다(송호근, 1999: 115). 그러나 김영삼 정부는 결사체적, 집단적 활동의 정치
    화를 경계하고 있었다는 점에서 민주화의 한계를 가지고 있었다.
10) 이런 점에서 서구의 advocacy NGO들은 주로 시민을 대상으로 하는 참여, 계

둘째, 1987년 6월 민주화투쟁을 통해서 군부정권이 퇴진하고, 이른바 한국시민사회의 르네상스(유팔무 외, 2001)가 열리며 민주화가 시작되자, 수많은 시민단체들이 폭발적으로 증가하는 이른바 '압축형 고속성장'(조희연, 2000: 151)을 하였는데, 그 배경에는 국민들의 시민단체에 거는 높은 기대가 뒷받침되고 있었다. 이와 같이 국민들의 시민단체에 거는 기대가 높았던 이유는 정부와 정치권, 언론에 대한 실망감과 불신이 큰 요인으로 작용하였던 것으로 이는 결국 대의구조의 왜곡으로 인한 '대의(代議)의 대행(代行)현상'이 권력비판적인 시민운동체의 역할을 극대화하게 만들었다고 볼 수 있다. 즉, 시민단체가 대의(代議)를 대행(代行)하게 하는 특이한 결과를 초래하게 되었던 것이다(조희연, 2000: 152). 이러한 과도한 국민적인 기대 속에서 한국의 시민단체들은 양적으로는 폭발적 성장을 하였고 질적으로는 정부의 지위와 권한까지도 위협하는 역할과 기능을 수행하였는데 이 점이 다른 나라에서 볼 수 없었던 한국적인 특수한 상황이었다.

셋째, 위와 같은 상황 속에서 시민단체들은 국민들의 지지 속에서 자신들의 세력 확장을 위해서는 정부와의 관계를 하나의 파트너로 인식하는 협력적인 관계(Boris, 1999)보다는 대립적인 관계를 고수할 수밖에 없었으며, 이러한 정부와의 대립적인 관계는 시민단체들이 정부활동을 감시 비판하는 voice(또는 advocacy)기능[11] 위주의 시민단체를 성장시키는 환경

몽운동에 초점을 맞추는 반면, 우리의 시민단체들은 voice형 난제라고 볼 수 있다. 다원적 민주국가에서 시민참여와 시민권 확보를 위한 NGO역할이 advocacy기능이라면, voice형 단체란 스웨덴이나 한국과 같이 정부에 저항하거나 대립적인 사회적 전통이 있는 사회에서 정부나 정치권에 직접적으로 대응하는 역할이 특징이다(강상욱, 2001: 24).

11) service형 단체란 단체의 주요활동이 자원봉사, 교육, 전문인력 양성, 시민강좌, 상담 및 치료, 여가활동프로그램 등 대 시민 서비스와 관련된 프로그램이나 활동을 전개하는 단체를 말하며, voice형 단체란 주요활동이 정부정책이나 입법 활동의 감시, 비판, 대안제시, 소외계층 권익보호, 사회문제개혁을 위한 시민운동전개 등의 사업이나 활동을 전개하는 단체를 지칭하는 개념으로 정의되고 있다(강상욱, 2002: 5).

을 조성하였던 것이다. 이 점이 서구의 경우 서비스 중심의 비영리단체 발달과 다른 점이다.

넷째, 시민단체에 대한 국민들의 기대가 매우 높았음에도 불구하고 시민단체에 대한 일반시민의 참여도는 매우 낮은 것이 서구와 다른 우리의 특색이며12), 이는 한국의 시민단체의 성장 동인(動因)을 엘리트형 시민사회모형 또는 상향식(top-down) 성장모형(강상욱, 2002)에 의존하게 하는 것을 강화시킨 한 요인이 되었다고 본다.

다섯째, 오늘날 시민단체는 한국에서 가장 신뢰받는 집단13)에 속하는 특색을 지니고 있다. 그러나 이러한 특성은 동시에 시민단체가 정부에 의해 이용될 가능성을 제공하고 있다. 즉, 국민의 신뢰가 낮은 정부는 정책집행의 순응성을 증대시키고, 개혁정책의 원활한 추진을 위해 시민단체들을 전략적으로 이용할 필요성을 느끼게 되는데 이러한 정부의 시민단체 전략으로 시민단체 고유의 독립성 혹은 자율성은 침해될 위험성이 높아지는 것이다.

4. 시민단체의 역할에 관한 선행연구의 검토

일반적으로 시민단체의 역할에 대해서는 사회의 약자에 대한 서비스를 제공하는 역할과 정부나 기업에 대한 감시 역할의 크게 두 가지로

---

12) 시민들과의 지역적 정서가 비교적 높은 지역 환경단체의 경우에도 회원 가입을 권유하는 경우에는 '마지못해 동의하나 참여에는 소극적'(50%), '취지에는 동의하나 여러 이유를 들어 거부한다'(50%)였고, 단체가입을 꺼리는 이유로 '환경단체에 대한 이해부족'이 12.5%, '환경문제에 별 도움이 안된다고 생각되어'가 12.5%, '회비가 부담스러워'가 6.3%, '귀찮거나 나서기 싫어서'가 68.7%였다 (이상달, 1997: 34).

13) 국정홍보처가 2001년, 모든 국민을 대상으로 한 조사에서 NGO가 65%로서 가장 높은 지지를 받았다.

나누어지며(강상욱, 2001: 25), 여기서는 시민단체의 역할들에 관한 선행연구들을 통해 이를 확인하고, 시민단체 역할의 유형화를 제시하고자 한다. 우선, 시민단체의 역할들 중 시민단체의 갈등중재역할을 포함시키고 있지 않은 선행연구와 갈등중재를 포함시킨 연구로 나누어 검토해보기로 한다.

1) 시민단체의 일반적 역할에 관한 선행연구

여기서는 시민단체의 갈등중재역할을 포함시키지 않고 시민단체의 일반적 역할을 지적한 선행연구들을 살펴보기로 한다.

O'Connell(1994)은 시민단체의 기능을 서비스(service)기능, 권익 옹호(advocacy)기능, 자치권 부여(empowerment) 등 세 가지로 구분하였는데 여기서 지치권 부어(cmpoworment)란 '시민들에게 권력을(power to the people)'이라는 상징어가 말해주듯이, 보다 많은 사람들에게 보다 많은 권력을(more power to more people) 부여하는 것을 의미한다.

Boris(1999)는 비영리단체의 역할에 대하여 학자들은 자신들의 전공분야에 따라 다르게 대답한다고 하고, 다음과 같이 다섯 가지 역할을 지적하였다. 첫 번째는 사회적 자본(social capital)을 형성하는 역할로 비영리단체는 사람들 간, 혹은 사람들을 제도에 연결시켜주는 네트워크나 관계를 창출함으로써 사회적 자본을 형성시켜주는 역할을 한다는 것이고, 두 번째는 정책에 관한 역할로 비영리단체들은 정부의 국내 혹은 대외정책을 시민들에게 알려주고 이들 정책에 영향을 주는 역할을 한다는 것이다. 세 번째는 종교적 성격을 띤 비영리조직은 구성원들의 정신적 욕구를 충족시켜주고 자신의 종교교리와 가치를 보존하고 증진시키는 역할을 한다는 것이며, 네 번째는 서비스 제공역할로 비영리단체들은 공동체 전체 구성원들, 혹은 비영리단체의 회원들에게, 그리고 정부와 기업 혹은 다른 비영리단체들에게 서비스를 제공한다는 것이다. 마지막으로 다섯 번째는 비영리단체는 고용과 상품, 서비스 생산을 통한 경제적 역할도 수행한다는 것이다.

Lewis(2001)는 후진국을 원조하는 개발 NGO의 입장에서 NGO의 역할을 크게 advocacy와 서비스공급(service delivery)의 두 가지로 나누고 있으며, 서비스공급의 예로 후진국의 농업과 관련된 서비스, 의료서비스와 교육프로그램, 소규모의 신용대출들을 들고 있다(Lewis, 2001: 109, 111). 많은 NGO들이 advocacy 역할과 서비스공급 역할을 결합하고 있지만(Young, 1992), Lewis는 advocacy NGO는 서비스공급 NGO와는 다른 역할을 하고 있다고 설명하였으며, 후자가 사람들의 급박한 물질적 욕구를 충족시켜주는 역할을 하고 있다면 전자는 기본적으로 현상유지(the status quo)를 변화시키는 역할을 하는 점에서 다르다는 점을 지적하였다.

Van Til 과 Swalve(2001)는 비영리단체의 역할이란 더 나은 사회를 만드는데 필요한 비전(vision)을 만들고 이를 실현시켜나가는 것이라고 하였다. 그리고 이러한 비영리단체의 역할 수행에 가장 장애가 되는 것은 조직이나 개인, 사회가 이른바 "comfort zone"에 빠져 있는 것(Van Til and Swalve, 2001: 70)이지만, 비영리단체의 헌신적인 지도자(leader)와 능력 있는 간부(manager)들이 힘을 합하면 충분히 역할을 수행할 수 있다고 하며, 5단계의 추진전략을 제시하였다. 이들은 비영리단체의 역할이란 현재 상태보다 더 나은 사회를 만들기 위한 비전을 제시하고 이를 실현시켜나가는 것이라 전제한 후 비영리단체의 보다 적극적인 역할을 강조한 것이 특색이다.

Frumkin(2002)은 비영리단체의 역할을 다음과 같이 넷으로 나누어 보고 있다.

첫째, 시민의 정치적 참여(civic and political engagement)역할로, 비영리단체는 중요한 공공문제를 직접 제기하고 효과적으로 해결하기 위한 방안을 모색하게 되며, 이 과정에서 비영리단체는 신뢰와 믿음을 창출해 냄으로써 사회적 문제를 효과적으로 해결하는 역할을 하게 된다는 것이다.

둘째, 서비스를 제공(service delivery)하는 역할로 정부나 시장이 공급하지 못하는 서비스와 재화를 공급하는 역할을 하는데, 미국의 경우 국민총생산의 5~10%를 비영리부분이 담당하고 있다고 하였다(Frumkin, 2002: 64).

셋째, 가치와 신념(values and faith)을 실현시키는 역할을 하게 된다는 것으로, 앞의 시민의 정치적 참여(civic and political engagement)와 서비스를 공급(service delivery)이 수요 측면이라면 가치와 신념(values and faith)을 실현시키는 역할은 비영리단체의 공급측면에서 나온 것이다. 비영리단체가 평소에 숭요하게 생각하고 활동하는 근거인 기치와 신념은 단체의 활동을 통해 사회에 실현되고, 특수한 경우에는 입법화가 됨으로써 자신들의 가치를 실현시키는 역할을 할 수 있다는 것이다(Frumkin, 2002: 98-99).

넷째, 사회적 기업가정신을 통한 사회사업이 창출역할로 세 번째 가치와 신념(values and faith)을 실현시키는 역할과 함께 공급측면에서 나왔는데 기업가정신(entrepreneurship)은 대개 새로운 사업을 시작하려는 조직의 리더들의 특성으로 지적되었다.

사득환(1997)은 현대사회에서 시민단체들이 정부관료제와 함께 강력한 정치행위자(political actors)로 부상하고 있듯이 정책과정에서의 시민단체의 영향력과 역할이 증대되고 있음을 지적하고 이러한 시민단체들이 정책과정에서 수행하는 역할들을 다음과 같이 제시하였다.

첫 번째는 이슈 생산자(issue generator)로서의 역할로 시민단체는 정책의 형성과정에서 수많은 문제들을 사회적 이슈 혹은 관심사로 부각시켜 정부가 진지하게 고려하노록 만드는 역할을 수행히며, 이와 같은 역할은 개인이 하기 어려운 일을 집단의 힘을 통하여 제기할 경우 보다 효과적이고 정치체제에 중요한 압력요인으로 작용할 수 있다는 것이다.

두 번째는 정보제공자(information provider)로서의 역할로 시민단체가 정책형성과정에서 미치는 영향력은 자신들의 주장이나 요구를 담아 여론 확산을 통한 정부에의 요구투입을 위한 장치라는 데 있다고 보고, 시민단체는 개인이나 시민사회에 대하여 자신들이 제기한 문제들에 대하여 관심 및 지지를 갖도록 노력하며, 다양한 문제들에 관한 정보를 제공함으로써 그들 구성원 및 시민들의 관심을 동원하거나 지지를 획득하고자 한다는 것이다.[14]

세 번째는 대안제시자(alternative provider)로서의 역할로 시민단체들은 종래와 같이 단순히 이슈를 제기하는 수준에 그치지 않고 이슈와 관련된 분야의 전문가들을 채용 혹은 동원하여 체계적으로 정보를 수집·분석함으로써 적극적으로 정책대안을 개발·제시하고 있다는 것이다.

네 번째는 시민단체의 역할들 중 가장 핵심적인 위치를 차지하고 있는 것은 감시자(monitor)로서의 역할로 이는 본질적으로는 시민들이 자신들의 대표를 선출하여 공직을 맡기는 대표민주주의(representative democracy)를 시정 내지 보완한다는 점에서 중요한 의미를 가진다고 본다.[15]

이와 같은 선행연구들은 시민단체의 역할들 중에서 갈등중재역할을 포함시키지 않는 것이 특징이다. 이에 반해서 다음의 연구들은 시민단체가 갈등관리자로서의 역할을 할 수 있다고 보는 입장이다.

---

14) 정보제공자로서의 역할에서 정보를 제공하는 방식으로는 언론, 잡지, 소식지, 홈페이지 등의 매체를 활용하거나 집단시위, 서명, 성명서, 공청회 등이며, 시민단체들의 관련 정보 제공활동은 정치인들에게는 정책활동의 자료로서, 시민들에 대해서는 쟁점에 관한 여론형성 및 찬반행위를 표출하도록 촉진하며 그 결과 다양한 지지자를 획득하고 신규회원, 기부자 등을 통해 조직생존에 필수적인 재정적 기반을 확충하게 되는 계기를 마련한다고 한다(사득환, 1997).
15) 시민들의 의사를 대변하고 공공정책을 산출하는 역할을 수행하여야 할 의회가 그 기능을 제대로 수행하지 못하고 행정부의 시녀가 되고 있다는 점, 시민들의 의사를 반영하여야 할 정당이 소수 간부에 의해 장악됨으로서 정권획득과 유지에만 신경을 써 관료화가 촉진되고 오히려 과두제적인 경향을 띠고 있다는 점들로 인해 대표민주주의는 변질되었다고 보는데, 이러한 상황 속에서 시민단체들은 정부기관의 활동을 감시하고 정부의 비리와 부정을 사회쟁점화하며, 여론을 자극하여 정부를 통제하는 활동을 수행하고 있다는 것이다(사득환, 1997).

2) 갈등관리역할을 포함시킨 선행연구

박동서(2000)는 시민단체가 수행하는 기능은 나라에 따라 약간의 차이가 있다고 하면서 시민단체에게 기대되는 역할로 다음 네 가지를 제시하고 있다.

첫 번째 역할은 시민단체의 권력에 대한 견제역할이다.

두 번째는 복지보완 역할로 민익(民益)에 도움이 되는 복지사업의 확대가 중요하다고 하였는데 이는 앞서 외국의 학자들이 지적한 서비스 공급 (service delivery)기능과 유사하다고 하겠다.

세 번째는 갈등조정 역할로 정부는 상관이 시키거나 언론에서 크게 문제시되었을 때 비로소 움직이지만 스스로 대처하는 지향성을 가지고 있지 못하므로 갈등당사자인 민간인들과 같은 입장에서 대화 협상을 할 의지가 상대적으로 강하고 전문성을 어느 정도 갖춘 민간인들이 시민단체를 구성하여 갈등을 조정·해결하는 역할이 기대된다고 하였다.[16]

네 번째는 교육으로 우리나라는 유교적인 전통으로 학력상으로는 높은 교육을 받고 있지만, 민주시민교육은 충분하지 않다고 보고 시민사회 발전과 민권신장을 위해 교육의 개혁이 필요하다고 하였다.

박상필(2001)은 비영리단체마다 그 기능과 역할이 다를 뿐 아니라, 국가와 시대에 따라 그 역할이 변화하지만, 국가와 시대에 관계없이 일반적인 수준에서 기대되는 비영리단체의 역할을 다음 네 가지로 제시하였다.

첫째, 공공서비스의 제공역할로, 정부가 위임한 각종 복지서비스를 생산하거나, 정부와 기업이 제공하는데 한계가 있는 서비스를 제공하는

---

16) 시민단체의 갈등조정역할과 관련하여 사회생활에서 수없이 야기되는 갈등을 시민 스스로가 해결해야 할 경우가 급증하고 있으므로, 시민 모두가 이러한 갈등을 공개, 참여 토론을 통해서 합리적인 해결안을 만들어내는 능력을 갖추는 것이 긴요하다고 보고, 대화, 협상을 통한 해결방법에 관한 교육의 필요성도 주장하였다(박동서, 2000).

역할을 수행한다고 하였다. 특히 의료, 복지, 교육 등에서 정부와 협력 파트너가 되었으며 자선, 학술, 종교, 소수 인종, 빈민, 동성연애자, 알코올 중독자 등 사회적 소수의 약자들에 대한 서비스 제공은 대표적인 예라고 하였다.

둘째, 국가권력과 경제 권력에 대한 견제역할로서, 미국에서의 금주운동, 노예폐지운동, 여성해방운동, 민권운동, 환경운동 등은 모두 비영리 영역에서 일어난 것이며, 한국의 경우에도 1980년대의 민주화 운동과 최근의 시민운동은 시민단체가 주도하였는데, 이러한 시민운동은 국가권력을 상대로 하여 정책변화를 통해 시민들의 권익을 강화하고 정부개혁을 가져오는 계기가 된다고 하였다.

셋째, 공공가치의 학습과 보전역할로, 비영리단체의 중요한 이념 중의 하나는 정부에 의존하지 않고 스스로 사회문제를 해결해나가는 개인 주도권의 확장인데, 이 과정에서 개인주체성이 강화되고 자유로운 의사전달이 이루어져 상호신뢰와 사회자본(social capital)을 형성하는 토대가 마련된다는 것이다

넷째, 사회적 안전과 통합의 역할로 사회적 갈등과 집단이익이 충돌할 경우 정부를 대신하여 중재・조정자로 나서서 이를 해결하는 역할을 수행할 뿐만 아니라, 정부와 기업 내의 영역에서 일어나는 갈등에 대해서도 제3자의 조정자로 나서게 된다고 하여(박상필, 2001: 167-168), 갈등관리자로서의 역할을 강조하고 있다.[17]

이와 같이 갈등관리자로서의 시민단체의 역할을 강조하는 있는 견해들은 갈등을 처리하는 정부의 능력의 한계로 공익을 추구하는 시민단체

---

17) 최근 시민단체들이 수행하는 역할 중에서 국제사회에서 새로운 역할로 주목받고 있는 것이 '갈등조정의 역할'인데(주성수, 2001: 161), 갈등조정의 역할에 있어 NGO들이 유리한 점은 첫째, NGO들이 그 국가의 현지 사정을 잘 알고 있고 둘째, NGO들은 현지 주민과 밀착해서 활동하고 있으며 셋째, NGO 현장 책임자들은 특유의 갈등조정기술을 터득하고 있고 넷째, 갈등조정과정에서 발생될 수 있는 개인적 부담을 잘 알고 이에 대처하고 있다는 점이 지적되고 있다.

가 개입하는 것을 당연시하고 있으며, 이러한 갈등조정의 역할 이외에도 개혁의 동반자 역할까지도 강조하는 견해가 있다. 즉, 개혁이 힘있게 추진되기 위해서는 이를 밀고 나갈 세력과 더불어 개혁저지세력을 비판하고 개혁을 지지하는 개혁의 동반자가 필요한데, 민간단체의 활성화는 개혁의 필요성과 개혁세력의 당위성을 부각시킴으로써 정부개혁의 동반자 역할을 할 수 있다는 주장이다(정수복, 1996). 그러나 의약분업사례에서 보듯이 이러한 역할은 시민단체를 정치적으로 이용하려는 세력에 의해 왜곡될 가능성이 높기 때문에 시민단체의 독자성 혹은 자율성 등과 관련하여 문제점이 많다고 생각되며, 이에 대해서는 후술하기로 한다.

5. 시민단체의 역할과 유형화

1) 시민단체의 역할

선행연구들이 공통적으로 지적하고 있는 시민단체의 역할은 대표적으로 서비스 제공과 정부나 기업 등에 대한 감시·비판 역할로 요약된다. 그리고 갈등조정역할(박동서, 2000), 사회적 안전과 통합(박상필, 2001)의 역할과 개혁의 동반자 역할(정수복, 1996)까지도 포함시키는 견해도 있었다. 여기서는 앞의 선행연구들과 시민단체의 특성에서 비롯되는 시민단체의 역할들을 살펴보고, 이를 토대로 시민단체의 역할을 유형화함으로써 사례분석들에 유용한 도구로 사용하고자 한다.

시민단체의 역할에 대한 일반적 논의는 다음과 같은데 이러한 역할은 앞서 살펴본 시민단체의 고유한 특성에서 나오는 경우와 정부와 시민단체와의 관계의 역사를 통해 형성된 역할도 포함된다.

첫째, 서비스형의 비영리단체와 달리, voice형의 기능에 많은 비중을 두게 되는 시민단체의 중요한 역할들 중의 하나는 정부나 시장에

대한 감시와 견제의 역할이다(Nicholls, 1975). 정부에 대해서는 정책
과 예산의 낭비, 조직의 비대화 등을 견제하기 위하여 정부시책에 대한
비판과 대안제시를 시도한다(Hall, 1992). 시장에 있어서는 영리단체의
독점적인 시장지배력, 정보의 비대칭성(information asymmetry) 내지
는 불완전성(information imperfection)과 기업의 우월한 협상력에 따
라 소비자와 근로자는 불리한 상황에 직면해 있는데, 시민단체는 이들
의 권익보호를 위한 활동을 전개하거나 분쟁조정의 역할도 수행한다.
이와 같은 정부와 시장에 대한 시민단체의 역할은 어느 국가에서나 전
형적인 것이지만, 특히 한국의 시민단체 발달과정은 과거 권위주의 정
권과의 민주화 투쟁으로 요약되므로 정부에 대한 감시와 비판이라는 특
성이 더욱 강화되었다는 점이 특색이다.

　둘째, 시민단체는 자신들의 신념에 의하여 공익적 이슈를 다투는 조
직으로(김준기, 2000: 82) 정부와 기업으로부터 사회적 약자의 인권보
호, 환경보호, 민주화를 포함한 사회정의의 실현, 정치개혁을 그들의 임
무로 하는 것이 특징이며 이를 위하여 시민단체의 대변자(advocacy)[18]
기능을 수행한다. 즉, 문제를 제기하고 이를 이슈화시켜 정책의제
(political agenda)속에 포함시키는 것이 중요 임무인데, 이 과정에서
대중매체(mass media)는 이슈들이 정책의제화 되는 과정에 있어 결정
적인 문지기(gatekeeper) 역할을 하게 된다(Jenkins, 1987: 308). 이런
점에서 한국의 시민단체의 성장 이면에는 언론의 영향도 상당히 컸다고
할 수 있다.

　셋째, 시민단체의 역할을 민주주의 참여의 장(arena of partic-
ipation)으로 보는 시각이 존재하며, 민주국가에서 정책입안과정에서의

---

18) advocacy를 김준기(2001: 37)는 대변자로 번역하고 있다. 이러한 advocacy
　　기능에 초점을 두고 비정부조직(NGO)을 Service형 단체와 Voice형 단체로 구
　　분한 강상욱(2002: 5)은 Voice형 단체란 단체의 주요활동이 정부정책이나 입
　　법 활동의 감시, 비판, 대안제시, 소외계층 권익보호, 사회문제개혁을 위한 시민
　　운동 전개 등의 사업이나 활동을 전개하는 단체를 지칭한다고 정의하고 있다.

시민참여는 시민에 의한 국가통제라는 중요한 요인으로 존재하고 있다. 다양한 이익집단의 역할은 기존의 체제와 이들이 향유하는 편익을 유지하려는 부정적인 측면이 있지만(이광우, 1990) 다양한 참여의 장을 마련한다는 의미에서, 특히 소외집단의 정책과정상의 참여라는 측면에서 중요한 역할을 하고 있다(Schumpeter, 1943). 따라서 시민참여는 시민단체 등을 통하여 다양하게 이루어지고 있으며 이러한 단체의 역할은 시민의 의견수렴에서 더 나아가 이를 정책화하는데 있다고 하겠다. 그러나 한국의 시민단체들은 짧은 시간에 발전을 하는 과정에서 시민들 속에 깊이 뿌리내리지 못하고 소수의 지도자를 중심으로 하향식(top-down) 운영을 해온 것이 사실이다. 따라서 상향식(bottom-up) 모형의 경우 자원봉사나 구호와 같은 일반시민의 참여에 기반을 둔 서비스 기능 위주의 시민단체가 활성화되지 못하고, 특정 엘리트집단에 의해 주도되는 사회문제의 이슈화, 정부에 대한 감시 등과 같은 voice 기능 위주의 시민단체가 활성화되었던 것이다(강상욱, 2002: 12).

넷째, 시민단체는 사회의 수요가 있으나 영리단체나 정부에 의하여 생산이 되지 않고 있는 공공 서비스를 생산하는 역할을 수행하고 있다. 시장실패와 정부실패에 의하여 이들 제도부문이 사회적 수요를 충족시키지 못하는 경우 시민단체는 시장과 정부를 보완하는 역할(gap-filling role)을 수행하게 된다(Hansmann, 1987). 공공재이론에 따르면 시민단체는 공공 서비스에 대한 수요가 존재하는 틈새시장을 찾아 그들에게 기존의 공공재 공급구조 하에서 충족되지 못한 수요를 만족시켜주는 역할을 하게 되는데 이를 통하여 사회적 약자 보호라는 서비스도 제공될 수 있는 것이다.

다섯째, 시민단체는 도덕성과 가치의 영역에서 새로운 이념을 제시하는 역할을 수행한다. 즉, 현재의 사회구조의 문제점을 분석하고 이상적인 사회구조의 모습을 보여주며 운동의 신조, 세계관, 비전을 제시하게 되며 (정수복, 2002), 이러한 가치분석에 의하여 개혁의 방아쇠를 당기는 역할을 하게 되는 것이다. 한국에 있어서 정부와 정치권, 언론에 대한 실망과 불신은 개혁을 부르짖는 시민단체에 대한 국민의 기대를 부풀려 시민단체의 '압축형 고속성장'(조희연, 2000: 151)을 가져오게 하였다. 그러나 자칫하면 시민단체를 정책의 정당성 확보에 이용하려는 정치권의 전략에 이용될 위험성도 또한 내재하고 있다.

여섯째, 시민단체는 사회의 다양한 사상과 아이디어를 확산시키는 역할을 수행한다. 이는 민주국가에 있어서의 다양한 개인 가치의 중요성을 인식하는 것으로서 사회전체의 공동이익과는 상반될 수 있으나, 다원화된 사회에서 필수 불가결한 부분이다. 국내에서도 전경련 산하 자유기업센터와 같은 민간 싱크탱크(think-tank)가 활발한 활동을 전개하고 있으며 영국에서 대처수상의 민영화와 규제완화 계획은 Institute of Economic Affairs와 Centre for Policy Studies라는 싱크탱크에서 나왔다는 것은 이미 잘 알려진 사실이다(김준기, 1998).

일곱째, 시민단체는 사회적, 정치적 융합을 위하여 중재자 역할을 수행하기도 한다. 특히 환경분쟁(홍준형, 1996), 소비자 - 생산자 간의 분쟁, 인권보호 등의 분야에 있어 비영리단체는 제3자의 입장에서 중재자로서의 역할을 수행하고 있다. 특히 우리의 경우 민선지방시대의 도래와 지역이기주의 현상에 따라 환경문제를 둘러싼 갈등은 증폭하고 있지만 당사자 간의 자율적인 협상과 지방자치단체를 통한 분쟁조정은 아직 이렇다할 성과를 거두지 못하고 있으며, 이에 대해 전문성과 신뢰성이 확보된 자율적인 비영리민간단체를 적극 활용하는 방안이 대두되고 있다(사득환, 1997).

2) 시민단체 역할의 유형화

지금까지의 논의를 바탕으로 시민단체의 역할을 다음과 같이 네 가지로 유형화시켜 보기로 한다.

첫째, 감시자로서의 역할이다. 이는 시민단체의 특성상 가장 중요한 역할로 정부나 기업뿐만 아니라 사회정의를 해치는 모든 세력과 요소들을 감시하고 비판하는 것을 의미한다.

둘째, 이슈생산자로서의 역할이다. 시민단체는 자신들의 신념에 근거하여 공익적 이슈를 다루는 조직들로 사회의 여러 문제들에 대해 이슈를 제기하고 이를 이슈화시켜 정책의제(political agenda)속에 포함시키는 것이 중요 임무이다. 이 과정에서 대중매체(mass media)는 이슈들이 정책의제화 되는 과정에 있어 결정적인 역할을 하게 되며, 정부가 진지하게 문제들을 생각하게 할 뿐만 아니라 정치체제에 하나의 압력요인으로 작용할 수 있다(사득환, 1997).

셋째, 정보의 제공자와 대안제시자로서의 역할이다. 정보제공자로서의 역할은 다양한 문제들에 관한 정보를 선별하여 시민단체의 주장을 담아 시민들에게 제공함으로써 그들로부터 관심이나 지지를 획득하는 역할을 의미한다. 대안제시자로서의 역할이란 단순히 이슈를 제기하는 수준에서 더 나아가 이슈들과 관련된 분야의 전문가들을 참여시켜 체계적인 정보를 수집, 분석하여 적극적으로 정책대안을 개발하여 제시하는 역할을 뜻한다(김고운, 1998).

넷째, 갈등관리역할이다. 어떤 갈등상황이 전개되고 있을 때, 시민단체는 공익단체로서 갈등관리역할을 할 수 있으며, 갈등당사자들에게 전문적인 정보나 대안을 제시하고, 공론의 장으로 나오도록 하며, 대화와 설득을 통해 서로의 불만과 이로 인한 갈등을 풀어나가는 역할을 말한다.

지금까지의 논의를 정리해보면 시민단체의 역할에 관해서는 일반적으로 서비스 제공역할과 정부 등에 대한 비판기능과 같은 voice역할로 보는 것이 다수 견해이며, 시대의 변화와 정부의 역할의 한계로 인해 시민단체가 중재활동을 한 경우가 있었다. 그러나 여기서의 암묵적인 전제는 시민단체가 정부에 비해 신뢰성과 전문성에서 앞설 수 있다는 점이었다. 여기서는 사례를 통한 시민단체의 중재를 분석하기에 앞서 갈등관리에 대한 이론적인 검토를 하고자 한다.

제2절 시민단체의 갈등관리역할

1. 갈등관리[19]의 정의

갈등의 어원은 "confligere"라는 라틴어에서 유래하며, 이는 "con (함께)"과 "fligere(충돌, 부딪침, 다툼)"이라는 용어의 합성어로, 갈등의 개념에 대해서는 심리학, 사회학, 행정학 등 연구자의 관점에 따라 다양하게 정의 내려지고 있다. 초기의 심리학적 관점에서는 "동시에 해결할 수 없는 둘 또는 그 이상의 동기유발, 즉 개인 안에서의 양립할 수 없는 반응적 경향(Thomas, 1976: 889-891)"이라는 개인이 경험하는 심리상태에서 출발하여 사회학적 관점이 추가되면서 Deutsch(1973: 3-19)의 "주관적 또는 객관적으로 당사자들의 목표가 양립 불가능한 상태에서 일어나는 현상"과 같이 보다 거시적인 조직, 계급, 계층 간의 갈등에까지 초점을 맞추고 있다(전주상, 2000: 8). 사회학자인 Darendorf(1959)와 Coser(1968)는 갈등을 양립 불가능한 차이를 내포하는 여러 대상들을 추구하는 사람들 간의 모든 관계, 그리고 가치, 권위, 권력 및 희소 자원에 대한 요구를 둘러싸고 벌이는 여러 형태의 싸움들이라고 정의하였으며, 김혁래 등 (1997)은 갈등을 이익갈등으로 보고, "다양한 사회 분파적 이익으로 분류되는 사익(private interest)이나 공동선(common good)과 관련된 공익

---

19) 갈등관리(conflict management) 대신에 갈등해소(conflict resolution), 갈등화해(conflict settlement), 갈등통제(conflict control), 갈등규제(conflict regulation), 갈등조정(conflict conciliation)등의 용어도 사용되고 있다 (Kriesberg, 1982: 265-266).

(public interest)을 둘러싸고 관련된 이익집단들이 자신들의 추구하는 이익을 보다 증대시키기 위해 다른 집단들과 벌이는 경쟁, 또는 투쟁으로 야기되는 갈등현상"으로 정의하고 있다. 행정학이나 정책학적 관점에서 갈등에 대한 정의는 주로 정책결정과정에서의 갈등에 초점을 두고 있으며, March와 Simon(1958: 112)은 갈등을 "조직 내의 의사결정이나 정책결정에 있어서 대안의 선택기준이 애매모호하여 어느 대안을 선택해야할지 어려움을 겪는 상황"으로 정의 내리고 있으며, 박동서(1998)는 "한정된 자원에 대한 경쟁이 있거나 선택의 기준이 분명치 못해 여러 대안 중 선택의 곤란을 겪는 상황"이라고 정의하고 있다. 또한 오석홍(1998)은 갈등의 범위를 조직 내의 갈등으로 잡고 조직 내의 갈등이란 "행동주체간의 대립적 또는 적대적 교호작용"이라고 본다. 최근 갈등에 대한 정의에 대해서는 그동안의 정의들은 주로 조직 내부 또는 조직 간의 갈등에 초점을 맞추고 있는 편협한 정의라고 비판하고 갈등개념을 정부의 정책과 갈등상황에 놓여있는 조직 외부의 일반 대중으로까지 확대하여 보아야 한다는 비판도 제기되고 있다(전주상, 2000: 8-10).

Bercovich(1984)는 갈등관리(conflict management)란 갈등이 확대되고 악화되는 것을 방지하고 갈등이 유리한 결과를 가져올 수 있도록 하는데 도움을 주는 구조나 조건을 마련하는 것으로 보았다. 그는 갈등관리는 갈등방지(conflict prevention)나 갈등통제(conflict control)와는 다른 개념으로 갈등관리가 의도하는 바는 갈등과정과 갈등의 결과가 생산적이고 갈등으로 인한 손실이 최소화될 수 있도록 지식을 공급해주는 것 (Boulding, 1966)으로 보았다. 그는 갈등관리의 목적이 갈등을 없애거나 미리 방지하고 통제하는 것이 아니라, 갈등당사자들의 가치와 혜택 (benefits)을 증가시키고 갈등으로 인한 손실과 불만족을 감소시키는데 있다는 것이다(Bercovich, 1984: 7).

Krauss(1984)는 갈등관리란 갈등해소를 보장해주는 것은 아니고 단지 갈등해소를 용이하게 해 줄 뿐이라고 하여 갈등관리와 갈등해소를 구별하고 있는데, 갈등관리란 합의되지 않고 있는 갈등 이슈가 합의된 절차에 의해 다루어져서 갈등이 수용한계를 벗어날 정도로 악화 내지는 고조되지 않도록 하는 것으로 보았다. Ross(1993)는 갈등관리란 갈등당사자들이나 갈등관리자인 제3자가 갈등을 다루기 위해 거치는 단계로 보고 있다.

Mayer(2000)는 갈등관리라는 용어가 갈등해결(conflict resolution)이라는 용어보다 현장에서 발생하는 이슈들을 보다 더 적절히 표현할 수 있는 용어로 보고 있으며, Sandole(1987)은 갈등관리를 갈등규제(conflict regulation)와 동의어로 보면서 갈등관리는 갈등개입과 갈등해결이라는 용어보다 더 포괄적인 개념이라고 하였다.

이러한 외국문헌들을 검토해보면 학자들에 따라 갈등관리와 갈등해결이라는 용어를 많이 사용하고 있는데[20], 두 용어의 차이점은 갈등해결이라는 용어는 갈등관리의 결과를 더 중요시하는데 반해, 갈등관리는 결과보다는 과정을 상대적으로 더 중요시하는 것 같다(Sandole, 1987).

국내 연구에서는 갈등관리라는 용어를 더 많이 쓰고 있으며, 안광일(1994)은 갈등관리란 갈등이 수용한계를 벗어날 정도로 악화 내지는 확대되는 것을 막고 갈등이 유리한 결과를 실현하는데 도움을 주는 구조나 조건을 마련함으로써 갈등해소를 용이하게 해주기 위한 과정을 의미한다고 전제하고, 이러한 갈등관리가 성공적으로 수행되었을 경우에만 갈등해소의 결과를 가져오게 된다고 한다. 그리고 갈등해소와 갈등와해는 거의 유사한 개념이라 하고 두 개념의 구별은 두 용어가 모두 갈등해결(conflict solution)의 일종이지만 갈등해소란 해결책이 갈등당사자들에 의해 자발적으로 수용된 경우인데 반하여 갈등와해는 해결책이 갈

---

20) 갈등해결(conflict resolution)이라는 용어를 사용한 문헌들은 Deutsch(1973, 2000), Schellenberg(1982), Donnelly(1998), Schermerhorn(1999), Thompson(2000), Mayer(2000), Robbins(2001), Dawson(2002) 등인데, Thompson은 conflict resolution과 갈등관리(conflict management)를 같이 사용하고 있다(Thompson, 2000: 214-215).

등당사자들에게 강요되는 경우로 보고 있다(안광일, 1994: 216-217).

유해운 외(1997: 112)는 갈등관리란 역기능적이고 파괴적인 갈등을 해소 또는 진정시키고, 갈등의 순기능적이고 건설적인 측면을 촉진시키기 위한 활동을 포괄적으로 지칭하는 말로 보며, 갈등관리의 목표는 발생한 갈등을 바람직한 방향으로 의도적·계획적·인위적으로 개선시키는 것으로 표출된 갈등을 누가, 어떤 방법으로 관리하여 갈등의 유발요인을 원천적으로 해결하느냐 또는 표출된 갈등을 진정국면으로 유도하느냐와 관련된다고 하였다.

김병완(2001)은 갈등을 완전히 없애는 상태를 의미히는 갈등해결이란 용어보다는 갈등의 상존을 전제로 갈등완화를 의미하는 갈등관리라는 용어가 더 적절한 표현이라고 하고, 갈등관리란 역기능적이고 파괴적인 갈등을 해소 또는 진정시키고 갈등의 순기능적이고 건설적인 측면을 촉진시키기 위한 활동을 포괄적으로 지칭하는 의미로 보고 있어 유해운 외(1997)와 같은 정의를 내리고 있다. 그리고 갈등관리는 갈등을 바람직한 방향으로 개선시키거나 진정시키는 것으로 이러한 갈등관리의 접근법은 승 - 패 게임이 아니라 승 - 승 게임(win-win game)이 되어야 한다고 하였다.

생각하건대, 갈등이 발생하여 갈등관리가 시작되면 갈등이 해소된 상태가 목적이라고 할 수 있으나 갈등관리의 결과 갈등이 해결되지 못하는 결과를 가져올 수도 있으므로 본 연구에서는 갈등해결이나 갈등해소라는 용어보다는 갈등관리(conflict management)라는 용어로 사용하기로 하되, 다만 제4장의 사례분석에서 시민단체들은 알선이나 조정보다는 중재 역할을 하였으므로, 본 연구에서는 시민단체들의 갈등관리역할 중에서도 갈등중재를 중심으로 분석하기로 한다. 따라서 용어의 사용에 있어서도 제2장을 제외한 제3장과 제4장에서는 중재라는 용어로 통일하여 사용하기로 한다. 다음으로 이러한 갈등관리를 어떤 전략(방법)으로 할 것인가가 문제되는데 후술하는 바와 같이 갈등관리전략은 갈등을 보는 관점에 따라 달라진다.

2. 갈등관리전략

1) 갈등에 대한 두 가지 관점

갈등을 어떻게 보느냐에 따라 갈등관리전략이 달라지는데, 전통적으로 갈등에 대해서는 상반된 두 가지 시각이 대립되어 왔다.

첫 번째 시각은 고전적 관점에서 갈등을 보는 것으로, 갈등이란 개인적인 특성과 리더십의 실패로 야기되는 현상이며 역기능적이므로 회피되어야 한다는 입장이다. 여기서는 갈등 자체를 예외적이고 부정적인 병리학적 상태로 파악하므로 갈등이란 조직에 부정적인 효과를 발생시킨다고 본다. 이러한 견해에서는 전체상황을 종합적으로 파악하여 구조적 요소로부터 갈등원인을 도출하기보다는 특정한 개인이나 집단의 부적절한 활동으로 인해 갈등이 발생한다고 보기 때문에 갈등당사자들의 동기와 행동을 비합리적인 것으로 파악하여 강제력에 의존한 갈등관리전략을 취하는 경향이 강하다. 즉, 갈등이란 문제가 되는 특수한 개인이나 집단의 예외적인 현상이라고 보고 조직전체의 발전을 위해서는 제거해야할 부정적인 요소로서 갈등해결전략은 강제적인 성격을 띠게 되는 것이다.

두 번째 시각은 비교적 최근의 견해로, 갈등이란 서로 다양한 인간들로 구성된 모든 집단이나 사회에서 존재하는 당연한 사회현상으로 사회변화와 창조성을 가져온다고 설명하며 긍정적인 각도에서 갈등을 보는 견해이다. 여기서는 상호 신뢰에 의거한 대화와 설득을 통한 합리적 대안의 모색을 도모하는 갈등관리전략이 특징이다. 오늘날 갈등문제를 다루는 연구들은 대부분 이 입장의 토대 위에서 논의를 전개하고 있다. 이러한 갈등에 대한 두 가지 상이한 시각의 차이에 의해 갈등이 주는 효과도 달라진다. 갈등을 부정적으로 보는 시각에서는 갈등이 역기능적인 효과를 발생시킨다고 보므로 갈등연구의 가장 중요한 임무는 갈등의 원인을 완화 또는 제거하는 수단을 탐색하는 것인데(전주상, 2000) 반해, 갈등을 긍정적으로 보는 견해는 갈등이 가져오는 효과를 순기능적인 것으로 보며 갈등의 긍정적인 효과를 다음과 같이 보고 있다.

첫째, 갈등은 집단 및 개인의 실체를 확인시켜주며 집단내의 내부적 단결과 충성심을 촉진시킨다. 둘째, 갈등은 이익과 다른 사람들에 대한 호기심을 자극하고 혁신과 변화, 경쟁적 이익을 추구하게 될 집단들의 발달을 촉진하게 된다. 셋째, 갈등은 느슨하게 구조화된 사회관계에서 안정화와 통합기능을 수행하게 된다. 넷째, 갈등은 자신의 행동노선을 선택할 자유를 즐길 수 있는 유용한 조건이 된다(Lan, 1997: 28-29).

오늘날의 연구 경향은 갈등 자체를 부정적으로 보지 않고, 오히려 갈등이란 사회가 역동적이며 빌진을 향해 살아서 약동함을 의미하는 것으로 본다. 그리고 갈등의 원인을 근원적으로 억제하는 것은 현실적으로 무리가 있으며 오히려 갈등과 함께 살아가는 것을 현대인의 삶으로 보아, 중요한 것은 갈등을 완전 해소하는 것이 아니라 갈등의 관리능력의 배양이 사회발전의 관건이 된다고 보고 있다. 즉, "흐르는 강한 물줄기를 잘 제어하면 전력을 생산하는 에너지로 사용할 수 있듯이 사회 안에 존재하는 갈등도 제도적으로 잘 해소할 수 있도록 수렴한다면, 사회발전의 에너지로 전환할 수 있다"고 보아 지나친 갈등으로 사회발전이 정체 상태에 빠져들지만 않는다면 마치 원자들의 활발한 운동에 의해 에너지가 발생하는 원리처럼 갈등은 사회발전의 자극제이며 촉진제의 기능을 할 수 있다는 것이다(김선빈, 2001).

따라서 우리 사회에 필요한 것은 갈등을 억제하는 것이 아니라 갈등 해소를 제도화함으로써 대화나 타협을 통해 갈등을 조절하고 갈등관리 능력을 개발하여 다원화된 사회를 원활하게 움직이도록 하는 것이라고 본다.

2) 갈등관리전략의 유형

갈등관리전략의 첫 번째 유형은 당사자들에 의한 자율적인 해결전략 (private resolution mechanism)과 공적해결 메커니즘(public resolu-tion mechanism), 제3자에 의한 전략(third party resolution mecha-nism)[21]의 세 가지로 나누어 보는 견해가 있으며(Gladwin, 1987, 사득환, 1997), 이들 중 제3자[22]에 의한 전략으로 알선, 조정, 중재가 있다. 알선 (facilitation)은 제3자의 개입유형 중 가장 낮은 수준의 형태로서 알선자 (facilitator)는 특별한 해결권한이 없고 단순히 협상상황을 조성해주어서 당사자들이 협상을 통하여 갈등해결이 이루어지는 것을 도와주게 된다. 조정(mediation)은 알선보다는 강한 형태의 제3자 개입유형으로서 조정자 (mediator)는 갈등문제에 관한 전문적 지식을 가지고 갈등당사자들의 요구와 이익을 가능한 만족시키려고 하며, 갈등당사자들 상호간의 타협과 협력에 의해 갈등해결을 할 수 있도록 분위기도 조성하며, 갈등해결을 위해 토론, 제안, 및 디협인을 독자직으로 세시알 수도 있다. 중재 (arbitration)란 가장 강한 형태의 제3자 갈등해결 유형으로서 중재자는 갈등 종결을 위한 결정권과 책임을 가지고 있으며, 갈등 쟁점에 대한 면밀한 검토와 이해를 통해 중재안을 만들고 갈등당사자들로 하여금 수용할 것을 강제하게 된다. 특히 중재의 경우에 있어서는 갈등당사자들의 의사와 괴리된 중재자의 의지가 결정에 개입될 여지가 많고, 중재결정이 당사자들로부터 인정을 받지 못했을 경우 갈등중재의 실효성을 확보하지 못할 수도 있으며, 중재자가 갈등상황의 종결을 위해 필요한 결정권한을 갖거나 그 해결을 위한 책임을 지니고 있는 경우 갈등당사자들은 중재자가 제시하

---

21) 갈등관리 과정에서 갈등당사자들이 교착상태에 빠졌을 때 갈등의 외부에 있는 개인이나 집단이 이를 돕기 위해 개입하게 되는 것을 제3자 개입(the interven-tion of third parties)이라 한다(Rubin & Pruitt, 1994: 197).
22) 여기서 제3자란 직접적인 이해관계를 가진 당사자 이외에 갈등관리의 전개과정에 영향을 미치는 사람인 알선자, 조정자, 중재자 등이 포함된다.

는 중재안에 대해 자유로운 의사에 의한 결정이 어려워져 이러한 유형의 제3자 개입은 엄밀한 의미에서 중립성을 요구하는 갈등해결자의 요건으로 보아 문제가 된다고 볼 수 있다.

갈등관리전략의 두 번째 유형으로는 갈등주체를 기준으로 독자적 관리전략, 협력적 문제해결전략, 제3자 개입전략 등으로 분류하여 설명하는 견해가 있으며(유해운 외, 1997), 독자적 관리전략은 우월한 권력을 소유하고 있는 갈등당사자 일방이 상대방과의 대화를 차단한 채 주도적으로 갈등을 해결해 나가는 것으로 그 구체적인 방법으로는 일방적 권력행사, 정보제공, 지연, 회피, 무마 등이 있다고 하였다. 협력적 문제해결전략은 갈등당사자들이 상대방을 서로 인정하고 상호 공동노력을 기울여 갈등해결을 위한 대안을 모색하는 것으로 대면, 협의, 협상 등과 같은 방법들을 들고 있다. 또한 제3자 개입전략(thirdparty intervention strategy)이란 갈등당사자들 간에 해결점을 찾기 어려울 때 중립적인 제3자의 개입을 통해 갈등을 해결하는 방식으로 제3자에 의한 결정의 효력 정도에 따라 지시적 개입전략, 협력적 개입전략, 수동적 개입전략으로 나누고 있다. 수동적 개입전략은 갈등당사자들 간에 의견접근이 이루어지도록 제3자가 당사자들의 견해를 타진하여 전달함으로써 합의를 유도하는 정도의 역할을 하는 것으로서 알선(good office)이 이에 해당되며, 협력적 개입전략은 제3자가 갈등해결을 위한 대안을 만들어 권고할 수는 있지만 특정결과를 강요할 권한은 없는 것으로서, 조정과 같은 것이다. 지시적 개입전략은 제3자의 결정에 대하여 갈등당사자들이 받아들이도록 의무화시킴으로써 법원의 재판에 준하는 효력을 가지는 것으로서 중재와 재정(adjudication)이 이에 속한다. 여기서, 제3자 개입전략은 갈등해결전략 중에서 가장 일반적인 방법으로 갈등상황에서 당사자 이외의 제3자가 개입하여 상호 합의를 도출함으로써 갈등을 종결시키는 것으로 갈등의 파괴적인 요소들을 줄이고 갈등당사자간의 만족스러운 결과를 얻고자 하는 의도에서 비롯된다(Bercovitch, 1984). 일반적으로 오늘날 자본주의 사회에서의 갈등은 희소한 자원의 배분을 둘러싼 이해 상충에서 발생하는 경우가 많은데 대부분 가치판단을 요구하는 문제로서, 이를 둘러싼 갈등은 누가 또는 무엇이 옳고 그르냐에 대한 결정에 따라 해결될 수밖에 없는데, 재판 등 사법적 판단에 의한 갈등해결은 다음과 같은 현실적 문제점이 있으므로 제3자에 의한 갈등관리전략이 필요하게 되는 것이다.

첫째로, 사법적 해결은 많은 소송비용이 들기 때문에 부(富)의 차이가 갈등해결에 유리하게 작용할 수 있으며 둘째, 소송이 종료되기까지는 많은 시간이 소요되므로 갈등해결의 적시성(適時性)을 놓쳐 승소하더라도 현실적 이익이 반감될 수 있다. 셋째, 재판절차가 요구하는 형식성은 당사자들에게 과도한 심리적 부담을 주게 될 뿐만 아니라 복잡한 재판절차는 국민들에게 사법제도의 접근을 어렵게 하여 국민들이 적절한 법률서비스를 받는 것이 어렵게 된다. 넷째, 재판결과 당사자간에 장래 치유할 수 없는 감정적 골을 더 깊게 할 수 있다.

3) 본 연구에 있어서의 갈등관리전략

앞서의 논의에서 갈등관리에 있어 갈등이란 인간이 존재하고 있는 한 피할 수 없는 하나의 현상으로 보고, 오히려 갈등이 조직과 사회를 창조적으로 발전시킬 수 있는 계기를 만들 수 있기 때문에 사법적 해결과 같은 갈등관리절차의 제도화가 무엇보다 필요하다고 하였다. 그러나 갈등의 종류와 대상이 다양하고 변화하는 과정에서 모든 갈등관리절차를 제도화한다는 것은 현실적으로 불가능할 뿐만 아니라 경직성을 띠게 되어 상황 변화에 적응하기가 힘들게 될 우려가 있으며, 공적인 제도화를 통한 갈등관리방식은 절차가 요구하는 형식성으로 인하여 갈등당사자들에게 과도한 심리적 부담을 주게 될 뿐만 아니라 구속력을 띤 결정은 오히려 감정의 골을 깊게 할 가능성이 있으므로 제3자에 의한 갈등관리전략이 현실적으로 타당성을 갖게 되는 것이다.

본 연구는 시민단체가 갈등관리자로 개입한 경우를 다루고 있으므로 제3자에 의한 갈등관리전략에 해당된다고 하겠으며, 제3자에 의한 갈등관리전략들 중에서도 대체로 중재에 해당한다고 볼 수 있다. 다만 시민단체와 정부와의 관계에서 시민단체가 정부를 보완하는 역할을 중심으로 보면, 제3자 개입방식들 중에서 알선(good office)이나 조정(mediation)에 해당된다고 하겠으나, 사례에서 보듯이 시민단체들은 정부의 역할을 보완하는 지위에서 벗어나 전면에 나서며(서경석, 1996), 비록 일시적이었지만 초법적(超法的)인 지위[23]를 누려 일선이나 조정이 아닌 중재(arbitration)역할을 수행하였다. 그런데 이러한 고도의 가치판단을 요구하는 지시적 개입전략인 중재는 시민단체들의 자율성 혹은 독자성을 훼손할 가능성이 높다는데 문제가 있는 것이다.

---

23) 김포매립지 사례에서 당시 시민단체는 정부와의 관계에서 부분적으로 초법적인 지위를 누렸다고 하였다(장원 교수와의 면접조사, 2002. 9.).

<그림 2-1> 갈등관리 유형

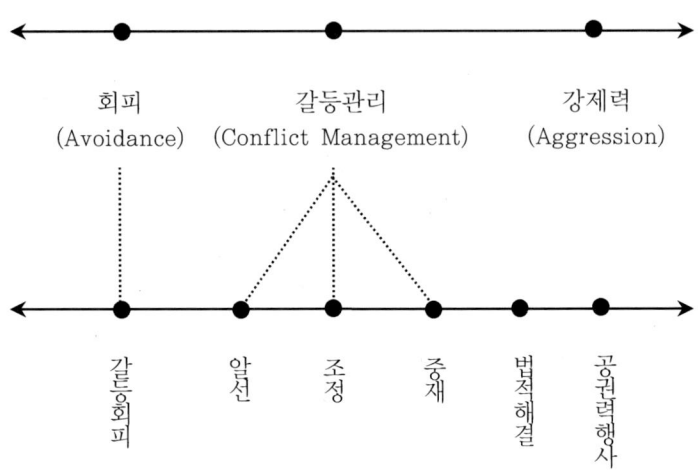

출처: Coleman Raider Conflict Resolution Continuum
    (Deutsch, 2000 : 505)를 재구성

〈그림 2-1〉은 갈등관리 유형을 나타내고 있으며, 갈등관리 유형의 양극단은 갈등이 발생했을 때 이를 회피하는 경우와 강제력으로 갈등을 해소하려는 경우로 나누어진다. 이 양극단의 중간에 위치하는 것이 갈등이 악화되는 것을 방지하고 당사자들에게 유리한 결과를 가져올 수 있도록 하는 갈등관리인데, 여기서는 알선, 조정, 중재와 같은 제3자 개입전략을 상정하기로 한다. 그리고 강제력이 부여되는 중재와 강제력을 사용하게 되는 공권력 행사 사이에는 법적 해결이 있게 된다. 이들 중 본 연구에서 주로 다루는 것은 갈등관리 유형들 중 중재이며 그 이유는 제4장의 사례들에서 시민단체들은 주로 중재라는 유형을 선택하였기 때문이다. 이와 같이 갈등관리에 있어 시민단체들이 정부를 보완하는 역할인 알선이나 조정역할 대신에 중재라는 역할을 맡게 된 것은 다음과 같이 정부의 갈등관리역할에 한계가 있었기 때문이다.

3. 정부의 갈등관리역할의 한계

당사자들 간의 협상에 의하여 갈등해결이 되지 못하고 갈등문제가 사회적으로 이슈화가 되면 제3자가 개입하여 갈등을 관리하게 된다. 이 과정에서 문제를 공론화하여 대화와 토론과정을 거쳐 상호간의 입장 차이를 좁혀 일정한 합의점을 찾아내는 노력이 요구되는데, 이러한 갈등관리자 역할을 할 수 있는 주체로 우선 들 수 있는 것은 1차적 책임자인 정부라 할 것이다. 왜냐하면 행정부는 어느 시대를 막론하고 시민의 생명과 재산을 보호하고 사회 질서를 유지하는 역할을 세1의 목표로 삼고 있기 때문에(Godwin and Wahlke, 1997: 16), 작은 규모의 갈등이 확대되어 사회적으로 큰 파장을 가져와 국가 질서의 근간을 흔드는 갈등으로 폭발하기 전에 정부는 이러한 갈등을 잘 관리할 책임과 의무가 있기 때문이다. 그러나 다음과 같은 이유들로 인해 오늘날 다양한 행위주체들이 사회의 갈등관리 역할을 부분적으로 맡게 되었고, 그들 중 대표적인 행위자가 시민단체들인 것이다. 이러한 시민단체들이 갈등관리자로서 등장할 수 있었던 이유는 우선 시민단체가 가지고 있는 특성에서 비롯되었다고 할 수 있다. 즉, 시민단체는 자신들의 신념에 근거하여 공익실현을 목적으로 정부와 기업으로부터 사회적 약자의 인권보호, 환경보호, 민주화를 포함한 사회정의의 실현, 정치개혁, 정부의 정책이나 시장에 대한 감시와 비판을 임무로 하는 특성을 가지고 있으므로 시민단체는 환경 분쟁이나 소비자와 생산자간의 분쟁, 인권분야 등에서 사회적, 정치적 융합을 위하여 중재자 역할을 수행할 수 있다는 것이다(김준기, 1998). 그러나 시민단체의 이러한 특성에도 불구하고 시민단체가 갈등관리역할을 수행할 필요성이 제기되고 있는 직접적인 원인제공은 바로 정부에게 있다고 본다. 이와 같이 정부가 효율적인 갈등관리를 하지 못하고 시민단체들에게 갈등관리권을 넘겨주었던 이유는 다음과 같다.

첫째, 성공적인 갈등관리를 위해서는 우선 정부의 신뢰와 중립성이 분쟁해결과정에 중요한 영향을 미치게 된다. 그러나 우리의 경우 정부의 신뢰가 실추되어 있는 상황에서 정부가 중립자로서의 역할을 한다는 것을 기대하는 사람은 적으며, 공정한 중립자라는 역할인식 또한 단기간에 형성되기 어렵다는 점을 감안할 때 당분간, 정부의 갈등관리능력을 크게 기대할 수 없는 상황(이달곤, 1993: 235)이 상대적으로 국민의 신뢰도가 높은 시민단체의 개입을 가져오는 계기를 마련하였던 것이다.[24]

둘째, 갈등을 조정할 책임이 있는 정부의 조정능력 부족과 갈등관리 후에 돌아올 책임의 회피, 부처간의 조정의 미비, 권위주의적 태도 등으로 갈등관리에 대한 정부의 성과가 매우 낮은 데에도 그 원인이 있으며 이는 비단 우리에만 국한된 문제는 아닌 것 같다. 즉, 갈등관리자로서의 정부의 역할[25]에 대하여 그동안 행정학연구에 있어 갈등문제를 등한시한 것에 대한 비판이 미국 내에서도 제기되었는데, Lan에 의하면 미국의 경우 1990년에 이르러 행정이 당면하는 갈등은 매우 복잡하고, 다양하며, 그 강도도 심화되어가고 있으며 개인적인 불만, 노사갈등과 같은 전통적인 개인간·조직간 갈등 이외에 많은 제도적 수준의 갈등(institutional level

---

24) 이런 점에서 정부의 능력 부족이나 책임회피 등의 이유로 갈등해결이 이루어지지 않고 갈등이 더 심화되어 갈 때, 갈등당사자들은 제3자인 시민단체의 개입을 요청하는 경우가 많은데, 그 이유는 정부에 비해 시민단체의 신뢰성과 공정성 등에 대한 기대가 커다란 요인으로 작용하기 때문이라고 생각된다. 이와 같이 시민단체가 사회적 갈등의 관리자로 나설 수 있는 것은 시민단체가 회원들의 사적 이익을 추구하는 다른 이익집단들과는 달리 일반대중의 보편화된 이익, 즉 공익을 실현하기 위해서 활동하기 때문이다. 이와 같은 과정 속에서 공익을 1차적으로 추구하는 정부에 비해 더 많은 신뢰를 받고 있는 시민단체들이 자연스럽게 정부의 갈등관리역할을 대신할 수 있었던 것이다.

25) 정부의 역할과 기능이란 정부가 수행하는 일을 말하는데 이러한 역할의 내용은 따지고 보면 국민이 기대하는 것을 말한다. 즉, 정부가 어떤 일을 어떠한 방법으로 해주기를 바라는 국민의 기대가 바로 역할인 것이다. 그리고 정부의 역할이 정부가 하는 일의 범위를 규정하는 것이라면 정부의 기능이란 구체적인 작용을 말한다고 하는 견해(박우순, 2002: 56)와 정부의 역할과 기능을 비슷한 것으로 보고 정부의 기능은 정부가 어떤 일을 해야 하는가 하는 당위적 측면과 현재 어떤 일을 하고 있는가의 실제적 측면을 모두 포함하는 것으로 보는 견해(민진, 2002: 40)가 있다.

conflicts)문제가 표면화되거나 강화되고 있다고 한다. 그리고 오늘날의 정부는 갈등해결에 대한 충분한 이해와 기술을 갖추어야만 주어진 업무를 제대로 해결할 수 있다고 보지만 아직도 미국의 행정학 문헌들은 갈등해결에 대한 이해와 행정학에 대한 적용에 있어 여전히 체계적인 연구에 인색한 편이라 비판하였다. 즉, 행정실무에서 공무원들이 갈등문제를 자주 다루게 되지만 많은 공무원들이 갈등해결에 필요한 기술과 이론적 근거들에 취약하며, 갈등문제에 관한 방대한 연구문헌은 사회학, 국제관계론, 노사관계 등에서 찾아볼 수 있고 행정학 문헌들은 갈등해결문제에는 별로 중점을 두지 않고 있다고 비판하였다(Lan, 1997).[26] 이러한 정부역할을 보완하여 갈등을 관리할 의무가 있는 기관은 국민이 선출한 국회라고도 할 수 있는데, 한약분쟁이나 의약분업의 경우처럼 공청회를 통해 의견 접근이 안될 경우 소위원회에서 표결처리를 통하여 결정하게 되지만 국회의원들은 자신과 직·간접적으로 관련된 직능십단의 의시를 무시하는 것이 사실상 불가능하므로 갈등관리가 중립성을 띠지 못하고 오히려 이러한 이익집단들의 이해관계에 영합하는 결과를 가져오는 경우가 많다. 따라서 위의 두 사례에서도 보듯이 갈등관리를 해야 할 국회가 갈등문제를 풀지 못하고 다시 정부에 넘김으로써 결국 갈등관리자로서의 국회는 합리적인 대안을 제시하고 결정하는 것이 아니라 정치적 타협을 하거나 갈등을 오히려 악화시키는 비효율적인 기관으로 전락하고 말았던 것이다.

정부의 갈등관리 역할의 세 번째 한계는 오늘날 정부를 둘러싼 환경의 변화인데, 과거와 같이 행정을 정부만이 독점 관리하는 시대가 지났다는

---

26) Lan은 1992년에서 1995년에 이르는 3년 동안 8개의 주요 행정학 저널에서는 단지 4개의 논문만이 갈등해결을 다루고 있으며 이들 중에서 세 개는 대체적 분쟁조절(alternative conflict resolution)을, 하나는 정책결정과 집행에서 의제갈등(agenda conflict)의 영향에 관한 것인데 모두 사례연구에 기초를 두고 있다고 하였다. 그는 행정학에서 갈등문제에 관련되어 출판된 서적들은 소수인데 이들도 특정한 갈등해결의 이슈 혹은 특정한 대상집단을 분석한 것에 불과하다고 하며, 앞으로 행정학을 연구하는 사람들과 실천하는 사람들이 갈등문제에 더 많은 관심을 기울여줄 것을 요구하였다(Lan, 1997: 27-28).

점이다. 당사자들 간의 협상에 의하여 갈등해결이 되지 못하고 갈등문제
가 사회적으로 이슈화가 되면 제3자가 개입하여 갈등을 관리하게 되며 이
과정에서 문제를 공론화시켜 대화와 토론과정을 거쳐 상호간의 입장 차이
를 좁혀 일정한 합의점을 찾아내는 노력을 하게 되는데, 이러한 갈등관리
자 역할을 할 수 있는 주체로 우선 들 수 있는 것은 1차적인 책임자인 정부
라 할 것이다. 그러나 행정 역시 시대와 역사의 산물이며, 총체제의 성격
여하에 따라 결정되는 하위체제이므로 시대와 국가, 상황에 따라 변화하
기 마련인 것으로(유종해, 1996: 105), 새 천년 세계시간을 주도하는 기
본적인 추동력인 세계화, 지식정보화, 민주화(임혁백 외, 2000: 29)로
행정의 역할은 과거의 주도자, 지배자, 규제자 역할로부터 지원자, 봉
사자, 조정자로의 역할로 변화되지 않을 수 없게 되었다(윤재풍, 1996:
130-131).27) 이러한 배경에서 나온 이론이 Salamon(1999)의 제3자적
정부(Third-Party Government)와, 거버넌스 이론이라고 할 수 있다.

　　Salamon(1999)의 제3자적 정부란 미국인들의 중앙집권화된 정부에 대
한 뿌리 깊은 적대적 정서에서 나온 것으로 연방정부가 직접 서비스를 제
공하지 않고, 주 정부, 시 정부, 은행, 여타 민간사업체, 비영리기관을 통
하여 그들의 임무를 수행하려는 의도에서 나온 것이었다. 즉, 연방정부가
프로그램의 우선순위를 결정하고 재정지원을 하지만 실제적인 서비스 공
급과 프로그램 운영은 주·지방정부, 은행, 기업체, 병원, 비영리단체 등
이 맡게 된다. 이 과정에서 주·지방정부 또는 민간조직은 상당한 권위와
재정지출에 대한 재량권을 연방정부와 공유하게 되는데, 미국의 경우 정
부와 비영리기관 간의 오랜 기간 쌓아온 상호관계를 더욱 더 확대시켜 나
갔던 것이다. 이의 근거를 제공한 Salamon은 시민단체를 포함한 비영리

---

27) 윤성식은 21세기 선진국의 새로운 국가행정 모형으로 작은 정부, 민영화와 민
　　간 위임, 규제완화 및 절차와 규정의 간소화, 자율과 책임에 의한 행정, 정보의
　　투명성, 고객중심, 결과지향적 행정을 들고 있으며, 이어 새로운 국가행정 모형
　　에 대한 문제점도 지적하고 있다(윤성식, 2000: 325-335).

단체들이 정부나 시장실패의 틈새 영역에서 소극적, 보조적인 기능을 하는 것이 아니라 공공서비스에 대한 정부의 대안으로서 적극적인 역할을 수행한다고 보았다. 즉, 시장실패나 정부실패이론에 의하면 시장실패가 존재하는 경우 1차적으로 정부가 주체가 되며, 여기에서 충족되지 못한 틈새 영역에 대해 2차적, 보완적 기능으로서 시민단체와 같은 비영리단체가 출현하게 된다고 보는데 대해 그의 자원부분실패이론에 의하면 시장실패에 대한 1차적 대응은 자원(자발적) 부문이 담당하고, 이 부문이 실패할 경우 정부가 이를 보완하여 서비스 공급을 원활하게 하여야 한다는 것이다. 그에 의하면 정부나 시장실패이론은 시민단체와 정부와의 관계를 경쟁적, 대립적인 관계로 과장하고 있을 뿐만 아니라 시민단체를 공공재 공급에 있어 정부의 대안이 아닌 보조적 수단으로서의 역할에 한정하고 있음을 지적하였다. 그는 이를 비판하며 정부와 시민단체는 서로 협력하면서 동시에 성장하는 것으로 보고 예컨대 정부는 자원창출(resource generation) 기능을 수행하고 시민단체는 지역사회의 서비스 기능을 수행하는 것이 적합하다고 한다. 따라서 정부와 시민단체는 서로 대립하는 것이 아니라 보다 공동협력과 지원을 하는 관계로 보는 것이며, 시민단체의 역할도 단순한 정부업무의 보조가 아니라 정부와 대등한 입장에서 서로 협력하는 역할을 수행하게 되는 것이다.[28] 그리고 한국에서 이러한 정부의 역할변화에 대

---

28) 이러한 주장은 최근 우리 학계에서도 제기되고 있다. 신자유주의의 물결은 시민, 정부, 시장간의 상호역할과 책임관계에도 수많은 변화를 요구하고 있는데, 무엇보다 이러한 주체들 간에 자율과 책임, 경쟁과 타협, 협상과 조정, 파트너십, 반응성과 투명성 등의 가치에 대한 실제적 동의가 이루어져야 상호신뢰가 형성된다고 보고, 중앙정부는 방향잡기와 네트워크 시스템에 대한 지원과 관리에 치중하고 시민을 만족시킬 수 있는 공공서비스 전달은 지방자치단체와 시장, 시민단체들이 분담해야 한다고 하는 견해(박영주, 2000)와, 시민사회의 사유화를 방지하고 다원적 갈등을 조정하기 위해서는 민주적이고 공식적인 권위를 가지고 신뢰받는 정부의 역할이 여전히 중요하다고 하며 더구나 한국적 상황에서는 시민사회 내의 비민주성과 천민성 또한 만만치 않기 때문에 조정자와 감독자로서의 정부의 역할이 여전히 요구된다는 견해들도 제기되고 있다(박상필, 2001, 박우순, 2002).

한 논의는 1997년 김대중 정부 이후 급속도로 확산되었다(김준기, 2001).

  시민단체의 갈등관리자로서의 역할에 대해서는 거버넌스 이론에 의한 접근도 가능한데, 국정관리(governance)란 과거에 정부가 담당하던 공적업무를 정부와 민간 구분 없이 합동하여 해결하는 방식으로서 이는 정부가 중심이 되지만, 시민단체, 민간기업, 시민들이 공동으로 공적인 문제해결을 위하여 결정하고 집행하는 새로운 국정운영 패러다임을 말한다(정동근, 2000). 정부실패에 대한 불신이 가중되면서 정부에 비해 상대적으로 신뢰성이 높은 시민단체들이 사회적·정치적 화합을 위하여 사회적 갈등의 관리자로서의 기능을 활발히 수행하고 있다는 것이다. Strange(1996)는 국가와 시장 사이의 균형이 1970년대부터 지속적으로 변화되어 이제 국가는 권위의 유일한 원천이 아니라 무수한 원천들 중의 하나에 지나지 않는다고 함으로써 공공정책결정은 이제 정부의 독점적 영역이 아니라 기업과 시민단체들도 동참하는 '거버넌스'의 영역이 되고 있다고 하였는데(주성수, 2001), 오늘날 정부와 시민단체간의 관계는 협력적 관계로 들어섰음을 지적하고 있다.

  이와 같은 정부역할의 한계 이외에도 시민단체가 갈등관리를 맡게 되는 근거로는 언론기관이 갈등 완화 역할을 충분히 하지 못했다는 점이다. 특히 의약분업사례의 경우, 합리적 대안 제시보다는 전문가들의 견해를 여과 없이 보도하거나 갈등문제가 일어나게 된 배경과 주장 근거들을 자세히 소개하여 시민들의 건전한 이성적 판단을 통한 여론 형성을 시도하지 못하고 의료파업을 하는 의료계의 주장만을 소개하거나 갈등현상으로 비롯되는 사건의 부정적이고 선정적인 보도를 함으로써(장호순 외, 2000), 갈등의 본질을 훼손, 왜곡하였다. 이러한 언론의 태도는 건전한 여론형성을 통하여 합리적 대안 모색이라는 갈등관리자로서의 언론기관의 책임을 회피하는 결과를 가져왔던 것이다. 이와 같이 언론기관은 자사이기주의, 보도의 왜곡, 언론인의 직업윤리 부족, 독자 혹은 시청자의 인기에 영합하는 선정주의적 보도 등으로 인해, 1990년대

중반 이후 신뢰도가 하강[29]하고 있다(강명구 외, 2001). 이와 같은 점
들을 볼 때 갈등당사자들은 현재 국민들로부터 가장 많은 신뢰를 받고
있는 시민단체의 중재를 요구하고 수용할 가능성이 높아질 수밖에 없는
것이다.

4. 시민단체의 갈등관리 역할

갈등을 해결하는 제3사의 역할에 대해서는 학자들에 따라 다소 차이가
있다. Deutsch(1973)는 첫째 갈등당사자들이 갈등 이슈들을 밝히고 문제
에 직면할 수 있도록 도와주는 역할, 둘째 대화에 필요한 우호적인 분위
기를 만들어 주고, 셋째 갈등당사자들 간의 상호이해를 발전시켜줄 의사
소통과정에 방해가 되는 요소들을 제거해주는 역할, 넷째 갈등당사자들
이 서로 만족할 수 있는 합의에 도달할 수 있도록 강압적인 방법보다는
설득하고, 상호존중하며, 공개적인 의사소통방법과 같은 합리적인 방식
의 상호작용이 이루어질 수 있는 협상규범을 확립해 놓는 역할을 제시하
였는데 그는 이것이 갈등관리자가 해야 할 가장 중요한 임무들 중의 하나
로 보았다. 이와 같은 절차의 공정성(fair rules of procedure)은 갈등당
사자들에게 균등한 기회의 부여를 가져오는 것으로 보았으며, 갈등관리
자가 갈등당사자들을 공정하게 대한다는 인식을 당사자들이 함으로써 결
국 그들로부터 정당성을 인정받게 된다고 하였다(Deutsch, 1973:
385-386). 다섯째 가능한 해결방안을 결정하는 것을 도와주거나, 해결책

---

29) 다음과 같은 여론조사에서도 이를 증명하고 있다. 1993년 10월 21일자 시사저널
의 발표에 의하면(시사저널, '누가 한국을 움직이는가?', 1993. 10. 21), "우리나
라에 가장 큰 영향력이 있는 집단이나 단체 또는 세력 3개만 든다면?"이라는 설
문에 우리 국민들 중 44.6%가 경실련(1위)을 들었으며, 24.3%가 전경련(2위)
을, 13.9%가 소비자보호단체(3위), 13.5%가 노총(4위), 13.5%가 종교집단(4
위), 6.55%가 매스컴(6위), 5.35%가 전노협(7위), 4.9%가 경제관련단체(8
위), 4.8%가 민자당(9위), 4.2%가 대한변협(10위)를 들었다.

에 대한 조언을 하는 역할, 여섯째 갈등당사자들이 수용할 수 있는 시험적인 합의안(a workable agreement)을 도출할 수 있도록 도와주는 역할, 끝으로 갈등과 관련된 이해 당사자들의 명예와 이해관계에 도움이 되는 합의를 유도하는 역할을 들었다. 이외에도 일반적인 갈등관리자의 역할에 대해서 이달곤 등(2002)은 다음 세 가지로 유형화하였다.

첫 번째 역할은 '대화의 통로제공자'로서의 역할이다. 갈등은 의사소통의 단절을 의미하므로, 갈등관리자는 우선 갈등과정에서 다양한 연결점의 역할을 함으로써 갈등당사자 간의 의사소통을 가능하게 하는 노력이 무엇보다 필요하다는 것으로 갈등당사자간의 의사소통의 통로를 만들어주는 수동적인 역할에 속한다.

두 번째 역할은 '합의형성자(formlator)'로서의 역할이다. 당사자간의 대화가 단절되고 서로를 만족시켜줄 수 있는 해결책이 마련되지 못하는 상황이 전개될 경우, 갈등관리자는 갈등 이슈를 재정의하고 공식적인 해결방안을 모색하는 노력이 필요하게 된다. 이러한 역할로서 관리자는 당사자들을 도와 명시적이고 공간을 얻을 수 있는 제안을 하게 되는데, 다만 이러한 역할이 문제의 본질을 변질시켜서는 안되며, 관리자는 권력을 행사할 수 없는 것이다. 이런 점에서 갈등관리자의 '합의형성자' 역할은 순수한 조정이라 할 수 있다(이달곤 외, 2002: 7)는 것이다.

세 번째 역할은 '협상조절자(manipulator)'의 역할이다. 갈등관리자는 합의를 도출하고, 그 합의가 관리자에게 가장 안정적인 합의안이 될 수 있도록 이용 가능한 자원들을 사용할 수 있다고 한다.

갈등관리자가 수행하는 이러한 세 가지 역할들은 갈등관리과정에서 상호변화가 가능한 역할들로 이러한 역할들의 중요성은 갈등사례들의 상황에 따라 달라지는데(이달곤 외, 2002), 이러한 갈등관리자로서의 시민단체의 갈등관리 역할이 원활하게 수행되기 위해서는 무엇보다 시민단체들이 일정한 요건을 갖추는 것이 중요하다고 생각된다.

제3장 시민단체의 갈등중재의 성공요인

제1절 갈등중재의 성공요인 분석

여기서는 시민단체들의 갈등중재에 있어 성공요인이 무엇인지 선행연구들을 통해 정리해 보고, 이를 기준으로 시민단체들이 세 가지 사례들에서 실제로 어떻게 중재역할을 수행하였는지를 평가, 분석해보고자 한다. 이는 결국 시민단체들의 효율적인 갈등중재 역할을 보장해주는 결정요인들을 선행연구를 통해 규명하고 이를 토대로 하나의 평가기준을 마련하여 실제로 시민단체들이 중재역할을 하는데 적용시켜보자는 것이다. 이러한 과정을 통해 각 사례들에서 시민단체들이 만족스러운 역할을 한 부분은 어떤 것이었으며, 어떤 기준이 미흡했는지를 비교 분석함으로써, 앞으로 시민단체들의 중재능력을 향상시키고자 하는 것이 목적이다. 일본의 요타로(정택상 역, 2001)는 일본경제가 파국으로 치닫는[1] 원인들 중 하나로, 실패를 감추는 일본인들의 의식을 들고 실패의 부정적인 측면보나는 긍정적인 측면을 인정하며 사회전체가 실패에 적극적으로 맞서는 시스템의 확립을 주장하였는데, 실패원인들을 10가지 종류로 나누고[2] 이러한 요인들이 복잡하게 얽혀져 실패라는 결과를 가져온

---

1) KBS-1 TV, 일요스페셜, "일본의 실패", 2002년 3월 31일 방영한 프로그램 중에서 인용함.

2) ⓐ 무지: 개인의 게으름 때문에 일어난 실패, ⓑ 부주의: 충분한 주의를 기울이지 않고 태만히 일을 하여 일어난 실패, ⓒ 차례 미준수: 결정된 약속 사항을 지키지 않아 일어나는 실패, ⓓ 오판: 상황을 올바르게 받아들이지 않거나 상황은 올바르게 받아들였지만 판단을 잘못해 일어나는 실패, ⓔ 조사・검토 부족: 판단하는 사

다고 하였다.

그와 유사하게 갈등관리 분야에 있어 성공한 사례와 실패한 사례를 비교 연구하여 성공과 실패를 평가하는 기준을 제시한 학자는 Ross(1993)이며, 그는 갈등관리에 있어 성공과 실패를 평가하는 세 가지 기준으로 수용성(acceptance), 지속성(duration), 변화된 관계 (changed relationships)를 제시하고 성공한 갈등관리(successful conflict management)와 실패한 갈등관리(failed conflict manage-ment)들의 구체적인 사례들을 제시하고 있다.

그런데 이와 같은 갈등관리가 결국 성공했느냐, 실패했느냐는 보는 사람에 따라서, 혹은 시간의 경과에 따라서 평가할 문제로서 획일적으로 말하기는 어렵다고 본다. 따라서 규명해야할 것은 중재의 효율성에 대한 개념이다. 즉, 유능한 중재자란 중재를 효율적, 즉 성공적으로 이끌어내야 함을 의미한다고 할 때 중재의 성공 여부의 의미가 무엇인가 하는 점이다. 이에 대해서 이달곤(1995)은 "협상을 통하여 가치를 증대시킨다는 것은 곧 효율성을 증대시킨다는 것이고, 그 기준이 리틀의 기준(Little criterion)3)

람이 당연히 알고 있어야 하는 지식이나 정보를 가지고 있지 않거나 혹은 충분한 검토를 하지 않아서 생기는 실패, ⓕ 제약조건의 변화: 무언가를 만들거나 기획하려면 반드시 사전에 제약조건을 상정해야 하는데 이를 고려하지 않아 발생한 실패, ⓖ 기획불량: 기회 내지 계획 자체에 문제가 있는 실패, ⓗ 가치관 불량: 자기 조직 내지 가치관이 주변과 어긋날 때 일어나는 실패, ⓘ 조직 운영불량: 조직이 일을 진행할 만한 능력이 없어 발생한 실패로 가장 두드러진 것은 조직의 리더가 실패를 실패로 인식하지 못하고 상처를 키우는 경우이다. ⓙ 미지: 예외적인 원인으로 원인 자체를 알 수 없어 실패한 경우이다(요타로, 정택상 역, 2001: 79-83).

3) 이 기준은 일단 스키토브스키 기준(Scitovsky criterion)이 적용되고, 협상 후 가치의 배분상태에 대해 당사자들이 큰 문제를 제기하지 않을 때 협상이 바람직한 방향으로 이루어져 효율성이 증대되었다고 보는 것이다(이달곤, 1995: 99). 여기서 스키토브스키 기준이란 이익을 본 편은 손해를 본 편이 금전적인 가치를 부여하는 양보다 더 많은 양의 가치를 부여하는 동시에, 손해를 본 편에서도 새롭게 형성된 가치배분상태에 불만을 가지고 이익을 본 편에게 보상을 제공하여 본래 상태로 돌아가려는 유인을 갖지 않은 경우를 효율성이 증대된 것으로 규정하는 것이다.

정도만이라도 만족을 시킨다면 현실적으로 생산적인 협상"이라 할 수 있다
고 하며, 갈등의 완화를 보장하는 합의도출을 성공적인 조정(갈등관리)으
로 정의하는 경향이 있다고 한다(이달곤, 2002: 8). 그런데, 또 하나 문제
되는 것은 갈등관리의 성공과 실패를 평가하는 기준이 무엇인가 하는 점이
다. 이 점과 관련하여 Ross(1993)는 갈등관리에 있어 성공과 실패를 평가
하는 세 가지 기준(criteria)으로 수용성(acceptance), 지속성(duration),
변화된 관계(changed relationships)를 제시하였는데, 수용성이란 해결책
이 갈등당사자들에게 용인되는 것을 말한다. 갈등당사자들이 수락하는 것
은 다음의 두 가지 이유에서 비롯되는데, 해설안의 내용이 미음에 들거나
해결안에 이르는 절차가 공정하게 이루어졌다고 생각하기 때문이다(Ross,
1993: 120). 당사자가 행동할 힘이 없어서 해결책에 반대하지 못하는 경우
는 수용성이 아니라 체념(resignation)으로 보았다. 두 번째 기준인 지속
성은 해결책이 얼마나 오래 시속되는가의 정도를 말하는 것으로 짧은 시간
에 유효한 해결책보다는 상호간의 수락을 통하여 장기적으로 지속되는 해
결책이 더 성공적인 것으로 본다. 세 번째 기준은 변화된 관계로서 갈등당
사자들의 상호작용이 갈등해결 전과 갈등해결 후에 달라지는 정도를 나타
내며, 갈등해결 후 좀더 긍정적인 방향으로 변화되었다면 성공적인 갈등
해결이라는 것이다. 따라서 Ross는 "갈등당사자 모두가 수용할 수 있고 해
결책이 지속적이며, 당사자들의 관계가 갈등 전보다 더 긍정적인 관계로
발전"한 것을 성공적인 갈등관리로 파악하였다. 그리고 이와 같은 갈등관
리의 성공요건으로 절차의 공정성과 충분한 토의를 들었다. 이달곤(1989)
도 협상의 경우에 정통성, 정의, 공익 등의 일반적 가치를 추구해야 할 뿐
만 아니라 가치배분상의 형평, 공정, 기회, 권리보호 등의 기준도 강조해
야 함을 주장하였다. 그리고 협상과정에서 효율성 못지않게 중요한 기준
은 형평성인데 어느 누구도 무엇이 공정한 지에 대하여 가치판단을 독점할
권리가 없으므로 결국 형평이나 정의의 판단은 민주주의적인 절차에 크게
의존한다고 하였다(이달곤, 1995).

이러한 점들을 종합해보면 성공적인 중재 혹은 중재의 효율성이란 중재를 통하여 "갈등당사자 모두가 수용할 수 있고 해결책이 지속적이며, 당사자들의 관계가 갈등 전보다 더 긍정적인 관계로 발전(Ross, 1993)된 상태"를 의미하며, 중재과정이 반드시 민주적인 절차에 따라 이루어져야 됨을 뜻한다고 하겠다. 그러면 중재역할을 평가하는 기준을 제시하기 위해 먼저 선행연구를 통한 검토를 하기로 한다.

1. 선행 연구의 검토

Schellenberg(1982)는 갈등을 효과적으로 해결하기 위해서는 능력(capability), 신뢰성(credibility), 적절성(relevance), 정통성(legi-timacy)등이 요구된다고 보는데, 갈등을 해결하는 1차적인 방법은 갈등당사자들 중, 힘이 더 강한 당사자가 있는 경우 실력으로 상대를 제압하는 능력이 일단 필요하게 될 것이지만, 이러한 물리적 힘(physical power)은 정통성과 같은 권위적인 요소가 없을 때 적나라한 힘(naked power)으로 나타나는 것으로 진정한 힘이 될 수 없다고 보았다. 그는 Max Weber의 합법적 권위, 전통적 권위, 카리스마적 권위를 인용하면서 이러한 정당성에 대한 권위가 뒷받침된 물리적인 힘이야말로 도덕적 힘(moral force)을 갖춘 힘이라고 하여 특히 정통성을 강조하였음이 특징이다(Schellenberg, 1982: 229-234).

Deutsch(1973)는 갈등을 해결하는 제3자의 역할을 다음과 같이 설명하고 있는데, 특히 갈등당사자들이 서로 만족할 수 있는 합의에 도달할 수 있도록 강압적인 방법보다는 설득하고, 상호존중하며, 공개적인 의사소통 방법과 같은 합리적인 방식의 상호작용이 이루어질 수 있는 협상규범을 확립해 놓는 역할을 강조하였다. 그리고 이것이 중재자가 해야 할 가장 중요한 임무들 중의 하나로 하였으며, 이러한 절차의 공정성은 갈등당사

자들에게 균등한 기회의 부여를 가져오는 것으로 보았고 중재자가 갈등당
사자들을 공정하게 대한다는 인식을 당사자들에게 인식시켜 줌으로써 그
들로부터 정당성을 인정받게 된다고 하였다(Deutsch, 1973: 385-386).
Deutsch는 제3자에게 중요한 요소로 능력[4], 중립성(neutral), 공정성
(impartial), 접근성, 위신, 신중성(discreet)을 제시하였는데(Deutsch,
1973), 빈약한 의사소통(poor communication), 강제적인 술책(coer-
cive tactics), 의심, 가치문제에 있어 기본적인 인식의 차이, 힘의 차이를
증가시키기 위한 정향, 갈등당사자들의 합법성에 대한 도전과 같은 요소
가 갈등해결을 파괴적으로 이끈다고 하고, 갈등해결의 건설적인 과정을
위한 조건으로 원활한 의사소통(good communication), 믿음과 가치의 유
사성에 대한 인식, 서로의 정통성에 대한 충분한 인식, 문제 중심적인 협상,
상호간의 신뢰와 확신, 정보공유 등을 지적하였다(Sandole and Sandole-
Staroste, 1987: 48).

Bercovitch(1984)는 중재자는 인지도와 지위가 높고, 공정하고 신중
하며, 능력이 있어야 한다고 하고, 이외에도 신뢰성이 높아야 하며, 편
견이 없고, 갈등당사자들을 이해하려는 노력을 해야 한다고 하였다.

Cohen(1994)은 갈등관리 방법들 중 협상을 분석하는 과정에서 협상
을 좌우하는 요인을 크게 세 가지, 즉, 힘, 시간, 정보로 보았으며 여기
서 힘은 사람, 상황, 그리고 스스로를 제어할 수 있고 일을 끝낼 수 있
는 재능이나 능력을 의미하는 것으로 이러한 힘에는 경쟁의 힘, 합법성
의 힘, 위험을 감수해서 얻는 힘, 동참에서 얻는 힘, 전문지식의 힘, 필
요한 지식이 갖는 힘, 투자의 힘, 보상과 벌이 가져오는 힘, 동일시의
힘, 도덕성의 힘, 선례의 힘, 끈질김으로 인해 얻는 힘, 설득력, 일에

---

4) Deutsch는 능력을 competent(Deutsch, 1973: 162), skilled (Deutsch,
    1973: 388) 등으로 사용하고 있는데, 가설 15에서는 힘(power)이 많을수록 상
    대방이 더 신뢰하게 된다고 하였다. 그런데 여기서 힘(power)은 능력(ability)
    과 기술(skill), 자원(resources)등이라고 하였다(Deutsch, 1973: 162-165).

임하는 태도가 갖는 힘 등이 있다고 하였다. 또한 시간에 대해서는 모든 협상에 있어 가장 중요한 양보행위나 해결의 움직임은 바로 마감시간에 가까운 시점에 이루어진다고 하고 있으며, 마지막으로 정보는 성공이라는 창고로 들어가는 문을 여는 열쇠라고 강조하였다(Cohen, 강운희 역, 2001: 142).

Schmidt와 Tannenbaum(2000)은 갈등이 일어나는 의견차이의 본질은 사실(fact), 목표(goal), 방법(method), 가치(value)라고 보고 이러한 의견 차이를 창조적으로 해결하는 방법의 하나로 갈등당사자들 간의 의사소통을 위한 수단(vehicles for communication)을 마련할 것을 제시하고 있는데, 그 이유는 의사소통이 어려워지면 당사자간의 오해의 소지가 그만큼 커지기 때문이라는 것이다(Schmidt and Tannenbaum, 2000: 21).

Ross(1993)는 갈등관리를 평가하는 세 가지 기준으로 수용성, 지속성, 변화된 관계들을 제시하였으며, 그는 "갈등당사자 모두가 수용할 수 있고 해결책이 지속적이며, 당사자들의 관계가 갈등 전보다 더 긍정적인 관계로 발전"한 것을 성공적인 갈등관리로 보았으며, 이와 같은 갈등관리의 성공요건으로 절차의 공정성과 충분한 토의를 제시하였다.

Rubin과 Brown(1975)은 협상에 대한 연구에서 종속변수를 협상의 효과성을 측정하는 기준으로 하여 이러한 종속변수에 영향을 미치는 독립변수들에 대한 분석을 하고 있으며, 다음과 같이 크게 네 가지로 나누고 있다. 첫 번째는 협상의 구조적 맥락(the structural context)으로 고객(audiences)[5]의 존재, 긍정적 평가의 필요, 책임성, 충성, 헌신, 권익옹호, 제3자의 활용, 갈등당사자의 수 등을 들고 있다 (Rubin and Brown, 1975: 41-80). 두 번째는 협상하는 사람의 행태적 정향(the behavioral predisposition), 세 번째는 협상하는 사람의 상호의존성, 네 번째는 사회에 영향을 미치는 전략의 사용 등이다. 이러한 내용들 중에서 본 연구의

---

5) 여기서 audience는 고객(constituencies)을 의미한다(Rubin and Brown, 1975: 43).

분석에 원용할 수 있는 요인들로 제3자의 신뢰성, 의사소통 채널 (communication channels)의 활용, 시간제약의 존재 등을 들 수 있으며, 이들은 협상이나 조정하는 사람들의 개인적인 성향에 대해서 "모험을 즐기는 성향의 사람과 자신의 성취감을 충족시키려는 욕구가 강한 사람일수록 사람들 간의 상호작용(interpersonal orientation)이 부족하여 협상을 성공시키기가 어렵다"는 가설을 제시하였다.

Kressel(2000)은 "갈등조정(mediation)"이라는 논문에서 조정이라는 방식도 갈등이 전형적으로 오래 계속되고, 당사자들에 관련된 부정적인 패턴이 뿌리 깊은 분쟁에는 별 효력이 없다는 지적을 히였으며(Kressel, 2000: 524), 효율적인 조정을 위한 요건들을 언급하면서 조정이란 어떤 종류의 분쟁이건, 모든 분쟁에 효율적인 마술의 탄환은 아니며, 많은 연구 결과에 의하면 조정이란 분쟁의 수준이 일반적으로 중간 수준 정도에서 가장 실효성이 높다고 하였다. 그리고 그는 조정을 통해 분쟁이 해결되기 어려운 경우를 예시하고 있다(Kressel, 2000: 524-525).

첫째, 갈등의 수준이 매우 높은 경우(High levels of Conflict)로, 경험적 연구들에 의하면 갈등이 매우 심각한 수준일 경우에는 갈등조정자가 합의에 이르게 하기 위한 노력이 실패할 가능성이 높다고 하며 갈등의 정도는 다음과 같은 요소들과 서로 상관관계로 얽혀 더 심각하게 되며 이러한 요소들은 전에 있었던 갈등(prior conflict), 상대방에 대한 불신, 비합리성, 분노, 원활하지 못한 의사전달, 심한 이데올로기의 차이나 문화의 차이 등을 들 고 있다.

둘째, 갈등당사자들이 합의를 이루려는 동기가 부족한 경우로, 이혼조정에 있어 일방이 이혼하는 것을 반대하거나 심리적으로 강한 집착을 가지고 있을 경우, 갈등당사자들이 합의에 이르기 위한 동기가 부족할 경우 등이 이에 해당된다.

셋째, 조정에 대한 헌신적인 노력의 부족으로, 노사갈등에 관한 경험적인 연구들에 의하면 갈등당사자들 중 어느 일방만이 조정을 요청하였을 경우 조정이 이루어질 가능성이 낮아진다고 한다. 또한 조정자들 중 최고책임자가 중재에 헌신적이지 않거나 다른 조정자들을 신뢰하지 않을 경우에도 조정이 이루어질 가능성은 더욱 낮아진다는 지적이다.

넷째, 자원의 부족으로, 노사관계나 이혼문제에 관한 조정 자료들에 의하면 자원이 부족할 경우 갈등조정이 성공할 가능성이 낮아진다고 하는데, 그 이유는 갈등당사자들이 서로 받아들일 수 있는 범위가 줄어들기 때문이라는 것이다.

다섯째, '기본적인 원칙(Fundamental Principles)'을 포함한 갈등이 있을 경우에는 조정이 더 어려워진다는 것으로, 예를 들면 국제문제에 있어서는 이데올로기가 걸려있는 경우나 노사문제에 있어서는 노조의 인정 등이 해당된다.

여섯째, 불평등한 권력배분으로, 갈등당사자의 일방이 다른 쪽보다 더 권력이 많을 경우에는 그만큼 조정이 어렵다는 것이다. Rubin(1994) 등은 효율적인 중재를 위해서 여러 항목들을 나열하여 설명하고 있으며, 우선 직접접촉(direct contact)의 문제는 중재자는 언제나 갈등당사자들이 서로 직접접촉을 통해 문제를 해결할 것을 장려해야한다고 생각하기 쉬운데 이에 대해서는 사회심리학에서 반대의견이 있다고 한다.

Krauss와 Deutsch(1966)의 실험에 의하면 갈등당사자들의 직접 접촉이 갈등해결에 도움이 되는 것은 갈등의 정도가 비교적 작을 경우로, 다른 말로 표현하면 적대감이 낮고 서로 느끼는 바탕이 클 경우(공감대가 클 경우)라는 것이다. 그렇지 못할 경우는 갈등이 더 심해질 수 있는데, 중재자는 이럴 경우 직접접촉을 막고 접촉이 서로에게 도움이 된다는 믿음이 생길 때까지 기다려야 한다는 것이다.6) 두 번째는 중재자가

---

6) 갈등이 심할 경우 중재자가 쓸 수 있는 방법으로 "caucus"가 있는데 이것은 갈등당사자들을 서로 격리시켜 의사전달을 막는 것으로, 갈등당사자간의 적대감이 매우 높고 갈등당사자들이 공동문제해결에 참여하지 않을 때 쓰는 방법이다 (Rubin, Dean, Pruitt, Kim, 1994: 204).

부딪치는 문제들 중 하나는 공개를 할 것인지를 결정하는 일로, 장소
공개(site openness)는 일반인들이 쉽게 관찰할 수 있으며 다양한 사람
들-유권자(지지자)와 언론-에 의해 영향을 받게 되며, 폐쇄된 장소
(Closed site)란 중재가 일어나고 있는 장소에 외부인들이 쉽게 접근할
수 없는 곳으로 갈등해결을 성공적(효율적)으로 하기 위해서는 갈등당사
자들 간의 초기 회의는 공개되는 것보다는 폐쇄된 상황에서 하는 것이
더 효율적이며 단지 합의에 이르는 과정이 결렬되거나 결렬될 것이 확
실시될 때 외부세계에 공개되는 것이 낫다고 보고 있다. 왜냐하면 아직
성숙되지 않은 상태에서 섣불리 외부에 공개하는 것은 비타협적인 완강
한 태도를 가지게 할 수 있어 합의에 이르기가 어렵게 될 가능성이 높
기 때문이다. 이런 점에서 공개는 좀더 시간이 경과한 후 해결이 거의
이루어지려고 할 때 하는 것이 나은데 이는 해결이 임박할 무렵 외부에
노출됨으로써 갈등당사자들에게 합의해야한다는 의무를 부담하게 함으
로써 회의결과를 뒤집는 것을 막기 위함이다.[7] 다음으로 시간적 제약문
제에서 중재자는 갈등당사자들에게 일방적으로 최종시한(deadlines)을
강제할 수 있는데, 이러한 시간적 제약이 가해지면 갈등당사자들은 주
어진 시간 내에 합의에 도달하지 못했을 때 초래되는 손실문제에 부딪
치게 하여 결국 합의에 이르게 하려는 시도로 보인다. 그러나 이 방법
을 남용해서는 안되며 다음과 같은 주의가 필요하다고 하였다. 즉, 시간
적 제약이라는 수단을 사용할 경우, 중재자가 너무 서둘러 행동하지 않
도록 주의를 기울여야 한다는 것이다. 왜냐하면 갈등당사자들이 만나
자신들의 요구를 정리해보고 합의에 이르게 할 수 있는 창조적 사고를
하기 위해서는 충분한 시간이 필요하기 때문이다. 그러나 선행 조사연
구들에 의하면 시간적 압박이란 수단으로는 공동으로 문제를 해결하기

---

7) 1978년 이스라엘과 이집트간의 Camp David 협상에서는 미국의 카터 대통령이
  중재했는데, 협상을 하는 13일간 언론으로부터 이들을 보호하였고, 협상 종료가
  임박하여 원칙적인 합의가 이루어졌을 때 비로소 언론에 노출되었던 것이다.

어렵다는 보고도 있다(Carnevale & Lawler, 1986).

　중재를 성공적으로 수행하기 위하여 중재자들은 최소한 다음 세 가지의 부가적 자원(additional resources)인 시간, 공개성, 보상을 교묘하게 이용함으로써 합의에 이르게 하는 압력을 행사할 수 있는데, 중재자들은 공중의 정서에 호소하고 여론을 통해 진행 중인 중재에 관한 정보를 공개하고 갈등당사자들로 하여금 합의에 이르게 하기 위한 압력을 행사할 수 있다. 그리고 보상(compensations)이란 협상에서 양보의 대가로 주어지는 보상으로, 미국 외교에 있어 이집트와 이스라엘간의 관계에 있어 미국의 보상은 군사적·경제적 지원이었다고 하고 이러한 보상으로 인한 파이(pie)의 크기가 클수록 제로섬게임을 비제로섬게임으로 전환시키는 동기를 강하게 작용시킬 수 있다고 한다. 즉, 이러한 역할을 수행하기 위해서는 중재자가 줄 수 있는 자원의 양이 넉넉한 것이 바탕이 되어야한다는 것이다. 그리고 중재자의 중재능력은 권위(authority), 지위(status), 평판(reputation), 갈등당사자들을 상주고 벌 줄 수 있는 능력으로부터 나온다는 지적이다(Rubin, Pruitt, Kim, 1994: 222).

　국내 연구에서 김주환(1994)은 한약분업갈등에 있어서 정부와 경실련의 갈등중재를 중심으로 비교 연구한 논문에서 갈등중재를 위한 요건으로 갈등중재에 있어서의 신뢰성과 시간의 제약성, 전문성을 기준으로 제시하고 정부와 경실련의 갈등조정을 비교 분석하였는데, 갈등중재자의 신뢰성이 높고, 갈등중재에 있어 시간의 제약성이 강할수록, 그리고 갈등중재의 전문성이 높을수록 갈등은 효과적으로 잠재화된 형태로의 종결을 이루게 할 수 있다고 지적하였다. 김한기(1995)는 한약조제권 갈등에 대한 정부의 중재연구에서 갈등중재의 요건으로 신뢰성, 전문성, 중립성을 들었다. 환경분야에 있어 서휘석(1994)은 환경위험시설 입지갈등에 관한 연구에서 효율적인 갈등관리를 하기 위해서 갈등관리자에게 필요한 요건으로 신뢰성, 전문성, 중립성을 들었고, 김학실(1995)은 청주 용암 2지구 열병합발전소에 관한 청주 경실련의 중재에 관한 연구에

서 갈등중재자에게 필요한 요건으로 신뢰성, 전문성, 갈등인식능력을 제
시하였다. 또한 김미진(2000)은 의약분업과 그린벨트 분쟁사례의 두 사
례를 중심으로 한 이익갈등과 시민단체의 중재에 관한 연구에서 중재의
신뢰성, 전문성, 중립성을 갈등중재자에게 필요한 요건으로 택하고 있으
며, 김고운(1998)은 위천공단 입지갈등에 관한 연구에서 갈등관리를 하
는 시민단체에게 필요한 요건으로 신뢰성, 전문성, 실천성을 제시하였
다. 진종순(1997)은 김포 수도권매립지를 중심으로 주민조직의 갈등대응
양식과 정책결정의 갈등양상에 관한 연구에서 갈등대응양식의 결정요소
로서 주민조직의 내부결속력, 주민조식의 내표싱, 이용히는 대화통로,
주민조직과 제3자와의 관계라는 4가지 변수를 선정하여 이 4가지 변수
들의 변화 또는 유·무에 따라 정책갈등양상은 통합적 차원이나 분산적
차원으로 변화한다고 지적하였다. 이외에도 김영래 외(1997)는 이익갈등
의 조정에 있어 필요한 3원칙으로 민주성, 공정성, 공익성을 제시하였
는데 여기서 민주성이란 당사자들 간의 자율적 협상과 타협이 존중되는
민주적 절차와 관행이 강조됨을 의미하며, 공정성이란 첨예한 이해관계
를 둘러싼 중재에서 중요한 것으로 중재제도의 구성에 있어서의 공정
성, 제도의 운영과정에 있어서의 공정성, 협상결과의 실행과정에 있어서
의 공정성이 요구된다고 하였다. 또한 공익성은 이익집단들 간의 자율
적 타협은 중요하지만 공공이익을 침해해서는 안된다는 것으로 중재는
거시적으로 공이에 합당한 중재여야 한다는 것이다. 안광일(1994: 320)
은 갈등관리로서의 정부중재에 영향을 미치는 주요변수(독립변수)로 시
기적절성, 중재자의 적격성, 중재자로서의 역할수행, 중재의 공정성 등
을 들고 중재자의 적격성의 하위요인으로는 직급 및 영향력의 적절성,
취득된 특성(경험, 교육), 자율성(중립성, 독립성), 개인적 특성을, 중재
자로서의 역할수행의 하위요인으로는 예비적 행동, 간접적 행동, 직접적
행동을, 중재의 공정성의 하위요인으로는 노사를 대등하게 다룸, 지적인
힘에의 호소를 지적하고 있다.

박상필(2001)은 경실련의 한약분쟁 조정사례연구에서 한약분쟁에 경실련이 개입하여 시민단체가 가지고 있는 사회적 신뢰와 이념이 적용되고 대화와 타협을 촉구함으로써 갈등이 크게 완화되었다고 하고, 이익갈등의 발생·심화·조정과정에 ⓐ 상호커뮤니케이션을 원활하게 하는 제도화된 관계의 존재 유무, ⓑ 상호존중을 가능하게 하는 신뢰의 존재 여부, ⓒ 공동이익을 추구하기 위한 협력의 규범의 존재 여부를 기준으로 사례를 분석하였는데(박상필, 2001: 292-294), 이를 요약하면 활발한 대화통로, 신뢰성, 협력규범의 세 가지 요소가 성공적인 갈등관리 요건이라 할 것이다. 백완기(1996)는 중재의 성공적인 조건으로 중재자의 공정성, 중재자의 적격성, 시기 적절성, 신뢰성 등을 들고 있는데 중재자의 적격성으로 중재자의 자율성, 독립성, 중립성, 인내성, 설득력, 중재자의 직위들을 들고 있다.

2. 요 약

이러한 갈등관리요건에 관한 선행연구들을 정리하면 다음 〈표 3-1〉과 같다. 〈표 3-1〉에서도 알 수 있듯이 국내외 20명의 선행연구들 중에서 중재자가 갖추어야 할 요건들 중에서 가장 많이 지적된 것은 12명이 지적한 신뢰성이었고, 전문성(7명), 공정성(6명), 중립성(5명), 시간관리능력(4명), 의사소통(4명), 정통성(3명)이었다. 이 중에서 중재에 있어 시간의 압박수단의 사용과 같은 시간관리능력은 전문성에서 중재자의 협상능력에 포함시킬 수 있고, 의사소통 기회의 보장은 본 연구에서는 신뢰성의 측정변수로 파악할 수 있으며, 중립성과 공정성은 중재자로서의 자율성에 포함시켜 분석할 수 있으므로, 이들을 제외하면 실제로 중재자에게 요구되는 요건은 신뢰성, 전문성, 정통성이 된다. 따라서, 본 연구에서는 국내외 선행연구들이 공통적으로 지적하는 정통성(사

회적 정당성), 신뢰성, 전문성, 자율성(공정성)을 성공적인 갈등관리요
건으로 들고자 하며, 이러한 변수들을 측정할 수 있는 하위 변수들을
제4장의 분석틀에서 제시하고자 한다.

<표 3-1> 갈등관리요건에 대한 선행연구 종합

연 구 자	갈등관리요건(결정요인)
Schellenberg(1982)	능력, 신뢰성, 적절성, 정통성
Deutsch(1973)	능력, 중립성, 공정성, 접근성, 위신, 신중성
Deutsch(1987)	충분한 의사소통, 유사성, 정통성, 문제 중심성, 신뢰성, 정보공유
Bercovitch(1984)	인지도, 위신, 공정성, 신중성, 능력, 신뢰성, 편견이 없음, 전문성, 이해하려는 노력
Cohen(1994)	힘, 시간, 정보
Ross(1993)	절차의 공정성, 충분한 토의
Rubin과 Brown (1975)	신뢰성, 의사소통(communication channels)의 활용, 시간제약(time limits)
Jeffery Z. Rubin, Dean G. Pruitt, Sung Hee Kim(1994)	시간(time), 공개성(site openness), 보상(compensations)
Jeffery Z. Rubin, Dean G. Pruitt, Sung Hee Kim(1994)	권위, 지위, 평판(reputation), 갈등당사자들을 상주고 벌 줄 수 있는 능력(the capacity to reward or punish the disputants)
김주환(1994)	신뢰성, 시간의 제약성, 전문성
김한기(1995)	신뢰성, 전문성, 중립성
서휘석(1994)	신뢰성, 전문성, 중립성
김학실(1995)	신뢰성, 전문성, 갈등인식능력
김미진(2000)	신뢰성, 전문성, 중립성
김고운(1998)	신뢰성, 전문성, 실천성
진종순(1997)	주민조직의 내부결속력, 주민조직의 대표성, 대화통로, 주민조직과 제3자와의 관계
김영래 외(1997)	민주성, 공정성, 공익성
안광일(1994)	시기적절성, 적격성, 중재자로서의 역할수행, 공정성
박상필(2001)	활발한 대화통로, 신뢰성, 협력규범
백완기(1996)	공정성, 중재자의 적격성(자율성, 독립성, 중립성, 인내성, 설득력, 중재자의 직위), 시기 적절성, 신뢰성

제2절 갈등중재의 평가기준

지금까지의 논의는 시민단체들이 성공적인 갈등중재를 하기 위하여 필요한 요건들이 무엇인지를 선행연구들을 통해 요약해 보았다. 이를 기준으로 갈등사례분석을 통해 시민단체들이 세 가지 사례들에서 실제로 어떻게 중재역할을 수행하였는지를 분석하기 위한 평가기준을 제시해보면 다음과 같다.

1. 사회적 정당성

1) 사회적 정당성의 정의

시민단체의 정당성(legitimacy)이란 넓은 의미로 보면 한 국가 혹은 사회가 시민단체를 필요로 하는 이유(주성수, 2001: 139)이자 시민단체가 활동을 할 수 있는 근거를 뜻하지만 본 연구에 있어서는 갈등관리역할에 국한하여 갈등중재자로서의 시민단체의 사회적 정당성만을 논의하기로 한다. 넓은 의미의 시민단체의 정당성에 대한 근거로는 법률적 정당성, 정치적 정당성, 사회적 정당성, 경제적 정당성들이 제시되고 있는데, 여기서 법률적 정당성은 헌법을 비롯한 법체계에서 결사의 자유의 보장과 표현의 자유가 보장되어야 함을 뜻하고, 정치적 정당성이란 다원주의와 관용의 정신의 토대 위에서 다양한 견해를 갖는 개인을 정부와 정부정책에 연결시켜주는 역할을 시민단체가 해야 한다는 것이다. 사회적 정당성은 다양한 시민단체들의 존재는 사회가 어느 한편으로 기울지 않고 단체들 간에 상호작용이 개방됨으로써 사회갈등을 줄이는 역할을 하는 것이다. 그리고 경제적 정당성은 시민단체들이 감시자 역할을 함으

로써 시장실패와 정부실패를 줄이는 데 기여함을 의미한다(주성수,
2001: 140-144).

오늘날 시민사회의 사유화를 방지하고 다원적 갈등을 조정하기 위해
민주적이고 공식적인 권위를 가지고 신뢰받는 정부의 역할이 여전히 중
요한 것이 사실이지만, 시민사회 내의 비민주성과 천민성이 만만치 않
기 때문에 시민사회 내에서 직능단체의 무절제한 집단이익의 추구행위
를 조절하기 위해 이해관계의 조정자와 감독자로서의 국가역할 강화가
요구되고 있다(박상필, 2001: 442). 그러나 정부의 핵심 관료들은 각기
다양한 이해관계를 갖고 그들 나름대로의 선호체계에 의한 정책결정을
하게 되므로 모든 갈등문제에 개입하여 공정한 중재를 하는 것이 아니
라는데 문제가 있으며, 경우에 따라서는 사회적 갈등이 크게 확대되는
경우에도 이들이 방관하는 경우가 있고, 때로는 공익을 위한 해결보다
는 자신들의 정치적 이해관계에 따라 유보하는 입장을 취하기도 하는
것이다. 이와 같이 정부가 사회적 갈등의 중재자로서의 역할을 다하지
못하고 있을 때 시민단체의 개입은 그들이 중개역할의 사회적 정당성을
더욱 증대시킬 수 있는 것이다.

이러한 시민단체의 사회적 정당성 문제와 관련하여, 모든 공공정책은
그의 기원과 목적 및 결과를 올바르게 이해하기 위해서 사회 및 국가에
관한 이론, 공공문제에 관한 이론, 그리고 공공정책에 관한 이론을 상호
연계시켜 이해하여야 한다는 입장을 살펴봄으로써 본 연구의 사례들에
서 제시된 갈등문제와 관련된 정책들에 대한 특성을 우선 살펴보기로
한다. 이러한 정책유형에 대한 분석의 목적은 정책들 중에는 필연적으
로 갈등이 생길 수밖에 없는 유형의 정책이 있고, 이러한 문제로 인한
갈등이 전개될 때 정부가 처음부터 개입하는 경우도 있으며 혹은 갈등
문제에 될 수 있으면 정부가 개입하지 않으려는 문제도 있을 수 있다는
점을 밝히는 것이다. 일반적으로 공공정책(public policy)[8]이란 바람직
한 사회상태를 이룩하려는 정책목표와 이를 달성하기 위해 필요한 정책

수단에 대하여 권위 있는 정부기관이 공식적으로 결정한 기본방침(정정길, 1997: 52, 65)인데, 다원주의, 개인주의, 엘리트주의, 자본주의 관점에 따라 각 유형별로 갈등의 잠재성과 정부개입의 가능성을 검토해보면 다음과 같다.

2) 갈등의 잠재성과 정부개입의 가능성

(1) 다원주의적 관점

집단정치론에 입각하여 공공정책을 분배정책, 재분배정책, 규제정책, 구성정책으로 구분한 로위(Lowi, 1964)의 유형화로 이 네 가지 정책유형은 정책의 특성에 따른 이익집단들의 상이한 이합집산(離合集散)과 그로 인해 특이하게 전개되는 정책과정을 유형화한 것인데 다음 네 가지로 나누어진다.

① 분배정책

분배정책은 국민들에게 권리나 이익 또는 서비스를 배분하는 내용을 지닌 정책으로, 편익의 배분이 비용의 배분과 분리되어 이루어지므로 이익을 표명하는 사람들이 거의 모두 부분적으로라도 혜택을 받게 되며 당사자들 간의 비제로섬게임(non zero-sum game)이 이루어진다(정용덕, 2001). 이러한 분배정책에는 고객기관들이 관여하고 있으며, 고객기관들의 역할이 고객집단들의 이익을 증진시키는데 있기 때문에 자연히 고객집단들은 조직으로서의 고객기관의 이익을 지원하는 경향이 있다. 분배정책 관련 행정기구들은 고객집단들과 함께 의회의 해당 상임위원회와 이른바 '철의 삼각관계(Iron Triangle)'를 형성하는 대표적 유형이다.

---

8) 일반적으로 정책이란 개인이나 공사부분의 조직이 추구하려는 당위적 가치로서의 목표와 그것을 실제로 달성하기 위한 수단 간의 결합을 의미한다(정용덕, 2001: 933).

② 재분배정책

재분배정책은 분배정책과 마찬가지로 사회 구성원들에게 재화와 용역
을 배분하는데 재분배정책의 경우는 편익의 수혜자와 그 비용의 부담자
가 비교적 뚜렷하게 부각되며, 제로섬게임(zero-sum game)이 벌어지
게 되고 사회 전체에 영향을 주는 직접적인 조치가 취해지는 경우가 많
다. 이러한 재분배정책에 관여하는 기관은 크게 두 가지로 나눌 수 있
는데 첫 번째는 재정 및 금융정책기관들로 이들 정책은 재정 및 금융정
책 수단을 통해 간접적인 영향을 미친다[9]. 두 번째는 복지정책기관들로
권리를 주장하는 누구에게나 개방적인 고객기관과는 달리 복지기관은
차별적인 법에 따라 한정적인 대상만이 고객에 해당된다.[10]

③ 규제정책

규제정책은 개인이나 일부 집단에 대해서 재산권행사나 행동의 자유를
구속하고 억제하여 반사적으로 많은 다른 사람들을 보호하려는 목적을 지
닌 정책(정정길, 1994 : 56)으로, 사회구성원들의 행동을 변화시키는 전에
서 앞의 두 정책들과 구별되는데 재분배정책과 같이 사회구성원들 간에 편
익의 수혜자와 비용부담자가 뚜렷하게 나타나며 제로섬게임(zero-sum
game)관계를 형성하게 된다. 또한 이 정책유형은 직접적이고 개인적인 영
향을 미치는 경우가 많은데, Lowi(1964)는 규제정책의 특징으로 정부에
의한 강제력의 행사[11]를 들고 있으며, 규제기관과 피규제집단 간에 많은
갈등이 유발되는 것이 특징이다. 그가 주목하는 규제정치의 특징은 의회,
대통령, 피규제집단 간의 투쟁으로 규제기관이 규제를 받는 이익집단과

---

9) 재경부와 기획예산처, 금융감독위원회, 한국은행들이 해당된다.
10) 보훈 대상자들에 대한 혜택, 부자와 빈자, 취업자와 실업자, 노인과 젊은이들에
    대한 복지기관의 차별적인 법의 적용을 예로 들 수 있다(정용덕, 2001: 473,
    481).
11) 과거 군주국가와 달리 민주국가에서는 국민의 대표기관인 의회에서 제정한 법
    률에 의한 강제력의 행사가 특징이다.

치열한 투쟁이 벌어지게 되는데 대개의 경우, 규제기관들은 피규제기관들로부터 포획될 가능성도 높다는 것이다. 이러한 규제정책의 담당기관으로는 보건복지부와 환경부, 공정거래위원회 등이 있다.

④ 구성정책

구성정책은 주로 국가기관을 유지하기 위한 정책으로 선거구의 조정, 정부의 새로운 기구나 조직의 설립, 공직자 보수와 군인의 퇴직연금에 대한 정책을 들 수 있으며(Lowi, 1972), 주로 정치체제에 투입을 조직화하고 체제의 구조와 운영에 관련된 정책으로 정당이 그 결정에 영향을 미치게 된다. 이 정책은 조정적이고 사회 전체에 영향을 미치는 정책유형으로 대개 국방부의 정책산출이 이 범주에 속하는데, 외부에 대한 국익 보전차원에서 이루어지며 시민들의 일상생활의 피부에 와 닿는 정책산출은 아니다. 이러한 국가유지기관은 크게 두 가지로 나누어볼 수 있다. 첫째는 국가의 세입을 확보하기 위한 세입기관으로 재경부, 국세청, 관세청 등이 이에 해당되고, 두 번째는 국내외적 공공질서기관들(public order agencies)로 내무부, 법무부 및 검찰청, 행정자치부의 경찰청, 해양수산부의 해양경찰청, 국가정보원 등이 이에 속한다. 이들 국가유지기관들은 구성정책의 특성상 전통적인 국가기능의 영역에 속하는 것으로 민간부문과 역할을 분담하는 경우는 거의 없게 마련이다.

위에서 본 정책들 중 구성정책은 국가를 보전하는 정책으로 정부만이 주관하고 민간부문의 개입을 인정하지 않으며, 이에 대한 도전이 있을 경우에는 즉각 정부가 공권력을 발동하게 되므로 갈등이 발생할 여지가 적지만 나머지 정책들은 이해관계가 복잡하여 갈등이 발생할 가능성이 있으며, 특히 규제정책의 경우에는 일부 집단에 대해 재산권 행사나 행동의 자유가 구속되므로 갈등이 일어날 소지가 크다고 할 것이다. 이와 같은 Lowi의 정책유형의 분류는 상호배타적이 아니어서 문제가 있다고 할 수 있다. 예컨대 다같이 국민들에게 서비스나 권리를 부여하는 내용

의 정책은 분배정책이지만 특히 저소득층을 대상으로 하면 재분배정책
이 되기 때문이다. 이러한 Lowi의 정책유형들 중 한약분쟁과 의약분업
사례에서의 의료정책은 규제정책에 해당되는 것으로 이들 정책은 앞에
서 본 바와 같이 필연적으로 갈등이 유발되는 정책이고, 김포매립지 사
례는 정부가 폐기물 매립장을 김포지역에 건설함으로써 수도권 지역의
시민들과 공단들의 불편을 없애려는 배분정책이라는 측면도 있지만 매
립지 주민들의 재산권 행사를 규제하는 규제정책의 요소도 함께 가지는
정책이라 할 것이다.

(2) 개인주의적 관점

국가에 대한 개인주의적 관점에서의 대표적인 공공정책 유형화방법은
윌슨(Wilson, 1986)의 "정치적 비용편익분석모형"을 들 수 있는데, 이
모형은 공공정책을 이익집단정치, 다수결정치, 고객정치, 기업가정치 유
형으로 구분한다. 그리고 이러한 유형화는 공공정책의 네 가지 내용적
특성에 따라 특이하게 전개되는 이해관련사들(이익집단, 유권자, 정치
인, 관료)의 합리적 선택결과 정책결정과정도 네 가지 유형으로 특이하
게 전개된다는 가정에 의한 것이다(정용덕, 2001: 940). 윌슨의 '정치
적 비용편익분석모형'에 의하면 시민과 이익집단의 반응을 많이 의식하
는 정무관들은 정치적 비용편익분석(political cost-benefit analysis)에
의해 정책결정을 하게 되며, 이들은 선거직 공무원들로 재선과 지위향
상에 도움이 되는 문제를 해결하려는 속성이 있기 때문에 수행하는 정
책에 대한 시민과 이익집단들로부터의 예상되는 지지와 반대를 예측하
고, 그 결과 자신들에게 돌아올 정치적 비용과 편익을 분석하여 정책결
정에 임하게 된다고 전제한다. 수적으로는 적지만 강한 지지와 수적으
로는 많지만 분산된 반대가 있는 정책사안에 대해서는 이를 적극적으로
수용하는 '고객정치(Client Politics)'형태의 의사결정이 이루어지고, 반
대로 수적으로는 많더라도 지지가 분산된 반면 수적으로는 적더라도 강

력한 반대가 있는 정책사안의 경우에는 방치할 가능성이 많은 이른바 '기업가정치(Entrepreneur Politics)'형태가 나타나게 되는 것이다. 또한 지지와 반대가 모두 분산된 정책사안은 하부 관료조직에 위임함으로써 정책결정의 책임을 우회해 나가는 '다수결정치(Majoritarian Politics)' 형태가 나타나며, 정책사안에 대한 지지와 반대가 모두 집중적으로 제기되는 경우에는 핵심 행정부는 애매한 입장을 취하게 되고 과반수를 확보하는 집단이 확실하게 형성될 때까지 신중하게 행동하는 '이익집단 정치(Interest Group Politics)'형태의 의사결정이 일어나게 된다고 보았다. 즉, 이 모형은 사회적 갈등이 일어났다고 하더라도 모든 문제에 정부가 개입하는 것이 아님을 잘 설명해주고 있다. 이와 같은 윌슨의 '정치적 비용편익분석모형'은 갈등이 심각하다고 하더라도 정부 개입이 이루어지지 않는 경우를 설명해주는데, 정책사안에 대한 지지와 반대가 모두 집중적으로 제기되었던 의약분업과 한약분쟁사례의 경우에는 핵심 행정부의 태도가 불분명하다가 후에 개입하거나, 시민단체들의 행동을 방관하였던 사실들은 이러한 사례들이 '이익집단정치(Interest Group Politics)'유형에 해당된다고 할 수 있다. 그리고 김포매립지 사례의 경우에는 산업폐기물을 반입하려는 환경처의 태도는 지지가 분산된 반면, 이에 맞서 반대하는 주민대책위원회와 환경단체들의 반대는 강력하였으므로 이른바 '기업가정치(Entrepreneur Politics)'형태에 해당되는 것으로 당시 핵심 행정부는 이에 개입하지 않고 방치하였던 것이며, 결국 환경처가 이 문제를 다루어 나갔던 것이다.

(3) 자본주의의적 관점

개인주의 국가론에서는 현대국가의 자본주의적 측면을 긍정적인 관점에서 접근하는데 반해, 자본주의 국가론에서는 이를 비판적인 관점에서 접근하는 것으로 막스주의적 관점이라고도 할 수 있다(정용덕, 2001: 543, 941). 이러한 입장에서 국가기구란 국가가 수행하는 기능들이 이루어지는 메커니즘을 의미하고(Clark & Dear, 1984), 행정기구의 변화를 자본가 대 비자본가 계급간의 이익갈등의 산물로 보거나, 국가가 자본주의의 유지 및 발전을 위해 수행해야할 기능적 필요성에 따라 결정되는 것으로 보고 있다. 자본주의 국가론에서 공공정책의 유형화는 사회질서유지, 자본축적, 정당성제조 등의 정책으로 분류된다.

① 합의기능

모든 사회구성원이나 집단들이 기존의 사회계약을 수용하도록 함으로써 사회적 합의(social consensus)를 확보하는 기능으로, 국가의 운영목표 가운데서 가장 우선적인 것이다. 어느 사회를 막론하고 사회 안정을 위한 기본조건은 소유권 규정, 계급관계, 활동의 적법성 등에 관해 국가가 정의하는 것에 의존하는 것이며, 이에 대한 합의를 통해 질서·안정·보안의 유지가 가능해지는 것이다. 이러한 합의기능을 수행하는 하위기구에는 의회 민주주의, 지방자치, 대외관계를 통해 국가의 정통성을 확보하는 '정치'와, 강제적 수단에 의해 질서와 체제유지를 도모하기 위한 '법' 및 경찰·군대·감옥 등의 억압 하위기구들이 포함된다.

② 생산기능

이것은 공·사 부문에서 생산증대를 위하여 사회투자(social investment)를 규제함으로써 생산의 조건을 확보하는 제2의 국가 기능으로, 생산조건의 확보를 통하여 국가는 모든 계급들의 물적 생존과 더불어 국가자체의 지속성도 보장받고 권력의 정당성도 강화되는데 이러한 기능을 수행하는 하위 기구에는 공공재의 직접적·간접적 생산, 재정 및 금융정책들이 포함된다.

③ 통합기능

제3의 국가기능은 모든 집단들의 후생을 보장함으로써 사회적 통합을 확보하는 것으로, 조세, 재분배, 복지사업 및 기타 여러 정책수단을 통해 성취될 수 있다. 이와 같은 통합기능을 수행하는 하위기구로는 보건, 환경, 교육, 복지사업을 포함하는 '복지'와 정보나 통신·매체를 포함하는 '이데올로기 제조' 하위기구들이 있다.

④ 집행기능

이 기능은 앞의 세 가지 국가기능들이 수행되도록 정책을 조정하고 집행하는 일을 의미하는데 국가기구들이 사회의 여러 분파들의 이익을 대변하는 것을 중립적인 입장에서 조정하는 역할을 담당하게 된다.

이러한 정책유형들 중 합의기능과 생산기능은 국가체제의 존립과 관련되므로 이러한 정책으로 인한 갈등문제에는 정부가 직접 개입하여 시정하지만, 통합기능과 집행기능에 해당되는 정책들은 이익집단이나 국민들과의 이해관계가 얽혀 갈등이 발생하기 쉬운 영역으로 비로 공권력이 개입될 가능성이 낮다. 여기서 한약분쟁과 의약분업, 김포매립지 사례들은 정부가 이익집단들, 혹은 지방정부간의 대립을 조정해야 하는 기능에 해당되므로 집행기능이라고 볼 수 있고, 한약분쟁과 의약분업은 국민들에게는 후생을 보장하는 통합기능으로 볼 수 있는데 이 두 가지 정책유형들의 공통점은 갈등이 일어났을 때 정부가 직접 개입하는 정책유형이 아니라는 점이다. 이상의 논의를 종합하여 제4장에서 분석할 사례들이 어떠한 정책유형인지를 정리해보면 다음 〈표3-2〉와 같다.

<표 3-2> 각 사례들의 정책유형

연구관점	연구자	유 형	해당사례	특 징
다원주의	Lowi의 정책유형 모형	분배정책	김포매립지	갈등이 심한 정책유형
		재분배정책		
		규제정책	한약분쟁 의약분업 김포매립지	
		구성정책		
개인주의	Wilson의 정치적 비용편익 분석 모형	고객정치		정부가 방치, 혹은 개입하지 않는 것이 특징
		기업가정치	김포매립지	
		다수결정치		
		이익집단정치	한약분쟁 의약분업	
자본주의	Clark & Dear의 국가기능 모형	합의기능		갈등이 심한 정책유형
		생산기능		
		집행기능	한약분쟁 의약분업 김포매립지	
		통합기능	한약분쟁 의약분업	

출처: 정용덕(2001), 제3편 제3장과 제4편 제2장, 제3장의 내용 정리

대체로 세 가지 사례들이 갈등의 잠재성이 높은 정책유형에 해당된다. 또한 그와 같이 갈등의 잠재성이 높은 반면 갈등해결을 위해 정부가 적극 개입하지는 않는 정책유형이기도 한 것이 특징이다. 따라서 이와 같은 정책유형의 사례들은 사회로부터 누군가가 중재해야한다는 인식이 높으며, 그만큼 제3자인 시민단체 개입에 대한 정당성이 높다고 할 수 있다.

3) 사회적 정당성의 측정

이상에서 본 정책유형의 특성을 배경으로 하면서 구체적으로 사회적 정당성의 측정변수에 포함될 요소들을 정리하면 다음과 같다.

(1) 측정변수

정책유형과 관련하여 본 연구의 사례들은 원래 갈등의 소지가 많은 문제들이며 정부가 개입하는 것을 꺼리는 정책 유형들에 속하는 것임을 확인하였다. 즉, 다원적 갈등을 조정하기 위한 정부의 역할이 중요한 것임에도 불구하고, 정부의 핵심관료들은 다양한 이해관계를 갖고 나름대로 비용과 편익분석을 통한 선호체계에 의해 정책결정을 하게 되므로 모든 갈등문제에 개입하여 공정한 중재를 하는 것이 아니라는데 문제가 있다. 그러나 모든 문제에 대해서 방관적 태도를 취하는 것은 아니며, 사회적 여론의 압력이나 정치적 이해관계 등으로 개입하는 경우가 있지만 이 경우에 있어서도 자신들의 이해관계에서 벗어나지 못해 문제를 해결하려는 실천적 의지를 갖지 않는 경우가 많아 효율적인 갈등중재는 그만큼 어렵게 된다. 바로 이러한 틈새를 공익을 표방하는 시민단체가 개입하여 중재할 사회적 정당성이 제기되는 것이다.

본 연구에서는 사회적 갈등의 제1차적인 책임자는 정부이고, 시민단체는 보완적 역할을 해야 한다는 전제 하에, 이러한 갈등관리에 정부가 개입하기를 꺼린다거나 혹은 정부의 개입이 있었다 하더라도, 갈등중재가 실패하여 갈등당사자들의 해결 노력이 한계에 달하여 더 이상의 진전이 없을 때, 갈등당사자들의 요구에 의해서 혹은 여론에 의하여 마지막 대안으로서 시민단체가 중재에 나서는 경우를 사회적 정당성이 있다고 보아 이를 측정변수로 하기로 한다.

(2) 측정방법

시민단체의 중재에 있어 사회적 정당성의 측정방법은 정부의 중재가 실패한 상태에서 갈등당사자들의 노력만으로 더 이상의 진전이 없을 때 중재자인 정부나 갈등당사자들이 시민단체의 중재를 요청한 경우에 시민단체의 개입은 사회적 정당성이 높은 것으로 본다. 이 경우, 정부의 중재실패가 없는 데도 시민단체가 먼저 개입한 경우나, 갈등당사자들의 요구가 없었을 경우에 개입한 경우에는 사회적 정당성이 낮은 것으로 보기로 한다. 여기서 한 가지 고려해야할 것은 당시의 시민단체에 대한 사회적 인식인데, 국민들의 인식이 시민단체에 대해 우호적일 경우 시민단체의 갈등중재의 사회적 정당성은 한층 더 높아질 것이기 때문이다. 그러나 시민단체에 대한 사회인식의 문제는 결국 당시 국민들이 시민단체에 갖는 신뢰성과도 관련되는 문제라고 생각한다. 왜냐하면 국민들이 시민단체에 갖는 신뢰성이 높다면 시민단체에 대한 사회적 인식이 높을 것이기 때문이다. 따라서 이 요소는 신뢰성에 포함되는 것으로 보기로 한다. 따라서 사회적 정당성의 측정변수는 정부의 중재가 실패하여 더 이상의 진전이 없을 때 정부나 갈등당사자들이 시민단체의 중재를 요청했는지 여부로 파악하기로 한다.

2. 신뢰성

갈등해소요건으로서 제3자가 갖추어야할 요건들 중, 선행연구들에서 가장 많이 지적된 것은 신뢰성이며 이러한 신뢰성은 갈등을 해결하기 위한 최소한의 선결요건으로 작용한다. 갈등당사자들이 중재자인 제3자를 신뢰한다는 것은 중재자가 갈등당사자들에게 불리한 상황으로 갈등을 해결하지 않을 것이라는 믿음에서부터 출발하는 것(Bercovitch, 1984)으로 제3자의 중재가 갈등당사자들에게 부정적인 결과를 가져올 것이라고 생각한다면 조정이나 중재는 성립이 되지 않을 것이다. 왜냐하면 중재자에게 신뢰성이 없다면 갈등당사자들은 제3자에게 중재를 요구하지 않을 것이고, 후에 합의안이 성립되었다 하더라도 갈등당사자들이 이를 거부할 것이기 때문이다. 따라서 신뢰성은 갈등해결을 위한 최소한의 선결요건이 된다고 할 수 있다.

이와 같은 중재자의 신뢰성은 중재자에게 요구되는 요건인 전문성, 중립성과도 연관이 있는데 갈등당사자들이 중재자의 중립성을 확신할수록 신뢰성은 확보되는 것이며, 중재자가 갈등상황에 대해서 전문성을 가질수록 신뢰성은 높아지게 된다. 그러나 갈등문제에 대한 중재자의 전문성 확보는 갈등당사자가 중재자의 의견을 수용할 가능성을 높게 해준다고 할 수 있지만 이는 중재자의 전문성에 대해 갈등당사자 모두가 인정할 때 가능한 것으로, 중재자의 전문성도 단순히 소유하는 것에 의하여 결정되는 것이 아니라 그에 대한 갈등당사자의 신뢰도에 의하여 결정되는 것이므로(Emerson, 1962), 신뢰성은 성공적인 갈등중재를 위해 가장 중요한 요건이라 할 수 있을 것이다. 또한 신뢰성은 단지 갈등당사자들이 갈등중재자에게 갖는 신뢰성이라고 제한해서 볼 필요는 없고 일반 국민들이 갈등중재자인 시민단체에 갖는 신뢰성까지 포함한 것으로 보는 것이 합당하다고 생각한다. 이 점에서 1993년에 시사저널의 '우리나라에서 가장 영향력이 큰 집단'을 묻는 설문조사에서 국민들의 응답 중 1위가 경실련(44.6%)이라고 한 경우라든지, 2001년 국정홍보처가 전 국민을 상대로 한 각종 집단에 대한 신뢰도 조사에서 NGO가 65%로서 1위를 차지한 것(박상필, 2002: 129)은 시민단체에 대한 국민들의 신뢰도가 매우 높다는 것을 입증하고 있는 것이다.

1) 신뢰성의 정의

Rotter(1967, 1971)는 신뢰란 다른 사람이나 집단의 말, 약속, 구두 및 문서화된 진술(oral or written statement)이 그대로 될 것이라고 믿는 일반화된 기대(generalized expectancy)라고 하였으며, 이러한 기대는 신뢰자의 인성, 경험, 사회화를 통해 형성되는 개인의 특성으로 본다.

Coleman(1990)은 신뢰에 대한 정의를 내릴 때, 위험(risk)이라는 개념도 함께 생각해야 한다고 하였으며, Fukuyama (1995)는 한 국가가 건실하고 경쟁력 있는 경제를 건설하고 유지하는데 신뢰가 필요하다고 하였다. 그는 신뢰가 낮은 사회와 신뢰가 높은 사회를 비교하여 신뢰가 낮은 사회에서는 대기업을 설립하지 못하는 반면, 신뢰가 높은 사회는 혈연관계가 없어도 믿고 회사 경영을 맡길 수 있어 대기업들이 성장할 수 있었다고 하여 국가가 경쟁력을 갖추기 위해서는 그 사회에 내재된 신뢰의 정도가 중요하다고 하였다. Putnam(2000)에 의하면 신뢰란 구체적인 문제에 대해 의견이 다를 경우에 서로 존경하고 신뢰한다는 의미에서의 신뢰를 말하며, 민주적 제도의 성취를 위한 핵심요건 중에 신뢰를 포함시켰는데 신뢰의 중요성은 시민공동체 형성에 있으며 이러한 시민공동체의 특징은 능동적이고 공익 지향적인 시민 상(象)으로 평등주의적 정치관계, 신뢰와 협소의 사회적 구조 위에 기초한다는 것이다. Barber(1983)는 신뢰를 세 가지 형태로 구분하였는데, ⓐ 기존의 자연적이고 윤리적인 기본질서가 유지될 것이라는 기대, ⓑ 다른 사람들이 자신들과의 관계에 있어서 합당한 역할을 할 능력이 있다는 것에 대한 기대, ⓒ 다른 사람이 자기처럼 주어진 책임을 다할 것이라는 기대이다. 또한 신뢰란 ⓐ 자신이 손실을 당할 수 있는 위험에도 불구하고 ⓑ 자신이 신뢰하고 있는 대상이 신뢰하는 자신의 이해에 부합해 행동하리라는 낙관적 기대와 ⓒ 그러한 기대를 근거로 신뢰하는 자신을 취약한 상태에 두려는 자발적 의지로 보는 견해(원숙연, 2001)도 있다. 신뢰는 기술적 능력에 기인하는 성과에 대한 기대와 신탁적 의무감과 책임감에 대한 기대로 정의되는데(Barber, 1983: 76-78), 이런 점에서 신뢰는 어떤 대상이 주어진 임무를 효율적으로 수행해내는 능력에 대한 믿음이라는 기능적 측면과 어떤 대상의 의도(intention)에 대한 믿음이라는 윤리적 측면을 동시에 가지고 있다고 할 수 있다(오경민, 박흥식, 2000: 400)[12].

이와 같이 신뢰란 "자신이 생각하는 바대로 상대방이 유익한 방향으로 행동하리라는 어떤 사람의 기대"라 할 수 있으며(유해운 외, 2001) 이러한 신뢰의 개념은 다음과 같은 세 가지 중요한 속성이 있다.

첫째, 타인들에 대한 기대(expectations)와 미래지향성(orientation toward the future)으로 신뢰는 사람들로 하여금 타인에 대한 충분한 지식의 결여상태나 미래가 불확실한 상태에서도 상호작용이나 협력을 가능하게 한다.

둘째, 가능성이나 위험감수의 의지(a notion of chance or risk taking)로 신뢰란 불확실한 상황 하에서도 다른 사람이 자신에게 유익한 방향으로 자발적인 행동을 할 것이라고 확신하는 것이다.

셋째, 타인들과 상황에 대한 주관적인 지가(objective perceptions about others and situations)으로 타인들의 의도와 속성(몰입도, 능력, 일관성, 성실성, 정직성 등), 그들의 동기, 상황의 질(정보의 활용 가능성과 정확도 등), 위험, 불확실성 등에 대한 지각을 포함한다.

이러한 신뢰 개념을 구성하는 공통요소로는 위험감수, 낙관적 기대 및 자발성을 들 수 있으며(원숙연, 2001: 162), 신뢰는 위험을 전제로 하는데 위험이란 손실이 이득보다 더 많을 가능성으로(Deutsch, 1973), 이러한 신뢰는 첫째, 배신당할 수도 있는 가능성을 인정한다. 둘째로 신뢰는 신뢰대상의 행위에 대한 낙관적 기대의 표현이다. 즉, 누군가를 신뢰한다는 것은

---

12) 이와 비슷한 견해로 민진(2002)은 정부에 대한 신뢰와 불신의 내용으로 정부 전체의 능력, 성과배분의 공정성, 공무원들의 윤리적 태도, 개별정책의 성과와 일관성 등을 들고, 정부에 대한 국민의 신뢰가 높을수록 정부의 정당성은 높아지고 정부 및 현재 정권에 대한 국민의 지지가 커져 정부의 정책수행이 원활하게 되고 차기 정권의 수권 가능성이 커진다고 하였다. 또한 언론이 정부의 비리를 들추어 국민의 주목을 받으려 하는 선정주의적 경쟁이 정부에 대한 불신을 증가시킨다고 하였다(민진, 2002: 361-362).

신뢰자가 두려워하는 상황보다는 원하는 상황이 발생하리라는 기대에 근거한다(Deutsch, 1973). 셋째로 신뢰는 자발성을 전제한다. 따라서 강제된 신뢰란 없으며 자발적으로 신뢰대상에 대한 의존성을 증가시켜 신뢰하고 있는 자신을 취약한 상태에 놓이게 하는 일종의 선택인 것이다.

2) 신뢰성의 세 가지 관점

앞에서는 신뢰의 개념과 속성들을 설명하였지만 신뢰성을 측정하는 변수를 추출하기 위해서는 신뢰성을 좀더 체계적으로 보아야 할 것인데 이에 대해서 Worchel(1979)의 신뢰의 세 가지 상이한 관점이 시사하는 바가 크다고 생각된다. 그의 신뢰에 대한 세 가지 관점을 요약하면 다음과 같다.

첫 번째, 신뢰를 받아들이는 개인 성격의 차에 초점을 두는 인간 성격을 연구하는 학자들(personality theorists)의 관점에서는 신뢰를 받아들이는 특정한 개인의 태도에 영향을 주는 구체적인 발달과정과 사회적 맥락을 연구하는데, 여기서 신뢰라는 것은 분석하고자 하는 특정 개인이 초기 심리적 발달단계에서 믿음, 기대, 사람에 대한 강한 느낌이 생기게 된 근원을 밝히는 노력을 하게 된다.

두 번째, 제도적 현상(institutional phenomenon)에 대한 신뢰에 초점을 두는 사회학자들(sociologists)과 경제학자들의 입장인데, 이들이 연구하는 제도에 대한 신뢰란 명시적 혹은 묵시적인 규칙이나 규범에 근거하여 전개될 미래의 상호작용에 대한 믿음으로, 이러한 관점에서의 신뢰란 제도 내, 혹은 제도 간에 나타나는 현상으로 개념화될 수 있고 이들 제도 속의 인간에 대한 믿음으로 개념화될 수 있을 것이다.

세 번째, 개인 혹은 집단 수준에서 신뢰를 형성해내고 파괴하는 인간들의 상호작용에 초점을 맞추는 사회심리학자들의 관점에서 본 신뢰는 사람들 간의 거래관계(transaction)에 있어서 상대방에 대한 기대감으로 정의될 수 있으며, 상대방이 어떤 행동을 하리라는 추측에서 비롯되는 기대감과 상대방과의 관계가 지금보다 더 나아지거나 악화될 수 있는 맥락적 요인(contextual factors) 이면의 위험성(risk)을 동시에 고려하고 있다(Deutsch, 2000: 87).

이러한 Worchel(1979)의 신뢰에 대한 세 가지 상이한 관점은 앞서 본 신뢰에 대한 정의들을 어느 정도 체계적으로 분류할 수 있다고 보며, 첫 번째 관점에서의 신뢰는 일상생활에서 자주 쓰는 일반적 개념에서의 신뢰로 상대방을 믿고 기대하는 감정적인 요소로 볼 수 있고, 두 번째 관점에서 본 신뢰의 대표적인 경우는 근래에 와서 문제되고 있는 정부나 언론 등에 대한 신뢰로 볼 수 있는 것으로서 정부나 언론의 역할이나 기능에 대한 믿음 혹은 불신을 의미한다고 할 수 있다. 세 번째의 신뢰는 게임이론 등과 같이 상대방과의 상호작용적인 인간관계가 펼쳐지는 영역에서 볼 수 있는 것으로 갈등과정에서 협상에 임하는 갈등 당사자들 간 혹은 갈등당사자들과 중재자간에서 볼 수 있는 신뢰라고 할 수 있을 것이다.

따라서 신뢰란 일반적 개념에서의 신뢰와 정부나 언론과 같은 사회적 제도에 대한 신뢰, 협상과 같은 상호작용에서의 신뢰의 세 가지로 요약된다고 보며, 이러한 내용들을 요약해보면 다음 〈표 3-3〉과 같이 정리될 것이다.

<표 3-3> 신뢰성의 세 가지 관점

연구관점	분석 대상	신뢰의 개념정의	연구에서의 적용 영역
교육심리학 personality theorists	개인의 태도에 영향을 미치는 인간의 구체적인 발달과정과 사회적 맥락	상대방을 믿고 기대하는 감정적인 요소	일상생활 영역에서의 신뢰
사회학 경제학	제도적 현상에 대한 신뢰	규칙이나 규범에 근거하여, 전개될 미래의 상호작용에 대한 믿음	정부신뢰나 불신
사회심리학	신뢰를 형성·파괴하는 인간들의 상호 작용	거래관계(transaction)에 있어서 상대방에 대한 기대감	협상에서의 신뢰

출처: Worchel(1979)의 논문을 요약 정리

3) 신뢰성의 측정

(1) 측정변수

Worchel(1979)의 신뢰에 대한 세 가지 상이한 관점을 본 연구에 도입할 수 있는지를 검토해보기로 한다. Worchel(1979)의 첫 번째 관점에서의 신뢰는 일상생활에서 흔히 사용되는 일반적 개념에서의 신뢰로 상대방을 믿고 기대하는 감정적인 요소로 볼 수 있고, 두 번째 관점에서 본 신뢰의 대표적인 경우는 근래에 와서 문제되고 있는 정부에 대한 신뢰로 볼 수 있는 것으로서 정부와 같은 제도나 기관의 역할이나 기능에 대한 믿음 혹은 불신을 의미한다고 할 수 있다. 세 번째의 신뢰는 게임이론, 협상관계 등과 같이 상대방과의 상호작용적인 인간관계가 펼쳐지는 영역에서 볼 수 있는 것으로 갈등관리과정에서의 갈등당사자들 간 혹은 갈등당사자들과 중재자간에서 볼 수 있는 신뢰라고 할 수 있을 것이다.

따라서 본 연구에서의 신뢰는 일단 Worchel의 세 가지 유형들 중 세 번째 관점이 가장 적합하다고 볼 수 있다. 즉, 갈등중재에 있어 신뢰성이란 갈등당사자들이 불확실성과 위험에도 불구하고 중재자들이 자신들의 이해를 배신하지 않을 것이라는 낙관적 기대와 그러한 기대에 근거하여 중재자에게 자신을 맡김으로써 발생하는 취약한 상태를 자발적으로 수용하려는 의지라 정의할 수 있는데, 본 연구에서 신뢰성이란 갈등중재자들이 중재를 하게 될 경우 현재의 갈등상황보다 더 악화되지 않을 것이라는 낙관적 기대와 그러한 기대에 근거하여 갈등관리자들에게 조정이나 중재를 맡기려는 자발적 의지라고 정의하기로 한다. 다른 한 편 "협상에서 합의라는 수확을 얻는다면, 그것은 사전 진행단계에 씨를 뿌려서 경작한 결과이기 쉽다"라고 한 코헨(Cohen, 1994)의 지적[13]은 협상의 타결이란 실제 합의가 이루어지기 전 단계부터 이미 상대방에 대한 신뢰가 서고 기대치가 생기게 되는 것을 의미한다. 이는 김포매립지 사례에서 장원 교수가 갈등관리에 들어가기 전 검단면에 거처를 옮기고 주민들과 접촉을 한 결과 협상과정에서 많은 신뢰를 얻을 수 있었다는 결과에서 보듯이 협상 전 단계까지의 신뢰 형성의 중요성을 입증하는 것이다. 이러한 점을 감안하면 갈등관리자가 갖추어야 할 요건으로서의 신뢰성의 개념 속에는 Worchel의 세 가지 관점들 중, 믿음, 기대, 사람에 대한 강한 느낌과 같은 첫 번째 일반적 개념에서의 신뢰도 포함되어야 한다고 본다. 결국 본 연구를 위해서는 Worchel의 첫 번째 관점과 세 번째 관점을 모두 포함해야 할 것으로 보는데, 확연하게 구별하기가 어렵지만 첫 번째가 세 번째 관점에 비해 보다 정서적인 측면이 강하다고 한다면 세 번째 관점은 지적인 측면이 강하다고 생각된다. 이러한 점에서 신뢰란 정서적인 요소(emotional component)와 지적인 요소(intellectual component)로 구성된 이중적 개념(dual concept)으

---

13) Cohen(1994)은 "우리는 우리 스스로 운명을 만들고는 만들어진 것을 운명이라고 부른다"는 벤자민 디즈레일리의 말을 인용하고 있다(강문희 역, 2001: 227).

로서, 정서적인 부분은 "확신에 찬 기대; 확실한 희망(assured anticipation; confident hope)"라고 볼 수 있으며, 지적인 부분은 "신뢰를 가능하게 해주는 성과 기록의 연속 혹은 다른 사람의 성실성이나 진실성, 정의감 등에 대한 확실한 믿음"에 기초한다고 하고 있다 (Ciancutti, 2000: 14). 그는 신뢰의 적극적 결과는 자신감(confidence)인데 이는 상대방의 정직성과 신뢰 가능성에서 비롯되며 신뢰의 수동적 결과측면은 걱정과 의심이 결여된 상태를 말한다고 하였다.

이러한 논의를 본 연구에 적용하면 신뢰의 정서적 요소는 갈등당사자들이 중재자인 시민단체의 지도자나 시민단체에게 갖는 정서적인 유대감이나 동일체 의식으로 보고, 인지적인 요소는 중재하는 시민단체의 지도자나 시민단체의 갈등관리 능력, 사회적 평판으로 파악할 수 있을 것이다.

따라서 본 연구에서는 중재자의 신뢰성을 측정하는 변수들 중의 첫 번째 변수는 중재자인 시민단체의 갈등관리 능력을 결정하는 요인인 사회적 평판 혹은 인지적 요소로 하고, 두 번째 변수는 정서적 요소로 정하기로 한다. 그리고 이 두 가지 요소 이외에도 신뢰성을 유지하기 위하여 갈등해결에서 무엇보다 강조되어야 할 점은 의사소통(이종열, 권해수, 1998: 185)이라고 보아 세 번째 변수는 지속적인 대화 유지를 하는데 필수적인 정기적인 대화채널의 존재 여부로 하였다. 갈등중재 과정에서 중재자는 상호간의 적대적 감정을 완화시키기 위해 당사자들의 공개적인 대화 분위기를 조성해주고 지속적인 의사소통(communication) 기회를 마련해주는 것이 중요한데, 이러한 의사전달은 갈등 초기 상호간의 오해를 풀어줄 수 있고, 갈등문제의 정확한 분석을 가능하게 해주며 더 나은 합의안을 모색하는데 도움을 주는 등, 갈등관리의 모든 과정에 있어 핵심적인 요소가 된다(Fisher, 1972: 85). 즉, 의사전달의 증가는 갈등관리에서 중요한 요소가 되며 이러한 과정에 신뢰는 개방적이고 진실한 의사소통을 촉진해주는 역할을 하는 것이다(Zand, 1972). 그리고 이러한 의사전달은 몇 번의 접촉으로 끝나는 것이 아닌 정기적인 대화채널의 제도화[14]가 중요한데, 그 이유는 부당한 외부 간섭으로부터 벗어날 수 있을 뿐만 아니라, 끊임없는 정보 제공과 대화를 통해 보다 나은 합의안에 대한 지속적인 모색을 도모할 수 있기 때문이다(Bercovitch, 1984: 51, Deutsch, 1973: 165, 214).

  일반적으로 적대적 관계에 있는 갈등당사자들은 서로 접촉을 회피하게 되므로, 이와 같은 정기적인 대화채널이 존재하기 위해서는 우선 갈등당사자들과 중재자간의 신뢰형성이 필수적이라 할 것이다. 따라서 어떤 사례에서 이러한 대화채널이 장기간 지속되었다면 갈등당사자들 간 혹은 갈등당사자와 중재자간의 신뢰성이 계속되었다는 것으로 볼 수 있을 것이며, 그렇지 못하다면 상대적으로 신뢰성이 낮다고 볼 수 있어 본 서에서는 신뢰성을 측정하는 세 번째 변수로 갈등당사자들과의 중재간에 정기적인 대화채널이 존재하는가를 채택하였다.[15] 즉, 시민단체의 신뢰성의 측정변수는 인지적 요소와 정서적 요소, 그리고 정기적인 대화채널로 구성된다.

---

14) Deutsch(1987)는 갈등해결의 파괴적인 과정을 위한 조건들의 하나로 빈약한 의사소통(poor communication)을 들고, 건설적인 과정을 위한 조건으로도 충분한 의사소통(good communication)을 들었으며, Schmidt와 Tannenbaum(2000)은 갈등이 일어나는 의견차이의 본질은 사실(fact), 목표(goal), 방법(method), 가치(value)라고 보고 이러한 의견 차이를 창조적으로 해결하는 방법의 하나로 갈등당사자들 간의 의사소통을 위한 수단을 마련할 것을 세시하고 있다. 여기서 의사통로란 갈등당사자들 상호간, 갈등당사자들과 갈등관리자간에 효율적인 갈등관리를 위하여 충분한 자신의 의견발표와 필요한 정보들이 즉시 교환될 수 있는 수단과 제도를 의미한다.
15) '개방적이고 진실된 정보교류와 의사소통'은 대표적인 신뢰행동으로 신뢰하지 않는 사람에게는 정보를 은닉하거나 왜곡시키고 감정을 위장하기 위해 의사소통과 상호교류를 억제하고 부정확하게 이루어지지만, 신뢰하는 사람에게는 관련 있는 포괄적이고 정확한 정보와 현실성 있는 자료들을 제공해 줄 뿐만 아니라 이들과의 상호교류와 의사소통의 흐름도 빈번해지면서 정확하고 솔직하게 이루어지는 것이다. 즉, 신뢰란 개방적이고 진실된 의사소통과 교류를 촉진하는 것이다(Zand 1972, 김호정 1999).

4) 측정방법

중재자의 신뢰성을 측정하는 변수들 중의 하나로 시민단체의 중재능력을 결정하는 요인인 인지적 요소와 정서적 요소로 선정하였는데, 구체적인 측정방법은 갈등 당시의 설문조사 자료들이나 당시 언론의 보도, 혹은 선행연구들로 하고 이러한 자료들이 없을 경우에는 당시 실무자들에 대한 면접조사로 보완하고자 한다. 그리고 신뢰성은 인지적 요소와 정서적 요소 모두를 갖춘 것이 보다 현실적이지만 각 사례분석에서 이 두 가지 요소를 모두 측정하여 상대적 비중을 규명하는 일이 현실적으로 어렵기 때문에 각 사례에서 두 가지 요소를 검토하되, 개략적인 설명을 하였다. 두 번째 측정변수인 갈등당사자들과 중재자간에 정기적인 대화채널의 존재는 이러한 의사소통이 공식 혹은 비공식적으로, 어느 정도 정기적으로 이루어지고 있었는지 여부를 검토하고 정기적인 대화채널이 있었다면 갈등당사자들과 중재자간에 상당히 높은 신뢰성이 존재하고 있었다고 보기로 한다.

3. 전문성

현대사회는 과학기술의 발전으로 보다 다양화·복잡화되어가고 있으며 이러한 사회에서 일어나는 이해관계를 중심으로 발생하는 갈등문제도 일반인이 알기 어려운 전문지식과 정보의 도움을 받아야 할 문제가 점점 늘어나고 있다. 즉, 갈등중재에 있어 갈등을 합리적으로 해결하기 위해서는 전문성에 근거하여 자신들의 이해관계를 주장하는 갈등당사자들보다 앞선 해당 분야의 전문지식으로 무장한 중재자가 그 어느 때보다 요구되는 것이다. 이러한 중재자들이 갖추어야할 전문성에 대하여는 다음과 같이 논자에 따라 차이가 있다.

1) 전문성의 정의

전문성이란 일반적으로 어떤 분야에 대한 직무를 수행하기 위해서 필요한 그 분야 특유의 지식과 기술(고득영, 1994)이라 할 수 있는데, 논자에 따라서는 전문성을 전문지식과 정보축적을 포괄하는 넓은 개념으로 보는 견해도 있다(정정길, 2001: 19). 여기서 전문지식이란 어떤 문제를 해결하기 위하여 필요한 원인과 결과 사이의 인과관계에 관한 이론을 습득하고 있는 정도를 말하는 것으로(정정길, 2001), 이러한 전문지식은 당면한 문제의 성격에 따라 달라지는데 넓은 의미의 전문성에 정보축적이 포함된다고 보는 이와 같은 견해는 오늘날 정보화시대에 있어 정보가 차지하는 비중이 상대적으로 커져 정보의 양과 질에 따라 의사결정의 합리성 여부가 결정되기 때문이다. 이와 같이 전문성을 넓게 보는 견해는 특히 행정 분야에 있어 행정의 효과성과 능률성을 결정하는 가장 핵심적인 요인으로 작용하고 있는데16), 오늘날 행정 관료들에게 요구되는 전문성의 범주 속에 전문지식, 정보축적 이외에 대립되는 이해관계를 조정하고 타협시킬 수 있는 타협기술도 포함하는 견해도 있다. 이는 민주화가 진행될수록 대립되는 이해관계를 조정 또는 타협시키는 정치적 기술이 관료들에게 더욱 더 요구되고 있기 때문이다(정정길, 2001: 158-159).

갈등중재자에 필요한 전문성이 무엇인지를 파악하기 위하여 우선 이에 관한 선행 연구들을 살펴보면 다음과 같다.

전문성을 "갈등을 해결하는 관점에서 쟁점이 되는 문제에 대하여 정보

---

16) 행정능력의 하나로 지적능력을 들고 있는데 이러한 지적능력의 종류로는 전문지식과 정보, 창의성을 들고 있으며, 여기서 전문지식과 정보축적을 합한 개념을 전문성으로 보고 있다. 또한 민주화가 진행될수록 대립되는 이해관계를 조정 또는 타협시키는 정치적 기술이 관료들에게 더욱 더 요구된다고 보고 대립되는 이해관계를 조정하고 타협시킬 수 있는 타협기술도 전문성에 포함시키고 있다(정정길, 2001).

수집 및 분석이 가능하며 대안을 제시할 수 있는 능력(김고운, 1998)", 혹은 "시민단체가 주민과의 갈등해결에 있어 갈등상황에 대한 전문적인 지식이라는 측면과 갈등상황을 효과적으로 중재하는 기술이라는 측면"으로 나누어 보는 견해(김주환, 1994)가 있다. "전문 분야에 경험이 많은 사람으로서(professionally experienced person), 갈등을 해결하는데 있어 중재과정에 신뢰를 줄 수 있는 원칙을 제시하고 갈등의 원인을 분석하는 기술(diagnostic skill)과 난국을 헤쳐 나가는 행태 기술(behavioral skill), 다양한 의견에 대한 수용적 자세(attitudes of acceptance), 정서적인 지지를 얻고 이를 확신시킬 수 있는 능력(Walton, 1969)"으로 보는 견해도 있다.

Bercovitch(1984)의 경우는 전문성을 상당히 폭넓게 보고 있는데, 그는 갈등중재과정에서 요구되는 기술(skill)은 일반적으로 정치가나 외교관에 요구되는 정도의 기술이 아니라, 좀더 전문적 영역인 갈등역학(conflict dynamics), 의사전달, 지각(perception), 집단역학(group dynamics)의 지식을 갖춘 학문적으로 많이 숙련되었거나 응용 행동학자들이 가지고 있는 기술을 의미한다고 보고, 중재자가 갈등해결이라는 목표를 이루기 위해서는 이러한 기술을 갖출 것이 요구되는데 이를 위해서는 '상아탑 속의 지식인(ivory tower intellectual)'이 되어서는 안되고 주어진 목표를 효율적으로 달성할 수 있는 전문가, 능력 있는 관리자, 존경받는 관리자, 숙련된 연구자(expert researcher)가 되어야 한다고 하였다. 그러나 Bercovitch도 한 개인이 이러한 능력을 모두 다 갖춘다는 것은 인간 능력상 한계가 있고 또 의문시되므로 숙련되고 관련 정보와 경험을 두루 갖춘 갈등관리자들의 팀의 형성이 필요하다고 보고 있다(Bercovitch, 1984: 31).

이상의 논의를 종합해 보면, 전문성이란 흔히 일상생활에서 쓰는 일반적 의미의 전문성[17]이 있지만 중재자에게 요구되는 전문성은 이보다 더 높은 차원의 전문성을 요구하고 있다고 할 것이다. 그러나 국내 선행 연구들의 지적이 갈등관리자에게 요구되는 전문성을 갈등문제에 대해 정확히 알고 대안을 제시하며, 갈등상황을 효과적으로 중재하는 기술(김고운 1998, 김주환 1994)이라고 하는데 대해 외국학자들이 보는 전문성은 갈등역학, 의사전달, 지각, 집단역학(group dynamics)의 지식을 갖춘 학문적으로 많이 숙련되었거나 응용 행동학자들이 가지고 있는 기술로 무장한 전문가(Bercovitch, 1984), 갈등의 원인을 분석하는 기술(diagnostic skill)과 난국을 헤쳐 나가는 행동기술(behavioral skill), 다양한 의견에 대한 수용적 자세(attitudes of acceptance), 정서적인 지지를 얻고 이를 확신시킬 수 있는 능력'(Walton, 1969)을 가긴 전문가로 보고 있어 협상에서 필요한 전문성을 보다 구체적으로 지적하고 있는 것이 특징이다.

이와 같은 갈등상황에 대한 전문적 지식은 우선 갈등상황과 갈등상황을 초래한 문제 그 자체에 대해 성확하게 이해히는 것을 말하며, 갈등상황에 대한 명확한 이해는 중재자가 어떻게 중재를 할 것인가 하는 전략을 세우는데 있어 판단의 근거가 되고, 중재자가 제시한 대안을 갈등당사자들이 수용하느냐의 여부에 영향을 미친다고 본다. 그리고 갈등상황을 효과적으로 중재하는 기술은 서로에 대한 적대적인 감정을 가지고 있는 갈등당사자들의 합의를 이끌어내기 위해 갈등중재를 효율적으로 이끌어 나가는 기술이다. 이것은 갈등을 중재하는 데 있어 중재자가 어느 정노까시 길등상황에 개입할 것인가, 즉 어떤 중재유형을 선택할 것인가의 문제와도 연관된다. 본 연구에 있어서 중재자에게 필요한 전문성이란 갈등문제에 대한 지식과 정보 및 경험이 풍부하여 갈등이 초래된 상황을 정확히 인식[18]하고 이러한 인식을 바탕으로 갈등의 원인을 규명하여 갈

---

17) 일반적으로 "전문가란 어떤 특정한 부문을 연구·담당하며 특히 그 부문에 능통한 사람"이라고 정의하고 있다.
18) 갈등상황 인식능력을 독립적 요인으로 분석하는 것도 가능하나, 이러한 상황 인식능력은 주관적이어서 측정하기 어렵고, 갈등상황에 대한 인식이 정확하다면 합리적인 대안을 제시할 수 있다고 보아 여기서는 합리적인 대안제시능력에 포

등해결을 위한 합리적인 대안제시를 할 수 있는 능력이라는 측면과 갈등당사자들에게 신뢰를 줄 수 있는 원칙을 제시하고 갈등당사자들로부터 양보와 타협을 이끌어내어 갈등상황을 타개할 수 있는 갈등상황을 효율적으로 중재하는 능력이라는 두 측면으로 나누어 보기로 한다.

여기서 문제가 되는 것은 효율적으로 중재하는 능력에서 중재의 효율성에 대한 개념이다. 즉, 유능한 중재자란 중재를 효율적, 즉 성공적으로 이끌어내야 함을 의미한다고 할 때 중재의 성공 여부의 의미가 무엇인가 하는 점이다. 이에 대해서 이달곤(1995)은 "협상을 통하여 가치를 증대시킨다는 것은 곧 효율성을 증대시킨다는 것이고, 그 기준이 리틀의 기준(Little criterion) 정도만이라도 만족을 시킨다면 현실적으로 생산적인 협상"이라 할 수 있다고 하며, 갈등의 완화를 보장하는 합의도출을 성공적인 조정(중재)으로 정의하고 있으며(이달곤, 2002: 8), Ross(1993)는 "갈등당사자 모두가 수용할 수 있고 해결책이 지속적이며, 당사자들의 관계가 갈등 전보다 더 긍정적인 관계로 발전"하였다면 성공적인 중재라고 하였다.

다음에 문제되는 것은 갈등관리의 성공과 실패를 평가하는 기준이 무엇인가이다. 이 점과 관련하여 Ross(1993)는 갈등관리에 있어 성공과 실패를 평가하는 세 가지 기준으로 수용성(acceptance), 지속성(duration), 변화된 관계(changed relationships)를 제시하였는데, 수용성이란 해결책이 갈등당사자들에게 용인되는 것을 말한다. 그리고 갈등당사자들이 수락하는 것은 다음 두 가지 이유가 있는데, 해결안의 내용이 마음에 들거나 해결안에 이르는 절차가 공정하게 이루어졌다고 생각되기 때문이라고 지적한다(Ross, 1993: 120). 그리고 한 당사자가 행동할 힘이 없어서 해결책에 반대하지 못하는 경우는 수용성이 아니라 체념(resignation)이라 하였다.

두 번째 기준인 지속성은 해결책이 얼마나 오래 지속되는가의 정도를

함하여 분석하고자 한다.

말하는 것으로 갈등의 한 당사자에게 짧은 시간에 유효한 해결책보다는 상호간의 수락을 통하여 장기적으로 지속되는 해결책이 더 성공적이라는 것이다.

세 번째 기준은 변화된 관계인데 이것은 갈등당사자들의 상호작용이 갈등해결 전과 갈등해결 후에 달라지는 정도로, 갈등해결 후 좀더 긍정적인 방향으로 변화되었다면 성공적인 갈등해결이라는 것이다. 따라서 Ross는 "갈등당사자 모두가 수용할 수 있고 해결책이 지속적이며, 당사자들의 관계가 갈등 전보다 더 긍정적인 관계로 발전"하였다면 성공적인 갈등관리로 파악하였다.

여기서 유의해야할 점은 효율적인 혹은 성공적인 중재를 "갈등의 완화를 보장하는 합의도출"(이달곤, 2002), "갈등당사자 모두가 수용할 수 있고 해결책이 지속적이며, 당사자들의 관계가 갈등 전보다 더 긍정적인 관계로 발전"(Ross, 1993)하는 것으로 보는 견해들도 당사자들 간의 합의안이 도출되었다고 해서 성공한 혹은 효율적인 중재라고 볼 수 없다는 점을 강조하며, 이들 요소 이외에도 '절차의 공정성과 충분한 토의'(Ross, 1993), '민주적 절차'(이달곤, 1992)[19]들의 요소를 강조하고 있다는 것이다. 즉, 결과가 아무리 훌륭하다고 해도 민주적인 과정을 거치지 않은 것은 그 자체 성공이라고 보기 힘들다는 입장이다.

이러한 점들을 종합해보면 갈등중재자에게 필요한 전문성이란 갈등해결을 위한 힙리적인 대안을 제시할 수 있는 능력과 효율적인 협상능력이라고 할 수 있는데 여기서 효율적인 중재능력이란 '민주적인 절차'를 거쳐(이달곤, 1992), '갈등당사자 모두가 수용할 수 있고 해결책이 지속적이

---

19) 이달곤(1995)은 협상의 경우, 정통성, 정의, 공익 등의 일반적 가치를 추구해야 할 뿐만 아니라 가치배분상의 형평, 공정, 기회, 권리보호 등의 기준도 강조해야 함을 주장하였다. 그리고 협상과정에서 효율성 못지않게 중요한 기준은 형평성인데 어느 누구도 무엇이 공정한 지에 대하여 가치판단을 독점할 권리가 없으므로 결국 형평이나 정의의 판단은 민주주의적인 절차에 크게 의존한다고 하였다.

며, 당사자들의 관계가 갈등 전보다 더 긍정적인 관계로 발전'(Ross, 1993)하도록 협상을 이끌어 나갈 수 있는 능력을 의미한다. 그리고 '민주적인 절차'란 Dahl(1977)의 절차적 민주주의(the doctrine of procedural democracy)를 뜻하는 것으로 이는 다음과 같은 기준들이 만족될 때 가능하다.

첫째, 사회 구성원 모두는 동등한 권리를 가지고 있으므로 권리의 행사나 결정과정에서의 대우에 있어서도 우열이 있어서는 안된다 (criterion of political equality).

둘째, 모든 구성원은 자신의 선호를 효과적으로 의사결정과정에 투영시킬 수 있어야 한다(criterion of effective participation).

셋째, 국가는 사회성원이 건전하고 효과적인 견해투입으로 정책을 결정하는데 필요한 정보나 지식을 제공하여야 하며 시민교육을 통하여 생산적인 판단을 할 수 있는 능력을 배양하게 하여야 한다(criterion of enlightened understanding).

넷째, 여기에 사회 성원 누구도 결정과정에서 배제되어서는 안된다는 포괄성(inclusiveness)과 마지막으로 어떤 것이 정책결정사안이 되며 그 절차가 어떠하여야 한다는 것을 결정하는 데까지는 위의 네 원칙을 지킬 것을 요구하는 마지막 조건(final control by the demos)까지 충족시킬 때 그 사회는 절차적 의미에서 완전한 민주적 결사(democratic association)라는 것이다(이달곤, 1992: 97).

2) 전문성의 측정

(1) 측정변수

전문성의 측정변수는 ① 합리적인 대안제시 능력, ② 효율적인 갈등관리능력(중재능력)으로 파악하기로 한다. 여기서 효율적인 갈등관리능력 (중재능력)이란 '민주적인 절차'를 거쳐(이달곤, 1992), '갈등당사자 모두가 수용할 수 있고 해결책이 지속적이며, 당사자들의 관계가 갈등 전보다 더 긍정적인 관계로 발전'(Ross, 1993)하도록 협상을 이끌어 나갈 수 있는 능력을 의미한다.

(2) 측정방법

첫 번째 합리적인 대안제시 능력에서 갈등중재자로서의 시민단체가 합리적인 대안제시 능력이 있는지의 여부는 갈등문제에 대한 체계적이고도 합리적인 입장 정리가 된 대안을 작성하는 과정에 전문가들이 다수 참여하고 이들 의견을 종합하여 공청회나 협상과정 등에서 성명서 등의 형식으로 대안이 제시되고 발표되었으며, 이에 대하여 다른 당사자들로부터 특별한 반대 의사표시가 지속적으로 없었다면 갈등중재자로서 시민단체는 합리적인 대안 제시 능력이 있다고 보기로 한다. 그러나 시민단체가 대안을 작성하는 과정에 전문가들의 의견을 반영하지 않는다든가, 대안 제시 등에 있어 갈등당사자들로부터 강한 반대의 의사표시가 지속적으로 제기되었다면 중재자로서의 합리적 대안제시 능력은 낮은 것으로 보기로 한다.

두 번째, 효율적인 중재능력의 측정은 시민단체가 개입한 후 갈등의 완화를 보장하는 합의도출을 성공적인 갈등관리로 보되(이달곤, 2002: 8), '민주적인 절차'(이달곤, 1992, Dahl, 1977)를 거친 경우로 제한하기로 한다.

4. 자율성

1) 자율성의 정의

일반적으로 자율이란 스스로 자기를 규제한다는 뜻으로, 외부로부터의 제어(control)에서 벗어나 자신이 세운 규범에 따라 행동하는 것을

의미한다. 이러한 자율성은 주체성과 자기 정체성(正體性)을 전제로 하
며, 자신의 의식을 기초로 스스로 사고·판단·선택할 수 있는 자기 결
정력을 보유하고, 자신의 삶을 능동적이고 창의적으로 발전시키는 역할
을 하게 되는 것이다(박상필, 2001: 323).

　시민단체에서 자율성이란 용어는 대개 정부와의 관계에서 정부의 외
적 구속이나 통제를 받지 않고 시민단체 스스로의 독자성을 유지하는
의미로 사용되고 있는데(박재창, 2000, 박동서, 2000, 박상필, 2002),
이와 같이 시민단체가 자율성을 갖는다는 것은 스스로 정체성을 가지
고, 인적 자원의 충원에 필요한 조직의 재생산과 재정의 자립을 확립하
는 것을 의미한다[20](박상필, 1998: 54, 박상필, 2002: 89-90). 그리고
여기서 시민단체의 정체성이란 단체의 구성원들이 단체 고유의 이념과
목적, 단체 구성과 운영방법, 사회적 의의와 역할을 인식하는 것을 의미
하는 것이다.[21]

　시민단체란 시민의 자발적 참여와 자율적 운영을 통하여 공공의 이익
을 추구하는 단체로서 시민단체의 자율성이 상실될 경우 시민단체는 그
존립근거를 잃게 된다. 이러한 시민단체가 자율성을 바탕으로 공익성을
추구하는 것은 결국 시민단체의 공익활동능력을 인정하는 것으로서 이러
한 공익활동들 중의 하나가 갈등중재활동이라 할 수 있을 것이다. 그리
고 갈등중재과정에서 필수적인 중립성을 유지하는 것도 어떤 의미에서는
공익을 추구하는 시민단체 고유의 자율성을 고수하는 일로 정의될 수 있
지 않을까 한다. 왜냐하면 어떠한 조직이든 외부의 간섭과 통제를 받게
되어 자율성이 상실된 상태에서 하는 중재활동이란 바로 외적 구속을 받
을 수밖에 없는 것이므로 중립성을 유지한다는 것이 사실상 불가능하기

---

20) 박상필(2002)은 NGO와 정부와의 관계유형을 활동의 자율성과 재정의 자율성
　　을 기준으로 권위주의적 억압 또는 민주적 포섭, 종속형, 자율형, 협력형의 4가
　　지 유형으로 분류하고 있다(박상필, 2002: 90).
21) 정체성이란 주체의 자기의식으로서, 자신이 무엇이고, 무엇을 해야 하며, 어떻
　　게 해야 하는지에 대한 판단의 집합이라 할 수 있다(박상필, 1998).

때문이다. 이러한 시민단체의 자율성은 기존의 연구들이 지적하고 있듯이 주로 정부와의 관계에서 논의되는 것이지만, 의약분업사례 등에서 보듯이 현실적으로 언론기관과의 관계에서 시민단체들이 이에 의존하거나 영향을 받는 경우가 많아 언론으로부터의 자율성도 중요하게 다루어야 할 부분이라고 생각된다.

2) 자율성과 중립성, 공정성과의 관계

중재과정에서 이와 같은 자율성을 지킴으로써 중립성과 공정성을 유지할 수 있다고 보는데 이러한 중립성은 공정성과 관련하여 많은 논의가 이루어지고 있다. 그러나 선행연구들은 양자의 차이점에 대한 논의는 명확하지 않은 것 같다. 일반적으로 중립성(neutrality)에서 중립이란 어느 편에도 치우침이 없이 그 중간에 서는 일, 혹은 이면 특정의 사상이나 입장, 의견 등에 치우침이 없이 중용을 취하는 일, 또는 반대·적대하고 있는 사람들에 대해 어느 쪽에도 편들지 않는 일로 정의 내려지고 있다. 즉, 중립이란 갈등에 있어 어느 한 편을 들지 않는 것(not taking part in either side of a dispute or quarrel)을 의미한다. 이에 비해 공정성이란 어떤 이해관계나 편견을 버리고 모든 당사자들을 동등하게 대우하는 것으로 정의되고 있다. 그런데, 갈등관리자로서의 시민단체의 중립성이란 갈등관리과정 상에서 공익을 추구하는 시민단체 고유의 자율성을 고수하는 일로 정의될 수 있지 않을까 한다.

중립성과 공정성에 대한 회의적인 시각으로는 Rifkin, Millen, Cobb(1991)을 들 수 있으며, 이들은 갈등관리에 있어 중재자는 자신의 문화적 배경을 배제한 채 진정한 중립성을 지키기 어렵다는 점을 지적하였다. 그리고 갈등을 관리하는 비밀스러운 공간에서 공적인 검증과 공식적인 책임이 결여된 채, 갈등관리자들의 권한이 더 약해질 가능성이 있다는 점도 지적하였다.

갈등관리자들이 갈등조정과정에서 자신들의 의사를 오히려 강요해 처음 당사자들에 의해 제기된 갈등문제의 준거틀(the frame of reference)마저 바꿀 가능성도 있다는 점에서 중립성과 공정성이란 갈등조정에 있어서 하나의 전설(folklore)이라 혹평하는 견해도 있다. Folger와 Bush(1994)는 "갈등이 조정되기 시작하면 사회정의에 관한 이슈들은 억압되고 권력불균형이 무시될 수 있고 협상 결과는 남몰래 강요되는 제3자의 가치들에 의해 결정될 수 있다"고 하여, 중립성과 공정성에 대하여 부정적인 입장을 취했다. 그러나 이러한 비관적인 입장과는 달리 대부분의 견해들은 중립성과 공정성을 중재자가 갖추어야 할 요건으로 보고 있다. Rubin 등(1994)은 중재자가 중립성을 유지하면 다양한 갈등당사자들이 협상과정에 접근할 수 있는 가능성을 통제할 수 있어 어느 한 당사자에게 유리한 결과를 가져오는 것을 막을 수 있지만, 당사자들 간에 힘의 균형이 이루어지지 못하고 한 편으로 쏠렸을 경우에도 중재자나 조정자가 중립을 유지해야 할지는 의문이 제기되고 있다고 하고, 이러한 힘의 균형이 이루어지지 않는 경우에는 갈등관리자가 상대적으로 열악한 편에 섬으로써 힘의 균형을 이룬 것과 같은 효과를 가져올 수 있다고 하여 공정성이 필요함을 주장하고 있다. 그러나 중재를 함에 있어 중재자가 더 강한 갈등당사자의 우세를 상쇄하는 것이 옳은 것인지에 대해서는 많은 논란이 있다. 기존의 연구들은 조정자의 중립성을 지지하기도 하지만, 한 당사자가 너무 힘이 약할 경우에는 제3자는 이러한 불균형을 어느 정도 상쇄시켜 주어야 한다는 주장도 있다.[22]

---

22) 예컨대 고용주와 근로자, 지주와 소작인 등과 같이 영향력에서 많은 차이가 있는 경우 중재자가 어떤 역할을 해야 할 것인가가 문제된다. 또한 갈등당사자들 중 교육도 많이 받았고, 부유하며, 뛰어난 화술로 남을 설득할 능력을 갖춘 집단과 교육도 제대로 받지 못하고 가난하며, 발음도 분명하지 않은 집단간의 갈등을 중재할 갈등관리자는 어떤 태도를 취할 것인가? 이러한 갈등당사자들의 지위, 권위가 열악한 한 당사자를 후원해주고 강한 당사자를 통제하여 조정이나

공정성(fairness)은 윤리적인 개념으로 어느 누구도 무엇이 공정한 것
인가에 대한 가치판단을 독점할 권리를 가질 수 없기 때문에 결국 형평이
나 정의의 판단은 민주주의적인 절차에 크게 의존하는 수밖에 없다고 보
고 이러한 관점에서 협상절차를 민주적으로 운영하는 것은 절차적 차원
에서 형평성을 확보하고 나아가 결과적 공정성을 보장하는 전제가 된다
(이달곤, 1995: 100)고 하는 견해가 있으며, 공평성을 형평성과 같은 것
으로 보고 수평적 형평성과 수직적 형평성으로 나누어 수평적 형평성
(horizontal equity)은 "동등한 여건에 있는 사람을 동등하게 취급"하는
것으로 정의하고, 수직적 형평성(vertical equity)은 "내등하지 않은 상황
에 있는 사람들을 서로 다르게 취급하는 원칙"으로서, 일반적으로 이에
의하여 서로 다른 상황에 처해 있는 사람들을 좀더 동등하게 만들 것을
목적으로 하는 기준으로 보는 견해도 있다(노화준, 1999: 114). 이러한
공평성의 기준을 적용하게 되면 앞서의 예들에서 갈등당사자들 중 어느
일방이 심히 열악한 위치에 놓여있을 때에는 수직적 형평성(vertical
equity) 기준을 적용하여 결국 서로 다른 상황에 처해있는 사람들을 좀더
동등하게 만들어 협상을 이끌어나갈 수 있고(노화준, 1999), 두 당사자가
비슷한 지위에 있을 경우에는 수평적 형평성(horizontal equity)을 적용
하여 동일한 대우를 해주어야 하는 것이다.

이상의 논의를 요약하면 우선 갈등관리자로서의 시민단체의 중립성이
란 시민단체기 갈등관리과정상에서 시민단체 고유의 자율성을 고수하는
노력으로 공정성에 비해 소극적인 개념으로 파악할 수 있다. 그리고 공정
성이란 형평성과 같은 것으로 보아 수평적 형평성과 수직적 형평성으로
나누어지는데 수평적 형평성(horizontal equity)은 "동등한 여건에 있는
사람을 동등하게 취급"하는 것으로 보고, 수직적 형평성(vertical equity)
은 서로 다른 상황에 처해 있는 사람들을 좀더 동등한 조건으로 만들기

중재를 하는 것이 더 옳은 것인지에 대해서는 한마디로 답하기 어려운 문제라
는 것이다(Winslade and Monk, 2000: 49).

위해 "대등하지 않은 상황에 있는 사람들을 서로 다르게 취급"하는 원칙으로 볼 수 있다. 이런 점에서 공정성 중에서 수평적 형평성은 중립성과 같이 소극적이지만, 수직적 형평성은 보다 적극적인 성격을 띠게 된다. 따라서 정부의 보완적인 역할을 담당하며, 책임성이 없는 공익단체인 시민단체가 갈등당사자들 간의 이해관계 대립을 중재하는 과정에서 스스로 가치 판단적인 성격과 적극적인 역할이 기대되는 공정성(이달곤, 1995)을 적용하는 데에는 한계가 있다고 보므로, 시민단체 고유의 독자성을 견지할 수 있는 중립성이 상대적으로 더 타당한 것이 아닐까 한다. 그리고 이러한 중재과정에서의 중립성을 확보하기 위하여 반드시 요구되는 것은 시민단체의 독립성 또는 자율성(김준기, 2001)이라고 할 수 있을 것이다.

3) 자율성의 측정

(1) 측정변수

시민단체 고유의 자율성을 확보하는 것을 중립성으로 볼 때 환경과의 관련 속에서 시민단체의 갈등관리에 많은 영향을 주는 요인이 무엇인지가 문제된다. 여기서는 일단 시민단체의 자율성을 측정할 수 있는 변수로 외부세력으로부터의 자율성을 들기로 한다.

(2) 측정방법

시민단체의 자율성을 측정할 수 있는 변수로 외부세력으로부터의 자율성을 들 수 있으며, 이러한 외부세력들 중에서 가장 영향을 줄 수 있는 요인으로는 정부와 언론이 대표적일 것으로 생각된다. 우선, 정부로부터의 자율성 여부를 판단하는 기준은 갈등중재자로서의 시민단체가 정부나 정치권에 의존하거나 구속되지 않고 독자성을 유지하면서 갈등을 처리해 나갈 경우에는 정부로부터 자율성이 높았다고 하고, 반대로 정부정책의 추진과정 속에서 정책의 정당성을 확보하기 위한 수단으로서 정부나 정치권으로부터의 권유나 요구가 있었고, 이에 대해 시민단체 스스로의 목적함수가 이와 일치하여 정치성을 띨 경우는 정치로부터 자율성이 없었다고 본다. 이외에도 갈등중재를 하는 시민단체가 정부로부터 금전적인 지원 등을 받았다면 시민단체의 자율성은 매우 낮은 것으로 볼 수 있을 것이다. 두 번째, 언론으로부터의 자율성을 살펴보면 민주주의 사회에서 사회적 공기(公器)로서의 언론과 공익단체인 시민단체와의 관계는 서로 뗄 수 없는 긴밀한 관계를 가지고 상호 협력관계를 유지한 적도 있었지만 사회적 영향력에 대한 주도권(hegemony)을 잡기 위해 필연적인 경쟁이 유발되는 경우도 있다.23) 그러나, 어느 시민단체 이든지 아직 충분한 회원확보, 재정자립, 자원봉사자 확보에 성공하지 못하여 하부구조가 취약하므로 자신들의 활동을 알리기 위해서는 기존 언론에 의존할 수밖에 없는 것이다.24) 이와 같이 시민단체의 갈등중재 역할에 있어서도 중재 역할을 하는 시민단체에 대하여 언론의 영향이 어느 정도 있었음은 인정하지만, 시민단체의 자율적인 활동에 미친 영향이 큰 경우를 중점적으로 분석하여 언론이 시민단체의 자율성을 저해하는 경우로 보고자 한다. 그리고 언론으로부터의 자율성의 측정은 언론의 태도 변화에 따라 시민단체의 활동이 민감하게 변화하였다면 시민단체의 자율성이 낮은 것으로 본다.

---

23) 이 내용은 중앙사회포럼에서 김재범 한양대 교수의 발표 내용이있는데, 이에 대해 이창호 중앙일보 시민사회연구소 부소장은 "시민단체들과 언론이 시민 권력을 놓고 필연적으로 헤게모니 쟁탈전을 벌인다는 진단에 대해서도 의문이다"라고 하여 반대 입장을 취하였다(중앙일보, 2000. 8. 11).

24) 경실련 정책실의 시민입법국·회원사업국의 이재현 간사는 언론과 시민단체와의 관계를 인터넷 메일(2002년 11월)을 통해 다음과 같이 답하였다. "개인적인 소견으로는 시민단체는 언론의 영향을 받게 마련입니다. 왜냐하면 언론에 의존하는 시민단체의 특성에서 연유하기 때문인데 이는 자신의 활동을 효율적이고 효과적으로 알리려는 목적 때문입니다" 그의 답변에서 하부조직이 비교적 취약한 시민단체로서는 언론이 그들의 존재를 알리며 정당성을 입증하는 하나의 홍보 채널이 되고 있음을 엿볼 수 있었다.

제3절 분석틀의 제시

　지금까지의 논의는 시민단체들이 성공적인 갈등중재를 하기 위하여 필요한 조건들이 무엇인지를 선행연구들을 통해 요약해 보고, 이를 기준으로 시민단체들이 실제로 어떠한 중재역할을 수행하였는지를 분석하기 위해 평가기준을 제시하였다. 다음 제4장에서는 그동안 사회적인 쟁점이 되었던 세 개의 사례에서 전개되었던 시민단체의 중재활동에 평가기준을 적용하여 분석하는데 이러한 연구를 진행하기 위한 분석틀은 〈그림 3-1〉과 같다.

〈그림 3-1〉 본 연구의 분석틀

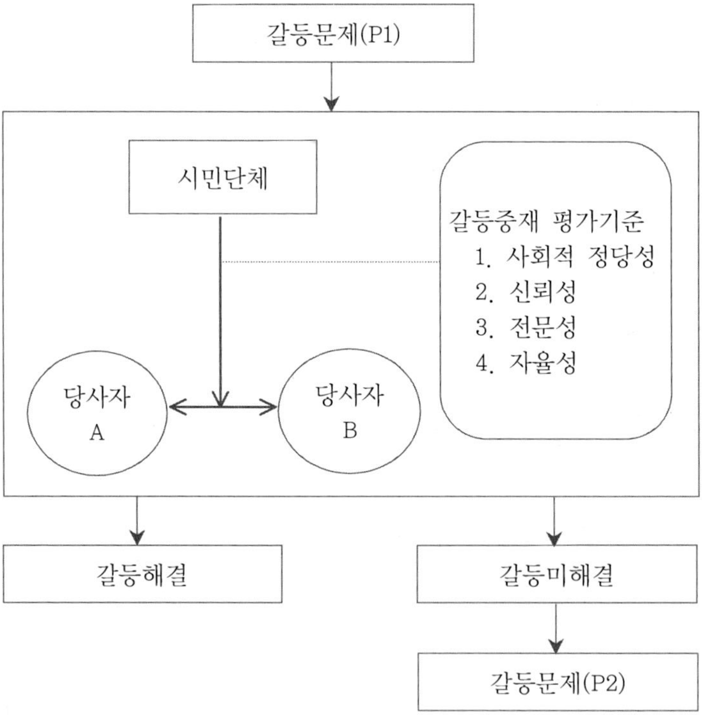

우선, 당사자간의 갈등이 해결되어야 할 문제(P1)로서 인식되어 투입 (input)되면 갈등당사자들 간에 대화와 협상이 시작되고 이러한 협상을 통한 해결이 용이하지 않을 경우, 정부의 중재가 이루어지게 되지만 이 또한 합의점을 찾지 못하면, 시민단체가 중재에 나서게 된다. 그런데 시민단체의 중재과정에 영향을 미치는 요인으로 생각할 수 있는 것은 우선 각 사례가 가지고 있는 갈등문제 자체의 특성과 정부의 태도, 기타 환경적 요인들이 작용할 것이다. 그러나 각 사례가 가지고 있는 갈등문제 자체의 특성을 일반화하기에는 무리가 있어 제4장에서 사례별로 별도로 논의하기로 하며, 정부의 태도는 갈등중재역할의 평가기준에서 시민단체가 개입하는 사회적 정당성 부분과 정부와 시민단체간의 관계를 측정하는 자율성부분에서 다루기로 한다. 그리고 특히 사례에 영향을 주었다고 생각되는 환경적 요인들은 각 사례별로 시민단체의 개입과 관련된 사회적 정당성 부분과 자율성부분에서 살펴보고자 한나.

본 연구의 주된 분석대상은 시민단체이므로 연구의 초점은 시민단체의 중재역할에 맞추었으며, 평가기준을 적용하여 갈등의 중재자로서의 시민단체의 역할을 분석하고 이로부터 도출되는 문제점들을 이론적, 정책적 시사점으로 연결시키려고 한다.

각 사례에 있어서는 한약분쟁의 경우 한의사회와 약사회가 갈등당사자이고 보사부와 시민단체인 경실련이 중재자이며, 의약분업의 경우에는 의사협회의 약사회가 갈등당사자이고 보건복지부와 5개 시민단체들이 갈등의 중재자이다. 또한 김포매립지 사례의 경우는 주민대책위원회와 환경처가 갈등당사자였으며, 장원 교수를 중심으로 한 배달환경연구소 중재자 역할을 한 것이 특징이라 하겠다.

〈그림 3-1〉에서는 대립되는 두 갈등당사자 A와 B가 존재하고 정부가 갈등중재에 실패했을 경우, 갈등당사자나 정부의 요구로 시민단체가 중재자 역할을 하게 되는 일반적인 경우를 분석틀로 제시하였다. 사례에 적용시킬 4가지 평가기준과 측정변수는 〈표 3-4〉와 같다. 또한 평가기

준에 의해 최종적으로 나타나는 강도는 '강', '보통', '약'의 세 유형으로
표시하려고 한다.

<표 3-4> 평가기준과 측정내용

평가기준	측정변수	측정내용	강 도
사회적 정당성	정부나 갈등당사자의 중재요구	사례별로 다름	강, 보통, 약
신뢰성	① 인지적 요소, 정서적 요소	사례별로 다름	강, 보통, 약
	② 정기적인 대화채널	사례별로 다름	강, 보통, 약
전문성	① 합리적인 대안제시능력	사례별로 다름	강, 보통, 약
	② 효율적인 중재능력	사례별로 다름	강, 보통, 약
자율성	외부세력으로부터의 자율성	사례별로 다름	강, 보통, 약

제4장 사례분석

제1절 한약분쟁사례

1. 사례의 개요와 특성

1) 사례의 개요

우리나라의 의료체계는 동양의학과 서양의학의 공존과 절충을 특징으로 하는데 전통적으로 우리나라에는 한의약만 있었으나, 1894년 갑오개혁의 하나로 의과 과거시험을 폐지함으로써 한의사의 제도적 배출이 중단되었다. 1953년, 보사부는 대한약사회 및 대한약품공업위원회의 후원을 받아 약사법을 성안하고 국회에 제출하였는데 이 과정에서 한약종상의 구제문제와 한약사의 신설문제가 국회에서 논의되었다. 보사부 법안에는 한약종상에 대한 규정이 없었으나 한약업계의 반발을 무마하고 국회의원의 지지를 확보하기 위하여 한약종상에 관한 규정을 법안에 삽입하였다. 즉, 보사부가 제출한 약사법을 국회 사회보건위원회 소분과위원회에서 심의할 때 정부원안에 없던 한약사제도와 한약종상의 구제문제가 대두된 것이다. 결국 논란을 거듭하여 한약사규정은 채택되지 못했고 한약종상의 구제가 채택되어 약사법 제36조 제2항에 "한약종상은 환자의 요구에 의하여 기성한의서에 수재된 처방에 의하여 혼합 판매할수 있다"는 규정이 신설되었다. 그리하여 1953년의 약사법에는 의약일원화가 표방되어 있었으나 동시에 한약종상[1]이라는 이원적인 요소를 지니고 있어 한약의 조제권이 누구에게 있는지에 대한 명확한 기준이 제시되지 못하였고 이러한 법규정상의 문제는 그 후 한약조제권을 둘러싼 분쟁의 발단을 제공하게 되었다. 한약업사시험은 1958년 1월 경기도에서 처음 실시된 이후 시험제도에 있어서 1960년대 말까지 별 문제가 없었으나 1970년대에 들어와 약사의 배출 증가, 약국간의 경쟁심화, 국민소득 향상에 따른 한방의약에 대한 관심증가 등으로 약사의 한약취급이 증가하였고 한의사배출이 확대되어 약사와 한약계간의 분쟁이 야기되었다. 1969년 서울시 약사회 서대문 분회에서 한방강좌가 실시되었는데 이것이 확산되어 서울 각 분회에서 한방강좌를 개최하였으며 1971년 약사회 측에서는 대한약사한방협회를 조직, 정기적으로 한방강좌를 실시하기에 이르게 되었는데 이에 따라 그때까지 한약을 취급해오던 한약업사와 심각한 이해충돌이 표면화되기 시작하였다. 1974년 한의사회가 보사부에 약사의 한약조제 금지를 수차례 청원하였고 1976년 국회의 약사법 개정법률안 부대결의, 1989년 헌법소원 등으로 갈등이 표출되었던 것도 사실이지만 1993년만큼 갈등이 심각하지 않았다

한약분쟁의 직접적인 원인은 1993년 1월 30일 보사부가 약사법 시행규칙 제11조 제1항 7호의 "약국에서는 재래식 한약장 이외의 약장을 두어 이를 청결히 관리하여야 한다"는 규정을 삭제하는 입법예고안을 발표하면서 시작되었다. 이 규정은 1980년 3월 22일에 신설된 것으로 당시 입법취지는 약사의 한약취급을 금지하기 위한 것이었다. 그러나 약사회가 반발하자 보사부는 내무, 법무부 장관, 각 시·도에 공문을 보내 이 조항에 의한 단속을 하지 말 것을 요청하였다. 1993년 1월 30일 보사부는 헌법재판소의 "89헌마163"[2])을 근거로 약사법 시행규칙 중 재래

---

1) 1971년 법률 제2279호로 한약종상을 한약업사로 개칭하였다.
2) 1989년 7월, 전주시의 김태준 한약사는 한약은 의약품에 해당되지 않으므로 의약품만 취급할 수 있는 약사는 한약을 취급해서는 안된다는 취지로 헌법재판소에 헌법소원을 제기하였는데 헌법재판소는 1991년 9월, "약사가 한약을 조제·판매하는 것은 입법정책상의 문제"라고 하여 소를 각하 하였다. 이 결정을 놓고

식 한약장 조항의 삭제를 포함하는 일부 규정의 개정을 위한 "약사법 시행규칙 개정안"을 발표하였는데 노태우 정부에서 김영삼 정부로의 정권이양을 이틀 앞둔 2월 23일 장관결재를 받아[3] 2월 25일, 이를 확정하였으며 3월 5일 공포하였다. 그러나 이 조항의 삭제[4]에 대하여 약사회가 당연한 조치로 받아들이는 데 반하여 한의사회는 약사의 한약조제를 보장하는 조치이며 한의학을 말살하려는 의도라고 강력히 반대함으로써 한약갈등이 표출하게 되었던 것이며, 처음 갈등은 보사부와 한의사간의 갈등이 중심을 이루었으나 곧 한의사회와 약사회간의 대립으로 비화되었던 것이다.

3월 4일, 한의사회는 '보사부의 편파적 약무정책의 규탄'이라는 제목의 신문광고를 통하여 약사의 한약조제의 부당성에 항의하기 시작하였으며, 3월 12일에는 한의사들과 한의과 대학생 등 3천여 명이 정부 제2종합청사 앞에서 약사법 개정을 요구하는 항의 집회를 벌였다 그리고 3월 22일부터 한의대생들의 수업거부가 발생하였는데 한의사회는 신문광고, 시위 등을 통해서 약사의 한약조제의 부당성과 약사의 한약조제 능력이 없음을 부각시켰고 보사부의 편파적인 약무 행정, 민족의학의 사수 등을 주장하였다. 3월 30일, 한의사회는 전국한의대학생연합회 및 전국한의대교수협의회와 공동명의로 약사를 비난하는 신문광고를 냈으며 약사회는 이에 대응하여 약사의 역사적인 한약취급 관습과 한약조제에 대한 자신들의 전문성이 있음을 홍보하고 한의사들의 한약조제가 귀족 한약화를 촉진시켜 한약 값의 고가화를 가져온 데 반해 자신들이 한약을 취급하면 한약 값의 저렴화와 한약의 대중화가 가능하다고 하고 의약분업을 통해서 소비자가 이익을 볼 수 있음을 주장하였다. 3월 9일, 약사회는 약사의 한약조제 당위성에 대한 신문광고를 냈으며 한의사회의 약사회 비난광고에 맞서 3월 31일에 한의사회를 비난하는 신문광고를 냄으로써 한의사회와 보사부간의 갈등은 한의사회와 약사회의 대결로 확대되었다.

4월 30일, 한의사회는 약사법 개정 및 정부조직 내 한의약국 설치에 대한 청원서를 국회에 제출하자 5월 8일에는 약사회가 약사법 개정 반대 청원서를 국회에 제출했다. 국회 보건사회위원회는 5월 13일 이익집단대표, 보건전문가 등의 참여 하에 공청회가 있었으나, 갈등해결에는 별 도움을 주지 못하고 다시 행정부로 떠넘겨 버렸는데 이때 국회 보사위는 정부에 대해 한의학 발전에 관한 7개항의 사항을 청원하였다.[5]

국회는 한의사회의 청원을 폐기함으로써 갈등문제해결에 도움을 주지 못하였는데 이는 국회의원들이 어떤 결정을 하더라도 비난을 듣게 되는

---

5) 청원의 내용은 ⓐ 의정국 및 약정국에 한의약 및 한의학 담당 사무관을 각각 1인씩 두고 가능한 빠른 시간 내에 한의학 담당과를 설치하도록 촉구하고 한의학 담당국의 설치를 연구 검토할 것. ⓑ 한의학연구소를 내년에 설립할 수 있도록 노력할 것. ⓒ 한의사의 공중보건의, 군의관 배치문제를 관계부처와 긴밀히 협의하여 실시하도록 추진할 것. ⓓ 한방의료보험제도의 확대방안을 검토하여 실시할 것. ⓔ 한의약의 발전에 관한 중장기계획을 조속히 수립할 것. ⓕ 약사법개정문제를 중장기계획과 연계하여 검토 반영할 것. ⓖ 한약조제의 문제에 관한 관련단체간의 타협을 조정할 것(국회, 제161회, 보건사회위원회 회의록) 등이다.

문제에의 개입을 자제하려는 의도로 분석된다. 이로써 문제해결은 다시 보사부로 넘어오게 되었고, 국회가 한의사회의 약사법 개정 청원을 폐기하자 한의대생의 수업거부가 계속되고 5월 말 집단유급 문제가 공론화되기 시작하였다.

보사부는 5월 21일, 민자당 당정협의회를 통해 한방의료발전방안을 결정하였는데 그 내용은 보사부 내에 한방전담과를 신설하고, 한의사의 군의관 및 공중보건의 임용, 한방의료보험 확대실시, 한의학 발전위원회 설치, 국립한의학연구소 설립 등의 한방의료발전방안을 제시하였다. 이러한 방안들은 시행규칙의 개개정 없이 한의사들을 진정시킬 목적으로 제시된 것이었으나, 한의사의 반발과 한의대생들의 수업거부는 중단되지 않았다. 5월 24일, 보사부차관은 전국 한의대학생 연합회장을 면담한 자리에서 당정협의 내용을 설명하면서 수업복귀를 종용하였으나 전국 한의과대학 학생회연합에서는 전원유급을 결의하였다. 5월 25일에는 교육부 주최로 한의과대학 학사운영회의를 열어 학생유급위기를 논의하였고 한의과대학 재학생을 자녀로 둔 학부모들은 처음으로 공식적인 의사표시의 일환으로 '전국 한의과대학 학부모협의회'를 발족하여 한의학계를 지원하기 시작했다.

5월 26일, 보사부장관은 경희대 등 4개 한의대학장과 면담한 자리에서 학생수업거부철회대책을 논의하였으며 5월 31일, 보사부는 한의대생들의 수업거부로 인한 유급사태해결과 한의사의 반발을 해결하기 위해 약사법 개정계획을 발표하였다. 그 내용은 한의대생의 수업정상화를 위한 대책회의를 개최, 한방발전을 위한 계획들을 설명함과 동시에 한의사, 약사, 의료전달체계전문가, 소비자단체대표, 사회보장분야 등 각계 전문가들이 공동으로 참여하는 약사법 개정을 위한 전문자문기구를 설치하기로 하고 한방의료보험 확대 등 한방발전을 위한 행정조치를 시행하기로 하였다. 또한 의정국내 한의학 전담기구로 한방과를 설치하고 보사부장관은 의사, 한의사, 약사간의 전문영역이 존중되는 방향으로 약사법개정을 본격적으로 추진하겠다는 계획을 발표하게 되었다. 이와 같이 보사부 장관이 약사와 한의사의 전문영역이 존중되는 방향으로 약사법을 개정하겠다는 계획을 발표하였지만 약사회가 정부의 약사법 개정에 대하여 결사적으로 반대하자 정부는 이 계획을 철회하였다.

6월이 되자, 한의사회와 약사회간의 분쟁은 더욱 치열해졌는데 한의사회는 항의시위와 안필준 전 보사부 장관 고발, 신문광고를 통한 보사부 비난 외에도 한의사 700명의 면허증 반납, 한방수련의의 사직서 제출, 한의대 본과 4학년의 국가고시 거부 결의 등을 추진하였으며, 약사회는 정부 및 국회를 항의방문, 약국 영업시간 단축 등을 결의하였다. 이에 6월 9일 교육부는 한의대생 최종유급시한을 밝혔으며, 11일에는 한의대생들의 최종유급시한을 각 대학에 통보하였으나 한의대생들은 수업거부를 계속할 것을 결의하였다. 한방병원 수련의들도 시행규칙의 즉각 철회와 한의대생들의 전원 유급방침에 대한 재고를 촉구하며 수련의 사직서를 제출하였고, 17일에는 한의대 본과 4학년생들이 한의사 국가고시 거부를 결의하였다.

약사회 측의 반응도 강력하였는데 6월 9일, 약사회 회원 150명이 한약조제권 수호를 위한 집행부 대책을 촉구하는 농성에 돌입함으로써 갈등의 주된 당사자가 보사부와 한의사회에서 한의사회와 약사회로 변화하였다. 또한 6월 25일부터 약국의 3일간 휴업으로 두 집단 간의 갈등은 더욱 첨예화되었다.

6월 15일 정부는 한의대생 유급방지를 위한 노력으로 보사부 내에 한방의료담당과를 설치하고 한의학발전계획을 발표했지만, 한의대생의 유급시한이 임박하자 보사부장관은 합동기자회견을 통해 한의대생의 유급문제와 한의학발전을 위한 장・단기 발전계획수립과 약사법개정추진위원회를 6월 중에 구성할 것을 발표하였다.

6월 22일 정부의 사정당국은 약사법 개정경위에 대한 정밀조사에 착수하였고 한의대생 학부모 김모씨는 전 보사부장관 등 전・현직 보사부

관계자 6명을 직무유기혐의로 서울지검에 고발하였다. 약국의 재래식 한약장 설치금지조항이 보사부 내에서 결재담당 간부들도 모르게 삭제된 사실이 보사부 자체조사에서 밝혀졌던 것이다. 당시 결재서류에는 문제의 조항이 삭제되는 내용이 포함되어 있었으나 개정안 주요골자에서 빠져 있었으며 실무자들이 이 내용을 사전에 보고하거나 협의과정을 거치지 않은 채 결재서류에만 포함시켰던 것이다. 6월 23일 정부와 민자당은 약사법 개정로비가 확인되면 약사의 한약조제권 백지화방침을 내부지침으로 정한 것으로 언론에 보도되었으며, 약사법 개정을 둘러싼 로비설이 6월 23일과 24일 신문 등을 통해 약사회의 로비의혹과 사정당국의 조사방침이 일제히 보도되었다. 6월 24일 보사부차관은 개정과정에서 금품수수 등 로비가 있었다면 이는 법적 차원에서 다루어져야 할 문제일 뿐이며 행정절차와는 관계가 없다고 말하고, 당시 시행규칙의 개정은 모법인 약사법의 내용과 배치된 것을 바로잡기 위해 이루어졌다고 하면서 개정약사법은 철회되지 않는다고 발표하였다. 이러한 사실은 보사부 내에서도 한약분쟁에 관한 의견일치가 이루어지지 않음을 알 수 있다. 6월 23일 약사법 개정을 둘러싼 로비의혹에 대한 수사방침이 보도되면서 6월 25일부터 휴업과 항의시위를 개시하였으며, 약사회는 "국민 여러분에게 드리는 호소문"과 함께 6월 25일부터 3일간 약국휴업결의를 하고, 약사회원 1,000여 명이 한약조제권 수호를 위한 시위 집회를 열었다. 또한 약사회 집행부 임원 40여 명은 3일간 시한부 단식에 돌입했으며, 6월 26일 약사회는 다시 전국 15개 지부별로 5,000여 명의 약사들이 참석한 가운데 결의대회 및 전국적인 항의집회를 개최하였는데 일부는 민자당사에서 시위하였다. 이러한 약국의 전국동맹휴업은 국민들에게 커다란 불편을 가져왔으며, 이에 대해 전국에서 "국민건강을 볼모로 한 실력행사"라는 분노와 비난이 가해졌으며, 언론들도 가세하여 약사들의 실력행사를 비난하였다. 6월 26일 보사부장관은 직접 약사회를 방문하여 "빠른 시일 내에 대책을 강구하겠다"는 의견을 제시하였고 국민 여론의 압력으로 약사회는 휴업을 하루 줄여 26일에 휴업을 철회하였다.

정부는 한의사와 약사간의 실력대결을 막기 위해 약사법 개정추진위원회를 조속히 가동하기로 하였다(이달곤, 1996: 175). 즉, 6월 30일 보사부가 한약분쟁 해결을 위한 '약사법개정추진위원회(약개추)'를 발족하여 분쟁해결에 적극적으로 나서면서 한약분쟁은 본격적으로 정부의제로 전환되었다. 그러나 한의사회는 약개추의 인적 구성이 약사에게 유리하다는 이유로 불참하다가 7월 13일 제2차 회의부터 참여하였는데, 7월 21일 제3차 회의에서 약사법 개정이 의약분업 쪽으로 초점이 모아지자 7월 27일부터 한의대생들이 또다시 수업거부에 들어갔다. 수업거부는 유급을 낳고 이것은 한의과대학을 지원하려는 수천 명의 대학입시생들에게 장애가 되었기 때문에 커다란 사회적 파문이 되었다. 8월에 보건전문가, 의사, 시민단체는 공청회, 간담회, 성명서 등을 통하여 각자의 의견을 표출하였고, 8월말 유급위기가 가까워지자 한의대생의 학부모들이 나서서 반발하였으며 한의과대학 부지교수들도 사직서를 제출하였다. 한편 그동안 잠잠하던 약대생들도 9월 1일부터 수업거부에 들어갔는데 이러한 상황에서 9월 3일 보사부는 6차에 걸친 약개추 회의와 한 차례의 공청회를 근거로 약사법 개정안을 발표하였다. 그러나 이 개정안에 대하여 약사회, 한의사회, 시민단체 모두가 반대하였고, 언론도 정부의 중재능력에 회의적인 태도를 보였다. 약사회는 개정안이 한약 미취급 약사 및 약대학생에게 불리하고 약사법상 의약품에 대한 조제권을 갖고 있는 약사에게 한약조제를 소급적으로 규제하므로 부당하다고 주장하였으며, 한의사회는 약사를 분업의 상대방으로 하는 한방의약분업과 일정한 검증도 없이 기존 약사의 한약조제권 인정을 용인할 수 없다는 이유로 개정안에 반대하였다. 이와 같이 정부의 중재노력이 실패로 끝나자 정부, 한의사회, 약사회간의 갈등은 더욱 증폭되었는데 9월 4일 전국한의대교수협의회는 사직서 제출을 결의하였고 약사회는 면허증 반납과 집단폐업을 결의하였으며, 한의사회와 약사회 회원 수만 명이 동시에 정부종합청사 앞에서 시위를 하는 진풍경이 벌어졌다. 이에 대하여 정부는 9월 4일 대통령의 "자기 몫만 주장하는 집단 용납 불허" 경고 이후 9월 6일 국무총리가 주재하는 관계장관 회의에서 집단행동에 대한 강경 대응 원칙을 세웠고 9월 7일에는 사태악화의 책임을 물어 보사부 차관을 경질하였다. 9월 8일 보사부 장관은 정부 개정시안의 입법 추진 및 집단행동에 대한 강경대응이라는 담화를 발표하고 9월 14일에 약사법 개정 법률안을 입법예고 하였다. 그러나 약사회는 보사부와 한의사회에 대한 원색적인 비난성명 및 신문광고와 함께 궐기대회를 개최하였고 한의사회도 보사부 항의방문과 함께 전국한약관련학과협의회, 대한한약협회, 전국한의대학부모협의회 등과 한의학 수호 결의대회를 갖고 '한의학 살리기 국민운동본부'를 결성하였다. 그리고 9월 17일 문교부가 한의대생 3,153명의 유급을 확정하자 갈등상황은 심각한 국면으로 치닫게 되었다.

9월 3일 정부가 발표한 약사법 개정안에 대하여 경실련은 기존 한약취급 약사와 미취급 약사 및 약대생과의 형평성 문제, 미취급 약사의 배제로 인한 고급인력의 낭비, 기존 한약취급 약사의 조제능력 검증 필요성 등을 들어 반대하였다. 9월 14일 경실련은 자체 대안을 발표하고 한약분쟁의 조정자로 드디어 나섰고, 9월 16일 한의사회와 약사회의 동의를 얻어 '한약조제권 분쟁해결을 위한 조정위원회'를 구성하였다. 조정위원회는 보사부 장관을 방문하여 정부의 약사법 개정안을 철회할 것을 요구하였는데, 이에 보사부는 양측이 합의할 경우 이를 적극 수용하겠다는 입장을 표시하였다. '한약조제권 분쟁해결을 위한 조정위원회'는 한의사가 한방의약분업을 수용하고 약사는 의약분업의 상대를 한약사로 인정한다는 대원칙 아래 분업 시기는 아직 성숙되지 않았으므로 시간을 두고 시행할 것을 기본방침으로 하여 9월 20일 양측의 합의를 이끌어 냈다. 이 합의에 대하여 한의사회에서는 시도지부장의 반발이 있었으나

한의사회장 불신임안이 부결되어 합의안이 수용되었다. 그러나 약사회
는 9월 22일 강경론자의 반발로 경실련의 조정안을 무효화하고 9월 24
일부터 각 시도지부의 재량에 따라 무기한 휴업에 들어가자,6) 약사회를
비난하는 여론이 비등하였으며 김영삼 대통령은 집단행동의 강력대처를
내각에 지시하고 검찰은 소비자보호법을 적용하여 약사회 집단휴업 주
동자와 적극가담자에 대한 사법처리를 결정하기에 이르렀다. 보사부는
약국의 집단휴업을 불법으로 지정고시하고 공정거래위원회가 약사회를
독점규제 및 공정거래에 관한 법률 위반행위로 검찰에 고발하자 검찰은
약사회장 직무대행과 사무총장, 서울시 약사회 간부를 사법처리 하는
등 사태가 악화되었다. 결국 약사회는 휴업 하루만인 9월 25일 약국휴
업을 철회하고 대국민사과문을 발표하였다.

    보사부는 9월 21일 경실련안에 대하여 한약사 수의 부족으로 인한 지
역적인 균형배치 곤란, 별도의 한약사 배출로 인한 약사 인력활용의 문
제 및 국민의 이용불편, 한의사·한약사 및 약사·한약사간의 업권 분
쟁 소지 등의 이유로 반대하였지만 10월 8일 돌연 경실련 조정안을 대
폭 수용한 약사법 개정안을 확정 발표하였고 언론, 시민단체, 보건전문
가들은 대체로 찬성하는 태도를 보였다. 이 때 보사부가 발표한 최종안
은 ⓐ 한방의약분업의 실시(시기는 명확하지 않음), ⓑ 한약사제도의 도
입(한약과목 이수자 중 한약사 시험에 합격한 자 및 기존 한약취급 약

------

6) 9월 21일 밤, 대한한의사협회는 시·도지부장 및 중앙이사 30여 명이 참석한 대책
   회의에서 일부 시·도지부의 반발로 허창회 회장에 대한 불신임투표까지 실시하였
   으나, 부결됨에 따라 경실련의 중재안을 수용키로 최종 결정했다 반면, 대한약사회
   는 한약사제도에 대한 일선 약사들의 강한 반발로 입장을 정리하지 못한 채 표류하
   고 있었다. 이에 대해 경실련 서경석 사무총장은 "한약분쟁조정위원회와 잠정합의
   안에 대해 추인을 받았다고 했던 약사회가 이처럼 흔들리는 모습을 보이는 것은 무
   책임한 태도"라고 강도 높게 비판한 뒤 합의안 서명을 거듭 촉구했다(중앙일보,
   1993. 9. 22). 그러나 대한약사회는 "약사법 개정확정안이 의료정책의 실종과 방
   향상실을 선언하는 망국적 개악행위로 경악을 금할 수 없다"는 '약사법 개정안 확정
   에 대한 대한약사회의 성명서'(1993. 10)를 발표하고 수용불가의 뜻을 강력하게
   표명하였다.

사 중 2년 내에 한약사 시험에 합격한 자), ⓒ 한약사의 일정한 종류에 한하여 임의조제 허용 등이었다. 그러나 약사회는 수용불가를 표명하고 전국 약대생이 수업거부에 들어갔다. 대한의사협회도 10월 11일 이후 한약사제도를 반대하는 의견을 여러 차례 표명하였지만 정부는 이러한 반대에도 불구하고 10월 21일 국무회의의 의결을 걸쳐 10월 26일 약사법 개정안을 국회에 상정하였다. 이후에도 약사회는 약사법 개정반대를 위한 토론회 개최, 서명운동, 성명서 발표(대한의사협회와 공동명의), 약사법 부결을 위한 국회청원, 약대생의 약사고시 거부 등의 강한 반발을 보였으나, 약사법 개정안은 12월 13일 국회 보건사회위원회를 통과하고 12월 17일 국회 본회의를 통과하였다.

2) 갈등문제의 특성

한약분쟁은 단순히 한의사 대 약사의 업권 다툼으로만 보기에는 너무나 복잡한 이해관계가 얽혀있는 국민 건강과 직결된 사회문제였다. 개입된 주체만도 정책결정인 보사부, 교육부 및 국회와 분쟁의 양 당사자인 한의사와 약사들이 있으며 한의대생과 약대생도 분쟁에 개입하여 유급사태라는 사회문제를 일으켰다. 여기에 시민단체인 경실련은 한약분쟁의 중재자로서 중요한 역할을 수행하였으며, 언론은 직・간접적으로 한약분쟁을 한의사와 약사집단간의 문제로부터 전 국민과 관계된 사회문제로 확대, 전환시키는데 중요한 기제로 작용하였다. 이와 같이 한약분쟁은 두 개의 직능집단간에 국한된 분쟁이 아니라 국민 건강과 관련된 사회전체의 문제로 비화됨으로써 후에 경실련의 조정안을 여론화시켜 양 집단이 수락하게 하는 압력으로 작용하는 계기를 마련하게 되었다.

한약분업갈등의 첫 번째 원인[7]이자 특성은 경제적 이해대립(interest

----

7) 한약분쟁의 원인은 ⓐ 경제적 이해관계의 대립, ⓑ 학문적 이념적 대립(의약관의 대립), ⓒ 정책지향의 대립, ⓓ 약사의 한약조제능력(전문성)에 대한 불신, ⓔ 법

conflict)으로 이러한 이익갈등이란 이익집단들이 자신들이 추구하는 이익을 보다 더 증대시키기 위해 다른 집단들과 벌이는 경쟁, 또는 투쟁으로 야기되는 갈등현상을 의미한다(김영래 외, 1997: 301). 이러한 이익갈등의 분쟁에서 이익집단들은 자신의 이익을 증대시킬 것을 주장하지만 정책결정을 내리는 정부부처나 갈등조정 역할을 담당하는 시민단체들의 경우는 공익을 추구해야 하므로 양자의 조화로운 타협이 매우 어려운 과제로 남게 된다. 또한 이익집단간의 대립은 경제적 이익을 둘러싼 갈등으로 생존권 문제와 직결되므로 타협이 용이하지 않은 성격을 가지고 있다. 여기서 한약분쟁의 경우 경제적 이해대립이 과연 생존권 차원의 이해대립의 성격을 가지고 있었는지에 대해 의문이 제기되는데 우리나라 약국은 약사의 수적인 과잉증가와 개국 약국의 과잉현상, 약국의 과밀화, 가격경쟁, 약국의 잡화점화, 약국의 영세화 등의 문제점을 가지고 있었고 이러한 경영상황의 악화를 타개할 목적으로 높은 이윤을 낼 수 있는 한약으로 눈을 돌려 업권 확장을 추구하고 있었다. 약사회의 정책자료집8)을 보면 이러한 약사들의 미래에 대한 인식은 상당히 심각하였음을 알 수 있는데 이를 살펴보면 다음과 같다.

첫째, 한약조제시험을 통과하지 않은 약사의 한약조제금지, 우루과이라운드(UR)의 교육·의료서비스 시장의 개방화는 가격파괴와 약국의 대형화를 불가피하게 초래하며 이러한 경제적 위기는 영세약국의 입장에서는 약국을 계속할 수 있느냐 아니면 문을 닫고 남의 밑에 들어가 피고용자가 되느냐의 문제가 된다는 것이다. 둘째, 양약과 한약 중 한약사의 신설은 약사를 상대방으로 하는 의약분업이 아니며 의사와의 의약분

체계상의 모순, ⓕ 행정의 신뢰성과 일관성 상실, 특히 한의학계의 소외에 대한 분노의 폭발이라 할 수 있는데(조용륜, 1995) 이들 중 ⓑ, ⓒ, ⓓ는 가치 이념적 요인으로 묶을 수 있어, 크게 경제적 요인, 가치이념적 요인, 법적 요인, 행정적 요인으로 요약된다(조용륜, 1995).

8) 대한약사회, "우리부터 바로 알자·우리부터 결단하자", 정책위 9504-01, 1995. 4, p.8.

업도 의사의 처방조제를 허용하고 약사의 처방조제만 금지하는 임의분
업의 가능성이 상존한다는 점, 셋째, 신약개발의 원천이 되는 한약을 약
에서 떼어냄으로써 연구 기회가 위축되고 학문과 실제 현장사이의 불일
치가 축적되어 이제는 전문성의 위기가 닥쳐오고 있다는 것이다. 약사
직능이 처한 이러한 절대적 위기의식 속에서 약사를 상대방으로 하는
의약분업과 의료일원화를 약사들은 강력히 추구하게 되며, 이러한 인식
하에서 한약학과의 설치를 반대하였다. 이러한 맥락에서 의료일원화, 의
약분업, 한약학과 설치 등의 문제는 약사의 생존권문제와 직결되는 것
으로 보았다.

한의사회의는 당시 높은 마진을 올리고 있었지만 한의사 수가 증가
일로에 있었고, 한방의료의 특성상 한의사의 직무는 진료가 40%, 방제
가 60%로 이루어지고 있어 의와 약을 분리하는 것은 불가능하다고[9] 보
고 한의사의 "기의 90% 정도가 첩약(한약)수입에 의존하고 나머지 10%
는 의료보험소득(진찰료)인 것으로 추계……, 환자의 숫자는 보험환자의
수가 전체의 80%를 차지하는 등……"[10]이라고 하여 한의사의 실제 직능
은 곧 한약사라 할 수 있으므로 한약이 곧 한의사의 생명선임을 알 수
있다. 또한 1993년 한약분쟁 당시 2000~3000명에 불과하던 한약취급
조제 약사가 1994년 4월 현재 개국약국 2만여 명(약사면허소지자는 4만
5천명)의 거의 절반(46%)에 육박하는 9천여 명으로 증가하여(조용륜,
1995), 이들이 한약조제시험에 통과하여 100가지 처방에 대한 한약취급
권을 획득할 경우 개업 중인 6,500여 명의 한의사들은 경제적 생존에
대한 위기의식을 크게 느꼈다고 볼 수 있다. 특히 1993년 8월 30일 민
자당 당직자회의에서 한약갈등과 관련, 한의대생의 유급문제를 논의하
는 과정에서 "국민정서는 한의학계를 보호하는 것이 마땅하다. 한의학계

---

9) 보건사회부, 약사법 개정방안에 관한 공청회자료 중 한의사측 주장에 의함,
   1993. 8. 20.
10) 보건사회부, 앞의 공청회자료, 한의사회답변서, p.27.

는 사활이 관련된 문제인 반면, 약계는 업무영역의 확장·축소와 관련된 문제에 불과하다"라는 반응을 보인 점에서도 한약갈등이 경제적 생존권의 문제가 걸린 문제임을 암시하고 있다(조용륜, 1995: 87).

한약분업갈등의 두 번째 특성은 전문가집단간의 갈등이었다는 점이다. 이익집단과 회원이익추구단체의 한 유형으로서, 주로 직업적인 이해에 의하여 결성되어 회원의 집단 이익 추구를 우선으로 하는 직능단체(vocational organization)는 전문가단체로서의 성격을 띠게 되는데(박상필, 2001: 412) 이러한 직능단체간의 효율적인 갈등조정을 위해서는 중재를 맡게 되는 정부나 시민단체들이 그 분야에 관한 전문성을 구비할 것까지 요구되므로 갈등관리가 상당히 어려운 것이 특징이다.

세 번째 특성은 한약분쟁은 가치이념적 대립[11]으로 한의사들은 한약의 조제를 통한 경제적 실리 외에 '민족의학 수호', '한의학의 독자성과 독립성'과 같은 가치이념에 입각하여 의약분업반대와 의료이원화라는 정책지향을 추구하였다. 반면, 약사회 측은 한약 값의 저렴화, 약사법상의 합법성, 국민에 대한 접근성 등의 주장으로 한약취급을 통한 경제적 이익과 함께 한의학의 과학화와 의약분업을 안전성과 비방공개, 생약학이 본초학을 포함한다는 주장들을 하였는데, 이러한 것은 주로 가치이념적인 성격을 많이 내포하고 있었다(조용륜, 1996). 이와 같은 한약분쟁에 있어 의약관의 차이에 따른 가치이념적 대립은 하루아침에 형성된 것이 아니라 한의학의 경우 수천 년의 역사적 뿌리를 가지고 있으므로 짧은 시간 내에 이를 변화시킨다는 것은 불가능한 일이었으며, 이러한 대립

---

11) 가치관의 대립은 학문적·이념적 의약관의 대립과 관련이 있고, 이는 정책지향 (policy orientation)의 대립과 밀접한 관계가 있는데 이러한 정책지향의 문제는 의약분업과 의료일원화문제이다. 진단, 처방, 조제, 투약을 하나의 종합적인 시각으로 보고 이에 따라 의와 약을 분리해서는 안될 것으로 보는 한의사 측은 의약분업에 반대하는 입장인데, 동양의학과 서양의학은 근본적인 차이가 있다고 보고 의료이원화를 추구하는 입장이다. 이에 대해 약사회는 시종 의료일원화와 의약분업을 확고한 방침으로 정하고 있다(조용륜, 1995).

의 해소를 위해서는 커뮤니케이션을 통한 상호이해의 증진과 가치와 인식의 변화가 더욱 필요했던 사례였다.

네 번째 특성은 한약분쟁은 갈등당사자들 중 약사의 한약조제능력이라는 전문성에 대한 불신이 제기된 결과, 약사의 전문직에 대한 자존심 상실이 갈등을 악화시키는 결과를 초래하였던 분쟁이었다. Deutsch(1973)도 갈등문제의 성격이 개인의 신체적인 자유를 제한하거나 사회·경제적인 지위나 자존심을 손상하거나 불안에 떨게 할 경우에는 이를 이슈의 중심(centrality of the issue) 문제로 보고 갈등 이슈가 이러한 성격을 가질수록 중요하고 더 큰 문제로 확대되어 해결되기 어려워진다고 하였는데(Deutsch, 1973: 371), 한약분쟁은 약사의 한약조제능력이라는 전문성에 대한 불신을 가져오는 약사의 직업적인 자존심 문제와 관련되어 갈등해결을 더욱 어렵게 만들었던 것이다.12)

다섯 번째, 정책유형과 관련시켜보면 한약분쟁은 다원주의 관점에서 본 정책유형들 중 규제정책에 속하며, 자본주의적 관점에서는 통합기능에 속하는 정책유형으로 이들은 원래 갈등이 심한 정책유형들이다. 특히 Wilson의 정치적 비용편익분석모형에서는 이익집단정치모형에 속하는 것으로 여기서는 특정 정책에 대한 지지와 반대가 모두 집중적으로 제기되어 핵심행정부는 애매한 입장을 취하게 되고 과반수를 확보하는 집단이 확실시될 때까지 결국 정부가 개입을 자제하는 특성을 갖는 정책유형이다(정용덕, 2001: 384).

---

12) 약사는 약에 대한 전문가라는 자부심을 갖고 있는 엘리트 집단이지만, 한약분쟁 과정에서 한의사, 보건전문가, 시민단체, 일반국민들로부터 한약조제능력(전문성)에 대한 불신과 의문이 제기되었고, 약사고시에 합격한 약사에게 별도의 한약조제시험을 치르게 하였으며, 한약조제시험에 합격하고도 100가지 처방밖에 할 수 없는데다가 그것마저도 약사의 생명이라고 할 수 있는 임의조제 가감권이 부여된 것은 약사들에게 모욕감을 안겨주었다고 볼 수 있다. 이러한 약사들의 자존심 손상은 갈등관리과정에서 신뢰성과 의사소통(communication)의 곤란을 겪게 하였던 것이다(조용륜, 1995).

2. 분석틀의 적용

한약분쟁의 분석틀은 〈그림 3-1〉로 설명할 수 있는데, 분석틀에서 갈등당사자 A, B에 해당되는 것은 한의사회와 약사회이며, 중재자인 시민단체는 경실련이다. 그리고 〈표 3-4〉의 한약분쟁사례에 적용시킬 네 가지 평가기준에 따라 사례를 분석하기로 한다.

1) 사회적 정당성

(1) 정부나 갈등당사자의 중재요구

본 연구는 사회적 갈등의 제1차적인 책임자는 정부이고, 시민단체는 보완적 역할을 해야 한다고 전제하였다. 그리고 갈등관리에 정부가 개입하기를 꺼린다거나, 혹은 정부의 개입이 있었다 하더라도 실패하여 갈등당사자들의 해결 노력이 한계에 달하여 더 이상의 진전이 없을 때 갈등당사자들의 요구에 의해서, 혹은 여론에 의하여 마지막 대안으로서 시민단체가 중재에 나서는 경우를 사회적 정당성이 있다고 보아 이를 측정변수로 하기로 분석틀에서 제시하였다. 즉, 정부의 중재실패가 있은 후 당사자들의 협상이 더 이상 진전되지 않고 있을 경우, 정부나 갈등당사자들의 요구에 의해 시민단체가 개입했는지를 분석하는 것이다. 이러한 논의에 따라 시민단체인 경실련이 한약분쟁에 개입하게 된 배경을 살펴보기로 한다.

일반적으로 갈등상황에서 당사자 이외의 제3자가 개입하는 상황을 Mitchell(1981)은 ⓐ 갈등이 지루하게 장기화되고 복잡한 양상을 띨 때, ⓑ 당사자들의 갈등해결노력이 더 이상 진전되지 않고 벽에 부딪칠 때, ⓒ 갈등의 지속이 관련된 요인들을 악화시킬 수 있다고 판단될 때, ⓓ 갈등당사자들 간에 의사소통이나 협력이 존재하고 있을 때 등을 들고 있으며, Latour(1976)는 ⓐ 갈등당사자 이외의 갈등해결의 결과에 영향을 받을 제3자의 요구가 있을 때, ⓑ 갈등당사자들의 요구가 있을 때, ⓒ 조정이나 중재에 참여하는 제3자 자신이 갈등상황에 이해관계를 가지고 있을 때, ⓓ 갈등당사자간의 상호작용에 있어서의 기존의 질서를 보존하기 위하여, ⓔ 제3자의 개입이 갈등상황의 종결보다 더 효과적일 것으로 판단될 경우 제3자 개입이 이루어진다고 하였다. 이러한 예에 비추어 볼 때 한약분쟁의 경우 시민단체인 경실련이 분쟁에 갈등관리자로서 개입하게 된 것은 Mitchell(1981)의 경우, ⓐ 갈등이 지루하게 장기화되고 복잡한 양상을 띨 때, ⓑ 당사자들의 갈등해결노력이 더 이상 진전되지 않고 벽에 부딪칠 때, ⓒ 갈등의 지속이 관련된 요인들을 악화시킬 수 있다고 판단될 경우에 해당되며, Latour(1976)의 경우에 있어서는 ⓑ 갈등당사자들의 요구가 있을 때에 해당된다.

실무자들에 대한 면접조사에서 1993년 5월, 한의사들이 직접 경실련을 찾아와 "한약분쟁이 복잡하게 진행되어가니 경실련이 참여하는 것이 좋겠다"는 제언을 하였고 후에 약사들도 이러한 요청을 하게 되었으나, 처음 경실련은 이에 대한 준비가 안되어 망설였다고 하는데, 6월 들어 유급사태로까지 갈등상황이 악화되자 공청회를 열게 되었다고 한다[13]. 즉, 처음 경실련의 개입은 갈등당사자들의 요구에 의해 개입된 것이었다(서경석, 1996). 그런데, "경실련이 한약조제권 분쟁에 적극 개입한 것은 1993년 7월초, 한의대생의 집단유급사태를 계기로 한의사협회와 약사회가 중재를 요청했다"는 당시 신문보도[14]를 통해 알 수 있는 것은 일부 한의사들과 약사들이 개인적 차원에서 경실련의 개입을 요청한 것이 5월이었고, 한의사협회와 약사회의 공식적인 요청이 있었던 것은 7월이었다는 점이다.

경실련이 갈등중재를 맡게 된 배경을 살펴보면 다음과 같다. 정부가

---

13) 당시 경실련 간사였던 현재 "함께 하는 시민행동"의 하승창 사무처장과의 면담에 의함(2002. 7. 3).
14) 조선일보, 1993. 9. 21.

'약사법개정추진위원회'를 구성하여 본격적인 중재활동을 하게 되는 1993년 6월 30일 전인 5월부터 한의사와 약사, 한의대생들이 경실련에 찾아와 분쟁에의 참여를 요청[15]하였으나 경실련은 이에 대한 준비부족을 내세워 본격적인 개입은 미루고 있었다. 6월이 되어 한의대생들의 유급문제가 사회문제화 되기 시작하자 경실련은 6월 16일, '한약분쟁해결을 위한 긴급공청회'를 개최하고, 시민단체와 전문가를 중심으로 한의사회와 약사회간의 의견을 조정하기 위한 토론과 비공개 막후접촉을 하였으나, 시행규칙철회에 대하여 약사 측이 반대함으로써 타결을 보지는 못했다(경실련, 1994: 38). 공청회가 끝난 다음날인 6월 17일, 경실련은 '최근 한약분쟁에 대한 경실련의 입장'이라는 성명서를 발표하였는데, 여기서 "갈등해결에 큰 책임이 있는 주무부서인 보건사회부는 경직적 태도를 고수하고 있다"고 비판하고, 갈등이 심화되어 가는 것을 막자는 의도에서 긴급공청회를 개최하였음을 밝혔다. 공청회에서 경실련은 대한약사회와 대한한의사협회의 의견을 청취하고, 몇 차례 내부모임을 통해 준비해 온 경실련의 제안을 약사회와 한의사협회, 학생 대표들에게 제시했다고 하였다. 이러한 과정을 거치며, 한약분쟁의 주도권을 서서히 쥐기 시작한 경실련은 정부가 중재를 하기 위해 구성한 '약사법개정추진위원회'의 한 구성원이 되어 참여함으로써 사태의 추이를 예의주시하고 있었다. 이러한 '약사법개정추진위원회'의 중재가 실패로 돌아가고 한약분쟁이 격화되기 시작한 가운데 7월초, 한의대생의 집단유급사태를 계기로 대한한의사협회와 약사회가 중재를 요청하기에 이르렀는데 경실련은 그동안 정부가 주도한 '약사법개정추진위원회'에 서경석 사무총장을 위원으로 내세워 활동하면서, 한편으로는 정부의 갈등관리가 실패할 것에 대비, 자신의 입지를 강화하고 있었다. 그 한 예로 '한약조제권 분쟁의 해결을 위한 경실련의 대안'이라는 성명서 발표를 들 수 있는데 여기

---

15) 하승창 처장과의 면담에 의함.

서 경실련은 서로간의 극한대립과 불신 속에서 갈등이 더욱 커져가고 있는 시점에서 쌍방이 합의하는 공동안을 타결하기 어렵다고 보았다. 그리고 결국 공신력 있는 제3자인 시민단체가 보다 합리적인 방안을 제안하여 양자간의 합의가 이루어질 수 있도록 국민적 압력을 행사할 필요가 있다고 보고 그동안 공청회를 개최한 바 있고, '약사법개정추진위원회'에도 참여해 한약분쟁의 모든 문제를 꾸준히 추적하여 온 경실련이 국민의 입장에 선, 제3의 대안 제시가 필요하다고 하여 개입할 의사를 보이기 시작하였다. 이때 경실련은 한약분쟁과 같은 현안문제에 대한 이슈화를 통하여 중요한 시민단체로서 납성상하는(강성욱, 2001: 201) 돌파구를 찾고 있었던 것으로도 추측된다.

  9월 14일, 경실련은 경실련 내의 사회복지분과의 보건의료전문가인 양봉민 교수, 정명채 박사들의 의견을 토대로 한의사협회와 약사회의 의견을 비공식적으로 수렴해 대안을 작성, '한약조제권 분쟁이 해결을 위한 경실련의 대안'이라는 성명서를 발표하였는데 갈등중재에 실패한 정부의 갈등관리의 보완책으로서 제3자인 시민단체의 갈등중재역할을 강조하며, 결국 시민단체가 적극적으로 중재역할을 수행하게 되었던 것이다. 따라서 경실련의 개입은 보건사회부와 국회가 중재에 실패한 후에 이루어졌고, 당시 갈등당사자였던 한의사회와 약사회의 중재요구가 있었으며, 경실련에 대한 사회인식 측면에서 시민단체에 유리한 시기였으므로 사회적 정당성이 매우 높았다고 하겠다. 당시 한약분쟁은 이미 양 당사자간의 문제에서 한 걸음 나아가 국민전체의 건강을 위협하고 사회를 어수선하게 만드는 분쟁이었으며(서경석, 1996), 더욱이 국회와 정부의 중재 실패로 갈등중재를 맡을 기관이 전무했던 것이 현실이었다. 따라서 보사부의 '약사법개정추진위원회'를 통한 중재가 실패하고 갈등당사자들인 한의사협회와 약사회가 경실련이 갈등중재에 나설 것을 요구하였으며, 언론도 이에 협조하는 분위기 속에서 비교적 높은 여론의 지지를 받아 경실련이 갈등중재 역할을 하였던 것이다. 따라서 경실련이 중재를 맡게 된 사회적 정당성은 높았다고 볼 수 있다.

(2) 정부의 중재실패요인

경실련이 갈등중재 역할을 맡게 된 것은 정부의 중재가 실패하였기 때문인데 이러한 정부의 갈등중재 실패요인을 살펴보면 다음과 같다.

첫째, 보사부가 주관한 '약사법개정추진위원회'의 회의 운영의 미숙함을 들 수 있다. 우선 회의 처음부터 위원 구성이 한의사회에게 불리하게 구성되어 한의사회로부터 공정성이 결여되었다는 불만이 제기되었는데 당시 '약사법개정추진위원회'의 위원 구성은 정부에서 4명, 약사, 한의사, 치과의사, 소비자단체대표, 보건전문가 등 23명으로 구성되었었는데, 약사가 4명인데 반해 한의사는 2명으로 공정성에 문제가 있었다. 결국 이는 수정되어 2차 회의 때부터는 약사와 한의사가 동수로 구성되었다(박상필, 2001: 299). 7월 13일에 열린 제2차 회의에서는 약사법의 문제점과 개정에 있어서의 과제, 검토방향 등 관련단체 의견이 제시되었고 주요 논의로는 약사법 개정방향으로 의약분업과 관련된 전반적인 논의를 할 것인가 아니면 한약분업과 관련한 논의만을 축소시켜 실시할 것인가에 대한 논의가 있었는데 약사법의 전반적인 문제를 다루는 것으로 결론 내려짐으로써 갈등이슈의 복잡화를 초래하는 등 협상에서 운영의 미숙함을 드러내었다.

둘째, 보사부는 1993년 1월 약사법 시행규칙 제11조 제1항 7호의 삭제에 대한 입법예고를 함으로써 한약분쟁을 야기하게 되었다. 당시 경실련은 '최근 한약분쟁에 대한 경실련의 입장'(1993. 6. 17)이라는 성명서를 통해 "이번 사태가 유발된 1차적 책임을 보사부에 있다"고 하였는데, 그 이유는 보사부가 1975년 문제된 약사법시행규칙이 만들어지기 이전부터 약사와 한의사간의 영역문제가 계속 문제되었음에도 불구하고 아무런 적극적인 해결노력을 기울이지 않았다는 것과 양측의 이해가 엇갈리는 상황임을 알면서도 제6공화국 말기인 2월, 약사법 시행규칙을 갑자기 삭제하는 과오를 범했다는 것이다. 그리고 보사행정에 대한 근본적인 불신으로 인해 한의대생들이 수업거부까지 하는 상황에서 경실련은 보사부의 신뢰회복을 위한 가시적인 행동을 보여줄 것을 요구하였는데, 그 예로 2월의 시행규칙 개정이 잘못되었음을 인정하고 구 약사법시행규칙 제11조 제1항 7호를 원상회복할 것을 건의하였던 것이다. 이에 대해 보건사회부는 이렇다할 조치를 취하지 않는 무사안일의 태도를 취하고 있었으며, 한약분쟁이 심화되는 과정에서도 정부 실무자들은 장기적인 계획 없이 임기응변 혹은 임시미봉책 마련에 부심하여 일관성을 상실하였던 것이다. 이와 같이 경실련이 성명서를 통해 우선 약사법 시행규칙의 원상회복을 요구하였으나, 정부는 이를 수용하지 않고 무사안일하고 권위적인 태도로 일관하다가 중재의 시기를 놓쳐 갈등을 더 심화시키는 결과를 초래하였다.

셋째, 선행연구들에 의하면 한약분쟁에 있어 정부가 갈등당사자인 한의사회와 약사회로부터 신뢰를 받지 못하였기 때문에 중재에서 실패하였다고 하였다. 이와 같이 정부가 중재자로서의 역할을 수행함에 있어 신뢰성을 확보하지 못했던 것은 우선 관료들의 공평성에 대한 불만으로 이는 한의사회로부터 제기되었는데 당시 보사부의 인적 구성이 약사회에 유리하게 되어 있었다는 점16)이라는 것이다. 이러한 보사부 내의 관료의 편중으로 인해 보사부의 정책결정이 약사회의 이익을 반영하는 포획(capture)이 이루어진다는 것이었다. 이외에도 정부 정책에 대한 비일관성이 정부불신의 한 원인으로 작용하고 있었다. 한 예로 약사법 시행규칙 제11조 제1항 제7호의 해석이 정책 대상집단인 한의사회와 약사회에 대해 달리 유권해석을 하고 있다는 점이 지적되었던 것이다. 보사부는

---

16) 한의사회는 보사부 내의 인적 구성에 있어 약사출신이 40명이고, 약사회 운영에 있어 전·현직 국회의원, 보사부의 약정국장, 국립의료원장, 국립보건안전원장, 국립환경원장 등이 당연직 대의원으로 참여하고 있음(대한약사회 정관, 1991)을 들어 정책결정과정에서의 편향성을 주장하였다(김주환, 1994: 65).

1980년, 약사법 시행규칙이 약사회에 대해서는 이 조항이 약사의 한약
조제권과는 무관한 조항으로 해석17)한 반면, 한의사회에는 약사의 한약
조제를 금지하는 규정으로 해석18)하고 있었다. 그리고 1991년에는 한의
사회에 문제의 시행규칙이 약사의 한약조제 금지조항과는 무관하다고 하
여 정책의 비일관성으로 갈등당사자들로부터 불신을 받고 있었다. 또한
행정관료들의 도덕성 훼손으로 인한 신뢰성의 상실을 들 수 있는데,
1993년 6월, 한의대생 학부모가 전 보사부장관 등 전·현직 보사부관계
자 6명을 직무유기혐의로 서울지검에 고발한 사실이 그 예이다. 고발 이
유는 약국의 재래식 한약장 설치금지조항이 보사부 내에서 결재담당 간
부들도 모르게 삭제된 사실이 보사부 자체조사에서 밝혀졌다는 것이다.
당시 결재서류에는 문제의 조항이 삭제되는 내용이 포함되어 있었으나
개정안 주요골자에서 빠져 있었으며 실무자들이 이 내용을 사전에 보고
하거나 협의과정을 거치지 않은 채 결재서류에만 포함시켰던 것이다. 약
사법 개정을 둘러싼 이러한 로비설은 6월 23일과 24일 언론을 통해 일
제히 보도됨으로써 결과적으로 갈등중재자로서의 행정부의 신뢰를 실추
시키는 결과를 초래하게 되었다. 그리고 부처내의 갈등문제로 한약분쟁
의 주무부서인 보사부 내에서도 의견조정이 이루어지지 못하는 모습을
보여주어 정부의 중재능력에 대한 불신을 갖게 하였던 것도 사실이다.

넷째, 정부의 권위주의적 사고와 태도로 갈등중재자인 정부는 갈등당
사자들의 의견을 무시하고 밀어붙이기식 대응을 하였다는 점도 실패를
한 주요 원인이었다. 즉, 보사부가 약사법 개정작업을 하면서 1992년
대한약사회에 대해서는 의견을 제출하도록 하였으나, 한의사회에는 전

---

17) 약국의 재래식 한약장 철거규정은 약사의 한약조제권과는 무관한 조항이다(대
한약사회사 3집, 1992).
18) 1980년 약사법 시행규칙 당시 약정국장은 기자회견에서, "원칙적으로 첩약을
조제하는 행위는 약사의 영역이 아닌 한의사나 한약업사의 영역이므로 약사의
첩약을 조제하지 말도록 한 것이다"라고 하였다(신약신보, 한약장 철거 근대화
의 의의, 1980. 3. 20).

혀 기회를 주지 않아 약사법 개정 당시 공정성을 해쳐 중재자로서 신뢰성을 상실하였고 공청회 등을 통한 충분한 의견 수렴 없이 밀어붙이기식 개정을 서둘렀다고 한의사회는 주장하였다.

이와 같이 한약분쟁에 있어 갈등중재의 1차적인 책임자인 정부는 중재자가 갖추어야 할 신뢰성과 공정성, 중립성에서 문제점을 드러내고 있었다.

2) 신뢰성

(1) 선행연구

본 연구에서 갈등중재자의 신뢰성을 측정하는 변수는 중재자인 시민단체의 중재 능력을 결정하는 요인인 사회적 평판 같은 인지적 요소와 동일체 의식이나 유대감과 같은 정서적 요소로 선정하였는데, 이에 대한 구체적인 측정방법은 갈등 당시의 설문조사 자료들을 인용하기로 하고, 이러한 자료가 없을 경우에는 간접적으로 이를 추정할 수 있는 자료들을 원용하고자 하였다. 그런데, 한약분쟁의 갈등을 다룬 선행연구들 중 갈등당사자들인 약사회나 한의사회가 경실련에 대하여 갖고 있는 신뢰성을 설문조사들을 통해 통계치를 밝힌 연구는 찾아볼 수 없었으며, 간접적인 자료들을 통해 경실련이 정부에 비해 상대적으로 신뢰성이 높았음을 알 수 있었다. 이에 대한 구체적인 예들은 다음과 같다.

김주환(1994)은 "경실련이 정부에 비해 과거 갈등집단과의 비갈등상황과 그들에 대한 호의적인 사회적 평가, 조직구성원들의 사회적 명성과 다양한 분포로 인해 상대적으로 신뢰성을 확보할 수 있었다"고 하고, 조용륜(1995)은 "경실련에 의한 한약조제권분쟁을 위한 조정위원회안이 1993년 9월 20일 합의될 수 있었던 것은 경실련이 정부보다 신뢰성을 더 받았기 때문이다"라고 하여 간접적으로 경실련의 신뢰성을 추정하고 있다. 박상필은 "조정자로서 경실련은 한의사회와 약사회로부터 신뢰를

받고 있었다. 그리고 이러한 신뢰는 과거의 실적, 전문성과 일관성의 유
지, 공정하고 합리적으로 행동할 것이라는 믿음 등에서 나온다"고 하였
다(박상필, 2001: 308). 이러한 연구들은 한약분쟁 당시 갈등중재자인
정부보다 시민단체인 경실련이 상대적으로 높은 신뢰성을 확보하고 있
었음을 말해주고 있다. 당시 경실련에 대한 사회적 인식은 다음과 같다.
1989년 7월에 창립된 경실련은 노태우 정권 하에서 다소 정부에 저항적
인 성격을 띤 활동을 하다[19] 문민정부가 들어서자 노태우 정권에 비해
비판보다는 협력 쪽으로 무게를 실었다(박상필, 1998: 128). 물론 후에
김영삼 정권이 보수화 되자 경실련도 비판적인 성격으로 바뀌게 되었지
만, 한약분쟁이 일어났던 1993년은 김영삼 정부의 집권 초기에 해당되
었기 때문에 경실련은 정부정책에 호의적인 태도를 취하고 있었으며,
시민단체에 대한 국민의 기대와 지지도 높았던 시기였다. 이러한 사회
인식이 경실련이라는 시민단체가 한약분쟁에서 갈등의 중재자역할을 하
는데 있어 사회적 입지를 강화시키는 계기를 마련해주었던 것이다. 경
실련이 중재한 9월 20일 합의안에 반대하며, 휴업한 약사회에 대하여
정부가 전에 없이 강경한 태도를 취했던 것[20]도 이러한 사실을 뒷받침
해준다. 또한 당시 경실련에 대한 국민의 지지도는 한 주간지의 설문조
사에서도 알 수 있는데 "우리나라에 가장 큰 영향력이 있는 집단이나

19) 1989년 당시 경실련은 노태우 정권을 정당성의 한계를 가진 정권으로 보았기
   때문에 정부 저항적인 성격을 강하게 띠게 된다. 따라서, 민중운동과는 달리 평
   화적이고 합법적인 방법을 사용하였지만, 정부의 간섭과 보호를 단호하게 거부
   하였고 정부정책에 대한 비판적 성격이 강했다. 예를 들어 부동산정책과 금융
   실명제, 조세정책, 환경정책 등에 대해 비판하고, 정치제도, 공명선거를 위한
   선거감시활동들을 통하여 권위주의 정권을 견제하였던 것이다(박상필, 1998).
20) 당시 정치환경적 상황은 김영삼 대통령의 문민정부가 출범한 직후, 개혁정책을
   추진하던 시기여서 평소 개혁정책을 주장해 오던 경실련에게는 유리한 환경이
   었다. 경실련 합의안에 반대하여 약국 휴업을 하던 약사회에 대하여 정부는 "국
   민의 건강권을 볼모로 하는 집단이기주의의 본보기로 보아 단호한 응징을 해야
   한다는 방침"을 정하고, 검찰은 일부 청년약사들이 약국 휴업을 선동하거나 주
   동하고 있다고 보고 주동자들에 대한 색출작업을 벌여 구속하는 등 강경한 자
   세를 취하였다(한겨레, 1993. 9. 25).

단체 또는 세력 3개만 든다면?"이라는 설문에 국민들 중 44.6%가 경실련(1위)을 들었다.[21] 이러한 국민들의 두터운 지지를 기반으로 경실련은 한약분쟁에서 중재역할을 수행해 나갈 수 있었다. 이러한 정황들을 검토해보면 당시 이해관계 당사자였던 한의사회와 약사회, 한의대생들이 경실련의 중재를 요구하였으며, 국회와 정부의 중재실패가 있었고, 당시 문민정부의 시민단체에 대한 우호적인 분위기 속에서 국민들과 언론의 두터운 지지 속에 경실련은 중재역할을 맡았으므로 사회적 정당성과 신뢰성은 매우 높았다고 할 수 있다. 이와 같이 경실련은 공평성과 신뢰성을 상실한 정부에 비해 상대적 신뢰성을 확보하고 있었는데(김주환, 1994), 그 이유는 두 가지로 나누어 볼 수 있다.

첫째, 경실련이라는 공익집단으로서의 영향력과 그에 대한 호의적인 사회적 평가가 갈등당사자인 한의사회와 약사회로부터 신뢰성을 확보할 수 있었던 원인으로 작용하였다는 것이다(조용른, 1995). 경실련의 창립목표는 조직의 이름에서 나타나고 있듯이 "경제정의의 실현"이었으며, 경실련이 이러한 목표를 설정하고 시민운동을 시작한 것은 1980년대 중반 이후 한국사회에 만연되어있는 부동산투기와 같은 경제적 불의를 제거하기 위한 것에서 비롯되었는데, 경제정의 실현에 초점을 맞추었던 출범 초기와는 달리 정경유착과 관치 금융의 청산, 토지공개념의 도입, 금융실명제, 부동산실명제, 금융소득종합과세 등을 주장하면서 운동을 확대, 전개해왔다. 경실련은 1980년대와 1990년대 초 우리나라의 시민단체의 대명사로 사회에 있어서 영향력을 강하게 행사하는 집단으로 일반 국민들에게 각인되었다. 이러한 경실련에 대한 호의적인 사회적 인식[22]이 갈등당사자들인 한의사회와 약사회로부터 신뢰성을 얻게 한 원

21) 시사저널, 1993. 10. 21.
22) "우리나라에 가장 큰 영향력이 있는 집단이나 단체 또는 세력 3개만 든다면?"이라는 설문에 우리 국민들 중 44.6%가 경실련(1위)을 들었으며, 24.3%가 전경련(2위)을, 13.9%가 소비자보호단체(3위), 13.5%가 노총(4위), 13.5%가 종교집단(4위), 6.55%가 매스컴(6위), 5.35%가 전노협(7위), 4.9%가 경제관련

인이 되었던 것이다. 그러나 여기서 하나 지적해야 할 점은 경실련이 한의사회나 약사회로부터 상대적 신뢰성을 확보할 수 있었던 점이 경실련이 이들 집단과의 무갈등(無葛藤), 즉 이들 집단 간의 상호작용이 없었기 때문이라는 견해가 있다.[23] 즉, 이러한 견해에 의하면 갈등은 상호간의 접촉에 의해 발생하므로 두 집단 간의 상호작용이 없었다는 것은 갈등상황이 발생할 수 있는 근거가 약하다는 의미로 해석된다는 것이다(조용륜, 1995: 100).

둘째, 앞의 설명이 경실련이라는 단체에 대한 신뢰성이라고 한다면 두 번째는 경실련을 구성하고 있는 구성원들에 대한 신뢰성이라 할 수 있다. 즉, 당시 경실련에 대한 신뢰성은 경실련을 이끌어 가는 임원들의 과거 활동과 사회적 명성에 대해 한의사회와 약사회가 상대적 신뢰를 보냈기 때문이라는 것이다. 우선 경실련을 대표하는 임원들의 사회적 명성이 높다는 것을 지적할 수 있는데 경실련의 공동대표 3인으로는 송월주(경제정의실천불교시민연합: 스님), 권태준(환경개발센터 대표), 손봉호(기독교윤리실천운동대표: 서울대 교수)였고, 중앙위원회 의장은 박종규(바른경제동인회 대표간사), 상임집행위원장은 이영희(인하대 법정대학장)와 같은 사회적 명성이 높은 인사들이 맡고 있었다. 또한 경실련 지도자들이 고른 직업분포를 가지고 있었는데 경실련 고문의 직업분포는 학계가 14명, 법조계 4명, 문화예술계 3명, 종교계 5명, 사회운동 5명, 기타 2명이고, 경실련 지도위원의 직업분포는 학계가 19명, 종교계 8명, 법조계 3명, 문화예술계 1명, 기타 2명으로, 사회 각계각층의 대표성을 확보하고 있었다는 점에서 신뢰성을 가지고 있었다고 볼 수 있다. 이외에도 경실련은 1993년 12월 30일 현재 총 9,229명의 회원을 확보하고 있었는데

단체(8위), 4.8%가 민자당(9위), 4.2%가 대한변협(10위)를 들었다(시사저널, '누가 한국을 움직이는가?', 1993. 10. 21).

23) 경실련이 "과거에 한의사나 약사회와 같은 이익집단과 직·간접적인 이해관계의 상충으로 인한 갈등의 경험이 없었다는 점"이 경실련이 상대적 신뢰성을 확보할 수 있었던 배경으로 보는 견해도 이러한 입장에 속한다(김주환, 1994: 71).

회원들의 학력분포는 대졸·대학원 졸업 이상이 79%로 학력의 수준이 상당히 높았음을 알 수 있다.[24] 경실련 회원의 직업별 분포에 있어서도 학생이 12.1%, 사회단체가 5.2%, 노동단체가 1.4%, 정당인 1.7%, 학계 11.2%, 종교계 7.4%, 의약계 2.1%, 언론계 3.6%, 문화예술계 0.5%, 법조계 및 전문가 4.8%, 자영업 및 중소기업인이 11.2%, 사무직이 23.4%, 농민 0.7%, 도시빈민 5.8%, 공무원 1.2%, 생산직 2.5%, 주부 4.3%, 기타 0.9%로 각 직업들을 고루 대표하고 있었는데 한약분업갈등의 당사자들인 의약계에 종사하는 회원들도 2.1%를 차지하고 있었다.[25] 따라서, 한약분쟁 당시 국민들은 경실련이라는 단체뿐만 아니라 경실련을 이끌어 가던 지도부에 대해서도 신뢰성을 가지고 있었다고 볼 수 있다. 다만, 이러한 높은 신뢰성은 경실련이라는 단체와 지도자에 대한 사회적 평판에 의한 요인이 많이 작용하였으므로 인지적 요소에 의한 신뢰성이 더 큰 비중을 차지하고 있었다.

셋째, 환경적인 요인을 들 수 있는데 한약분쟁이 일어났던 1993년은 문민정부 수립 초기에 해당되는 시기로 당시 경실련은 국민들의 큰 기대와 관심을 모으고 있었던 때였다. 이러한 높은 지지와 관심을 배경으로 경실련은 의욕적인 중재활동을 수행하였지만 중재의 효율성을 강조한 나머지 민주적인 중재라는 절차적 측면에서는 문제점을 드러내었다.

(2) 정기적인 대화채널

본 연구에서 신뢰성을 측정할 수 있는 두 번째 변수로는 제도화된 정기적인 대화채널(communication channel)의 존재인데, 일반적으로 갈등상황의 특징은 상대방에 대한 적대적인 인식과 태도, 상호 의사전달 기회의 결핍들로써, 적대적 관계에 있는 갈등당사자들은 접촉을 회피하게 되므로 갈등관계에서 지속적인 대화채널이 있다면 이는 신뢰성이 존

---

24) 경실련 출범 4주년 기념자료집에 의하면 대학원 재·졸이 19.7%, 대학 재·졸이 59.3%, 고졸이 15.3%, 중졸 및 무학이 5.7%를 차지하고 있다.
25) 이들 통계치는 모두 경실련 출범 4주년 기념자료집(1994)에 의함.

재하고 있다는 증거로 볼 수 있기 때문이다. 한약분쟁에 있어서는 갈등
상황에서 한의사회와 약사회간의 공식적·비공식적인 대화통로가 존재
하지 않았다(박상필, 2001: 306).[26] 6월에 있었던 보사부가 중재한 '약
사법추진위원회'에서 공식적인 대화채널이 생기게 되었지만, 결과적으로
정부와 두 갈등당사자간은 별다른 성과를 보지 못하고 대화채널도 차단
되고 말았다. 그 후 9월, 경실련의 '한약조제권 분쟁을 해결하기 위한
조정위원회'라는 제도화된 관계는 대화통로가 존재하지 않았던 두 당사
자들의 커뮤니케이션을 원활하게 한 계기가 되었지만(박상필, 2001:
310), 일시적이었을 뿐 장기적으로 지속된 것은 아니었다. 이와 같이 한
약분쟁의 경우 별도의 정기적인 의사통로가 마련되어 있지 않았으며,
공식적인 모임이외에 갈등당사자들 간의 의사소통이 거의 이루어지지
못하고 있었다. 한약분쟁과정에서 갈등당사자들 간의 의사소통이 원활
하지 못했던 이유로 다음 세 가지를 들 수 있다.

   첫째, 갈등문제의 특성에서 본 바와 같이 한약분쟁의 성격이 가치이
념적 성격을 띠고 있었기 때문에 갈등당사자들 간의 인지의 차이가 있
고 이로 인한 주장이 다를 수밖에 없었으며 이러한 가치관의 차이는 오
랜 시간을 통해 형성되는 것이므로 일시에 이를 해결하기 힘들었다는
것이다. Kressel(2000)은 갈등이 전형적으로 오래 계속되고, 당사자들
에 관련된 부정적인 패턴이 뿌리 깊게 구축되어 있는 분쟁에는 제3자에
의한 중재가 별 효력이 없다는 지적을 하였는데, 전에 있었던 갈등
(prior conflict), 상대방에 대한 불신, 비합리성, 분노, 의사전달의 불
통, 강한 이데올로기적인 차이나 문화의 차이 등으로 비롯되는 갈등은
중재 노력이 실패할 가능성이 높은 매우 높은 수준의 갈등(High levels
of Conflict)으로, 한약분쟁의 경우처럼 가치관으로 인한 갈등은 이러한

---

26) 1993년 6월에 공영방송기관인 KBS-TV가 대화통로를 만들어 주기 위해 공개
   토론회를 제의했으나, 양 당사자들의 반대로 무산되었다 한다(박상필, 2001:
   306).

범주에 속한다고 할 수 있다.

둘째, 갈등당사자들의 정기적인 의사통로를 보장하는 노력이 부족하였다는 점이다. 1993년 국회보건사회위원회 공청회에서 한의사회와 약사회 대표가 참석하여 각자 일방적인 의견발표만을 한 것과 보사부가 주도한 '약사법개정추진위원회' 공청회에서 각 단체의 주장을 발표한 것, '약사법개정추진위원회'와 경실련이 중재하는 조정위원회 참석 등의 공식적인 접촉 이외에 별도의 의사통로는 없었던 것이다. 그러나 이러한 공동회합의 자리도 토론이나 대화보다는 자기 단체의 입장을 일방적으로 주장하는 형식으로 신행되어(조용륜, 1995: 90) 두 갈등집단이 진지하게 해결책을 모색하는 대화는 이루어지지 못했다.

셋째, 한약분쟁과정에서 전문직에 종사하는 직업에 대한 자존심의 상실로 인한 감정적 대립이 갈등당사자들 간의 의사소통 노력을 저해하였다는 점이다. 한약갈등의 중요한 원인으로 보건행정과정에서의 한의학의 소외로 인한 누적된 불만은 보사부 당국과 약사회에 대한 불신으로 이어졌으며, 약사들의 경우도 이미 약사고시에 합격한 약사에게 별도의 한약조제시험을 치르게 한다든지, 한약조제시험에 합격하고도 100가지 처방밖에 할 수 없고 그것도 임의조제 가감권이 금지된 것은 약에 대한 전문가라는 약사의 자존심을 손상시키는 결과를 가져와 갈등당사자들 간의 신뢰성을 해치는 원인으로 작용하였던 것이다.[27] 이와 같은 약사회와 한의사회의 깊은 감정의 골과 자존심을 해치는 요인들의 상승작용으로 양 당사자들은 대화를 통한 해결책보다는 다른 방법과 대상을 통

---

[27] 그 후 약사회는 경실련 합의안에 대한 반대 행동으로 지도부가 사법 처리되는 수모를 겪어야 했고, 약사회가 제기한 헌법소원(94 헌마 59사건)은 약업권 회복이 목적이었는데 1953년 약사법 제정 이래 인정되었던 약사의 한약관련업무 수행권의 박탈을 회복한다는 경제적 목적 이외에 상처받은 자존심과 명예를 회복하는 것이 또 다른 이유였다. 즉, 한약조제권의 박탈이 약사들에게 준 충격과 고통은 경제적 손실보다는 전문직업인으로서의 자부심과 긍지를 유린한 것으로 파악하였던 것이다(조용륜, 1995: 92).

해 자신들에게 유리한 상황을 전개하려고 하고 있었던 것이다. 이러한 점에서 갈등중재자로서의 경실련의 신뢰성은 앞서 중재역할을 맡았던 보사부보다는 인적 구성과 중재과정 면에서 높았다. 이러한 국민적 지지 속에서 경실련은 중재역할을 수행해나갔지만, 경실련이 중재한 기간 동안에 일시적인 갈등당사자간의 대화채널이 있었을 뿐 정기적이고 지속적인 대화채널의 존재는 찾을 수 없어 갈등당사자들 간의 신뢰도는 한계가 있었음을 짐작할 수 있다.

결론적으로 한약분쟁에 있어 신뢰성 측면에서 인지적 요소에 의한 신뢰성은 매우 높았으며, 정기적인 대화채널은 없었으나, 다만 경실련이 중재한 조정위원회를 통해 제한된 범위였지만 일시적으로 정기적인 대화채널은 존재하였다.

3) 전문성

본 연구에 있어서 갈등관리자에게 필요한 전문성이란 우선 갈등문제에 대한 지식과 정보 및 경험이 풍부하여 갈등이 초래된 상황을 정확히 인식하는 것이 중요하며, 이러한 인식을 바탕으로 갈등해결을 위한 합리적인 대안을 제시할 수 있는 능력과 갈등상황을 효율적으로 중재할 수 있는 능력으로 파악하고자 한다. 이들 중에서 우선 중재자인 경실련의 갈등상황인식을 살펴보기로 한다.

한약분쟁 당시의 한 일간지 해설란은 경실련이 갈등상황인식을 정확히 하고 있었음을 짐작하게 한다. 즉, "6차에 걸친 보사부의 '약사법개정추진위원회'에 소비자대표로 참여한 서경석 사무총장은 곧 이어 양측 대표들과 잦은 개별 면담을 갖고 양측의 '마지노선'을 이해하게 됨으로써 중재에 어느 정도 자신감을 갖게 된 것으로 알려졌다. 경실련은 개정추진위가 공전한 이유를 '방법론'에서 찾았다. 대화를 통해 서로에게 요구사항을 제시하기보다는 보사부와 여론에 상대방의 결점과 논리의 허점만을 들춰내는 일방적 폭로전으로는 해결이 불가능하다는 것이다.
또 14일의 약사법개정안 역시 양측의 현실적 욕구에서 동떨어질 뿐 아
니라, 한방의약분업의 원칙도 서있지 않다는 데서 중재의 첫걸음을 시
작했다. 그리고 한의사의 처방전 발급 의무화-약사의 임의조제 금지에
대한 일관된 규정결여와 기존의 한약취급약사에게만 차별 적용한 한약
임의조제권 등의 모순부터 해결하자는 전략을 세웠다. 경실련은 14일
자체적으로 분쟁의 해결을 위한 대안을 제시했는데, 이 해결안은 양측
과의 잦은 접촉에서 쌓은 신뢰와 이해를 토대로 서 사무총장 개인이 10
일부터 3일간 구상한 '작품'이었다"[28]는 것이나. 경실련의 한약분쟁 초
기 갈등상황인식이 비교적 정확했던 것에 비해 정부의 갈등상황인식은
다음과 같이 문제점을 가지고 있었다. 우선 정부는 갈등의 원인이 된
시행규칙에 대한 해석을 이익집단과 시기에 따라 다르게 해석함으로써
갈등을 오히려 유발하였고 약사법 시행규칙의 개정으로 인한 한약분업
갈등에 대해 약사의 한약조제권 이전에 대해 문제가 없다는 갈등상황인
식에서 출발하였다. '약사법추진위원회'의 약사법 개정안에서 정부는 "현
행 약사법에는 약사가 한약을 조제, 판매하는데 있어 아무런 제한 규정
이 없다. 이는 헌법재판소의 판결(1991년 9월 16일)에서도 확인된 해석
이다. 따라서 정부는 약국에의 재래식 한약장 제한규정이 한약조제를
금지하는 조항도 아니며 상위법에 위배되고 실효성도 없으므로 삭제한
것이다"라고 함으로써 한의사들이 법에 대하여 오인하였으며 이로 인해
갈등상황이 발생한 것으로 보았다. 이와 같은 정부의 갈등상황에 대한
인식은 경실련과 언론 등에서 보면 거리가 있는 것이었다. 이에 대해
경실련은 "한의대생들이 수업을 거부하고 있는 것에는 보사행정에 대한
근본적인 불신이 큰 원인으로 작용하고 있다"고 보고 "보사부는 신뢰를
회복하기 위한 가시적인 행동을 보여줘야 한다"고 하며, 구 약사법시행

---

28) 조선일보, 1993. 9. 21.

규칙 11조 1항 7호의 원상회복을 주장하였고 한약조제권 분쟁은 서로간의 극한적 대립과 불신 때문에 갈등이 더욱 커져가고 있는데 이런 상황 속에서 쌍방이 합의하는 공동안을 타결하기란 사실상 불가능에 가까우며 공신력 있는 제3자가 보다 합리적인 방안을 제안하여 양자간의 합의가 이루어질 수 있도록 국민적 압력을 행사할 필요가 있다는 경실련의 갈등상황인식은 적절한 것이라고 볼 수 있다(김주환, 1994).

　이러한 갈등상황에 대한 인식을 바탕으로 갈등의 원인을 규명하여 갈등해결을 위한 합리적인 대안제시를 할 수 있는 능력이라는 측면과 갈등당사자들에게 신뢰를 줄 수 있는 원칙을 제시하고 갈등당사자들로부터 양보와 타협을 이끌어내어 갈등상황을 타개할 수 있는 갈등상황을 효과적으로 중재할 수 있는 능력의 두 측면으로 나누어 보기로 한다.

(1) 합리적인 대안제시 능력

　갈등관리자에게 있어 갈등상황에 대한 정확한 인식은 갈등해결을 위한 기초라 할 수 있는데, 당시 경실련이 갈등문제에 개입하게 된 배경은 갈등당사자들이 경실련을 찾아와 한약분쟁과 같이 정부의 갈등해결이 난관에 부딪친 상황에서 국민적 신뢰를 받고 있는 경실련이 나서야 한다는 요구에 의해 사후적으로 개입하게 된 것이지만 일단 경실련이 갈등관리를 맡게 되자 중재자로서 전면에 나서게 되었다. 이는 경실련에 대한 갈등당사자들과 국민들의 기대와 신뢰에 부응해야 된다는 자부심과 당시 중재역할을 맡았던 서경석 사무총장의 성취의욕도 함께 작용했던 것으로 보인다. 따라서 개입당시 갈등상황에 대한 인식은 비교적 옳았다고 볼 수 있지만, 후기로 갈수록 갈등상황에 대한 인식은 갈등관리자가 가져야 할 객관성을 벗어나고 있었다. 중재자로서의 시민단체의 전문성을 측정하는 변수는 첫 번째 합리적인 대안제시능력인데 이러한 능력이 있는지의 여부는 공청회나 조정위원회, 혹은 성명서를 통해 전문가들의 참여 속에 갈등문제에 대한 체계적이고도 합리적인 입장 정리가 된 대안을 작성하여 발표하였는지를 기준으로 보기로 한다. 경실련은 한약분쟁과정을 통해 전문가들의 도움을 받아가며 다음과 같은 대안들을 제시, 발표하였다.

① '최근 한약분쟁에 대한 경실련의 입장'이라는 성명서 발표

경실련은 1993년 3월, 한의대생들이 수업거부를 시작하자 5월, 보건의료전문가와 젊은 보건의료인 간의 비공개모임[29]을 장시간 가졌지만 한의사측과 약사 측의 의견이 평행선을 그었으며, 6월 16일 한약분쟁 해결을 위한 긴급공청회를 개최하였다.[30], 공청회에는 약사회와 한의사회가 참가하였으나 보사부는 경실련의 수차례에 걸친 요청에도 불구하고 참가하지 않았다(박상필, 2001: 298).

공청회에서는 시민단체와 전문가를 중심으로 양측의 의견을 조정하기 위한 토론과 비공개 막후접촉을 하였으나, 시행규칙 철회에 대하여 약사 측이 반대함으로써 타결을 보지 못했다(경실련, 1994: 38). 공청회가 끝난 다음날(6월 17일), 경실련은 '최근 한약분쟁에 대한 경실련의 입장'이라는 성명서를 발표하였는데 성명서에서 "갈등해결에 큰 책임이 있는 주무부서인 보건사회부는 경직적 태도를 고수하고 있다"고 비판하였다. 또한 갈등이 심화되는 것을 막자는 의도에서 긴급공청회를 개최하였음을 밝히고, 공청회에서 대한약사회와 대한의사협회의 의견을 청취하고 몇 차례 내부모임을 통해 준비해 온 경실련의 제안을 대한약사회와 대한한

[29] 이 모임은 대표성을 인정받은 공식적인 회의는 아니었으나 갈등당사자들이 서로 허심탄회하게 대화를 나누며 서로의 의도를 보다 정확히 알았다는데 의미가 있는 모임이었다고 한다(김주환, 1994: 42).
[30] "한의대생 유급사태, 해결할 길 없나"의 긴급공청회는 1993년 6월 16일에 개최되었는데 사회는 서울대 보건대학원의 양봉민교수가 보았으며, 전문가 및 시민단체 대표로는 김상균(서울대 사회복지학), 김용익 교수(서울의대), 서경석 경실련 사무총장이 참석하였고, 약사 측에서는 권경근 대한약사회장, 이범구(성대), 홍춘택(중대 약대생)이, 한의사 측은 허창회 한의사협회장, 박찬국(경희대 한의학), 최혁용(경희대 한의대생)이 참석하였다.

의사협회, 학생 대표들에게 제시했다고 하였다. 이러한 '최근 한약분쟁에 대한 경실련의 입장'(1993. 6. 17)에 나타난 공청회에서 제시한 의견을 요약해보면 다음과 같다.

ⓐ 의료일원화문제

의료일원화에 대해서는 한의학과 양의학이 서로 입장을 달리하고 있어 아직 국민적 합의가 이루어지지 않고 있으므로 상당기간 이 문제를 검토할 필요가 있으며, 설사 의료일원화로 가려 하더라도 과도기적 단계가 필요하므로 이를 위해 양의학, 한의학, 그리고 한·양의학 결합의 세 가지 형태가 공존하는 단계가 반드시 필요하다고 보았다. 그리고 충분한 준비와 쌍방간의 충분한 합의와 공감대가 있어야 의료일원화의 방향이 결정될 수 있다고 하였다.

ⓑ 약사의 한약조제문제

원칙적으로 약사가 한의사 역할을 하는 것은 부당하므로 임의조제는 금지되어야 하지만 약사가 한약을 다룰 수 있는 전문교육과정을 이수하여 조제자격을 획득한 경우에는 약국에서도 한약을 취급할 수 있다고 보고 있으며, 다만 약사가 한약을 조제 판매하는 경우에는 어디까지나 처방전이 있는 경우로 한해야 한다고 한다. 또한 한약업사의 양성을 위한 전문교육기관이 긍정적으로 검토되어야 함을 피력하였다.

ⓒ 보건사회부에 대한 비판

경실련은 성명서에서 이번 사태가 유발된 1차적 책임이 보사부에 있다고 하였는데 그 이유로 보사부는 1975년 문제의 약사법 시행규칙이 만들어지기 이전부터, 약사와 한의사간의 영역문제가 계속 문제되었음에도 불구하고 아무런 적극적인 해결노력을 기울이지 않았다는 것과 양측의 이해가 엇갈리는 상황임을 알면서도 제6공화국 말기인 지난 2월,

약사법 시행규칙을 갑자기 삭제하는 과오를 범했다는 것이다. 그리고 보사행정에 대한 근본적인 불신으로 인해 한의대생들이 수업거부까지 하는 현 상황에서 경실련은 보사부의 신뢰회복을 위한 가시적인 행동을 보여줄 것을 요구하였는데 그 예로 지난 2월의 시행규칙 개정이 잘못되었음을 인정하고 구 약사법시행규칙 제11조 제1항 7호를 원상회복할 것을 건의하였다.

ⓓ 긴급공청회의 결과

경실련은 성명서에서 6월 16일 공청회 결과를 발표하였는데 경실련이 양측 입장을 중재하기 위해서 공청회 중간에 참가한 전문가 및 양 단체 간부들과 비공개 막후접촉을 한 결과, 쌍방은 ⅰ) 한의사와 약사는 궁극적으로 의약분업으로 가야 한다, ⅱ) 한약조제의 자격을 갖춘 사람이 조제를 해야 한다는 대원칙과 앞으로 한의사와 약사 등 의료인과 전문가, 시민단체를 포함한 대책위원회를 구성하여 구체적인 내용을 검토하자는 데에는 합의를 했으나, 당면 문제해결을 위한 시행규칙 철회는 약사 측의 반대로 좌절되어 결국 공청회는 무산되었다고 하였다.

ⓔ 경실련의 입장

이러한 공청회 결과들을 정리하며 경실련은 성명서를 통해 다음과 같은 세 가지 견해를 피력하였다. 첫째, 공청회의 막후 접촉 시에 양측이 합의했던 사항은 ⅰ) 한의사와 약사는 궁극적으로 의약분업으로 가야 한다, ⅱ) 한약조제의 자격을 갖춘 사람이 조제를 해야 한다는 대원칙과 약사법 개정 등을 다룰 대책위원회(보사부가 주도할 수 있음)를 구성하자는 것이었으므로 보사부와 약사협회 및 한의사협회는 앞으로 이 합의를 살려나가는 방향에서 법 제도와 정책 등을 정비할 것을 제안하였다.

둘째, 무엇보다도 보건사회부가 문제의 심각성을 인식하고 결자해지(結者解之)의 차원에서 가시적인 조치를 취할 것을 건의하였는데 특히 구 약사법시행규칙 제11조 제1항 7호를 가능한 한 속히 원상회복할 것을 건의하였다.

셋째, 약사회 측은 국민 건강을 책임져야할 보건의료인이라는 사실을 깊이 인식하고 그동안 방관적 입장에서 벗어나 문제해결에 전향적 자세로 나설 것을 요구하였다. 우선 한약조제권과는 아무런 관계가 없는 무의미한 규정이라고 주장해 왔던 시행규칙의 철회에 동의할 것을 요구하였으며, 한의사협회에 대해서도 현재의 분쟁에 책임 있는 한 주체로서 한의대생 수업거부라는 방식 대신에 대화의 정신에 입각하여 사태가 수습될 수 있도록 진지한 노력을 기울여줄 것을 요구하였다.31)

이러한 점을 볼 때, 실패로 끝난 정부가 주도했던 '약사법개정추진위원회'안을 비판하고 경실련이 중심이 된 새로운 대안을 공청회에서 제시하였다.

②'한약조제권 분쟁의 해결을 위한 경실련의 대안'발표

경실련은 그동안 정부가 주도한 '약사법개정추진위원회'에 서경석 사무총장을 위원으로 내세워 활동하면서 한편으로는 정부의 갈등관리가 실패할 것에 대비, 입지를 강화하고 있었다. 그 한 예가 바로 '한약조제권 분쟁의 해결을 위한 경실련의 대안'이라는 성명서 발표인데 여기서 경실련은 "서로간의 극한대립과 불신 속에서 갈등이 더욱 커져가고 있는 시점에서 쌍방이 합의하는 공동안을 타결하기 어렵다"고 보았다. 따라서 공신력 있는 제3자인 시민단체가 보다 합리적인 방안을 제안하여 양자간의 합의가 이루어질 수 있도록 국민적 압력을 행사할 필요가 있다고 보고, 그동안 조제권 분쟁에 관한 공청회를 개최한 바 있고 '약사법개정추진위원회'에도 참여해 한약분쟁의 모든 문제를 꾸준히 추적하여

---

31) 이상의 내용은 '최근 한약분쟁에 대한 경실련의 입장'이라는 경실련 성명서 (1993. 6. 17)내용이며, 경실련출범 4주년 기념자료집(1994) 중 '한약분쟁의 조정'(pp.38-43)부분에서 인용하였음.

온 경실련이 국민의 입장에 선 제3의 대안 제시가 필요하다고 하였다. 이러한 사회 현안에 대한 이슈화를 통하여 경실련은 급성장하는(강상욱, 2001: 201) 돌파구를 찾고 있었던 것으로도 추측된다. 9월 14일, 경실련은 경실련 내의 사회복지분과의 보건의료전문가인 양봉민 교수, 정명채 박사들의 의견을 토대로 한의사협회와 약사회의 의견을 비공식적으로 수렴해 대안을 작성하여 '한약조제권 분쟁의 해결을 위한 경실련의 대안'이라는 성명서를 발표하였는데, 특히 이 성명서에서 갈등중재에 실패한 정부의 갈등관리의 보완책으로서 제3자인 시민단체의 갈등중재역할을 강조하였으며, 한약분쟁해결의 기본방향과 약사법개정의 바람직한 방향에 대해 요지를 상세히 열거하고 있다. 이러한 대안 마련은 경실련 내의 사회복지분과의 양봉민 교수와 같은 보건의료전문가들의 자문을 받아 전문성을 확보하였다 한다.32)

ⓐ 경실련 안(案)의 발표 배경

한의사와 약사간의 분쟁을 해결하기 위해 보사부가 '약사법개정추진위원회'를 구성, 운영하였으나, 보사부의 안은 여전히 문제해결까지는 미치지 못했다는 평가를 받았다. 보사부도 앞으로 쌍방이 합의한 안이 나올 경우 입법예고 후에도 이를 적극 수용하겠다는 태도를 취하였다고 전제한 후 한의사와 약사가 보다 바람직한 대안을 합의하는데 실패할 경우 현재의 보사부 안이 그대로 법률로 확정될 가능성이 높은 것이므로 한의사와 약사가 현재의 안을 도저히 수용할 수 없다면 더 이상 강경책만으로 일관할 수 없는 것이고 한편으로 투쟁을 계속하더라도 다른 한편으로 은밀히 현실적인 대안을 모색하지 않을 수 없게 되었다. 그러나 서로간의 극한대립과 불신 속에서 갈등이 더욱 커져가고 있는 시점에서 쌍방이 합의하는 공동안을 타결하기 어렵다고 보고 결국 공신력 있는 제3자인 시민단체인 경실련이 보다 합리적인 방안을 제안하여 양

---

32) 하승창 사무처장과의 면접조사에서 확인함(2002. 7. 3).

자간의 합의가 이루어질 수 있도록 국민적 압력을 행사할 필요가 있다고 보았는데, 그동안 공청회를 개최한 바 있고, '약사법개정추진위원회'에도 참여해 한약분쟁의 모든 문제를 꾸준히 추적하여 온 경실련이 국민의 입장에 선, 제3의 대안 제시가 필요하다고 보았다. 그리고 이와 같은 경실련의 대안은 최종안이라기보다는 양측에 의해 수용될 수 있는 안이며 최소한 쌍방이 갈등해결을 위해 논의의 출발점으로 삼을 수 있는 실험적 성격을 가진 안(案)임을 분명히 하였다.[33]

ⓑ 기존 보사부 안의 문제점 비판

성명서에서 경실련은 보사부 안을 비판하였는데 그 이유는 다음과 같다.

첫째, 한방의약분업의 원칙에 위배되었다는 점이다. 의약분업은 한의사는 처방전 발급을 의무화하고 약사의 임의조제를 금지하는 방향으로 나가야하는 것인데 보사부의 안은 한의사 처방전발급을 의무화하고 있지도 않고, 약사의 임의조제를 금지하지 않고 있으며 한약조제약사의 기득권을 배타적으로 보장함으로써 한방의약분업을 실시하는데 필요한 한의사의 파트너 양성의 길을 막아버린 셈이 되어 보사부 안은 아무런 원칙도 없이 이해관계의 절충과 타협에 불과한 것이 아닌가하는 비판을 받게 되었다고 비판하고, 원칙 없는 절충과 타협은 필연적으로 갈등당사자들로 하여금 극한적인 실력행사라는 수단을 취하게 만들었다고 하였다.

둘째, 법으로서의 공평성이 보장되지 못하고 있다는 것으로, 이제까지 한약을 조제하고 있는 약사들의 기득권만을 보장하고 그 이외의 약

---

33) 성명서에서는 "경실련이 제시한 안을 가지고 쌍방이 토론하는 과정 속에서 양측의 견해차가 상당히 좁혀질 수 있기를 학수고대한다"고 하고 있고, 앞부분에서도 "경실련은 이번에 발표하는 안이 양측에 의해 수용될 수 있는 안이며 최소한 쌍방이 해결을 위해 논의의 출발점으로 삼을 수 있는 안이라고 보고 있다"는 문구가 보인다(경실련출범 4주년 기념자료집, 1994: 44).

사들은 한약조제를 하지 못하도록 함으로써 법의 공평성이 보장되지 못하고 있는 결과 한약 임의조제의 자격에서 배제된 나머지 80%의 약사와 약학대학생들이 격렬한 반대를 유발하였고, 국민의 입장에서 보면 한약에 대한 실질적인 자격을 갖추지 못한 상태에서 한약을 취급하기 시작한 약사에게도 한약취급자격을 허용해준 셈이 되고 말았다. 이러한 결과로 법에 대한 권위가 무너지게 되어 현행 약사법과 마찬가지로 유명무실한 법으로 전락할 가능성이 높다는 비판이다.

셋째, 보사부 안은 한약에 대한 처방은 한의사에게 맡겨야 한다는 국민 다수의 여론에도 역행하고 있다는 것인데, 민주국가에서 정책결정은 국민의 의사를 존중하는 것이어야 하는데 국민여론은 약사가 한약을 처방해서는 안된다는 편에 서있으므로, 약사가 50~100종의 한약 임의조제를 할 수 있도록 허용한다면 이는 국민여론에 역행하는 것이다.

ⓒ 한약조제권분쟁 해결의 기본방향의 제시

경실련은 다음과 같이 한약조제권분쟁 해결의 기본방향의 대안을 제시하였는데, ⅰ) 한의사는 한방에 있어서의 의약분업이라는 대원칙을 수용하고 자격 있는 약사라면 의약분업의 파트너가 될 수 있음을 인정한다. 반면에 약사는 한의사의 의약분업 파트너를 한약사로 규정하는 것을 동의하고 한약조제를 원하는 약사는 한약사 면허시험에 응하도록 한다. ⅱ) 한의사의 처방전 없이는 한약사(자격 있는 약사 포함)가 한약을 조제할 수 없음을 명확히 하되 그 대신 한방의약분업의 완성시기를 향후 3년으로 정하고 의약분업이 가능한 부분은 지금부터라도 의약분업을 시작하도록 하여 한약취급 약사가 한약사 면허만 취득하면 계속 한약취급이 가능할 수 있도록 길을 트게 한다. ⅲ) 약사법개정에 의한 제반 새로운 제도는 첩약의료보험과 한약사 면허제도와 함께 94년부터는 실시되기 시작하도록 한다는 내용이다.

ⓓ 바람직한 약사법 개정안

경실련은 성명서에서 앞으로 약사법이 개정되는 방향을 제시하였다.

첫째, 3년 이내에 한의사와 한약사간의 한방의약분업이 실현되도록 하고, 의약분업은 첩약의료보험이 가능한 모든 처방에 적용되도록 한다. 또한 3년의 준비기간 중에 일정지역을 선택하여 첩약의 의약분업을 시범적으로 실시하는 방안이 채택될 수 있다.

둘째, 약사 또는 무자격 의료인의 한약 임의조제는 금지되며 한의사의 경우에는 첩약의료보험이 가능한 처방의 처방전 발급을 의무화한다.

셋째, 한의사의 처방전에 따라 조제할 수 있는 사람은 한약사에 의한다. ⅰ) 한약사의 자격요건은 한약사면허시험에 합격한 자로 하며 한약면허시험 응시자격자는 본초학을 이수한 약사와 1993년 3월 이전에 한약을 취급한 약사, 일정한 추가교육을 수료한 약사, 한약관련학과(한약자원학과, 한약재료학과) 졸업생에 한한다. ⅱ) 현재 한약조제를 하고 있는 약사는 한약사 자격을 취득하여야 한의사 처방전에 따른 조제를 할 수 있다.

ⅲ) 전문화된 한약사 배출을 위하여 한약사 인력수급에 맞게 기존 한약자원학과와 한약재료학과를 한약학과로 변경하고 일부 약학대학 내에 한약학과를 설치한다. ⅳ) 한약학과 졸업생이 배출된 이후에는 한약학과 출신만 한약사가 될 수 있도록 하여 약사와 한약사를 동시에 하는 통합약사는 더 이상 배출되지 않도록 한다. ⅴ) 한약사는 한약의 조제 및 우수품종개발, 품질관리, 수치법제법 개발, 한방약리학의 체계적인 정비 및 연구, 한방제재 변형 및 가공법 개발 등의 과제를 담당하도록 한다.

넷째, 한방 의약분업이 완수되기 전에도 가능한 부분부터 의약분업을 먼저 실시한다. 이미 규격화된 한방제재의 엑기스 중 현재 한방의료보험을 실시하고 있는 56개의 처방은 한방의료보험을 의약분업에 적합하도록 조정한 후 즉각 한약사와 의약분업을 시작한다.

다섯째, OTC에 해당하는 한약의 경우는 한약사가 처방전 없이 판매

가능하도록 허용한다. 단, 무슨 한약이 OTC에 속하는 것인가는 한의학 이론의 토대에 기초하여 결정한다.

여섯째, 처방의 규격화를 위하여 첩약의 의료보험 약제는 제약회사로 하여금 기준처방단위(의료보험이 가능한 처방의 첩약)로 1일 분량씩 한의약품 제조허가를 획득하게 한 후 한의사가 처방전을 발행하면 한약사는 이렇게 한의약품으로 제조허가된 처방을 포장형태로 판매하도록 한다.

일곱째, 정부는 바람직한 약사법 개정을 뒷받침하기 위해 다음 사항을 즉각 실시하여야 한다. ⅰ) 한약사 제도를 도입하고 장차 한약 전문인력의 배출을 위한 한약학 전문교육기관을 구체화한다. ⅱ) 의약분업과 양질의 의료서비스를 위해 첩약의료보험을 조속히 실현하고 기존 의료보험수가도 현실화한다. ⅲ) 한약수급 및 유통, 가격안정, 한약규격화 등을 위해 한약공사를 즉각 설치한다. ⅳ) 그 외에도 한의사의 보건소 배치, 한의학 선남 부서의 실치 등 한의학 발전을 위한 제반조치를 취한다.

③ '한약조제권 분쟁해결을 위한 조정위원회'의 중재안

보사부의 '약사법개정추진위원회'에서 정한 안에 대해 한의사회, 약사회가 모두 반발, 파국으로 치닫게 되자 9월 14일, 경실련은 약사법 개정을 위한 대안을 제시하고 두 이익집단의 희망이 있는 경우에 기꺼이 갈등중재자로서 역할을 수행할 수 있음을 밝혔다 9월 16일, 마침내 두 이익집단이 동의하여 한약분쟁의 조정자로 나서게 되었으며 같은 날, 한의사회와 약사회의 동의를 얻어 '한약조제권 분쟁해결을 위한 조정위원회'를 구성하였다. 조정위원회는 보사부장관을 방문하여 정부의 약사법개정안을 철회할 것을 요구하였으며, 이에 보사부는 양측이 합의할 경우 이를 적극적으로 수용하겠다는 입장을 표시하였다. 9월 15일, 한의사회장과 약사회장이 지명하는 대표 각 2인이 경실련을 방문하여 두 이익집단의 갈등상황을 해결하기 위한 민간차원의 조정위원회 구성을 합의하고 이를 공식적인 절차를 거쳐 확정하기로 하였으며, 9월 16일, 경실련 사무총장, 한의사회장, 약사회장, 소비자모임회장은 '한약조제권 분쟁해결을 위한 조정위원회'를 구성, 한의사회 3인, 약사회 3인, 경실련 1인, 소비자연맹 1인, 시민의 모임 1인 등 10여명으로 구성, 9월 20일까지 합의안을 만들기로 함으로써 시민단체가 갈등중재에 본격적으로 나서게 되었다. 경실련이 주도가 된 독자적인 갈등중재의 활동은 '한약조제권 분쟁해결을 위한 조정위원회'를 결성하면서 다음과 같은 조정위원회 활동의 구성과 목적을 밝혔다.

ⓐ '한약조제권 분쟁해결을 위한 조정위원회'는 약사 3인, 한의사 3인, 한국소비자연맹 1인, 소비자를 위한 시민의 모임 1인, 경실련 1인 등으로 구성한다.

ⓑ 이 위원회는 양측의 이익보다 국민의 이익을 우선시하며 쌍방이 공존할 수 있는 방도를 모색한다.

ⓒ 정부가 입법예고한 약사법 개정안은 참여단체가 동의할 수 없으므로 새로운 합의안을 마련하기 위하여 노력한다.

ⓓ 조정위원회는 1차적으로 향후 5일간 활동하며, 이 기간 중 쌍방은 휴폐업 혹은 대규모 집회 등 극단적인 행동을 중단한다.

ⓔ 보사정책으로 인하여 학생들이 불이익을 당하는 일은 없어야 한다.

조정위원회는 약사 3명, 한의사 3명, 시민단체 관련자 3명(한국소비자연맹, 소비자문제를 연구하는 시민의 모임, 경실련 각 1인 등) 총 9명으로 구성되었지만 후에 경실련 측 1명, 한의사회와 약사회에서 각각 2명씩 참가하여 협상하였는데 경실련은 먼저 갈등중재안을 발표함으로써 양 이익집단들로 하여금 조정위 활동에 있어서의 협상을 위한 출발점을 제공하였다. 즉, 기존의 정부의 약사법 개정안의 문제점을 지적하고, 약사의 한약조제권과 조제능력 및 한약분업의 시기에 대한 대안을 발표하였는데 대안의 기본방향과 주요내용은 다음과 같다. 기본방향은 ⓐ 한

의사의 의약분업의 대원칙의 수용과 약사의 한약분업 파트너로서의 한약사제도의 동의, ⓑ 한의사의 처방전 없이 한약사의 조제금지를 명시하되, 한약분업은 향후 3년으로 하고, ⓒ 약사법개정에 의한 새로운 제도는 첩약의료보험과 한약사면허제도와 함께 1994년도에 실시할 것을 기본방향으로 정하였다. 이러한 기본방향 하에 약사법 개정안으로 ⓐ 한약분업의 3년 내 실시, ⓑ 약사 및 무자격 의료인의 한약 임의조제금지와 한의사의 처방전 발급 의무화, ⓒ 한약사 자격의 규정, ⓓ 의약분업의 우선 실시와 한방의료보험의 재조정, ⓔ OTC 한약제품의 자유판매 등을 주요내용으로 하는 중재안을 발표하였다. 총 5일간의 조정위원회 활동은 모두 4차에 걸쳐 회의를 하였는데 제1차 회의에서는 9월 17일부터 매일 오후 8시부터 12시까지 조정위원회를 가지기로 하고 양 이익집단의 의사소통의 허심탄회한 교환을 위해 비공식접촉의 기회를 갖기로 하였다. 그리고 대언론 업무를 위한 대변인의 임명[34]과 논의의 출발점으로서 경실련의 중재안과 그에 대한 각 갈등주체의 의견서를 제출하기로 하였다. 17일 제2차 회의에서는 첩약의료보험의 조기실시, 한약공사의 설치, 한의사 보건소의 배치, 한의약 전담 부서의 설치 등에 관한 비교적 한약분업 갈등과 직접적인 관련이 없는 부분에 대한 협의가 있었다. 이어 18일 제3차 회의에서는 한약분업갈등의 핵심적인 문제인 의약분업시기와 한약사제도의 도입에 대한 논의에 들어갔는데 이 자리에서는 서로의 입장을 인정하는 수준에서의 의견개진이 있었다. 마지막으로 열린 19일의 제4차 회의에서는 한의사와 약사회의 핵심적인 갈등쟁점이었던 한약분업과 한약분업의 파트너에 대한 논의에서 한약사제도의 도입을 주요내용으로 하는 합의가 있었다. 다만 이 합의는 9월 20일 오전 10시까지 한의사측의 확답 후에 유효하다는 단서를 붙였다.[35] 이

---

34) 대변인에는 경실련의 정태윤 정책실장이 임명되었다.
35) 경실련 관계자에 대한 면접조사에 의하면 이 당시 약사회가 먼저 경실련의 갈등중재에 대한 수용의사를 밝혔다고 한다(김주환, 1994: 57).

러한 합의의 주요 내용은 다음과 같다.

ⓐ 대한한의사협회와 대한약사회는 경실련이 제시한 대안을 수용한다.
ⓑ 경실련 대안의 실현을 위한 세부적 토론과 있을 수 있는 부분적 의견차이는 앞으로 대한한의사협회와 대한약사회 양측이 함께 참여하는 별도의 위원회에서 구체적으로 논의하도록 한다.
ⓒ 합의된 사항이 모든 사람에게 충분히 수용되고 앞으로 예상되는 극한행동을 피하기 위해 보사부의 입법예고안은 철회되어야 한다.
ⓓ 보사부가 양측이 합의한 경실련 대안을 부분적으로 선별 수용할 경우에는 본 합의는 취소된다.

이러한 합의에 도달한 조정위는 다음날인 9월 20일, '한약조제권 분쟁의 완전타결에 즈음한 성명서'와 함께 합의안을 발표함으로써 갈등중재기구로서의 조정위의 활동을 마무리하였다. 이와 같은 점들을 살펴보면 한약분쟁에서 시민단체들은 전문가들의 도움으로 합리적인 대안제시 능력은 갖추고 있었다고 본다.

(2) 효율적인 중재능력

전문성의 두 번째인 효율적인 갈등관리능력(중재능력)이란 갈등당사자 모두가 수용할 수 있고 해결책이 지속적이며, 당사자들과의 관계가 갈등 전보다 더 긍정적인 관계로 발전(Ross, 1993)하도록 중재를 이끌어가는 능력이라고 규정하였다. 그리고 이와 같은 효율적인 중재능력의 측정은 시민단체가 개입한 후 갈등의 완화를 보장하는 합의도출을 성공적인 갈등관리로 보되(이달곤, 2000), 민주적인 절차(이달곤, 1992, Dahl, 1977)를 거친 경우로 제한한다고 하였다. 즉, 아무리 합의안을 신속하게 만들어냈다고 하더라도 비민주적인 방법을 통해 이루어낸 결과라면 본 연구에서는 효율적인 중재능력이 없다고 본다.

이와 같은 민주적인 절차란 Dahl(1977)의 절차적 민주주의(the

doctrine of procedural democracy)를 뜻하는 것으로 사회 구성원 모두는 동등한 권리를 가지고 있으므로 권리의 행사나 결정과정에서의 대우에 있어서도 우열이 있어서는 안되며, 모든 구성원은 자신의 선호를 효과적으로 의사결정과정에 투영시킬 수 있어야 한다는 것이다. 또한 사회 구성원 누구도 결정과정에서 배제되어서는 안된다는 원칙을 의미한다. 그리고 이러한 토론과정을 위해서는 충분한 시간이 필요한데(김영수, 1997), 한약분쟁의 경우에 있어서는 9월 17일부터 9월 20일까지 4일간, 그것도 밤 시간대에 회의를 했다고 하는데 이런 점을 보면 당사자들의 충분한 토론이 있었는지 의문이다. 당시 성실련 관계자외의 면담에서는 갈등중재안은 먼저 회원인 한 한의사에 의해 작성되고 몇몇 약사 출신 회원들에 의해 검토가 이루어진 후 발표되었다고 하는데 당시 중재안은 경실련 회원으로 있던 한의사나 약사들의 회원들이 모두 검토했으며, 이 정도면 한의사나 약사들이 다 받아들일 수 있다고 판단했다고 한다.36) 당시 조정위원회의 갈등중재활동은 총 4일간 4차에 걸쳐 회의하였는데 제1차 회의에서는 9월 17일부터 매일 밤 8시부터 12시까지 하였으며, 대변인에는 경실련의 정태윤 정책실장이 맡았고, 9월 20일에 합의안을 발표했다. 이와 같이 4일도 채 안되는 짧은 시일 내에 합의안이 만들어진 배경에 대해서는 "당시 사회적 분위기가 워낙 합의를 만들어내지 않으면 안되는 분위기로 경실련이 그러한 압력을 사회로부터 받고 있었고, 시간적 압박보다는 합의를 만들어내기 위해서 경실련 측이 약사회나 한의사회 관련자들에게 이번 일주일동안 합의를 만들어내기 위해 한번 밤을 새워보자는 제안을 한 것이었다고 한다. 그 이유는 경실련이 이런 저런 자문을 구해본 결과 약사회나 한의사회 양측이 충분히 합의를 도출해낼 수 있음에도 불구하고 양측이 합의를 안 한다는 판단을 한 것이었다"37)고 하였다.

---

36) 하승창 처장과의 면접조사(2002. 7)에 의함.
37) 위의 면접조사에 의함.

이러한 점들을 종합해보면 경실련이 중심이 된 마지막 협상에서 경실련은 준비된 중재안을 토대로 한의사회와 약사회를 설득하고 압박해 들어갔던 것으로 짐작된다. 경실련 관계자에 의하면 한의사회와 약사회는 언론으로부터 집단이기주의니 밥그릇싸움이니 하여 비판받고 있었고 만약 경실련과의 협상이 실패하여 합의안이 마련되지 않을 경우 그 전의 정부안에 따라야 하므로 이러한 압박을 많이 받고 있었으며 경실련도 이 점을 잘 이용하였던 것으로 보인다. 특히 경실련은 언론의 힘을 빌려 이른바 언론 플레이를 함으로써38) 양측에 압력을 가한 것으로 보인다. 김주환(1994: 89)에 의하면 경실련의 조정위는 대변인으로 정태윤 정책실장을 임명하였는데 이러한 대변인 임명은 단순히 조정위의 회의 결과를 발표하는데 그치지 않고 회담내용을 상세히 언론에 공개함으로써 회의에 비협조적인 이익집단에 대한 비난을 가하게 함으로써 각 이익집단이 갈등중재의 장에 묶고자 하는데 그 목적이 있었다고 한다. 이 내용이 사실이라면 언론을 통한 압박이 갈등당사자들에게 가해지고 있었음을 알 수 있다. 또한 이러한 사실을 뒷받침해주는 연구가 있는데, 나영재(1997)에 의하면 경실련은 한약분쟁의 갈등중재에서 대중적인 접근위주의 전략보다는 정부 및 이익집단과 직접 교섭하고 중재하는 모형을 채택하였고, 특히 이익집단인 약사회와 한의사회에게 경실련의 중재안을 받아들이지 않으면 시민들과 함께 투쟁할 것을 경고함으로써 시민단체의 영향력을 보여주었다(나영재, 1997: 79)는 지적이다. 이와 같이 한약분쟁에서 경실련의 중재과정의 운영이 민주적인 성격을 띠지 못했

---

38) 하승창 처장은 면접조사에서 언론 플레이는 시민단체가 의도한 목표를 달성하기 위하여 전술적으로 사용하는 것으로 당연시하고 있었다. 다만, 그도 한약사제도를 포함한 합의안에 대해서는 부정적 입장을 가지고 있었는데 그 이유는 "그때의 사회적 분위기가 합의를 만들어내지 않으면 안되는 분위기로서 한약사제도라는 것이 우리나라 의료체계에서 어떤 의미가 있는 것인지 심각한 검토를 할 여유가 없었고 일부 검토는 했지만 전문가들도 그 당시 사회적 분위기에 밀린 감이 있었다"고 하였다(2002. 7).

다는 것은 당시 중재의 핵심적 역할을 한 서경석 사무총장의 책(1996)에서도 일부 나타나고 있다. "나는 한약분쟁과정에서 '사회적 공공선을 추구하는 운동은 어떠해야 하는가'에 대한 몇 가지 중요한 교훈을 얻었다. 한약분쟁의 첫 번째 교훈은 과거처럼 실력행사를 통해서 자신의 이해관계를 관철시키려는 노력은 실패할 수밖에 없고 사회적 공공선을 전면에 내세워 국민의 지지를 획득해야 자신의 이익도 지켜진다는 점이다", "한약분쟁을 통해 우리는 분쟁해결의 원칙은 이해 당사자 쌍방의 이해관계를 우선적으로 고려하는 것이 아니라 장기적으로 국민의 이익을 실현하는 데로 나아가야 하며, 국민여론이 중요한 판단기준이 된다는 점이다"(서경석, 1996)라고 하여 갈등당사자들의 이해관계보다는 전체 국민의 이익이 더 중요한 판단기준이 되었음을 증언하고 있다. 이러한 인식은 당시 경실련 내부의 의사결정과정이 민주적으로 이루어지지 못하고 있었음을 감안해볼 때, 사무총장 중심의 독주를 가져올 수 있는 위험성을 상당히 내포하고 있었다고 볼 수 있다. 서경석 사무총장은 정치적 감각이 뛰어났던 시민운동의 지도자(leader)로 한약갈등을 다분히 정치적인 방법으로 다루려고 하였다. 즉, 이미 실패로 끝난 정부가 주도했던 '약사법개정추진위원회'안을 비판하고 경실련이 중심이 된 새로운 안을 제시하였으므로 대안제시자로서의 역할과 이에 대한 정보를 제공하는 역할은 수행하였으나, 9월 17일부터 20일까지 합의안을 만들기 위한 갈등중재에 나섰기 때문에 갈등중재자로서의 역할은 하였지만, 토론에 필요한 충분한 시간의 확보가 없었고 미리 준비한 안을 제시하여 당사자들을 압박해 들어가는 전략을 사용하여 자유롭고 민주적인 분위기 속에서 이루어진 갈등중재라고 말하기는 곤란할 것이다. 그동안 경실련은 의사결정구조가 너무 중앙집권적이며 관료적이라는 비판을 받아왔다. 즉 경실련이 외형적 성장에 치중한 나머지 관료화되었으며 조직 내의 의사결정구조가 사무총장 중심으로 비민주적으로 운영되고 있다는 것으로 사무총장의 독단적 운영이 문제되고 있었다.[39] 이러한 조직 구

조 속에서 어떠한 것이 국민 전체의 이익을 위한 것인지를 어떻게 판단
할 수 있는지가 의문시되며 이러한 의사결정 구조 속에서 국민 전체 이
익에 막대한 영향을 미칠 수 있는 의사결정에 대해 누가 책임질 것인지
도 문제된다고 본다. 따라서 한약분쟁에서 선행연구들을 검토하여볼 때
합리적인 대안제시능력은 있었다고 해도 합의안은 자유롭고 충분한 토
론을 통해 이루어졌다고 보기에는 의문이 가는 여러 자료들을 찾을 수
있었다. 더욱이 당시 경실련의 내부 의사결정구조가 사무총장 중심으로
운영되고 있어 민주적인 의사결정이 이루어지고 있지 못한 상황이었음
은 이를 뒷받침하고 있다.

4) 자율성

시민단체에서 자율성이란 일반적으로 정부와 같은 외부 세력으로부터
외적 구속이나 통제를 받지 않고 시민단체 스스로의 독자성을 유지하는
의미로 사용하였는데, 갈등중재과정에서 필수적인 중립성을 유지하기
위해서는 시민단체 고유의 자율성을 유지하는 것이 무엇보다 중요하다
고 생각한다. 이러한 시민단체의 자율성은 외부세력으로부터의 독자성
확보를 뜻하는 것으로 한약분쟁에 관한 선행연구들에 의하면 외부세력
들 중에서 가장 큰 영향을 줄 수 있는 것으로는 정부와 언론을 들 수
있다. 그러나 중재역할을 맡는 시민단체들은 갈등당사자들인 한의사회
와 약사회로부터 자율성을 유지하는 것도 중요하다고 생각한다.

(1) 정부로부터의 자율성

---

39) 하승창 처장에 의하면 한약분쟁의 갈등관리에 있어 서경석 사무총장의 역할이
   컸었던 것은 사실이지만 형식적으로는 정해진 절차와 형식을 모두 거쳤다고 한
   다. 즉, 경실련이라는 조직이 다 추인해주고 동의해준 것이므로 사무총장 개인에
   의한 것이라기보다는 책임은 경실련에게 있다고 하였다.

당시 경실련이 주도한 '한약조제권 분쟁을 위한 해결하기 위한 조정위원회'의 실질적인 중재활동의 책임자였던 서경석 사무총장의 경우, 그 주변에는 시민운동가 출신으로 김영삼 정부로 들어간 사람들이 많았는데 이 사실을 놓고 주변 인물과의 거래설, 자신의 정치적 야망을 달성하기 위한 하나의 시험대로 삼았다는 설도 있으나 확인할 수는 없었다. 다만, 당시 김영삼 정부는 시민단체의 핵심 간부들을 정부 요직에 기용하는 경우가 많아 거대 시민단체인 경실련과 정부는 상당히 우호적인 관계에 있었다고 본다. 그러나 서경석 총장 개인적으로는 시민운동가 출신의 관료들과 비공식적으로 접촉할 가능성도 없지 않으나, 경실련의 공식적 태도는 정부로부터 자율성을 가지고 있었으며 오히려 조정위원회 활동을 통하여 정부를 보조하는 차원을 넘어 정부 역할을 대행하는 역할도 수행하였던 것이 사실이다.

1993년 9월 17일, 보사부는 약사회와 한의사회가 약사법개정안에 합의안을 마련해 오면 이를 수용하겠다고 하고 다만 양측이 합의한 내용이 의약분업의 원칙을 무시하거나 한약사 제도의 부활 육성, 한약대학의 신설 등을 제안하는 경우에는 이는 현 시점에서 비현실적이고, 국민보건경제의 부담을 가중시키는 것 등 부작용이 많으므로 받아들이기 어렵다고 하였다. 그러나 9월 20일 한약사제도 신설을 내용으로 하는 경실련 합의안을 받아들였는데 그 배경은 당시 정부가 정기국회 만료 시까지 약사법 개정안을 국회에 제출하고 통과시켜야 한다는 시간적 압박을 받은 것도 사실이지만 갈등해결에 있어 이미 주도권을 상실한 보사부가 시민단체의 합의안을 받아들이지 않을 수 없었던 절박한 상황에 처해 있었던 것으로 보인다. 중재역할을 맡았던 서경석 사무총장의 글을 보면 당시의 경실련과 정부와의 관계를 짐작할 수 있다. "한약분쟁의 두 번째 교훈은 공신력 있는 시민단체에 의한 자율적인 조정기능의 가능성이 제시되었다는 점이다. 한약분쟁 과정에서 경실련은 고비마다 국면전환에 영향을 미쳤다. 처음 경실련의 시행규칙 삭제 철회요구가 분

위기를 반전시켜 약사법 개정작업이 시작되었고, 경실련의 강력한 반대
가 보사부 입법예고안을 무력하게 만들었으며, 또한 경실련의 중재안이
문제해결의 방향을 다시 제시하기도 했다. 보사부는 최종안을 마련하는
단계에서 경실련이 반대하지 않은 안을 만들어야 한약분쟁을 마무리 지
을 수 있다는 점을 명확히 인식하고 있었을 정도였다", "한약분쟁을 돌
아보면 회한도 적지 않다 한약분쟁과 관련해서 경실련이 필요 이상으로
부각된게 매우 부담스럽기도 했다. 조정자가 전면에 등장해야 하나, 뒤
에 숨어야 하나의 문제도 판단이 어려웠다(서경석, 1996: 201)." 이와
같이 정부의 정책결정에 대한 보조적인 역할대신 정부의 입법예고안까
지도 파기할 정도의 막강한 영향력의 행사는 시민단체가 정부보다 더
강한 권위를 부여받고 있었다고 할 수 있다.

(2) 언론으로부터의 자율성

한약갈등이 계속되자 언론들은 이를 "직능 이기주의", "직종 이기주
의", "밥그릇싸움" 등으로 약사회와 한의사회 모두를 비판하기 시작하였
으며40) 한약조제권 분쟁이 국민의 건강을 볼모로 하는 "제 몫 챙기기
싸움"이라고 하여 양 집단을 모두 비난하였다. 한 주요일간지는 이들의
갈등을 집단이기주의로 규정하고 이러한 "집단이기주의는 사회심리학에
서 말하는 집단 히스테리로까지 발전할 소지가 다분하다. 집단 히스테
리는 서로 밀접한 관계에 있는 집단에서 한 성원이 히스테리를 일으키
면 그것이 발단이 되어 급속하게 다른 성원에게 감염, 집단 성원 대부
분이 일정기간 히스테리 증상을 겪게 되는 현상을 뜻한다", "집단이기주
의들이 극한상황에서 맞부닥치면 파국과 비극밖에는 남는 것이 없게 된
다. 최악의 집단 히스테리가 패닉(공황) 현상을 초래하는 것처럼 최악의
집단이기주의는 당사자들만을 망치게 하는 것이 아니라 국가와 사회를

---

40) 매일경제신문, 1993. 3. 1., 문화일보, 1993. 3. 3.

망치게 한다는 점을 인식해야 한다"[41]라 비판하였다. 갈등 조정의 일부 역할을 맡아야 할 언론이 오히려 이익집단간의 대립을 불구경 하듯이 흥미 위주로 쓴 것도 있었다. "약사회·한의사회, 사상 최대 이익단체의 혈투"라는 제목 하에 "한약조제권을 둘러싸고 사투를 벌이고 있는 대한 약사회와 대한한의사협회는 어떤 단체인가"를 소개하면서 회원 수만 하 더라도 대한약사회가 39,577명인 반면 5분의 일에도 못 미치는 6,846 명의 회원을 가진 대한한의사협회와의 대립을 "이익단체간 최대싸움으 로 기록될 이번의 접전과정을 지켜보며 의약계에서는 송아지(한의사협 회)와 황소(약사회)의 싸움이 이처럼 내달할 줄은 몰랐다"고 말하고 있 다고 하였다.[42] 또한 언론들은 1993년 6월에 들어서 갈등이 더 심하게 전개되자, "국민 피해주지 말고 싸워라", "영역다툼 말고 대화로 원만히 해결토록, 이익단체 이기적 집단행동 뿌리 뽑아야"라는 제목 하에 "이번 사태는 의약분업실시, 한의학 발전방안 마련 등 확고한 정책 대안 없이 정부가 섣불리 시행규칙을 개정해 빚어진 것"이라고 지적하고 "두 이익 단체는 국민건강 증진이라는 원칙 하에 바람직한 의약제도의 발전방안 을 마련하도록 즉각 대화에 나서야 할 것"[43]이라고 하였으며 "한약분쟁 을 국민입장서 해결하겠다"는 황인성 국무총리 간담회 내용(6월 26일) 을 소개하면서 "집단시위로 문제를 해결하려는 것은 매우 유감스러운 일이며, 이러한 집단이기주의는 개혁차원에서 대처해 나갈 것이다."[44]이

---

41) 중앙일보, 1993. 6. 28.

42) 그리고 "이같은 조직력의 차이에도 불구하고 이번 한약조제권 다툼에서 한의사 들이 예상 밖의 실력을 행사하고 있는 것은 한의대생들까지 가세한데다 나름대 로 치밀한 대응을 했기 때문이라는게 주변의 분석이다. 한의사회는 이번 사태 에 대처하기 위해 회원들로부터 4억여 원의 투쟁자금을 모아 신문광고·여론조 사 등 대국민 홍보에 노력을 집중한 것으로 알려졌다. … 중략 …, 이 같은 대 처방식의 차이 때문에 주변에서는 약사회를「뚝심형」으로, 한의사회를「지략형」으 로 비유하고 있다"(중앙일보, 1993. 6. 27)고 하였다.

43) 중앙일보, 1993. 6. 26.

44) 황인성 총리는 "개혁차원의 조치는 법에 관한 것이 아니다. 집단적인 시위와 압 력으로 문제를 해결해나가려는 시도를 말한다. 이러한 집단시위에 대해서는 국

라는 정부의 단호한 방침을 보도하였다. 그러나 이러한 갈등과정 속에서 한의사회가 주로 국민감정을 설득하는 반면 약사회는 법규상의 권리를 주장하고 약국 휴업까지 강행하자 일반 국민과 여론은 모두 약사회를 비난하기 시작하였고, 이에 한의사회의 입지는 상대적으로 강화되는 결과를 초래하였다.[45] 한약갈등과정에서 언론의 태도는 한의사회에 유리하게 작용하고 있었는데[46] "한약은 한의사를 비롯한 한약 전문인이 취급해야 한다"라는 한의사회 측에 기울어 한의사회의 영향력을 강화시켜주는 역할을 하고 있었다.

9월 22일, 경실련 중재로 마련한 합의안을 약사회가 파기하고 약국들이 휴업에 들어가자 언론들은 일제히 약사회를 비난하기 시작했는데, "약사회 측 갈등으로 합의파기, 또 다시 업권 다툼, 거세진 비난여론"이라는 제목으로 약사회를 비난했으며[47], '정의로운 사회를 위한 시민운동협의회'는 22일 약사회의 중재안 무효선언과 관련, 24일 한약분쟁 해결을 위한 사회단체·사회원로 긴급연석회의를 열고 행동에 나서겠다고 밝혀 약국휴업에 대한 시민들의 저항운동도 예상되고 있다[48]고 약사회

민에게 불편을 주는 일을 막도록 이를 개혁차원에서 엄정하게 대처해나가겠다는 뜻이다"라고 답하였다(조선일보, 1993. 6. 26).

45) 한국갤럽조사연구소의 '한방의료에 대한 국민여론 조사보고서'(1993. 8. 27)에 의하면 약사의 한약조제권에 대한 국민 여론조사에서 한약조제권의 귀속 여부에 대한 질문에 "한약은 양약과 특성이 다르므로 한의사나 한약업자만이 조제할 수 있어야 한다"가 84.2%, "한약도 약이므로 일반 약국의 약사도 한약을 조제할 수 있어야 한다"가 11.6%, "잘 모르겠다"가 4.2%로 대부분의 국민들이 약사의 한약조제권에 반대하는 것으로 조사되었다. 또한 한약조제권 분쟁으로 한의대생들의 집단유급사태가 발생하게 되자 언론에서는 본격적으로 한약분쟁의 본질을 밝히려고 하였는데 1993년 6월 10일 MBC "시사토론"과 6월 2일, KBS의 "심야토론", 6월 13일 SBS의 "그것이 알고 싶다"에서 한약분쟁의 해결책을 찾으려 하였다.

46) 한국갤럽조사연구소에서 6월 8일과 8월 27일 실시한 '한방의료에 대한 국민여론조사에서 약사의 한약조제 금지에 대한 찬성은 6월에는 79.7%였는데 8월에는 84.2%로 나타나 한의사회의 입지가 강화되고 있었다(이구원, 1996: 96).

47) 중앙일보, 1993. 9. 23.

48) 중앙일보, 1993. 9. 23.

를 압박하였고, "대한약사회의 휴업결의는 일곱 달 동안 이 사회를 들끓게 한 한약분쟁의 모든 책임을 약사들이 뒤집어쓸지도 모르는 무모하고도 성급한 결정이라 아니할 수 없다. 전국 약국의 전면휴업은 약사회에 큰 불이익이 돌아갈 수도 있는 결과를 초래할 수도 있다는 국무총리의 경고성 발언이 아니더라도 이미 국민들은 약사들에게서 등을 돌렸다고 보아야 옳을 것이다"[49]고 비판하였으며, 한겨레신문은 '정의로운 사회를 위한 시민운동협의회(정사협)'와 경실련의 '시민의 신문'이 공동 여론조사를 실시한 결과 약사회의 합의안 파기에 대해 시민의 86%가 "잘못된 일"이라고 응답한 것으로 나타났다는 보도를 하였다.

이러한 언론의 경실련에 대한 평가는 크게 두 가지로 나누어 볼 수 있는데, 하나는 탈이념적, 대안 있는 비판적 활동과 중산층 중심의 시민운동에 대한 호의적인 시각이고 또 다른 평가는 경실련의 백화점식 활동영역에 대한 비판과 관변단체리는 의혹을 제기하였는데, 전반적으로는 새로운 시민운동의 모형을 제시하였다는 평가와 함께 그동안의 활동에 대해 긍정적인 평가를 하였다.[50] 특히 한약갈등이 정점에 이르러 정부의 갈등관리역할이 한계에 부딪치자 이 문제를 스스로 해결하겠다고 나온 시민단체를 언론은 지원하지 않을 수 없었으며,[51] 조정위원회의 합의안을 약사회가 거부하자 이에 대한 집중포화를 가해 결국 약사회를 굴복시키는데 앞장섰던 것이다. 이러한 언론과 경실련과의 관계에 대해서 한 약사회 관계자는 "경실련은 성과를 내기 위해서 언론 플레이를 하여 어떻게 해서든 한약분업의 명분을 앞세워 한약사제도를 성사시키

---

49) 한겨레, 1993. 9. 24.
50) 길을 찾는 사람들, '인물연구, 경실련의 서경석', 1992. 9, 월간 '말', '중간층 운동에 앞장선 경실련의 3년', 1992. 9, 김주환(1994: 73).
51) 대한약사회 원희목 부회장은 "언론의 태도는 누군가가 당시 그 문제를 해결했어야 하는데 그것을 해결하겠다고 뛰어나온 사람이 서경석 사무총장이었으니까 언론도 자연 그를 지원할 수밖에 없었고 그 또한 언론의 스포트라이트를 받도록 작업을 했지요. 서경석 사무총장은 언론플레이의 귀재예요."라고 하였다(대한약사회 원희목 부회장과의 면접조사에 의함, 2002. 10. 4).

려는 입장이었다. 경실련의 언론 플레이와 성취목표 때문에 한약사라는
기형아가 태어났다"라며 경실련과 언론에 강한 불만을 토로하였다.[52]

따라서 갈등관리자로서의 시민단체(경실련)와 언론은 서로 협조하는
관계에 놓여 있었으며, 오히려 시민단체가 자신의 목적을 달성하기 위
하여 언론을 백분 활용하고 있었다고도 할 수 있다. 이것은 시민참여가
취약했던 초기 성장과정에서 시민단체가 하향식(top- down)성장모형을
택하여 소수 명망가집단에 의해 이슈중심전략으로 성장해왔기 때문이었
다(강상욱, 2002: 29).

3. 소 결

첫 번째 사회적 정당성에 있어, 경실련이 갈등중재를 맡게 된 배경은
5월부터 한의사와 약사, 한의대생들이 경실련에 찾아와 분쟁에의 참여
를 요청하였으나 경실련은 이에 대한 준비부족을 내세워 본격적인 개입
은 미루고 있었다. 6월이 되어 한의대생들의 유급문제가 사회문제화 되
기 시작하자 경실련은 6월 16일, '한약분쟁해결을 위한 긴급공청회'를
개최하고, 시민단체와 전문가를 중심으로 한의사회와 약사회간의 의견
을 조정하기 위한 토론과 비공개막후접촉을 하였으나, 시행규칙철회에
대하여 약사 측이 반대함으로써 타결을 보지는 못했다(경실련, 1994:
38). 공청회가 끝난 6월 17일, 경실련은 '최근 한약분쟁에 대한 경실련
의 입장'이라는 성명서를 발표하였는데, 여기서 보건사회부는 경직적 태
도를 고수하고 있다고 비판하고, 갈등이 심화되어 가는 것을 막자는 의
도에서 긴급공청회를 개최하였음을 밝혔다. 또한 공청회에서 대한약사

---

52) "그래도 우리의 길을 간다", 약사 명예회복을 위한 비상대책위원회, 다산미디어
   출판사, 1996. 8, pp.47-48.

회와 대한한의사협회의 의견을 청취하고, 몇 차례 내부모임을 통해 준비해 온 경실련의 제안을 약사회와 한의사협회, 학생 대표들에게 제시했다고 하였다. 이러한 과정을 거치며, 한약분쟁의 주도권을 서서히 쥐기 시작한 경실련은 정부가 중재를 하기 위해 구성한 '약사법개정추진위원회'의 한 구성원이 되어 참여함으로써 사태의 추이를 예의주시하고 있었다. 그리고 정부의 '약사법개정추진위원회'의 중재가 실패로 돌아가고 한의대생의 집단유급사태를 계기로 대한한의사협회와 약사회가 중재를 요청하자 9월 14일, 경실련 내의 사회복지분과의 보건의료전문가인 양봉민 교수, 정명채 박사들의 의견을 토대로 한의사협회와 약사회의 의견을 비공식적으로 수렴해 대안을 작성하여 '한약조제권 분쟁의 해결을 위한 경실련의 대안'이라는 성명서를 발표하였다. 특히 갈등중재에 실패한 정부의 갈등관리의 보완책으로서 제3자인 시민단체의 갈등중재역할을 강조하며, 적극적으로 중재역할을 수행하기 시작하였다. 이러한 경실련의 개입은 보건사회부와 국회가 중재에 실패한 후에 이루어졌고, 당시 갈등당사자였던 한의사회와 약사회의 중재 요구가 있었으며, 경실련에 대한 사회인식 측면에서 시민단체에 유리한 시기였으므로 사회적 정당성이 높았다고 하겠다.

두 번째, 신뢰성에 있어서 한약분쟁의 경우는 정서적 요소보다는 중재자로서의 인지적 요소가 중요하였는데, 선행연구를 통해 당시 경실련에 대한 국민들의 높은 신뢰성을 간접적으로 알 수 있었다. 이는 경실련의 인적 구성이 사회 저명인사들을 중심으로 직업분포와 학력 수준 등에서 신뢰를 받고 있었다는 사실 이외에도 1987년 이후 민주화 추세와 관련하여 집권한 김영삼 정부 하에서 불신 받는 정부에 비해 대안으로서 시민단체에 대한 국민들의 높은 기대감의 반영이었다고도 할 수 있을 것이다. 그러나 갈등당사자간의 대화는 부족한 편이어서 정기적인 대화채널은 경실련의 조정위원회 이외에는 거의 없어 시민단체의 대화통로 제공자로서의 역할에는 한계가 있었다는 점도 지적할 수 있다.

세 번째 전문성에서 경실련은 회원이었던 한의사들과 약사들의 전문
지식에 의존한 대안을 마련하여 나름대로 전문성 확보에 노력하였고,
합의안을 도출해내었지만, 그 당시에도 한약사제도에 대해서는 반대 의
견이 많았다. 그러나 이러한 반대 의사에 대한 충분한 토론절차가 경시
된 채, 4일 만에 합의안을 서둘러 이끌어내어 자유롭고 공정하며 충분
한 토론절차(김영수, 1997)를 거쳤다고 보기는 한계가 있었다.

네 번째, 자율성 측면에서 경실련과 정부와의 관계는 당시 시민단체의
지도자들을 정부에서 채용하는 시기였으므로 다소 우호적인 관계를 유지
하고 있었지만, 정부가 시민단체를 간섭, 통제하는 관계는 없었으므로
시민단체는 정부로부터 독립하여 자율적인 활동을 하고 있었다. 언론과
의 관계에 있어서 시민단체는 언론의 도움을 받았던 것은 사실이었다.
이미 한약분쟁에 대한 언론의 태도는 자율성 부분에서 언급하였지만, 언
론은 약사회보다는 한의사회 쪽에 유리하게 작용하고 있었으며, 한약갈
등이 정점에 이르고 정부의 갈등관리 역할이 벽에 부딪히자 중재역할을
대신하려고 나서 시민단체들은 지원하기 시작되었다. 또한 경실련은 '한
약조제권 분쟁해결을 위한 조정위원회'를 구성하여 중재를 하는 과정에
서 대변인 제도를 통해 언론을 자신의 중재에 유리하게 함으로써 언론
플레이를 하였다는 비판을 받았지만, 시민단체가 언론을 잘 이용한 것으
로 언론에 의해 시민단체의 자율성이 침해된 것은 아니었다고 본다. 경
실련은 중재과정에 있어서 정부와의 관계에서 자율성을 유지하고 있었
다. 다만, 갈등초기에 비해 후반기로 갈수록 정부를 보완하는 역할에 그
치지 않고 "보사부도 최종안을 마련하는 단계에서 경실련이 반대하지 않
는 안을 만들어야 한약분쟁을 마무리 지을 수 있다는 점을 명확히 인식
하고"(서경석, 1996)라 할 정도로 정부보다 막강한 영향력을 행사하고
있었던 것이다. 정부와 언론이라는 요인 이외에도 경실련의 자율성이 침
해될 정도로 외부세력에 의한 압력은 없었던 것으로 보인다.

이와 같은 한약분쟁사례에 대한 분석결과 다음과 같은 문제점들을 지

적할 수 있다. 첫째, 전문성 측면에서 제기되는 문제점으로 효율적인 중재를 지나치게 중시한 나머지 민주적인 중재과정이 경시되었다는 지적이다. "경실련은 14일 자체적으로 분쟁의 해결을 위한 대안을 제시했는데, 이 해결안은 양측과의 잦은 접촉에서 쌓은 신뢰와 이해를 토대로 서경석 사무총장 개인이 10일부터 3일간 구상한 「작품」"이라는 한 신문의 지적53)은 9월 20일 합의안 도출과정에서 중재역할을 맡았던 서경석 사무총장이 갈등당사자들의 충분한 토의를 거쳐 합의안을 마련했다기보다는 한약사 제도와 같이 자신이 준비한 안을 가지고 갈등당사자들을 압박하는 방법으로 너무 서둘러 몰아붙인 점이 많았다는 점을 암시하고 있다.54) 이는 시민단체가 광범위한 시민적 토대 위에 뿌리를 내리지 못하고 사회 저명인사나 명망가 중심으로 조직되고 운영될 경우, 의사결정의 민주화가 이루어지지 못할 가능성이 높다는 것이다. 즉, 소수 엘리트들이 지나치게 성취 의욕으로 불타 언론 플레이 등을 통하여 이슈화하고 여론을 주도하며, 갈등당사자들을 압박함으로써 갈등관리를 공론화 시키지 못하고 서둘러 봉합함으로써 갈등이 다시 재연될 위험성이 높아질 수 있다는 지적이다.

둘째, 전문성에서 또 문제될 수 있는 것은 시민단체들은 전문지식을 갖춘 충분한 인력확보가 어렵기 때문에 전문지식과 정보, 대안을 제시해주는 해당 분야의 전문가들의 의견에 따라야 하지만 이들 전문가들의 의견이 항상 옳은 것이 아니라는 점이다. 왜냐하면 이러한 문제들은 가치판단을 요하는 경우가 많기 때문이다. 이 경우 중요한 것은 보다 다양한 의견을 여과할 수 있는 의사결정구조가 시민단체 내에 갖추어져

---

53) 조선일보, 1993. 9. 21.
54) 한약분쟁 당시 실무자들에 대한 면접조사 결과 확인된 것은 경실련의 합의안 도출과정에서 결정적인 역할을 한 것은 서경석 사무총장이었는데 그는 뛰어난 정치적 감각과 유창한 화술, 난관에 부딪히면 무서운 힘을 발휘하는 정력적인 기질로 한약분쟁을 마무리 지었다고 한다(김용익 교수 면접조사, 2002. 7) 특히 한약사 제도는 그가 고안해 낸 제도임을 확인하였다.

있어야 하는데 현실은 그렇지 않다는 점이다. 여기서 진리를 가장한 독선이 나올 수 있고 전문가의 독재가 이루어질 위험성이 존재한다는 사실도 간과되어서는 안 될 것이다.

셋째, 갈등중재자로서의 시민단체 역할이 본 연구에서 전제한 정부의 보완적 역할에 그치지 않고 정부의 대행자 내지는 정부의 권위를 훨씬 능가하는 역할까지 수행하였는데, 자체 책임을 지기 어렵고 결과에 대한 책임을 묻기 어려운 시민단체가 공익에 막대한 영향을 줄 수 있는 이러한 중재역할을 하는 것이 합당한 것인지에 대한 우려를 자아내게 하였다. 특히 중재는 가치판단적인 성격을 가진 것으로서 시민단체의 특성인 독자성 혹은 자율성을 침해할 가능성이 있다는 점에서 보다 신중을 기해야 할 것으로 보인다.

넷째, 갈등문제의 특성과 관련하여 한약분쟁사례는 가치이념적 대립의 성격을 띠고 있었고, 약사의 한약조제능력과 관련, 전문가의 자존심이 훼손될 수 있는 사례였으므로 당사자간의 대화가 이루어지기 힘들었다. 따라서 이러한 성격의 갈등을 해결하기 위해 중재자들은 '대화이 통로제공자'로서의 역할(이달곤 등, 2002)을 충실히 함으로써 우선 갈등과정에서 다양한 연결점의 역할이 요구되었다. 그러나 경실련은 정부에 비해 높은 신뢰성을 가지고 있었음에도 합의안을 도출해야 한다는 목표 달성에 치중한 나머지 '대화의 통로제공자'로서의 역할은 상대적으로 경시되었다. 결과적으로 정부를 대신하여 갈등을 중재한 시민단체도 결국 중재능력의 한계를 스스로 드러낸 사례였다고 생각한다.

한약분쟁사례는 직능집단간의 갈등문제를 정부, 국회, 헌법재판소 등이 제대로 해결해주지 못하는 상황 속에서 갈등당사자들의 요청에 의해 시민단체가 개입하여 일시적으로 갈등당사자들의 대화통로를 열게 해주었고, 정보의 제공자와 대안제시자로서의 역할을 나름대로 수행한 공은 인정된다. 다만, 합의안을 작성해 내어야 한다는 사회적인 기대가 사회적 압력으로 전환되어 당사자들을 압박하는 가운데 중재과정의 비민주적인 운영으로 이어져 형식적으로 합의안을 만들어 내었으나, 충분한 토론과 숙고 속에 이루어진 합의가 아닌 갈등의 봉합 차원에 머물러 경실련이 중심이 되어 합의한 한약분쟁은 9년이 지난 오늘에도 "약대 6년 제 안"을 놓고 약사와 한의사들이 맞서 "제2의 한약분쟁"[55]으로 되살아날 조짐을 보이고 있다. 이런 점에서 한약분쟁은 "갈등당사자 모두가 수용할 수 있고, 해결책이 지속적이며, 당사자들의 관계가 갈등 전보다 더 긍정적인 관계로 발전된 상태를 의미"한다는 Ross의 기준에서 보면 성공한 중재라고 보기는 힘든 것 같다.

끝으로 분석틀의 평가기준을 한약분쟁의 사례에 적용시킨 결과 정리하면 다음 〈표4-1〉로 정리하였다.

〈표 4-1〉 한약분쟁사례의 평가기준과 측정내용

평가기준	측 정 변 수	측 정 내 용	강 도
사 회 적 정 당 성	정부나 갈등당사자의 중재요구	정부의 약개추 중재실패와 한의사회, 약사회의 중재요구	강
신 뢰 성	① 인지적 요소, 정서적 요소	① 인지적 요소가 매우 높음	강
	② 정기적인 대화채널	② 정기적인 대화채널은 없었음	약
전 문 성	① 합리적인 대안제시능력	① 약사와 한의사 참여 하에 체계적인 대안발표	보통
	② 효율적인 중재능력	② 합의안을 도출했으나, 민주적인 절차를 거쳤다고 보기 어려움	약
자 율 성	외부세력으로부터의 자율성	정부나 언론으로부터 자율성 유지	강

---

55) 조선일보, 2002. 12. 3.

제2절 의약분업사례

1. 사례의 개요와 특성

1) 사례의 개요

의약분업은 약물 오남용을 막아 국민건강을 증진하고, 의료시장을 재정비하며 소비자의 알 권리를 보장하는 제도로서 이미 선진국에서 시행되고 있으며 그 동안 시민단체가 줄기차게 주장해 왔다. 1993년 한약분쟁 결과로 1994년 약사법이 개정되면서 전문(前文)에 의약분업을 명기하고 5년간의 유예기간을 거쳐 1999년 7월 1일에 시행하기로 되어 있었다. 이를 위해 의료개혁위원회가 조직되어 의약분업 모형안을 제시하였으며, 1997년 대통령 선거 당시 김대중 대통령 후보가 의약분업 실시를 100대 과제 중의 하나로 선정하였다.

의약분업 갈등이 본격적으로 표출되기 시작한 것은 보건사회부가 1998년 5월 21일, '의약분업추진협의회'를 결성하고 모두 5차에 걸친 회의를 하였는데, 제2차 회의에서 기존의 3단계 실시방안을 철회하고 완전분업의 방향으로 방침을 바꾼 후부터 표면화되기 시작했다. 보건복지부는 5월 21일 의약분업정책을 추진하기 위해 '의약분업추진위원회'(이하 분추협이라고 함)를 결성하였는데[56], 과거와는 달리 약사회와 의사

---

56) 복지부는 그동안 의약분업정책 추진이 제기될 때마다 여러 번 위원회를 설치, 운영하였는데 1982년 의약분과위원회, 1987년 전국민의료보험실행위원회 의약분과위원회, 1988년 국민의료정책심의위원회 의약분업분과위원회, 1997년 의료개혁위원회 등 의약분업정책추진문제가 제기될 때마다 위원회 방식으로 운영하였다. 이는 의약분업문제가 기술적으로 매우 전문적인 사안인데다 당사자들 간의 이해관계가 첨예하게 상충되는 문제이므로 조정의 필요성이 있기 때문이

회의 대표 외에 공익대표로서의 시민단체 대표가 참여하였다. 이러한 시민단체 인사의 참여는 과거 보건복지부의 문제해결기구인 위원회조직에서 찾아볼 수 없는 특수한 예였다. 분추협에서 중재자 역할을 한 보건복지부는 의약분업실행시기가 1년도 채 안 남았기 때문에 담당부처로서 빠른 시일 내에 합의를 유도하여 예정대로 약사법 개정안을 1998년 9월 정기국회에 제출할 필요성이 있어[57] 신속한 분업안 도출을 위해 때때로 밀어붙이기 전략을 사용하였는데 복지부의 이러한 태도는 의사회나 약사회로부터 비판의 대상이 되었다.[58] 이러한 분추협의 회의과정에서는 보건복지부가 주도권을 가지고 정책대안을 유도하였으며, 이 과정에서 특히 분추협 위원장으로 활동하였던 최선정 보건복지부 차관의 역할이 두드러졌다고 한다.[59] 그 이유는 복지부가 의약분업안에 대한 최종 선택권을 가지고 있었고, 담당부처로서 다양한 역할수행과 정책추진을 위해 준비해야 할 상황에 있있기 때문인 것으로 보인다. 당시 의사협회나 약사회는 의약분업정책에 매우 소극적 입장을 견지하고 있었으므로 이들로부터 합의를 도출하기 위해서 복지부는 더욱 적극적 역할을 수행할 수밖에 없었고, 결국 복지부는 5차에 걸친 회의를 주도적으로 운영하였던 것이다. 의사협회나 약사회는 정부가 제시한 대안을 조정하여 협상을 하고, 정부는 이들 간의 이해관계 조정을 하면서 하나하나씩 합의도출을 유도해 나갔지만 복지부의 이러한 적극적인 노력은 실패로 돌이기고 말았다. 의약분업추진협의회 5차 회의결과가 발표되고 복지부

었다. 그런데, 이러한 위원회는 항상 의사협회 대표와 약사회 대표가 동수로 구성되었으며 의사회와 약사회는 항상 자신들이 대표하고 있는 직능 이해만을 대변하였고, 보건복지부는 이들이 제시한 절충안을 채택하였는데 이 과정에서 불만을 가진 단체는 이에 대한 거부를 선언하거나 집단행동을 하는 과정을 되풀이하였다.

57) 한겨레, 1998. 8. 25.
58) "국민의 정부 이전에는 준비를 하지 않고 있다가, 이제 와서 의약분업을 서두르는 이유를 모르겠다(의사협회, 1998. 8. 27)", "정부가 지나치게 의약분업을 서두르고 있다(약사회, 1998. 9. 19)" 는 등 두 단체들로부터 비난받았다.
59) 하승창 처장과 김용익 교수와의 면접조사에 의함.

가 이를 입법화하기 위한 작업에 들어가자 1998년 10월말을 전후하여 갈등당사자들의 움직임이 본격화되었다. 즉, 의사협회와 약사회 등이 의약분업을 실시하는 기본적 토양이 마련되지 않았음을 근거로 의약분업 정책실시의 연기를 주장한 반면, 시민단체와 집권 여당은 정책실시를 주장하는 등 연기론과 비연기론이 대립되는 구도가 형성되었다(안병철, 2000).

의약분업 연기를 최초로 제기한 서울시의사회 김재정 회장은 1998년 11월 1일, 올바른 의약분업 시행을 위한 제언에서 "의약분업의 성공적 시행을 위해서는 제도적 기반이 조성된 이후 점진적으로 실시할 것"을 촉구하였다.60) 그 후 목포시에서 의료계단체와 약사회, 소비자단체 등 20여 개 사회단체가 의약분업의 연기를 정부에 건의하였는데, 이들은 건의서에서 "의약분업은 불편한 제도이며, 실시를 위한 주변 여건조성이 아직 마련되지 않았고, 의약분업이 시행되면 추가비용이 더 들 것이다"라는 이유를 들어 연기를 주장하였다. 이처럼 의사협회내부에서 의약분업안에 대한 연기주장이 나오게 되자 의사협회 회장도 11일 23일 공식적으로 분업연기를 제기하였으며, 약사회, 병원협회 등도 연기를 주장하였다. 복지부는 이와 같은 이익집단들의 반대에 부딪혀 정책추진이 어렵게 되었다. 한편, 국회 상임위원회는 분추협 회의에서 논의되고 있었던 의약분업안에 대해서 별다른 반응을 보이지 않다가 1998년 10월, 의사협회의 강력한 반발이 일어나자 갈등문제에 개입하기 시작하였다. 11월 10일 보건복지부 국정감사에서 약사출신인 김병태 의원이 "정부의 준비부족 등을 이유로 의약분업을 3년 연기"할 것을 주장하였으며, 12월 10일 국회 보건복지위원회 법안심사소위원회에서 정의화 의원은 의약분업의 무기한 연기를, 황성균, 어준선, 김명섭 의원 등 의약계 출신 의원들은 2년 정도의 연기를, 이성재 의원은 약사법에 정해진 대로

---

60) 보건사회뉴스, 1998. 11. 12.

1999년 7월 1일 실시를 각각 주장하였다.[61] 결국 국회는 결론을 내리지 못하고 1999년 1월 임시회의에서 다시 거론하기로 하였는데, 1999년 1월 4일, 보건복지위원회의 의약분업에 대한 공청회에 참여한 의원들은 9명이 의약분업 실시에 찬성하였고, 8명이 연기하자고 하여 의견이 양분되기에 이르렀다. 여기서 의약분업 실시를 주장했던 사람들은 시민단체의 대표들과 여당인 국민회의 소속의원들이었으며, 연기하자는 인사들은 의약계 출신의 의원들과 의사회나 약사회 대표들이었다. 1998년 12월 3일, 당시 의약분업 연기로 갈등이 고조되고 있는 상황에서 김대중 대통령은 1999년 7월 1일 실시 예정인 의약분업문제에 대해 김원길 정책위의장으로부터 보고를 받는 자리에서 "자민련과 잘 협의해서 당이 주도적으로 추진하라고 지시"했다[62]. 이는 당시 복지부가 분추협을 통해 나름대로 의약분업 추진을 시도하였지만 이익집단들의 연기론 공세에 제대로 갈등을 관리하지 못하는 현실을 감안, 환경 변화에 수동적이고 소극적인 복지부보다는 적극적인 대통령과 당의 추진력으로 의약분업갈등을 해결하고 의약분업정책을 적극 추진하려는 의지로 볼 수 있을 것이다(안병철, 2000). 이에 따라 의약분업에 대한 갈등관리과정에 국민회의가 직접 개입하게 되었으며, 김원길 정책위의장은 12월 23일 당사에서 가진 기자회견에서 당의 '보건의료 효율화 및 선진화 정책기획단'이 마련한 집권여당의 총체적 보건의료개혁방안을 발표하였다[63]. 이는 복지부가 분추협을 통해 나름대로 의약분업모형을 도출했으나 이익집단들의 연기론에 적극적으로 대응하기에는 한계가 있었기 때문이다.

---

61) 당시 국회 보건복지상임위원회 국회의원들의 출신배경을 보면 16명 중 10명이 병원장, 의사, 제약회사 임원 등으로 의약분업정책과 직접 이해관계가 있는 의원들로서 이익집단의 압력과 로비에서 자유롭지 못한 상황이었다. 의료계 출신 의원들이 분업실시 자체에 강한 거부감을 갖고 이를 적극적으로 연기하려고 한데 반해, 약계 출신 의원들은 의약분업 자체는 수용하되 다소 시간을 갖는 것이 좋겠다는 의견을 가졌던 것으로 보인다(안병철, 2000: 152).

62) 한국일보, 1998. 12. 3.

63) 한국일보, 1998. 12. 23.

국민회의의 의약분업안에 의하면, 의원급 의료기관과 2차 외래기관의 외래조제실을 폐쇄하되, 희귀약제를 처방하는 3차 의료기관의 경우 그 특수성을 감안하여 시행시기를 3년 내지 5년 간 유예한다는 내용이었다.[64] 이러한 내용을 담은 의약분업안에 대해 개원의협회와 대한약사회가 관심을 보이게 됨에 따라 국민회의의 주도로 새로운 협상이 시작되었다.[65] 이러한 의약분업의 협상은 국민회의의 ‘보건의료 효율화 및 선진화 정책기획단’의 김용익 교수와 의협의 김종근 이사, 약사회의 원희목 총무위원장이 주요 협상당사자였으며, 복지부는 협상과정에서 완전히 배제되었던 것이 특징이었다(안병철, 2000: 155). 1999년 1월 9일에 제1차 협상안이 제출되었고, 2월 9일 국민회의가 주도한 최종협상안이 제시되었지만 병원협회는 협상 처음부터 나오지 않았고 의사회가 이를 거부하여 최종적인 합의는 이루지 못하였다. 2월 12일, 협상이 실패로 돌아가자 국민회의는 정부와 당정협의를 갖고 정부의 분추협 제4차 합의 내용대로 1999년 7월 1일 예정된 의약분업의 실시를 강행하기로 결정하였다. 2월 24일, 의사회와 약사회는 의약분업 실시모형을 합의하기로 하고[66], 이를 조건으로 의약분업 1년 연기를 여당에 건의해왔는데 국민회의는 이를 받아들여 사실상 의약분업이 1년 연기되었다. 그런데, 국민회의가 갑자기 의약분업 연기 쪽으로 급선회한 배경에 대해서는 다

---

64) 당시 김원길 의장을 비롯한 국민회의 정책위원회는 의료계와 약계가 의약분업을 반드시 실시하겠다는 약속을 하고 의약분업모형을 합의해 오면, 1년 정도 분업실시를 연기해줄 수 있다는 입장을 내부적으로 가지고 있었다고 한다(경향신문, 1998. 12. 24).

65) 개원의와 약사회가 관심을 보였던 것은 분업대상기관에 대형병원을 포함한다는 대안 때문이었는데 그동안 개원의와 약사회가 병원 분업 제외문제를 다룬 분추협의 정부안에 대해 강하게 반발을 하였기 때문이다.

66) 의사회와 약사회의 합의문의 주요 내용은 다음과 같이 요약할 수 있다. ⓐ 의약분업이 반드시 실시되도록 한다. ⓑ 국민회의 의약분업 중재안의 미비점을 보완하여 새로운 의약분업 모형을 도출한다. ⓒ 시민단체와 같이 노력하여 의약분업 모형을 도출한다. ⓓ 이를 2개월 내에 완료한다. ⓔ 양 단체가 정해진 기간 내 합의 도출에 실패하면, 분추협 제4자 회의에 근거하여 정부가 제출한 의료법 및 약사법 개정안에 따라 정부의 의약분업정책에 협력한다.

음과 같은 몇 가지 이유를 들 수 있다. 첫째, 의사협회와 약사회 등 이익집단들의 강력한 반대가 있어 의약분업 정책을 무리하게 추진하는데 따른 부담을 들 수 있고, 둘째, 국민회의 내부적으로 의료계와 약계가 의약분업을 반드시 실시하겠다는 약속만 한다면 분업실시 시기를 연기해 줄 수 있다는 내부적 의견을 가지고 있었으며[67], 셋째, 그 당시 3개 수도권 지역 재보선이 3월 30일로 예정되고 있어서 이로 인한 정치적 부담을 덜기 위한 고려에서 비롯되었다고 보는 견해들[68]이 있다. 이러한 요인들 이외에도 대통령의 인척인 한 의료인의 정책실무자들과의 접촉이 있었던 것으로 최근 밝혀졌다.[69]

1999년 2월 24일, 의사회와 약사회가 원칙적으로 의약분업 실시모형을 합의하기로 하고 이를 조건으로 의약분업 1년 연기를 집권 여당에 건의해 옴에 따라 사실상 분업연기가 결정되었는데 의사협회와 약사회는 시민단체의 중재로 2개월 이내에 합의안을 도출한다는 조건이 부가되어 있었다. 이로써 의약분업 갈등문제에 있어 시민단체가 중재자로서 적극 개입하는 길을 열어 주었던 것이다. 시민단체들은 의사협회와 약사회의 의약분업연기 합의문에 따라 본격적으로 활동하기 시작하였는데 중재자로서의 역할을 수행하기 위해서 가장 먼저 시행한 것이 시민단체의 역량을 발휘할 수 있도록 시민단체를 조직화하는 것이었다. 이와 같은 노력의 일환으로 조직된 것이 '의약분업실현을 위한 시민대책위원회'

---

67) 경향신문, 1998. 12. 24.
68) 3월 2일, 김원길 정책위 의장은 "반대여론이 너무 커 연기하는 것이 좋다는 것이 당의 입장이며 연기한다면 총선 뒤로 연기하는게 바람직하다"고 언급(한겨레신문, 1999. 3. 2.)함으로써 의약분업이 연기된 배경에는 선거로 인한 정치적 요인도 작용하고 있었음을 짐작하게 한다.
69) 김대중 대통령의 친인척인 서재희 전 건강보험 심사평가원장은 최근 시행한 한 인터뷰에서 1999년 7월 당시 의사협회 고문이었던 그는 의약분업에 대한 준비가 안된 상황에서 무리한 의약분업강행은 많은 부작용이 있으리라는 판단 하에 대통령, 복지부 장·차관, 복지수석, 민주당 정책위의장 등과 만났는데 별 반응이 없었고, 다만 김원길 정책위의장으로부터 "1년만 미뤄보자"라는 이야기를 들을 수 있었다 한다(신동아, 2001년 9월호).

인데[70] 여기에 참여한 시민단체들은 경제정의실천연합, 참여연대, YMCA, 녹색소비자연대, 한국소비자연맹 등으로 시민대책위원회의 구성 원들은 당시 경실련 김승보 정책실장, 참여연대의 김기식 정책실장, 신종원 서울 YMCA 시민개발부장, 녹색소비자연대의 이덕승 사무총장, 한국소비자연맹 강정화 사무총장 등이었다. 그리고 위원회에 자문을 해주었던 단체로는 인도주의실천의사협의회(이하 인의협이라 함), 건강사회를 위한 약사회(이하 건약이라 함)였으며, 자문위원으로는 김용익 교수, 양봉민 교수 등이 참여하였다. 이러한 시민대책위원회의 주도 하에 다섯 차례에 걸친 토론회를 가졌으며 토론자는 정부, 의사협회, 병원협회, 약사회, 시민단체 등의 대표로 한정되었다. 1999년 3월 30일의 1차 토론회로부터 5차의 토론회가 진행되었는데, 결과적으로 합의를 위한 토론보다는 자신들의 입장을 반복, 주장하는 것에 지나지 않았다. 이러한 과정 속에서 대책위원회는 3차토론 이후 4월 22일 시민대책위원회 초안을 발표하였으며, 이러한 초안을 토대로 양 단체의 합의를 유도하였고 5월 9일 최종안을 제시하고 양 이익집단의 수용을 촉구하였다. 그 결과물인 5월 10일 합의안은 국민회의 절충모형을 바탕으로 하고 여기에 의협, 약사회, 병원협회의 견해를 수합하여 약간의 수정을 가함으로써 만들어진 의약분업의 최종 골격이었다.[71] 이러한 합의안에 대하여

---

70) 당시 의약분업을 추진한 주도적인 시민단체는 5개 단체가 공식적으로 사회적 합의과정에서 공식적으로 관여해서 활동했는데 인의협과 건약이 시민단체 쪽과 연계가 되어 있어 이들이 시민단체에 많은 자문을 해주었으며 김용익 교수 등이 초안을 마련하는데 많은 기여를 했다. 약사회는 그 당시 개혁그룹이 지도부를 맡고 있었지만 의료계는 개혁그룹이 인의협 등 소수에 불과했다고 한다(김용익 교수와의 면담).

71) 합의안의 주요 특징은 다음과 같다. ⓐ 병원과 보건소를 포함한 모든 의료기관을 대상으로 전격 실시(국민회의안은 병원을 1년 유예한다고 하였음), ⓑ 약효 동등성 확보를 조건으로 대체조제의 전면허용, ⓒ 모든 의약품을 대상으로 하는 강제분업(의약품 재분류 합의가 어려웠던 147개 처방에 대해 2000년 3월까지 분류를 확정한다. 주사제도 분업에 포함시키되, 예외품목을 둔다), ⓓ 약사의 일반의약품 판매를 허용하되 포장된 상태로만 허용함, ⓔ 2000년 7월 1일, 의약분업의 전면 실시 등을 내용으로 하고 있다.

의사협회와 병원협회는 반대하였지만 약사회는 수용하여 합의안에 서명
하였다. 보건복지부는 5월 10일 시민단체 합의안이 발표되자 이를 수용
할 방침을 밝히면서 '의약분업실행위원회'를 구성하게 되는데 이 위원회
의 임무는 시민단체 주관으로 의사회와 약사회가 합의한 의약분업 시행
방안을 기초로 국민 불편을 최소화시킬 수 있는 방안을 강구하고, 대
국민 홍보와 실시 준비사항에 대한 정부 및 관련단체의 협조를 구축하
고 각종 건의사항들을 검토하는 것이었다.[72] 나아가 복지부는 위원회
결정을 통해 처방료, 조제료 등을 현실화하며, 약가 마진을 최소화하여
의약품 납품비리를 제거하고, 의원은 외래환자, 병원은 입원환자를 중심
으로 진료하게 하는 의료이행 관행을 확립하며 의약품 유통체계를 현대
화하고 우수약국관리제도 등을 시행할 것이라고 밝혔다.[73] 이러한 '의
약분업실행위원회'의 위원 구성은 의료계, 약계, 시민단체. 언론계, 국
책연구기관, 관련 공무원 등 총 26명으로 구성되었고 위원장은 보건복
지부 차관이 맡았다. 특히 서울 YMCA 시민개발부장 신종원, 경실련 김
승보 정책실장, 참여연대 김기식 정책실장, 소비자연맹 강정화 사무총장
과 김용익, 양봉민 교수 등 분업실행위원회에서 시민대책위원회를 구성
하여 합의안 도출에 적극적인 역할을 한 시민대책위 위원들이 다수 포
함되었다는 점이 특색이라 할 수 있다. 이러한 '의약분업실행위원회'는
의약분업 추진계획을 심도 있게 다루기 위하여 분야별로 '보건정책', '의
료보험', '의약품관리' 등 3개 분과위원회를 편성·운영하였는데 분과위
원장은 사안의 성격에 따라 해당 국장으로 하고[74], 분과위원은 위원장
이 따로 정하며, 분과위원회 활동을 통하여 마련된 실행방안은 전체위
원회에 부의, 심의하였다. 1, 2차 회의 이후 총 11차례 분과회의를 거쳐

---

72) 보건복지부, 1999. 7. 2.
73) 의약분업실행위원회, 1999. 7. 2.
74) 보건정책분과위원장은 송재성 보건정책국장, 의료보험분과위원장은 강윤구 연금
　　보험국장, 의약품관리분과위원회 위원장은 최수영 의약품안전국장이 맡았다(보건
　　복지부, 의약분업실행위원회 회의자료, 1999. 7. 2.).

도출된 건의사항을 검토, 토의하여 의약분업 최종안을 확정하였는데, 의료계는 최종안에 반대의사를 표명하였고, 약사회는 적극적인 수용 입장을 보였다. 이후 정부는 확정된 실행위원회안을 10월 1일 입법예고 하였는데, 정부는 그 이전 시민단체가 중재한 분업협상과정에서는 배제되었으나, 시민단체의 합의안 도출 이후 '의약분업실행위원회'에서 적극적 역할을 수행하였다. 이 과정에서 시민단체, 약사회, 정부가 서로 이해관계와 목표는 다르지만 의약분업을 실시한다는 측면에서는 동일한 입장에 서 있었던 반면 의사협회와 병원협회는 비록 시민단체합의안에는 동의를 하였지만, 분업실행위원회에서는 시민단체의 합의안에 반대하는 입장을 표명하면서 서로 공동보조 전략을 취하였다.

정부는 9월 17일, 최종안을 확정하고 2000년 의약분업 전면실시를 발표하였는데, 이러한 의약분업 시행방안에 따라 약사법 개정법률안을 11월 국회에 제출하였고, 12월 7일 이 안은 국회에서 통과되었다. 이 당시 정부의 태도는 완강하였는데 정부는 5·10 합의안을 근거로 하여 2000년 7월 1일 의약분업의 전격실시를 주장하고 있었으며, 문제가 있다면 우선 시행하고 후에 보완한다는 '선시행 후보완' 방침을 고수하고 있었다. 그러나 약사법 개정안이 5·10 합의안의 골격을 그대로 갖춘 채 12월 7일 국회를 통과하자 의사들의 분노는 극에 달하였으며,[75] 이러한 불만은 1999년 11월 30일 의사들은 장충체육관집회 이후 2000년 1월 8일 의사협회 대의원들은 유성희 회장을 물러나게 하고 의약분업을 이끌 사령부로서 '의권쟁취투쟁위원회(이하 의쟁투)'를 발족시켰던 것이다. 1999년 10월 27일 경

---

75) 당시 의사들은 정권에 대한 일종의 배신감과 실망감, 사회적 위신의 실추, 미래에 대한 불안감 등이 뒤범벅된 일종의 낭패감을 맛보아야 했다. 그 당시 의사들의 주장은 정부가 노사분규를 다루듯이 의사들을 다루었고 의사들이 집단행동으로 나올 경우, 법과 여론으로 다스리면 될 것이라고 안이하게 생각하였으며 한 번도 집단행동을 한 적이 없는 의사들의 파업은 상상조차 못하고 있었다고 한다. 당시 의약분업은 정부 측에서 보면 대통령의 '100대 공약'을 하나씩 실천하는 과정상의 문제였다고 한다(송호근, 2001).

실련, 녹색시민연합, YMCA 등 시민사회단체들은 '의료개혁시민연합'을 결성76)하였다. 그러나, 의약분업의 지지와 홍보에 적극적인 활동을 하면서 보건복지부로부터 거액의 홍보비를 지원 받았다는 사실이 국정감사를 통해 알려지자 인터넷 등에서 비난의 목소리가 나왔다. 즉, 경실련 등 16개 시민단체로 이루어진 의료개혁시민연합이 의약분업의 홍보, 소비자 교육 등의 사업을 수행하면서77) 모두 4억 9백만 원을 받기로 하고 보건복지부 산하 한국보건산업진흥원으로부터 상당액을 이미 받은 것으로 국감에서 밝혀졌다는 것이다. 이에 대해 시민연합 측은 "지원받은 돈은 순수 사업비로 의약분업 시행의 당위성 홍보와 의약분입 시행과정을 모니터 하는 데 썼다"고 밝혔다.78)

의료계가 반발하면서 의약분업을 둘러싼 갈등이 확산되기 시작하였는데 2000년 2월 17일, 의료계는 여의도에서 2차 집회를 열고 시행 여건의 미비와 임의·대체조세를 빙지할 수 있는 제도적 장치의 미비를 구실로 의약분업 실시의 연기를 주장하였다. 대한의사협회 소속 의사들은 이 날의 의약분업 실행안 반대 집회에 대거 참석하면서 집단 휴진을 통

---

76) 의료소비자운동을 전면적으로 표방하는 시민단체인 의료개혁시민연합(이하 의개련)은 1998년 10월 29일 출범했는데, 녹색소비자연대 강당에서 창립총회를 갖고 보건의료정책 개혁을 위한 의료소비자운동을 통해 시민생활의 질을 한층 높여나가기로 했다. 의개련은 의료개혁을 위한 포럼 운영, 왜곡된 의료소비행태에 대한 실태조사, 의료소비자 고발상담센터 등을 통해 의료계의 문제점을 다루어나갈 방침이라고 밝혔다. 공동대표에는 이두호 전 보사부차관, 이정자 녹색소비자연대 공동대표, 양봉민 서울대보건대학원 교수 등 3명이 선임되었다.

77) 의료개혁시민연합은 10월 16일 의약분업과 관련, 소비자들이 꼭 알아야 할 사항들을 60여 쪽으로 정리한 '의약분업 소비자 가이드북'을 발간했다.

78) 조선일보, 2000. 10. 25에 의함, 이에 대해 서울대 김용익 교수는 "이는 녹소연이 정부로부터 용역을 받은 것이었다. 즉, 의약분업의 취지를 전국의 사회단체들에게 홍보·교육하는 프로젝트로서, 녹소연에서 여러 단체들에게 돈을 나누어주고, 각 단체 상하조직에 홍보를 하라고 했는데 문제가 될 것 같다고 해서 아무도 안 받았다. 녹소연만은 받았고. 요즈음 말하자면 서울시나 재경부에서 사회단체를 지원하는 것과 같은 성격인데 의사협회에서는 시민단체가 중립적이지 않다는 것을 홍보하는 수단으로 이를 비난한 것이었다"라고 하였다(김용익 교수와의 면접조사에 의함, 2002. 7. 9).

해 결속력을 과시하였는데, 전국 동네의원의 78%가 휴업하였고, 상당수 개인 병·의원들도 외래 진료를 축소하였다. 이에 대해 정부는 의료계의 합의 파기를 문제 삼아 의료계 대표를 고발하였다.

정부는 4월 1일 실거래가 상환제를 보전하려는 목적으로 의보수가 6% 인상을 제시하여 의료계를 무마하려고 하였지만, 의료계는 4월 4일부터 6일까지 두 번째 집단 휴진으로 맞섰으며, 정부는 재차 의료계 대표를 고발하는 강경한 자세를 견지하였으나, 의료계는 5월 21일, 10가지 요구안을 제시하며 정부가 수용하지 않을 시에는 폐업하기로 결의하였다. 2000년 6월 4일, 의료계는 정부 과천청사 앞에서 3차 집회를 갖고 폐업이라는 압박수단을 들이대며 정부의 의약분업 실시 연기를 주장하였고, 6월 13일 정부는 폐업금지 명령을 발동하였지만 의료계는 6월 15일 바로 집단 폐업 투쟁을 결의하였다. 이어서 의사집단의 폐업은 1차, 2차, 3차에 걸쳐 진행되었으며 국면에 따라 주도세력과 쟁점을 달리하였다.

의료계의 1차 집단폐업은 6월 20일부터 25일까지 6일간에 걸쳐 진행되었는데 의료계의 요구는 의약분업의 제도상의 미비를 시정하고 의보수가를 현실화해달라는 것이었다. 정부는 사태의 심각성을 인식하고 6월 21일, 국무총리 산하 국무조정실 주도로 정부·의료계 협의를 시작하였으며 6월 23일, 정부여당은 최종조정안을 발표하였지만 의료계는 즉각 정부안을 전면 거부하고 의대 교수들은 집단사퇴를 결의하였다. 6월 24일 여야 영수회담이 열리고, 7월 임시국회 내에 약사법을 재개정 하는데 합의하였는데 개정안은 임의조제를 금지하고 대체 조제를 제한하는 것이 골자였다. 6월 25일, 의료계는 폐업철회 투표에 들어갔으나 약사회가 의약분업 불참 선언을 하는 등 반발하였다. 결국 정부의 설득으로 약사회가 의약분업에 조건부로 참여한다는 선언을 하면서 의사협회는 6월 26일 폐업투쟁을 철회하였다.

이러한 혼란 속에서 의료소비자인 국민들은 많은 불편을 겪었고, 의료계의 집단이기주의에 짜증을 느낀 일부 환자 보호자들은 의사를 폭행하는 등 갈등의 양상이 격화되었지만 정부의 봉합 노력으로 1차 폐업은 일단락되었고, 7월 13일 개정 약사법이 국회에 제출되어 통과되고 예정 보다 한달 늦은 8월 1일부터 의약분업이 실시되었다. 그러나 의사협회 집행부의 파업 철회와는 별도로 일부 병원의 전공의들을 중심으로 7월 29일부터 파업이 시작되었는데 정부는 8월 7일 개각을 통해 보건복지부 장관을 경질한 후, 8월 10일에는 의약분업의 원활한 시행을 위해서는 의사들의 협조가 불가피하다고 판단하고 의사들의 처방료를 전격적으로 63% 인상하였다. 이러한 정부의 유화적인 태도에도 불구하고 의사협회 가 8일 밤 전면 재폐업을 전격 결의함으로써 의사파업 사태가 중대한 고비를 맞이하게 되었다. 그동안 온건한 입장을 견지하여왔던 의대 교 수들도 전공의를 중심으로 한 2차 파업을 지지하면서 의약분업을 둘러 싼 갈등은 의사집단과 정부와의 대립 양상으로 진행되었다. 전공의들을 중심으로 한 젊은 의사들은 의료체제의 전반적인 개선을 요구하며 파업 전선을 확대하고, 사태의 전개를 보다 복잡한 국면으로 견인하였다.[79) 의료계가 이처럼 강경 입장으로 선회한 배경에는 의약분업 시행 후 임 의조제·대체조제가 상당수 이루어졌고, 파업에 따른 사고가 잇따르는 등 의약분업의 문제점을 국민들이 느끼게 된 만큼 이를 본격 쟁점화 할 수 있는 분위기가 형성됐다는 판단이 작용했기 때문이란 시각도 제기되 었다. 의료계는 이런 상황을 바탕으로 지난 임시국회에서 개정된 약사 법을 9월 정기국회에서 재개정하겠다는 약속까지 받겠다는 전술적 목표

---

79) 차홍봉 장관의 재직 시에는 파업세력이 개원의였고, 5, 6월경에는 주도세력이 전공의나 교수들이었다. 그런데 전공의나 교수들은 3차 병원 의사들이었으므로 수가가 직접 피부에 와 닿는 부류가 아니었다. 이에 반해 이전의 파업세력인 개원의들에게 수가인상은 곧 병원의 수입 증가로 이어지므로 그들에게 수가는 가장 중요한 요소였다. 따라서 그동안의 수가 인상으로 개원의들은 어느 정도 만족을 했는데, 파업주도권이 전공의나 교수들에게 넘어가자 이들을 달래는 방 법으로 수가는 별 효과가 없었다. 오히려 전공의나 교수들에게는 수가보다는 명분이 더 중요하였고, 결국 제도적 양보를 해줄 수밖에 없었는데 그러한 제도 적 양보가 바로 10월말 의약정 타결이었던 것이다(김용익 교수와의 면접조사에 의함, 2002. 7).

를 설정하였다.

한편 정부는 폐업사태가 자칫 의료공황 사태로 번지고 국민들로부터 정책실패에 대한 책임 추궁을 받으면서 지지기반이 와해될지 모른다는 우려 속에서 신속한 사태의 해결을 위해 노력하는 모습을 보였다. 8월 9일, 총리 주재로 관계 장관 회의를 열고 현재 원가의 80% 수준인 의료보험수가를 2년 내에 현실화한다는 등의 대책을 발표하였으며, 복지부 장관은 의협회관을 전격 방문하고 구치소에 수감 중인 김재정 의협 회장과 한광수 서울시 의사회장 등을 면회하는 등 적극적인 화해 분위기 조성 노력을 하였다. 그러나 '의권쟁취 투쟁위원회'를 중심으로 한 의사집단 내부의 강경파들은 대통령의 '해결지시'에 따라 관련 부처가 적극 해결에 나설 수밖에 없는 상황을 이용하기 위해 승부수를 던진 것이 아니냐는 해석을 뒷받침하듯이 8월 11일 전면적인 폐업을 강행하였다. 이와 같은 사태의 장기화에 긴장감을 느낀 복지부 장관은 8월 24일, 의료계에 대해 공개 대화를 제의하면서 대화 국면을 조성하려고 하였지만 의료계는 진정한 의약분업이 가능한 여건 조성과 이사 진료권의 명확한 확보, 정부의 사과 및 구속자 석방 등을 골자로 한 대정부 단일안을 제시하면서 강경한 태도를 누그러뜨리지 않았다. 9월 들어 일부 의원의 휴진이 계속되고 의대교수들마저 진료에서 철수하는 최악의 사태가 전개되자, 마침내 복지부 장관은 9월 24일 그간의 정부의 의약정책의 문제점을 사과하였으며 이를 계기로 9월 26일 의·정간의 대화가 시작되면서 협상 국면에 접어들게 되었고 복지부 장관이 10월 5일, 약사법 개정의 필요성을 시인하면서 협상의 주도권이 의사협회 쪽으로 넘어오게 되었다. 의사집단은 의약분업에 대한 여론 악화를 충분히 활용하고 협상의 주도권을 더욱 강화하기 위해 10월 6일부터의 3차 폐업을 예고하였지만 폐업은 국민들의 따가운 시선과 그동안 경영 손실을 본 병원과 개업의들의 소극적인 참여로 강도가 현저히 약화되었다. 최선정 복지부 장관은 9월 24일 기자회견을 열고 "의약분업 시행과정에서 의료계의 의견을 충분히 반영하지 못했고 지난 20년 동안 의료체계의 문제점이 누적돼 의료파업 사태가 초래되었다"며 국민과 의료계에 유감을 표명하고 제도 시행상의 문제점에 대한 준비 소홀, 의료사태로 인한 국민 불편, 의료계가 '집단이기주의'로 매도되는 상황 등에 대해서도 사과하고 "의약계와 긴밀히 협력해 의약분업의 정착과 의료환경 개선을 이루어 나가겠다"고 다짐했다.[80]

최선정 장관 기자회견 후 '국민건강권 수호와 의료계 폐업철회를 위한 범국민대책회의(이하 범국민대책회의)'는 10월 6일 성명에서 무원칙한 의정야합 중단과 의사들의 진료현상 복귀, 국민의 추가부담 없는 의약분업 실시, 최선정 복지부장관의 사퇴를 요구했다. 대책위는 "시민들은 정부의 무능력과 의사들의 집단이기주의에 대해 분노를 넘어 '해도 해도 너무한다'는 허탈감을 느낀 지 오래됐다"며 "이러한 현실을 초래한 것은 이익집단의 세력 과시에 무원칙하게 굴복한 정부·여당의 잘못이 무엇보다 크다"고 강조했다.[81] 또한 10월 24일 구성된 의약정협의체에 의료계의 불참으로 의료계와 정부간의 비공개 협상과 약사회와 정부간의 물밑 협상이 진행되면서 의약계의 반발도 있었는데, 이에 '범국민대책회의'는 10월 11일, 의·정, 약·정 밀실협상을 통해 의약분업원칙이 훼손되는 방향으로 약사법이 재개정될 경우 복지부 장관의 퇴진과 국민 불복종 운동 등 강력한 대정부 투쟁을 전개할 것임을 선언했다.[82] 이러한 시민단체의 반대 성명에도 불구하고 10월 24일 의·약·정 3자 협의체를 구성하면서 협상은 진전되었으며, 결렬과 재협상을 반복한 24차례의 지루한 협상 끝에 11월 11일, 의·약·정 3자 간의 약사법 개정합의에 도달하였다.

정부는 협력적 관계를 유지하였던 시민단체들을 배제시키고 의약정 3

---

80) 동아일보, 2000. 9. 24.
81) 동아일보, 2000. 10. 6.
82) 동아일보, 2000. 10. 12.

자만에 의한 합의를 이끌어냄으로써 명분보다는 실리를 추구한 오점을
남기게 되었고, 시민단체들은 노력에 비하면 성과 없는 대리전을 치른
결과를 가져오고 말았다. 이러한 의약정 합의안에 대하여 부산시 약사
회가 11월 13일, 공식적으로 반대 입장을 표명했는데 "의약정협의회 회
의결과는 민주적인 절차에 따라 사회적 합의에 도달해야한다는 대원칙
에 정면으로 위배될 뿐만 아니라 상식적으로 납득할 수 없는 내용으로
구성돼 있다"며, "올바른 의약분업 실현을 위해 합리적인 대안을 다시
마련하라"고 대한약사회와 복지부 등에 촉구했다.[83]

　12월 11일, 정부는 약사법 개정안을 국회에 제출하였고 2001년 2월
22일 국회보건복지위에서 통과되었으나, 주사제 문제와 약사들의 개정
안 반대 등으로 본회의 통과는 2002년 2월 28일에야 이루어졌다.

2) 갈등문제의 특성

　첫째, 의약분업사례는 한약분쟁의 경우와 같이 이익갈등의 성격을 가
진 분쟁이었는데, 이익갈등이란 이익집단들이 자신들이 추구하는 이익
을 보다 더 증대시키기 위해 다른 집단들과 벌이는 경쟁, 또는 투쟁으
로 야기되는 갈등현상을 의미한다(김영래 외, 1997: 301). 이러한 이익
갈등을 둘러싼 분쟁에서 시민단체와 이익단체는 근본적으로 그 추구하
는 목적이 다르다고 볼 수 있는데, 이익집단들은 자신의 생존권과 직결
되는 이익을 증대시킬 것을 주장하지만 중재를 맡는 정부나 시민단체는
공익을 추구해야하므로 양자의 조화로운 타협이 매우 어려운 과제로 남
게 된다. 이와 같이 시민사회 내에서 이익집단과 시민단체간의 사익과
공익을 둘러싼 갈등이 존재한다는 것은 다음과 같은 함의를 지니고 있
다. 사익을 추구하는 직능단체[84]에 대한 '대칭적 집단'으로서(박재창,

---

83) www. drugboard. com.
84) 직능단체(vocational　organization)는　이익집단(interest　group),　전문가단체

1994, 83), 공익을 추구하는 시민단체의 중요성을 인식하고, 시민단체에 의한 조정과 견제역할을 강화하는 것이 필요하다는 것이다. 즉, 시민단체는 정부가 강력한 직능단체의 압력에 의하여 공익을 담보로 집단이익에 포획되는 것을 견제하고 공익적 차원으로 승화되도록 압력을 가할 수 있기 때문이다. 따라서 이러한 공익수호자로서의 시민단체의 역할 강화는 정부에 대한 불신이 높거나 이익집단들에 대한 정부의 역할이 제한되어 있을 경우에 더욱 요구된다고 하겠다.

둘째, 의약분업 역시 한약분쟁과 마찬가지로 전문가단체간의 갈등이라는 특성을 갖는데, 이러한 전문가단체인 직능집단긴의 효율적인 갈등조정을 위해서는 중재 역할을 맡는 정부나 시민단체들이 고도의 전문성과 협상능력을 갖출 것이 요구된다.

셋째, 의약분업 정책은 1997년 김대중 정부의 대통령선거공약으로 제시되었던 정치적 성격을 띤 개혁정책으로서 이를 추진하는 과정 속에서 의약분업 갈등이 전개되었던 것이다. 따라서 이를 한약분쟁의 경우와 같이 의사회와 약사회간의 대립과 분쟁으로만 보는 시각은 의약분업 갈등의 본질을 정확히 파악한 것이라 할 수 없다. 시민단체의 역할도 한약분쟁과 같이 갈등중재자로서의 역할에 국한되었던 것이 아니라 처음에는 정부의 개혁추진을 돕는 역할로부터 시작되었던 것이며, 개혁정책 추진과정에서 불거진 의사회와 약사회의 갈등을 중재하는 역할이 후에 첨가되었던 것이다. 실제로 '뷰추협'이후 집권당은 소수의 학자들에게 의약분업의 시행을 위임하였고 이들 학자들이 시민단체들을 정식으로 참여하도록 설득하였던 것으로 보인다.[85] 그러나, 갈등 초기에 있어서 복지부의 갈등관리가 한계에 다다르자 대통령은 자민련과 협조하여 해결할 것을 지시하였고, 실제로 여당인 국민회의가 전면에 나서 갈등관

(professional organization) 등으로 다양하게 불리고 있는데, 직능단체는 이익집단의 한 유형으로서 주로 직업적인 이해에 의하여 결성되어 회원의 집단이익 추구를 목적으로 하는 단체를 말한다.
85) 서울대 김용익 교수와의 면접조사에 의함.

리를 하게 되었던 것이다. 즉, 당시 정치권은 의약분업정책을 통해 신정
부의 개혁성향을 확실히 보여주려고 했었으며, 이러한 의약분업 정책의
실패는 결과적으로 김대중 정부의 대국민 신뢰도와 체제 능력을 격감시
킨 중대한 정책실패로 평가받게 되었던 것이다.

넷째, 정책유형과 관련시켜볼 때, 의약분업 정책은 다원주의 관점에
서 본 정책유형들 중 규제정책에 속하며 자본주의적 관점에서는 통합기
능에 속하는 정책유형으로 이들은 원래 갈등이 심한 정책유형들이다.
특히 Wilson의 정치적 비용편익분석모형에서는 이익집단정치모형에 속
하는 것으로 여기서는 특정 정책에 대한 지지와 반대가 모두 집중적으
로 제기되어 핵심행정부는 애매한 입장을 취하게 되고 과반수를 확보하
는 집단이 확실시될 때까지 결국 정부가 개입을 자제(정용덕, 2001:
384)하는 특성을 갖는 정책유형인 것이다. 그러나 의약분업정책은 대통
령의 공약사항이자 개혁정책이었으므로 정부가 직접 나서서 추진하였으
며 시민단체를 참여시킴으로써 정책의 정당성을 보장받고자 하였던 것
이 특징이었다.

2. 분석틀의 적용

〈그림 3-1〉의 분석틀을 의약분업 갈등사례에 적용시켜보면, 당사자 A
와 B는 의사협회와 약사회이고 시민단체는 참여연대, 경제정의실천연합
(경실련), YMCA, 녹색소비자연대(녹소연), 한국소비자연맹의 5개 단체가
주된 역할을 했으며, 이들 시민단체들에 자문을 해 주었던 단체로는 인도
주의 실천의사협의회와 건강사회를 위한 약사회가 있었다. 그리고 핵심
역할을 한 인물로 서울대 의대의 김용익 교수와 양봉민 교수들을 들 수
있다. 그러면, 〈표 3-4〉의 평가기준에 따라 시민단체들의 중재역할을 평
가하기로 한다.

1) 사회적 정당성

(1) 정부나 갈등당사자의 중재요구

본 연구에서는 갈등해결의 최종적인 책임자는 정부라고 전제하기로 하였다. 따라서 사회 갈등문제를 해결하는데 있어 정부의 갈등중재가 실패한 후, 시민단체가 갈등중재 역할을 맡게 되었을 때 사회적 정당성이 있다고 보기로 하였다. 그리고 이러한 시민단체의 갈등문제에 대한 개입을 당시의 여론이 찬성하거나 강한 지지를 보낼 경우에는 사회적 정당성이 높은 것으로 분석틀 부분에서 설정하였다. 그런데, 갈등상황에서 당사자 이외의 제3자가 개입하는 상황을 Mitchell(1981)은 ⓐ 갈등이 지루하게 장기화되고 복잡한 양상을 띨 때, ⓑ 당사자들의 갈등해결노력이 더 이상 진전되지 않고 벽에 부딪칠 때, ⓒ 갈등의 지속이 관련된 요인들을 악화시킬 수 있다고 판단될 때, ⓓ 갈등당사자들 간에 의사소통이나 협력이 존재하고 있을 때 등을 들고 있다. Latour(1976)는 ⓐ 갈등당사자 이외의 갈등해결의 결과에 영향을 받을 제3자의 요구가 있을 때, ⓑ 갈등당사자들의 요구가 있을 때, ⓒ 조정이나 중재에 참여하는 제3자 자신이 갈등상황에 이해관계를 가지고 있을 때, ⓓ 갈등당사자간의 상호작용에 있어서의 기존의 질서를 보존하기 위하여, ⓔ 제3자의 개입이 갈등상황의 종결보다 더 효과적일 것으로 판단될 경우 제3자 개입이 이루어진다고 하였다.

의약분업의 경우 시민단체의 개입은 Mitchell(1981)의 경우, ⓐ 갈등이 지루하게 장기화되고 복잡한 양상을 띨 때, ⓑ 당사자들의 갈등해결노력이 더 이상 진전되지 않고 벽에 부딪칠 때, ⓒ 갈등의 지속이 관련된 요인들을 악화시킬 수 있다고 판단될 때에 해당된다. Latour(1976)의 경우에 있어서, 한약분쟁에서 시민단체인 경실련의 개입이 ⓑ 갈등당사자들의 요구가 있을 때에 해당되는 것이라면, 의약분업의 경우는 1999년 2월 24일, 의사협회와 약사회의 합의로 1년 연기를 하는 과정에서 시민단체의 중재로 2개월 이내에 합의한다는 전제가 있었으므로 표면적으로는 ⓑ 갈등당사자들의 요구가 있을 때에 해당된다. 그러나, 실질적으로 시민단체의 개입을 기획하고 제안한 것은 김용익 교수 등의 인의협이었으므로 Latour의 제3자 개입조건들 중 ⓐ 갈등당사자 이외의 갈등해결의 결과에 영향을 받을 제3자의 요구가 있을 때와 ⓒ 조정이나 중재에 참여하는 제3자 자신이 갈등상황에 이해관계를 가지고 있을 때, ⓔ 제3자의 개입이 갈등상황의 종결보다 더 효과적일 것으로 판단될 경우 등이라 생각된다.

다시 말해서 한약분쟁과 같은 일반적인 갈등문제에서 시민단체의 개입이 갈등당사자들의 요구에 의한 것이라면, 의약분업의 경우는 갈등당사자가 아닌 제3자, 즉 국민회의로부터 의약분업 정책의 추진을 위임받아 의사협회와 약사회의 중재에 나섰던 김용익 교수를 중심으로 한 인의협이었다는 것이 특색이다. 그런데, 의약분업 중재 당시 시민단체들에게 많은 자문을 해주었던 인의협은 1987년 김용익 교수가 인의협을 만들 때부터 의약분업을 해야겠다는 생각을 이미 하고 있었다 한다.[86] 이미 1963년에 약사법을 만들면 의약분업을 해야 한다는 생각이 있었고 정부에서 논의된 것은 1960년, 70년, 80년대를 거치며 계속 있었지만, 실제로 실시되지는 못하고 있었는데 1993년 한약조제권을 둘러싼 한의사와 약사회의 분쟁이 벌어지면서 약사법 개정이 추진되었고 그 결과 개정 약사법에 의약분업 실시시기가 1999년 7월로 부칙에 명시되게 되었던 것인데 김대중 정부가 들어서서 의약분업을 추진하게 되자 국민회의는 평소 의약분업정책 추진을 주장하던 인의협에 손을 내밀게 되었던 것이다. 이런 점에서 시민단체들의 개입은 이미 1998년 5월, 복지부가 주관한 '분추협'의 한 구성원으로 참여하였지만, 정부와 국민회의의 협상이 실패로 끝남으로써, 갈등이 지루하게 장기화되고 복잡한 양상을 띠고, 당사자들의 갈등

---

86) 김용익 교수와의 면접조사에 의함.

해결 노력이 더 이상 진전되지 않고 벽에 부딪치게 되자(Mitchell, 1981), 인의협의 요청에 본격적으로 중재자로 나서게 되었던 것이다. 그런데 여기서 유의할 점은 한약분쟁의 경우에는 정부의 약사법 시행규칙의 삭제로 한의사회의 반발이 결국 약사회와 한의사간의 갈등으로 비화되고 여기에 당사자들인 약사회와 한의사회의 요구에 의해 시민단체가 개입하게 되었던 것이라면 의약분업의 경우에 있어서는 김대중 정부의 100대 선거공약이던 의약분업 정책을 추진하는 과정 속에서 시민단체 대표가 포함된 정부의 '분추협'이 당사자들의 반대로 무산되자, 국민회의는 평소 정부의 의약분업정책 추진을 주장해오던 인의협의 소수 교수들에게 의약분업 정책 추진을 위임하게 되었고, 이들이 의사회와 약사회의 협상을 중재하였으나 실패로 끝나면서 시민단체의 중재를 단서조항으로 함으로써 시민단체가 개입하게 되었던 것이다. 이는 단순히 인의협 등이 시민단체 개입을 요구하였다기보다는 인의협을 연결고리로 해서 국민회의와 정치권과 시민단체가 연결되는 결과를 가져왔다. 이와 같은 점에서 한약분쟁에서의 시민단체 역할이 갈등중재자로서의 역할에 국한된 것이라면 의약분업의 경우는 시민단체의 역할이 형식적으로는 의사협회와 약사회간의 갈등을 중재하는 역할로 보이지만, 이에 그치지 않고 의약분업이라는 개혁정책의 추진자로서의 역할도 수행하였음을 의미하는 것이다. 이러한 점은 '새천년의 국가비전과 전략'이라는 대토론에 관한 자료에서도 뒷받침되고 있다. 이 토론회에서는 "새로운 형태로 설정될 정책과정에서 비정부조직의 역할과 위상이 어떻게 될 것인가를 논의한다"고 하였으며, "비정부조직은 개인과 정부를 연결하는 역할을 수행하지만, 동시에 기존체제에 반하여 새로운 시각을 제시하는 역동성을 갖고 있다"고 보고, 이와 같은 외부적 여건을 고려하여 비정부조직이 사회적으로 적절한 위치를 부여할 수 있는 장치를 마련하기 위한 방안을 제시한다"[87)고 하였다. 이러한 사

---

87) 1999년 11월 8일, '새천년의 국가비전과 전략'이라는 대토론의 제 3주제인 '새천년을 위한 국가행정'에서는 '새로운 시대에 대응하기 위한 국가의 역할'과 이에 상응

실들은 김대중 정부에 들어와 시민단체들의 역할이 과거의 정부비판에 그치지 않고, "기존체제에 반하여 새로운 시각을 제시하는 역동성"을 가진 개혁추진체로서의 역할까지도 수행할 것을 기대하는 것으로 짐작된다.

(2) 정부의 중재실패요인

의약분업에서 시민단체가 개입하게 된 것은 보건복지부의 분추협의 중재실패와 국회, 국민회의의 협상실패가 원인이 되었으며, 직접적인 것은 국민회의가 주도한 협상 중에 의약분업 1년 연기의 조건으로 시민단체의 중재를 통해 2개월 이내에 합의안을 마련한다는 조건이었다. 이와 같이 정부나 여당의 중재가 실패한 원인을 간단히 살펴보면 다음과 같다.

첫째, 김대중 정부의 개혁정책의 일환으로 의약분업을 강력히 밀고 나간 세력은 대통령 측근의 정치인들이었다. 처음 복지부의 '의약분업추진위원회'가 실패하고 의료계에서 연기를 요청하자 국민회의가 직접 의료계와 약사회와 협상을 벌였으며, 이 과정에서 정부는 배제되었는데 이는 의약분업이 정치적 성격을 밑해주는 부분이다. 후에 의료보험 재정파탄에 대한 감사원의 감사에서 정치인들과 실무관료들 간에 책임공방이 한차례 벌어졌는데 이는 의약분업 정책을 둘러싸고 정치인들과 복지부 실무관료들 간의 갈등이 심했음을 입증하는 것이다.[88] 이와 같이 정책을 둘러싸고 핵심행정부와 실무관료들 간의 의견대립으로 정책의 일관성은 결여되었고, 임기응변식으로 대처하게 되어 행정의 책임성과

하는 정책과정의 특징을 "국정관리능력은 환경변화에 신속하게 적응하고 신축적으로 대응할 수 있는 전략적 기획능력(strategic planning)과 복잡해지는 정책과정에서 정부조직 간의 갈등 및 정부와 시민사회 사이의 이해갈등을 조정할 수 있는 정책조정능력을 핵심적 요소로 한다"고 하였으며, '참여민주주의의 확립'들을 강조하였다(새천년준비위원회, 보도자료, 1999. 11, www.kmc.go.kr/news/forum/forum5_3.html).

[88] 보건복지부는 원래 타 부처에 비해 영향력이 작은 부서로서 청와대를 중심으로 한 최고위층의 정책결정자들의 눈치를 살피면서 언론과 여론의 동향을 주시하는 소극적인 태도를 보였다.

신뢰성을 상실하는 결과를 가져오게 되었다.

둘째, 부처 내의 의견조정이 이루어지지 못하는 고질적인 폐단이 의약분업의 경우에도 나타났는데, 같은 복지부 내에서도 의약분업을 추진하는 부서는 보건정책국이고 의료보험을 다루는 부서는 연금보건국이었지만, 같은 부처 내의 국간에도 협조가 안되어 전체적인 정책구상도 없었고, 정보 교환도 어려워 정책이 실패할 수밖에 없었다.[89]

셋째, 관료들의 무사안일식의 권위주의적 태도와 협상의 미숙함이 실패요인이 되었다. 그 예로, 복지부가 '의약분업추진협의회'를 운영하면서 갈등당사자들의 의견을 무시하고 밀어붙이기식의 대응을 하는 등 협상이 미숙함을 보였고, 후에 벌어진 의료파업 사태의 확산 초기에 폐업주동자에 대한 사법처리라는 강경 대응을 시도하였으나 사태가 장기화하고 극단적인 행동으로 치닫게 되자 급격한 전술적 후퇴로 협상의 주도권을 의사들에게 내주는 것과 같은 협상의 미숙함을 드러내었는데 그 결과 거듭되는 수가 인상에도 불구하고 의료계는 파업을 계속했던 것이다.

사회적 정당성에 있어 지금까지의 논의를 요약해보면, 의약분업의 갈등은 김대중 정부가 의약분업 정책이라는 개혁정책의 추진과정 속에서 유발된 것으로 한약분쟁과 같이 이익집단 간의 갈등이 심화되는 과정 속에서 중재자로서의 시민단체 개입이 이루어진 것이 아니었다. 이와 같은 점에서 시민단체가 갈등중재자로서 개입한 것에 대해, 갈등당사자의 하나인 의료계에서는 시민단체가 갈등중재자로서 뿐만 아니라 새 정부의 개혁정책의 추진자 역할을 하는 것으로 인식하게 만들었다. 또한 당시의 환경적 요인은 외환위기를 맞은 직후, 정책실패와 정부불신을 극복하는 과정에서 거버넌스 이론들과 신자유주의 사조가 설득력을 얻는 시기였으므로 시민단체들에 대한 국민적 지지는 높았고 이들의 입지는 강화되고 있었다. 이러한 상황 속에서 대통령선거에서 과반수의 지

---

89) 서울대 김용익 교수와의 면접조사에 의함.

지를 얻지 못했던 김대중 정부는 시민단체들을 전면에 내세워 개혁정책
의 국민적 정당성을 획득하려고 하였고, 개혁적인 성향을 띠고 있었던
시민단체들도 의약분업이라는 개혁정책의 추진과정에의 참여에 동조하
고 있었다.

　본 연구에 있어서 사회적 정당성의 측정은 정부의 중재가 실패한 상
태에서 갈등당사자들의 노력만으로 더 이상의 진전이 없을 때 중재자인
정부나 갈등당사자들이 시민단체의 중재를 요청한 경우에 시민단체의
개입은 사회적 정당성이 높은 것으로 보았다. 의약분업 갈등의 경우에
있어서도 정부나 국회, 국민회의의 갈등조정이 모두 실패하였기 때문에
앞의 사회적 정당성의 요건을 구비한 것으로 볼 수 있으나, 시민단체가
의약분업에 개입하게 되었던 배경은 의약분업을 1년 연기하는 과정에서
갈등당사자인 의사협회와 약사회가 "시민단체의 중재로 2개월 이내에
합의안을 도출한다"는 전제조건에 의한 것으로 이러한 아이디어는 인의
협의 김용익 교수들이 제안한 것이었는데[90] 이는 의약분업이라는 개혁
정책을 성공적으로 추진하기 위하여 시민단체들을 참여시키기 위한 의
도에서 비롯된 것이라 생각된다. 따라서 갈등중재가 실패하여 갈등당사
자들의 해결능력이 한계에 달하여 더 이상의 진전이 없을 때, 갈등당사
자들이 시민단체의 중재를 요구하는 경우와는 성격이 다르므로 사회적
정당성은 높은 것으로 보기 어렵다고 본다.

---

90) 김용익 교수와의 면접조사에 의함.

2) 신뢰성

(1) 선행연구[91]

본 연구의 분석틀에서 신뢰성은 인지적 요소와 정서적 요소로 보았는데, 이익갈등인 의약분업사례의 신뢰성은 정서적 요소보다는 사회적 평판이나 효율적인 중재에 대한 기대와 같은 인지적 요소의 성격을 띠고 있다고 본다. 이 점은 앞서 본 한약분쟁사례와 같다고 하겠다. 또한 의약분업과 같은 사례의 전개는 시간이라는 요소가 개입된 동태적인 과정의 전개이므로 평가기준들도 이러한 시간적인 요소를 고려하여 분석할 것이 요구되는데, 앞의 한약분쟁사례와 달리 의약분업사례는 평가기준들 중, 신뢰성 측면에서 시간 경과에 따라 신뢰성의 변화가 나타난 것이 특징이다. 이러한 신뢰성의 변화를 이해하기 위해서는 다음과 같은 의약분업 갈등의 전개상황을 설명할 필요가 있다.

일반적으로 시민단체는 공익을 추구하는 단체로서 갈등당사자들 중 어느 한 편의 입장만을 대표하지 않음을 전제한다. 이와 같은 전제 하에 한약분쟁에서 중재역할을 맡아 나름대로 갈등당사자들의 합의를 이끌어내어 국민들로부터 신뢰를 받았지만, 의약분업사례에 있어서는 갈등당사자들이 중재자로서의 시민단체에 대해 갖는 신뢰성에는 차이가 있었다. 우선 약사회와 의사협회는 의약분업 정책의 개혁을 보는 관점이 달랐다. 약사회는 1993년 한약분쟁을 겪을 때 당시 회장단이 매우 보수적이었는데 그 안에서 청년약사회라는 그룹이 생겼으며 이 그룹들이 상대적으로 진보주의적인 성향을 띠고 있었고, 좌파적인 성향이 강한 건약(건강사회를 위한 약사회)과는 다르지만, 청약은 건약에서 보면 수정주의적인 그

---

91) 의약분업에 관한 선행연구들은 많은 편인데, 여기서는 이러한 선행연구들 중 신뢰성과 관련된 부분들을 정리하여 분석하고자 한다. 본 연구는 이러한 선행연구들 이외에도 의약분업 정책추진에 있어 중요한 역할을 담당했던 서울 의대 김용익 교수와의 면접조사를 통해 보다 정확한 자료들에 접할 수 있었다.

룹이었다. 그런데 이 그룹들이 약사회 회장단으로 선출되었으며, 이들은 한약분쟁을 한 경험이 있기 때문에 의약분업의 장(場)에서는 자신들이 대 국민적인 지지를 놓치면 안된다는 정도의 생각을 했던 그룹92)으로 의협에 비해 상대적으로 합리적인 성향을 가지고 있었다. 이에 반해서 의협은 그런 경험이 없기 때문에 보수적인 성향을 가지고 있어 의약분업을 놓고도 약사회는 자신들의 이익을 희생하려는 것은 아니었지만 기본적으로 의약분업을 해야 된다는 태도를 가지고 있었고, 의사협회는 전혀 그렇지 않은 방향으로 나갔던 것이다93). 이에 대해 시민단체는 의약분업을 주장하는 입장으로 의약 간에 주고받는 것은 균형을 맞추어야 된다는 입장에 있었던 것인데, 그것을 해석하는 입장이 서로 달랐던 것이다. 이것이 의약분업 갈등을 통해서 약사회는 시민단체와 가까운 입장인 진보적인 입장으로 선회를 하고, 의사회는 반대방향으로 선회를 한 것이다.94) 이러한 배경으로 약사회가 시민단체에 갖는 신뢰성에 비해 의사협회의 신뢰성은 상대적으로 낮았다고 볼 수 있다.

복지부와 국회에 이어 여당인 국민회의의 협상이 부산되자 의약분업을 연기하는 과정에서 약사회와 의사협회가 2개월 이내에 시민단체의 중재로 합의안을 만드는 것을 조건으로 하고 있었다. 당시, 의·약계 모두 의약분업 실시 자체에는 동의하였고, 표면적으로나마 국민보건을 위한다는 명분을 내세웠기 때문에 국민의 이익을 대변한다고 인정하는 시민단체에 중재를 요청하게 되었던 것이다. 물론 시민단체에 대한 신뢰 정도는 어디까지나 정부의 중재보다 나을 것이라는 판단에서 비롯된 것이었지 시민단체가 절대적 신뢰를 획득한 것은 결코 아니었다95). 특히

---

92) 회장은 김희중이었으며, 실질적인 일은 원희목 총무가 맡았다고 한다. 이는 김용익 교수와의 면접조사에 의함.
93) 김용익 교수와의 면접조사에 의함.
94) 서울대 김용익 교수와의 면접조사에 의함.
95) 주수호 의사협회 공보이사, 원희목 약사회 부회장과의 면접조사에 의함(2002. 10. 4).

다음과 같은 요인들은 갈등당사자의 하나인 의사협회의 시민단체에 대한 신뢰성을 서서히 떨어뜨리는 결과를 가져왔다. 이 문제는 의약분업 전개과정에서 신뢰성의 동태적인 변화를 의미하는 것으로서 이와 같은 신뢰성의 변화가 일어나게 된 원인은 다음과 같다.

첫 번째 원인은 의약분업정책추진 초기부터 시민단체들의 활동에 주도적 역할[96]을 해온 서울 의대 김용익 교수 등이 의사협회의 구성원이면서도 의사협회와는 다른 견해를 갖고 오히려 의사들의 명예와 권익을 침해하는 활동을 하고 있었다.[97] 이러한 김 교수가 시민단체들과 연계하여 정책적 자문을 한 것은 실과적으로 의사협회의 시민단체에 대한 불신을 강하게 만드는 요인으로 작용하였다. 이러한 점은 최근 그에 대한 대한의협의 회원 징계에서도 잘 알 수 있다.[98]

두 번째는 참여연대의 실거래가 발표로 시민단체가 정부의 하수인[99]

---

96) 당시 의약분업을 추진한 주도적인 시민단체는 5개 단체로, 이들은 초기부터 공식적으로 관여하여 활동했는데 이들은 인의협, 건약과 연계되어 있었다. 인의협과 건약은 시민단체에 많은 자문을 해주었으며 김용익 교수 등은 초안을 마련하는데 많은 기여를 했다고 한다(김용익 교수와의 면접조사).

97) 대한의사협회에서는 김용익 교수가 공부한 영국은 공공의료기관 중심의 의료사회주의가 실시되고 있는 국가로서, 그는 이러한 영국 시스템을 지향하고 있으며, 다른 의사들과 달리 임상경험이 없기 때문에 한국 의료현장을 모르는 탁상공론식의 발상을 하고 있으며, 지나치게 독선적인 사고를 가지고 있다고 비판하였다(대한의사협회, 주수호 대변인 겸 공보이사와의 면접조사에 의함, 2002. 10. 4)

98) 2002년 8월 27일, 대한의사협회(회장 신상진)는 의약분업 추진 당시 새정치국민회의 정책위 부위원장으로 활동한 김용익 교수와 건강연대정책위원장인 울산대 조홍준 교수에 대한 회원징계를 추진하였는데, 그 이유는 두 회원이 무리하게 의약분업을 추진함으로써 건보재정파탄을 초래하였고, 의약분업을 추진하는 과정에서 의료계 동료들을 '도둑' 등으로 매도함으로써 의료계와 의사들의 명예를 주락시켰으며, 잘못된 의약분업으로 초래된 천문학적 건보재정 적자를 해소하기 위해 건강보험 수가 인하 등이 주된 내용인 '불법적인' 재정안정대책을 제안했다고 주장했다(조선일보, 2002. 8. 28).

99) 의사협회의 한 대의원은 "정부는 시민 없는 시민단체를 들러리로 세워놓고 책임 전가용으로 이용하고 있다"라고 하며 시민단체를 강하게 불신하였다(대한의사협회, 홍보자료, 1999. 10. 25).

이라는 인식이 지배적으로 되어 중재자로서의 시민단체의 중립성이 의심을 받게 되고, 그 결과 의료계의 시민단체에 대한 신뢰성에 금이 가기 시작하였다는 점이다. 당시 의약분업을 주도했던 김용익 교수는 "약가 마진이 있는 상태에서는 의약분업 추진이 전혀 될 수가 없었다. 왜냐하면 의사가 받고 있던 약가 마진을 약사 쪽으로 가져가는 것이므로. 그런 식으로 추진되면 안되어서 약가 마진 자체를 먼저 제거하거나 낮추어 놓지 않으면 의약분업을 추진하기가 불가능하겠다고 생각"하였고, "밖에서 보면 참여연대와 같은 시민단체가 한 것처럼 보이지만 내부동력은 사실은 인의협, 건약에서 나온 것으로 인의협, 건약이 이런 자료를 만들고 이들이 직접 전면에 나설 수 없기 때문에(이들이 의사, 약사 당사자이기 때문), 시민단체를 섭외해서 대신 나서게 한 것이다. 당시 실거래가 발표를 참여연대가 한 배경은 인의협 관계자들이 경실련은 잘 모른다고 해서 참여연대에 가져다 준 것이었다"100)고 하였다. 시민대책위에 의한 5·10 합의안이 나올 당시 의사협회는 시민단체의 기세에 눌려 있었는데, 그 원인은 1998년 11월 참여연대의 약가 마진에 관한 발표 때문이었다(송호근, 2001). 참여연대의 발표 내용은 의원과 병원들이 약의 실거래가를 훨씬 부풀려 보험청구서를 작성하는데 이 차액이 연간 1조 2,800억 원에 달한다는 것으로 이러한 발표는 '의사는 곧 도둑'이고 국민들은 의사들이 의약분업에 반대하는 이유를 그 때문이라고 이해하게 만들었다. 이러한 상황 속에서 의사협회는 시민대책위원회가 주도한 합의안에 맞설 힘이 없었다는 것이며, 더욱이 대통령의 공약사항인 의약분업을 반대한다는 것은 당시 생각할 여지가 없었다는 것이다(송호근, 2001: 55). 따라서 시민단체의 이러한 발표는 의료계가 시민단체들의 중립성과 신뢰성을 의심하는 하나의 원인이 되었던 것이다.101)

---

100) 김용익 교수와의 면접조사에 의함.
101) 1999년 10월 1일 약사법개정안을 정부가 입법예고하자, 의사협회는 이를 거부하였는데 이러한 상황에서 정부는 의약분업정책실시를 위한 여건을 조성하기 위해 의약품 실거래가 정책을 도입하였다. 정부의 실거래가 정책은 정부

　세 번째는, 시민단체들이 5·10합의안을 작성하는 과정 속에서 의사협회 대표들에게 위압감을 조성102)함으로써 의사협회에서는 시민단체에 대한 신뢰성을 더욱 상실하게 만들었으며, 의료개혁시민연합의 경우 소수이긴 하지만 일부 시민단체의 도덕성문제가 밝혀지자 시민단체의 중립성과 신뢰성이 의문시되기 시작하였다는 점이다. 즉, 시민단체가 초창기에 내걸었던 개혁의 깃발은 의약분업 정책을 추진해나가는 과정에서 변질되기 시작했는데 그 이유는 시민단체가 서로 대립되는 갈등 대상집단들의 이해관계를 합리적으로 조절하지 못하고 자신들의 주장을 너무 강하게 내세워 상대에게 강요하는 태도를 취하기 시작하였다는 점이다.103)

　이와 같이 시민단체에 대한 기대는 시민단체가 갈등을 중재하는 과정 속에서 변질되어 갔는데 특히 갈등당사자들 중 의사협회는 자신들의 이익이 침해되기 시작하자 시민단체를 '정부의 홍위병'으로 격하시키는 등 시민단체에 대한 신뢰감은 점점 상실되어갔다(김미진, 2000: 90).

　　고시가 아닌 의료기관의 실제 구입가로 상환해주는 사실상의 '약가 노마진'제도로서 덤핑을 방지하고 유통구조를 투명하게 하기 위해서 도입된 것으로, 실거래가 정책이 당시 일반의사들에게 주는 충격은 매우 컸으며, 정부의 실거래가 정책 이후 의사들은 정부와 시민단체가 의사들의 부도덕성을 부각시켜 의사들의 반발을 억제하고 의약분업을 강압적으로 실시하려는 의도로 파악했으며 현재의 저수가 체제를 유지하려는 의구심을 갖게 만들었다(조병희, 2000). 따라서, 이러한 정부의 실거래가 정책은 정부와 의사간의 관계를 적대적 관계로 만드는 계기가 되었던 것이다. 이러한 실거래가 정책은 그동안 현실적으로 저수가 정책 하에서 병원을 운영하던 의료기관들에게 막대한 타격을 주었는데 이러한 현실을 인식한 나머지 현재의 의약분업안대로 정책이 시행된다면 의료계는 위기에 처할 수밖에 없음을 인식하고 본격적인 대 정부투쟁에 돌입하게 된 결과, 의약분업 추진을 더욱 어렵게 만들었다.

102) 당시 대한의사협회 원무이사였던 김종근 박사와의 전화 인터뷰에 의함(2002. 10. 4).

103) 대한약사회 원희목(元喜睦)부회장 겸 정책기획단장은 면접조사에서 시민단체가 점점 조절기능보다는 주장기능을 강화하는 방향으로 흘러갔다고 지적하였다(2002. 10. 4).

(2) 정기적인 대화채널

본 연구에서 신뢰성을 측정할 수 있는 두 번째 변수는 제도화된 정기적인 대화채널의 존재이다. 일반적으로 갈등상황의 특징은 상대방에 대한 적대적인 인식과 태도, 상호 의사전달 기회의 결핍들인데, 적대적 관계에 있는 갈등당사자들은 접촉을 회피하기 마련이므로 갈등관계에서 지속적인 대화채널이 있다면 이는 신뢰성이 존재하고 있다는 증거로 볼 수 있기 때문이다. 한약분쟁과 같이 의약분업의 경우도 의사협회와 약사회 간에는 공식적·비공식적인 대화통로가 존재하지 않았는데 복지부의 '분추협'에서도 서로의 입장만을 늘어놓는 등 대화채널의 가동은 실제로 이루어지지 못했고, 시민단체가 중재한 '시민대책위원회'에서도 일시적으로 합의안을 도출하였지만 정기적인 대화채널은 이루어지지 못하였다.

이와 같이 의약분업 갈등과정에서 갈등당사자들 간의 의사소통이 원활하지 못했던 이유는 첫째, 전문직에 종사하는 직업에 대한 자존심의 상실에서 비롯된 감정적 대립이 갈등당사자들 간의 의사소통 노력을 저해하였다는 점이다. 한국 사회에서 엘리트 의식이 누구보나 높은 의사들[104]에게 약가마진의 공표는 '의사는 도둑'이라는 사회적 여론을 조성하게 하였고, 정부의 실거래가 정책은 의사들에게 위기의식을 심어주어 마침내 의사들을 파업사태로까지 몰고 갔던 것이다. 결국 이러한 감정적인 대립은 의료계에 대화를 통한 해결보다는 '힘에 의한 해결'과 시민단체를 제외한 정부와의 직접 협상이라는 전략을 택하도록 만들었다.

두 번째 원인은 정기적인 의사통로를 보장하는 노력들이 부족하였다

---

104) 원희목 약사회부회장은 "자본주의에서 가장 큰 권력집단의 하나가 의사들로서, 경제적으로나 사회적으로나, 의사집단만큼 강한 카리스마를 가진 집단은 없다. 왜냐하면 직능 자체가 사람들의 목숨을 담보로 하는 집단이므로, 국민들이 의사들을 징벌하기는 어렵다. 한국에서 특히 의사는 지략적인 파워와 경제적인 파워와 사회적인 파워가 어우러져서 이번에 의약분업 투쟁이 시작된 것이며, 여기에 불을 댕긴 것이 의사들의 선민의식(엘리트의식)으로 이는 다른 직종에 대해 "어떻게 너희가 나(의사)와 겨루려고 하느냐는 의식이 강한 탓이었다"고 하였다(원희목 부회장과의 면접조사에 의함. 2002. 10. 4).

는 점이다. 복지부의 '분추협', 국민회의가 주도한 협상, 시민대책위원회에서의 참석 등의 공식적인 접촉 이외에 별도의 의사통로는 없었다. 그러나 이러한 공동 회합의 자리도 토론이나 대화보다는 자신들의 입장을 일방적으로 주장하는 형식으로 진행되어 서로 진지하게 해결책을 모색하는 대화는 이루어지지 못했던 것이 사실이다.

세 번째로 들 수 있는 것은 의약분업 갈등에 접근하는 언론의 태도가 지나치게 갈등과 대립적 측면을 강조하고 의료폐업 현장에서의 부정적이고도 선정적인 보도로(장호순, 2000: 140), 냉철하고 이성적인 판단을 유도하기보다는 감정적으로 치닫게 함으로써 갈등당사자들의 대화를 통한 해결노력을 방해하였다는 점이다.

결론적으로 한약분쟁의 경우와 같이 갈등당사자들 간의 정기적이고 지속적인 대화채널의 존재는 마련되어있지 않아 갈등당사자들 간의 신뢰도는 낮았음을 심작할 수 있다.

3) 전문성

본 연구에 있어서 갈등관리자에게 필요한 전문성이란 갈등문제에 대한 지식과 정보 및 경험이 풍부하여 갈등이 초래된 상황을 정확히 인식하고 이러한 인식을 바탕으로 갈등의 원인을 규명하여 갈등해결을 위한 합리적인 대안제시를 할 수 있는 능력이라는 측면과 갈등당사자들에게 신뢰를 줄 수 있는 원칙을 제시하고 갈등당사자들로부터 양보와 타협을 이끌어내어 갈등상황을 타개할 수 있는 갈등상황을 효과적으로 중재하는 능력이라는 두 측면으로 나누어 보기로 한다.

갈등 상황을 인식하고 있는 측면에서 정부와 시민단체, 의료계는 대립되고 있었는데, 시민단체 측의 think tank 역할을 맡았던 김용익 교수가 청와대 게시판에 '사랑하는 제자인 의사들을 더 이상 도둑으로 만들 수 없다'며, 약가 마진에 대한 폐해를 제기하고 이러한 약가 마진을 없애기 위해서 의약분업을 시행할 것을 건의하였는데, 이러한 시각은 비공개된 베일 속에서 그동안 이권을 챙기고 있었던 의사나 약사들의 부조리를 공개하고 특히 진료와 처방, 조제까지 맡았던 의사들을 약으로부터 배제시켜야 한다는 인식에서 비롯된 것이었다.105) 이에 대해 의료계는 환자를 진찰하고 처방, 조제에 이르는 행위는 의사의 고유한 진료행위로서 수백 년 동안 계속된 문화적인 관행을 하루아침에 바꾸기는 어렵다고 인식하고 의약분업이 이루어지기 위해서는 먼저 의약분업을 할 수 있는 제도적 시스템을 갖추어 놓고 의약분업을 실시하자는 선보완 후시행(先補完 後施行)을 주장한데 반해, 시민단체는 정부와 함께 의약분업을 일단 시행해보고 문제점이 드러나면 그때마다 고쳐 나가자는 선시행 후보완(先施行 後補完)의 입장으로 서로 상반된 인식을 하고 있었다. 또한 의사협회의 한 관계자는 "의약분업 실시를 논의하는 과정에서 마치 의사를 환자로부터 이권을 챙기는 사람으로 인식하는데 불쾌함을 느끼며, 의료계를 쥐어짜면 의료문제들이 해결된다고 인식하는 근본발상부터 버려야 한다"고 하며 김대중 정부의 하향평준화 경향에 불만을 제기하기도 하였다.106) 이러한 상이한 인식과 직업적 자존심이 걸린 갈등의 토대 위에서 제시된 대안들도 첨예한 대립을 가져올 수밖에 없었던 것이다.

(1) 합리적인 대안제시능력

시민단체는 '건강사회를 위한 약사회(건약)'와 '인도주의실천의사협의회(인의협)'에게 자문을 맡겨 시민대책위원회안의 전문성을 높였다. 그러나 앞서도 말한 바와 같이 인의협의 김용익 교수 등과 같은 소수의 엘리트들에 의한 자문에 그쳐 대표성에는 문제가 있었으며, 그를 의료계가 불신하는 상황이었기 때문에 지금도 의료계는 시민단체의 전문성

---

105) 주수호 의사협회 대변인과의 면접조사에 의함.
106) 주수호 대변인과의 면접조사에 의함.

에 강한 의문을 제기하고 있다.107) 의료계에 의하면 의약분업의 많은
사항들이 전문성을 요하는 문제로서 이는 환자의 생명과 건강을 책임지
는 임상경험이 있는 의사만이 판단할 문제라는 것이다. 따라서 임상경
험이 없는 의사나 시민단체들은 현장성이 없어 탁상공론의 주장만을 하
고 있으며, 이들과 대등한 자리에서 의약분업 문제를 논의하는 것 자체
가 모순이라는 주장이다. 시민단체는 여러 차례 의약분업에 관한 대안
들을 제시하였지만 시민단체의 전문적 능력을 부정하는 의료계의 반대
에 밀려 실패하고 말았으며, 후에 의약정 대화에서는 의사협회의 강한
반대에 부딪혀 시민단체들은 논의구조에서 완전히 배제되고 말았다.108)

　이와 같이 의약분업과 관련, 정부와 이익집단, 시민단체 간에 첨예한
대립과 갈등이 일어나는 원인은 의료전문가인 의료계와 약계, 복지부와
시민단체 간에 의약분업안의 시행내용과 관련하여 전문적 견해 차이가
있었기 때문이며, 구체적으로 쟁점이 되었던 것은 전문·일반의약품의
분류문제, 주사제 포함문제, 임의조제와 대체조제문제, 병원약국의 강제
분업 문제 등의 이슈에서 상호간에 심각한 의견대립이 나타났다(김용익,
2000).

---

107) 주수호 대변인과의 면접조사에 의함.
108) 주수호 의사협회 이사는 "시민단체 측에서는 그들이 시민들의 입장을 대변해야
　　하므로 의약분업에 관한 논의구조에 참여해야 한다고 했는데, 내가 보기에는
　　시민단체란 또 다른 권력단체로서 자신들의 권력을 향유하기 위해 개입하겠다
　　는 것으로 보인다. 당시 의사협회는 시민단체가 들어오는 것에 반대하였는데,
　　그 이유는 시민단체란 전문성이 없는 단체라는 인식이 강했기 때문이었나. 그
　　들은 자신들을 시민의 대표라고 하는데 시민의 대표는 국회가 아닌가, 정부에
　　서 충분히 의견수렴을 할 수 있는 창구도 있고 국회도 있으니 자신들이 시민
　　의 대표라고 행동하는 것은 납득할 수 없다. 그리고 시민단체의 대표성을 누
　　가 인정(부여)했는지 전혀 모르는 것 아닌가, 자신들이 스스로 대표성을 갖추
　　고 있다고 인정하는 것이지 그렇다고 전문성을 갖추고 있느냐하면 그렇지도
　　못하다. 따라서 의약분업 문제에 전문성을 갖지 못한 사람들이 들어와서는 의
　　약분업에 대한 논의가 정상적으로 이루어질 수 없다고 의료계는 보았다." 그는
　　또한 합리적인 의사결정이란 의사결정구조가 합리적인 논의구조로 되어있어야
　　가능하다는 점을 강조하였다(주수호 의협 대변인과의 면접조사에 의함, 2002.
　　10. 4.).

(2) 효율적인 중재능력

시민단체는 초기에는 인의협과 같은 전문가들로부터 많은 자문을 받아 전문성을 어느 정도 갖추었으나, 의료파업 이후 의사들이 제기하고 나오는 전문적인 이슈들과 의료체계 전반에 관한 문제제기에 대해 시의 적절한 대응을 못하였다. 이러한 원인은 후술하는 바와 같이 의료파업 이후의 언론의 태도변화에도 그 원인이 있었지만 시민단체 내에 의학적 전문성을 갖춘 핵심요원들이 부족했던 것도 의사협회에 대한 대응전략 미비로 이어지고 결국 갈등 후기, 의사협회에 주도권을 빼앗기고 말았다. 갈등중재의 전문성은 분석틀에서도 지적한 바와 같이 갈등상황에 대한 전문적인 지식이라는 측면과 갈등상황을 효과적으로 중재하는 기술이라는 측면이 있는데, 시민단체의 중재자로서의 전문성 확보는 실패했던 것으로 보인다. 특히 참여연대의 실거래 수가제 발표는 갈등당사자인 의사협회의 시민단체에 대한 신뢰성을 상실하게 하는 결정적인 요인이 되었는데 이는 갈등관리자로서의 시민단체가 전략상 실패한 것으로 의료계는 보고 있다. 더욱이 '의약분업실현을 위한 시민대책위원회'의 5·10 합의안 도출과정에서 의사협회 대표들을 상당히 압박하였다는 사실들은 의약분업에 있어 시민단체들의 중재가 민주적인 방식으로 진행되지 않았음을 짐작하게 한다.[109] 갈등중재자로서 시민단체는 효율적인 갈등중재를 위해서 갈등당사자들 간의 대화와 정보교환, 충분한 토론을 통한 서로의 공감대 구축 위에서 합의를 도출하지 못하고, 일단 결정한 뒤 따라 오라는 식의 방식을 택하여 중재자로서의 역할을 충분히 다했다고 보기 어렵다.[110]

---

109) 김종근 당시 의사협회 원무이사와의 전화면접조사에 의함(2002. 10. 4.). 다만, 의약분업의 경우 시민대책위는 7차례에 걸친 토론회와 공청회를 공개로 개최하여 의약계의 의견을 수렴하고 갈등당사자들을 설득했다는 점에서 비교적 중립성을 유지하였다고 보는 견해도 있다(김미진, 2000: 95).

110) 일단 정부가 의사결정을 하고 공표한 후 반대집단을 방어하는 권위주의적인 의사결정방식을 소위 DAD(Decide-Announce-Defend)방식이라 한다(최성두, 2000: 42).

이러한 설명에 대해 시민단체 측에서는 의료계가 지나치게 보수적이어서 의료문제에 관해서는 임상경험을 가지고 있는 의사들의 전문성이 최우선시 되어야 한다는 폐쇄적인 엘리트주의적 시각에서 시민단체나 약사 측을 경시하는 경향이 있었고, 특히 약사회보다 보수적인 성향을 가진 의사협회로 인하여 이러한 경향은 더욱 강화되어 쉽사리 타협할 수 없었고, 심지어 협상 대표들을 자주 교체하여 협상안 이행에 대한 책임을 회피하는 방법을 쓰고 있었다고 하였다.111) 그러나, 시민대책위의 5·10 합의안을 만드는 과정에서 당시 의료계 대표였던 김종근 이사는 시민단체의 압력이 상당히 가해졌다고 면접조사에서 밝혔다.112)

경실련은 2002년 1월 21일 '시민운동선언문'에서 의약분업과정에 시민단체가 많은 영향을 끼쳤으며, 당시 시민단체들은 "의약분업이 국민들의 건강을 지키기 위해 꼭 필요한 제도라는 점을 인식하고 이 제도의 당위성에 동의하였고, 아울러 의사외 약사 단체의 대립을 중재하였다"고 하고, 그러나 실제 의약분업제도를 시행하는 과정에서 의도와 다르게 국민의 불편과 부담을 초래한 점에 반성의 뜻을 밝혔다.113) 또한 '시민

---

111) 참여연대 김기식 사무처장과의 면접조사에 의함(2002. 7).

112) 주수호 의사협회 대변인과의 면접조사에서도 확인됨. 이와 같은 견해로 송상근 동아일보 기자는 '시민단체는 책임 없나'에서 "1999년 5월 10일, 의료계와 약계 대표가 의약분업 원칙에 합의할 때 시민단체가 '많은 압력'(의료계에서는 '온갖 협박'이라고 표현하고 있음)을 넣은 사실은 잘 알려져 있다"라고 하였다(동아일보, 2001. 3. 20). 5·10 합의안 도출 당시 의료계의 대표로 참석했던 김종근 이사는 "당시 발기대회에서도 시민단체 대표들은 협상대표로 나온 의료계 인사들이 참석한 자리에서 '너희는 참고인 자격이다. 모든 결정은 우리(시민단체)가 한다'고 하였고, 당시 의사들이 '의약분업을 안하겠다는 것이 아니고 준비가 아직 안되었으므로 하기 어렵다'고 하고 의약분업 연기를 국회에 청원하자, 시민단체 간부들은 의원회관까지 찾아가 '만약 연기하는데 찬성하는 국회의원이 있으면 낙선운동을 벌이겠다'고 협박하였다"고 하였다. 그리고 회의진행 과정에서도 시민단체 간부들은 "의사들의 견해는 무엇이냐, 약사회는 무엇이냐"를 묻는 등, 비민주적인 분위기였다고 하였다. 그리고 의료계에서 시민대책위의 5·10 합의안을 받아들일 수 없다고 하니까 "그러면 의사들이 의약분업을 못하겠다고 한다고 언론사에 터뜨리겠다"고 협박하였다는 것이다(김종근 당시 원무이사와의 전화면접에 의함, 2002. 10. 4).

운동선언문'에서는 경실련은 "이해집단이 승복할 수 있는 정론(正論)의 형성을 위해 다양한 의견을 수렴하고 충분히 토론·합의하는 길을 선택할 것이다"라고 하여 그동안 중재과정에서 다양한 의견의 수렴을 통한 충분한 토론이 부족했음을 간접적으로 시인하였다고 생각한다.

4) 자율성

갈등중재자가 어느 한쪽의 이해관계만을 일방적으로 고려한다면 갈등 당사자들은 중재자의 중재를 수용하지 않을 것이다. 그러나 시민단체가 중재를 하면서 이익단체의 이해조정에만 초점을 맞추려 한다면 공익을 저해할 우려가 있다.[114] 더욱이 의약분업과 같이 첨예한 이해관계가 결부된 당사자 모두를 만족시킨다는 것은 사실상 불가능한 것이다. 따라서 시민단체가 갈등당사자들의 의견을 조율하는 과정에서 본래 시민단체가 의도한 방안대로 중재가 유도되었는가가 중요하다. 시민단체의 중재는 어디까지나 공익에 대한 판단을 근거로 하고 또한 공익추구가 목적이기 때문이다. 시민단체가 중립성을 확보하기 위해서는 공익에 근거하여 내린 시민단체의 방안을 갈등당사자들에게 설득시키는 것이 중요하며, 시민단체의 주장을 갈등당사자들에게 설득시키기 위해서 갈등당사자들의 의견을 수렴하고 이해함은 물론 당사자들과의 끊임없는 대화와 토론이 선행됨이 요구되는 것이다. 의약분업과정에서 중재자인 시민단체가 외부세력으로부터의 자율성이 침해되었던 경우는 정부와의 관계에서와 언론과의 관계에서였다.

---

113) 조선일보, 2002. 1. 22.
114) 차홍봉 복지부 장관이 1999년 6월 15일, 김대중 대통령에게 보고한 업무보고에서도 "현재 의약분업을 추진하는 과정에서 시민단체안은 의사와 약사단체의 이해조정에 초점을 맞추고 있기 때문에 시행여건 및 국민불편에 대한 고려가 불충분하고 의사·약사단체의 합의에도 불구하고 의·약계의 이해에 상충하는 부분이 상존하고 있다"고 하였다(대한의사협회홍보자료, 1999. 6. 21).

(1) 정부로부터의 자율성

시민단체들은 과거 한약분쟁에서와 같이 갈등조정에 소극적으로 대처하던 공익실현을 위해 처음부터 의약분업에 적극적으로 개입하였는데 이들의 의도는 경실련이 2002년 1월 21일 '시민운동선언문'에서 밝힌 바에 의하면 '의약분업이 국민들의 건강을 지키기 위해 꼭 필요한 제도라는 점을 인식하고 이 제도의 당위성에 동의하였고, 아울러 의사와 약사 단체의 대립을 중재하였다'고 하였다. 그러나 앞에서도 지적한 바와 같이 의약분업 갈등사례에 있어 시민단체의 개입은 단순히 중재역할만을 했다고 볼 수는 없고, 신 정부의 의약분업이라는 개혁사업을 추진하는 역할도 수행한 것이 사실이다. 이 점에서 당시 의료계에서는 중재자로서의 시민단체의 중립성에 대해 상당한 거부감을 표시하였던 것이다. 특히 집권여당의 요청으로 의약분업을 추진하던 인의협의 김용익 교수 등이 시민단체와도 폭넓게 교류를 하였으므로 정부의 의도가 어느 정도 자연스럽게 시민단체 측으로 전달, 교류되었을 것으로 보인다. 또한 의료개혁시민연대가 정부의 지원금을 받고 의약분업 정책의 홍보를 맡았다는 사실을 의료계는 시민단체가 정부의 하수인이라고 확대, 홍보하였는데 이는 정부로부터의 자율성을 떨어뜨리는 결과를 가져오게 되었다. 이와 같은 점에서 한약분업의 사례보다 의약분업의 사례가 시민단체들이 활동하는 데 있어 정부로부터 더 큰 제약을 받았다고 할 수 있을 것이다.

(2) 언론으로부터의 자율성

의료파업 이후 시민단체는 의약분업 초기와 달리 제대로 중재역할을 못했다는 지적이 많았는데,[115] 이러한 원인들 중의 하나는 의약분업 초기, 시민단체에 대한 언론의 지지가 압도적으로 많았으나 파업 이후 언론의 태도가 변화하여 오히려 의사 편을 들고, 이는 결과적으로 시민단체들

---

[115] 조병희(2001), 김용익 교수, 원희목 부회장, 하승창 처장과의 면접조사에 의함(2002).

에게 불리하게 작용하여 시민단체들이 활동의 제약을 받게 되었다는 지적이 있다(장호순 외, 2000).

의사들의 파업 이후 시민단체들의 활동이 소극적으로 변화한 것은 사실이므로 본 연구에서는 언론의 태도가 과연 크게 변화하였는지를 확인하기로 하였다. 선행연구들의 지적대로 의료파업 이후 언론의 태도가 크게 변화하였다면 선행연구들의 지적은 사실에 가까운 것으로 볼 수 있을 것이며, 이러한 언론의 변화에 따라 시민단체의 태도가 변화하였다는 것은 시민단체들이 언론에 상당히 의존적임을 추측할 수 있기 때문이다. 따라서 이것은 시민단체들의 언론에 대한 자율성이 낮음을 의미하는 것이다.

의약분업 과정 중 언론보도를 전체적으로 파악하기 위해 1999년 5월부터 2000년 9월까지의 기간에 걸쳐 6개 신문의 기사와 사설검색을 하여 시민단체가 언론의 태도에 의존하는지의 여부를 분석하고자 하였다. 시민단체가 언론으로부터 자율성이 없다는 것은 언론의 태도변화에 따라 시민단체가 민감하게 대응하는 정도가 높다는 것으로, 우선 시민단체의 태도변화를 일으킬 정도로 언론의 태도 변화가 있었는지를 파악하고자 하였다.

1998년 5월부터 2002년 2월 말 국회 본회의 통과 시기는 극히 광범위하여 보도의 양이나 보도성격에 있어 비교가 용이한 세 시기(1999년 5월~8월[116], 1999년 11월~2000년 2월[117], 2000년 6월~2000년 9월[118])를 조사 기간으로 한정하였다.

분석대상은 비교적 객관적인 시각을 유지하기 위해 한국 일간지의

---

116) 이 시기는 시민대책위원회 결성, 5·10합의안 도출, 의약분업실행위원회가 구성된 시기이다.
117) 이 시기는 의료개혁시민연합 출범, 의료계의 장충집회, 약사법 개정안 국회통과, 의쟁투 발족 등의 시기이다.
118) 의료계 폐업(의료계에서 두 차례에 걸쳐 파업 혹은 폐업을 실시한 기간을 포함), 약사법 개정합의·통과, 의약분업 전면실시, 복지부장관의 교체, 의보수가 인상 등의 시기이다.

74%를 장악하고 있는 '보수언론'으로 대변되는 '조·중·동(조선일보·중앙일보·동아일보)'과 진보적 색을 띠는 한겨레와 기타 정부소유의 신문사인 대한매일(구 서울신문), 한국일보 등 6개의 일간지를 선정했다.

<표 4-2> 1999년 5월~8월 표제행위 주체의 신문사별 비교

(단위: 회수, %)

	대한매일	동아일보	중앙일보	한국일보	조선일보	한겨레	계
신문자체	2(16.7)	4(28.6)	5(20.8)	6(30)	3(33.3)	2(18.2)	22(24.4)
정부관계자	2(16.7)		3(12.5)	4(20)		1(9.1)	10(11.1)
법원, 검찰							
정치권인사							
파업참여의료인							
지지, 불참의료인	1(8.3)	1(7.1)	1(4.2)			2(18.2)	5(5.6)
파업반대의료인							
보건의료계	1(8.3)	2(14.3)	2(8.3)	2(10)		1(9.1)	8(8.9)
제약회사관계자					1(11.1)		1(1.1)
약사, 약국, 약품			2(8.3)	2(10)	1(11.1)		6(6.7)
시민단체	3(25)	1(7.1)	3(12.5)		1(11.1)	3(27.3)	11(12.2)
환자, 보호자		1(7.1)					
시민, 학생							
각계 전문가							
의료-정부				1(5)			1(1.1)
의-약계	1(8.3)		4(16.7)	2(10)	2(22.2)		9(10)
의-약-정계							
의사-환자							
의사-시민(단체)				1(5)			1(1.1)
의사-병원							
기 타	2(16.7)	5(35.7)	4(16.7)	2(10)	1(11.1)	2(18.2)	16(17.8)
계	12(100)	14(100)	24(100)	20(100)	9(100)		90

첫 번째 시기(1999년 5월~8월)에서 <표 4-2>는 1999년 5월부터 8월까지 언론들의 표제행위 주체들을 나타내고 있는데, 이 시기는 1999년

5월 10일 시민단체들의 중재기관인 '의약분업실현을 위한 시민대책위원회'에서 합의안을 성공적으로 마련했던 시기로 시민단체들의 전성기에 해당되는 시기였다. 이 시기의 특징은 전체가 90개 밖에 안되는 내용이지만 표제행위주체에서 '신문자체'와 '기타'를 빼면 "시민단체"와 관련된 내용이 12.2%로 가장 많다는 것이다. 그리고 이 시기의 시민단체에 관한 보도내용은 시민단체가 제시한 협상안이 받아들여짐으로써 정부가 하지 못한 일을 시민단체가 대신 해 주었다는 식의 영웅화하는 보도가 주를 이루었으며, 이전에는 존재하지 않았던 'NGO 광장(국민일보)', 'NGO 지도(중앙일보)', 'NGO 발언대(문화일보)'등을 통해 시민단체에 대한 어색한 관심을 표명하기 시작했다. 그러나 정작 심도 있게 문제를 진단하고 그 다음 사태를 짐작, 예견하는 선견지명이나 침착성은 찾아볼 수 없어 '냄비언론'이라는 말이 무색하지 않음을 느낄 수 있었다.

시민단체 다음으로 많은 부분을 차지한 것은 정부관계자(11.1%)였는데, 의약분업 정책의 도입 타당성에 대해서 정부의 입장을 그대로 옮겨서 보도하는 경향을 보였다. 즉 언론은 의약분업 정책의 불확실한 기대효과만을 계속 홍보하였고 국민의 입장에서 부담해야 할 경제적 부담들과 같은 고통 부분은 전혀 언급하지 않은 채 정부의 강제적인 의약분업 정책추진에 힘을 실어주는 역할을 수행했고 결과적으로 이러한 중대한 문제를 공론의 장으로 끌어내서 대화를 통한 의사형성 과정을 만들어 가는 데는 실패했던 것이다(장호순, 2000: 149). 이는 정부가 주장하는 의약분업안의 정책적 타당성을 맹신한 것과, 언론 내부적으로 의약분업 문제에 대한 전문성의 부족과 인식의 폭이 넓지 못한 데에 원인이 있었다고 본다.

이 시기에 언론이 시민단체를 옹호한 예를 하나 인용하면, '의약분업 합의 이끈 막후주역 시민단체'라는 제목 하에 "의약분업 합의의 막후 주역인 경실련과 녹색소비자연대, 참여연대, 한국소비자연맹, YMCA 등 시민단체의 주요 간부들이 이 장면을 지켜보고 있었다. 이번 합의는 객관적 입장인 시민단체가 절충안을 만든 뒤 의협과 약사회 등을 설득해 값진 결과를 이뤄냈다는 점에서 정책결정의 새로운 모델로 꼽힌다"[119] 를 들 수 있고, 이와 비슷한 맥락으로 분석대상에 포함되는 그 밖의 신문들도 앞다퉈 시민단체의 합의안 내용과 합의가 시민단체의 적극적인 중재노력으로 이뤄진 점도 높이 평가할 일이다고 격찬하고, 참여연대, 경실련 등 인지도가 높은 시민단체 간부들과의 인터뷰 내용을 싣고 있었다.[120]

언론은 이 시기에 정부의 의약분업 정책을 상당 부분 옹호하고 전달하는 듯한 시각을 보여주었는데, 의약품 오남용 감소에 의한 국민들의 건강 수준 향상과 약제비 감소라는 정부 측의 불확실한 기대효과만을 계속 보도할 뿐이었으며 문제점으로 예상되는 국민들의 불편이나 의료보험 재정의 문제에 대해서는 거의 언급하지 못했다. 또한 시범사업의 필요성을 언급하거나 제언한 보도도 찾아보기 어려웠다. 그러나 보수신문으로 대변되는 '조·중·동(조선, 중앙, 동아일보를 지칭)의 시각은

119) 중앙일보, 1999. 5. 15.
120) "시민 소비자단체들이 안을 만들어 처음으로 이익단체들의 이해관계가 걸린 문제를 해결했다는데 큰 의의가 있습니다" 지난 2개월 동안 의약분업 단일안 마련에 나섰던 "의약분업 실현을 위한 시민대책위원회"간사인 김승보 경실련 정책실장은 "시민단체의 요구가 워낙 강했고 연기할 수 없는 사안이라는 것을 의사와 약사 측도 이해한 것이 해결의 실마리였다"고 타결 소감을 밝혔다. 김 실장은 "의약분업은 지난 94년 시민단체의 요구로 오는 7월 시행하기로 법제화되었다"면서 "소비자의 요구를 관철할 수 있는 계기로 삼을 수 있다는 판단에서 시민단체들이 대책위원회를 구성, 활동하게 된 것"이라고 밝혔다. 그는 "첨예하게 대립되는 양측 주장은 충분히 들어서 원칙을 훼손하지 않는 범위 안에서 조정했다"면서 "소비자 입장에서는 국민건강이 최우선이므로 약물 오·남용 방지, 처방전 의무화 등의 원칙을 지키는데 최선을 다했다"고 말했다. 김 실장은 "의사와 약사의 협력 없이는 의약분업은 제대로 시행될 수 없다"면서 "하루빨리 분업 체계를 갖추기 위한 준비를 해야 한다"고 의사와 약사 측의 협조를 촉구했다. 그는 "보건복지부도 그동안 실질적인 준비를 소홀히 해 연기의 빌미를 주었다"고 지적한 뒤 "내년 7월에는 시행될 수 있도록 유통체계, 의료전달체계 등의 개선과 관련 제도 및 법령 제·개정에 노력해야 한다"고 덧붙였다 (대한매일, 1999. 5. 11).

진보로 대변되는 신문인 한겨레신문의 입장과 약간 달랐는데, '의약분업 반발 의사 별도단체(제2 의사단체)결성'[121]이라는 제목 하에 "전국 8백 여 개 병원급 의료기관에 근무하는 봉직의사들이 대한의사협회와 대한 약사회가 지난 10일 합의한 의약분업안에 반발, 별도의 의사단체를 결 성키로 했다. 이에 따라 내년 7월부터 실시키로 한 의약분업이 최대 고 비를 맞고 있다"[122]고 하여 시민단체의 합의안에 대해 적극적으로 지지 하는 입장은 취하지 않았다.

이러한 보수언론의 태도에 비해, 한겨레신문과 같은 진보언론은 "우 리나라 보건의료계는 수십 년 동안 해결하지 못한 중요한 숙제를 안고 있다. 의약분업을 실시하지 못하고 있는 것이 그것이다. 이 제도 실시에 서 핵심 당사자인 의사와 약사 대표들이 어제 의약분업 합의안을 마련 해 발표했다. 합의안은 모든 의료기관을 대상으로 의약분업을 실시하는 것 등 주요 쟁점의 타협내용을 담고 있다. 우리는 모처럼 이익집단들이 한 걸음씩 양보하여 의약분업을 내년 7월 예정대로 실시하는데 결정적 계기를 마련한 것을 크게 환영하며, 중재역할을 한 시민단체들의 노력 에 대해서도 평가한다"[123]고 하여 시민단체가 이끌어낸 의약분업안을 적극 지지하는 입장을 표시하였다.

---

121) 중앙일보, 1999. 5. 27.
122) 중앙, 동아일보,1999. 5. 27.
123) 한겨레신문 사설, 1999. 5. 11.

<표 4-3> 1999년 11월~2000년 2월 표제행위 주체의
신문사별 비교

(단위: 회수, %)

	대한매일	동아일보	중앙일보	한국일보	조선일보	한겨레	계
신문자체	7(21.2)	4(14.3)	7(18.4)	7(17.1)	17(30.4)	5(13.2)	47(20.1)
정부관계자	7(21.2)	4(14.3)	2(5.3)	6(14.6)	3(5.4)	3(7.9)	25(10.7)
법원, 검찰		1(3.6)	3(7.9)	1(2.4)	1(1.8)	2(5.3)	8(3.4)
정치권인사							
파업참여의료인							
지지, 불참의료인	2(6.1)	7(25)	5(13.2)	2(4.9)	6(10.7)	4(10.5)	26(11.1)
파업반대의료인							
보건의료계	1(3.0)	4(14.3)	6(15.8)	4(9.8)	9(16.1)	6(15.8)	31(13.2)
제약회사관계자	2(6.1)	1(3.6)		2(4.9)	1(1.8)		6(2.6)
약사, 약국, 약품	2(6.1)	1(3.6)	7(18.4)	2(4.9)	2(3.6)	5(13.2)	19(8.1)
시민단체		1(3.6)				3(7.9)	4(1.7)
환자, 보호자						1(2.6)	1(0.4)
시민,학생				1(2.4)			1(0.4)
각계전문가							
의료-정부	1(3.0)			2(4.9)	3(5.4)	1(2.6)	7(3.0)
의-약계	3(9.1)	2(7.1)	1(2.6)	4(9.8)	3(5.4)	2(5.3)	15(6.4)
의-약-정계							
의사-환자							
의사-시민(단체)	3(9.1)	2(7.1)	1(2.6)	1(2.4)	1(1.8)		8(3.4)
의사-병원							
기 타	5(15.2)	1(3.6)	6(15.8)	9(22.0)	10(17.9)	6(15.8)	37(15.8)
계	33(100)	28(100)	38(100)	41(100)	56(100)	38(100)	234(100)

두 번째 시기는 1999년 11월부터 2000년 2월까지인데, 시민단체의 5·10 합의안 도출 이후 11월까지는 별다른 문제없이 합의안을 토대로 구체적인 실행방안을 만들어나갔다. 그러나 11월에 의약품 실거래가 제도를 실시하면서 상황이 급변하여 의사들의 "갑작스럽고, 전면적인"반대

투쟁(장호순 외, 2000)에 직면하게 되었다. 물론 그동안 의료계 일부에서 의약분업 합의안에 따른 여러 문제점들을 제기했지만 대다수 의사들은 이 문제에 대해 별다른 관심을 보이지 않고 있었는데, 11월 장충집회 이후 12월이 되어서 갑자기 수만 명이 모여서 반대집회를 하게 된 데에는 임의조제나 대체조제의 원론적인 문제제기와는 다른 이유가 있음을 짐작케 한다(장호순 외, 2000: 106).

이 과정에서 시민단체를 옹호하고 정부의 방침을 일정 부분 전달, 수긍하는 태도를 보이던 언론 또한 점차 의약계의 입장에 대해 피력하기 시작한 것이 특징이다.

앞에서 본 첫 번째 시기에서 시민단체의 활동(12.2%)에 대한 극찬과 옹호가 주를 이뤘다면 두 번째 시기에서의 시민단체의 활동은 단지 게재량의 1.7%에 지나지 않았다. 반면, 8.9%에 지나지 않던 "보건의료계"는 13.2%로, 5.6%에 지나지 않던 지지, 불참의료인은 11.1%로 상당부분 늘어났다. 정부관계자에 관련된 입장은 11.1%에서 10.7%로 다소 감소하기는 했으나 여전히 높은 비율을 유지하고 있었다.

〈표 4-3〉을 보면 신문자체와 기타를 제외했을 때 가장 많은 부분을 차지한 것은 보건의료계(13.2%)이다. 물론 각 신문들은 보건의료계의 집단이기주의를 다소 비판하는 글들을 실었으나 이는 거의 대부분 피상적인 선에서 그쳤다고 볼 수 있다. 지지, 불참의료인(11.1%)의 표제를 살펴보면 특히 보수적 시각을 가진 언론들은 의사파업의 정당성을 옹호하는 입장을 상당부분 실었고 심지어 의약분업안을 재고할 것을 요청하는 시각 또한 볼 수 있다.[124] 이러한 언론들의 '의사 편들기'는 상대적으로 의료계와 대립관계에 있었던 시민단체의 입지를 약화시키는 계기가 되었다.

이 시기에 있어 보수언론들의 입장은 사설을 통해 엿볼 수 있는데,

---

[124] 조선일보, 1999. 11. 29.

사설에서 "우리가 보기에도 의사들의 주장에 귀를 기울일 부분이 많다. 문을 닫는 병·의원이 한해에 3백여 개에 이른다는 사실이 의사들의 어려운 사정을 단적으로 말해준다. 생존권 투쟁이라는 말이 의사들에게서 나올 정도로 수가정책이 왜곡된 것은 문제다. 그 결과는 의사뿐 아니라 수요자인 환자에게도 악영향을 미친다. 동네의원들이 차례로 문을 닫으면 환자들도 직접 종합병원을 찾아야 하는 불편과 진료비 부담이 따르게 마련이다. 가장 큰 문제는 그동안 약의 판매 비중이 컸던 일부 과목의 개업의들과 의약분업으로 과거수준에 비해 수입이 적을 수밖에 없는 젊은 의사들인 것 같다"125)고 의사들을 동조하는 분위기였으며, 동아일보는 "우리 사회의 기득권층으로 알려진 의사들이 이처럼 집단시위에 나서게 된 것은 지난해 약품 실거래가 상환제 실시로 인한 의사들의 수입 감소가 큰 계기가 됐지만 7월 의약분업 및 포괄 수가제 실시 및 병원의 신용카드사용 의무화 등으로 병의원 안팎의 의료 환경이 크게 변화하는데 주원인이 있다"126)고 하였다. 조선일보도 '동네 의사들의 이유 있는 비명'이라는 사설에서 "의사들은 올 하반기부터 의약분업이 시행되면 국민건강을 지켜왔던 동네의원들이 문을 닫는 것이 불가피해져 국민에 대한 의료서비스가 형편없이 악화할 것이라고 주장한다. 정부는 보완책을 준비하고 있는 상황에서 의사들이 집단행위에 나서는 것은 묵과할 수 없다는 입장이다. 의사들이 가운을 벗어버리고 집단시위에 나서는 것은 바람직하지 않다. 하지만 어떻게 해서 문제가 이 지경에 이르렀나를 살피지 않고 의사들만을 집단이기주의로 몰아붙이는 것도 적절치 않다"고 의사들의 입장을 옹호하였다.127)

이러한 보수언론에 비하여 한겨레신문과 같이 진보적 시각을 대변하는 입장은 의료계에 대하여 비판적인 시각을 가지고 있었는데, 이들은

---

125) 중앙일보, 2000. 2. 16.
126) 동아일보, 2000. 2. 15.
127) 조선일보, 2000. 2. 14.

무책임하고 집단이기주의에 사로잡힌 의사단체에 대해 비판하고, 점점 무시되어 가는 시민단체의 주장과 의료계와 상반된 약사의 입장을 게재 했다는 점이 특색이라 할 수 있다. 예를 들면, "약사들은 올바른 의약분 업 시행을 촉구하는 결의대회를 열기로 하고 이를 위해 의약분업비상대 책위를 구성하기로 했다.……중략……, 약사회는 의약분업 시행 4개월여 를 앞둔 현재까지 지역별 의약분업협력회의가 구성되지 않고 있고, 약 국 조제수가도 책정되지 않았다며 명확한 대책을 정부에 촉구했다"128), "민주노총, 경실련, 참여연대, 인의협 등 노동, 시민, 의료단체들이 대 거 참여하고 있는 국민건강권 확보를 위한 범국민연대(건강연대라 함)측 은 병원협회의 외래약국 존속 주장을 의약분업을 무산시켜 약가마진을 보전하기 위한 집단이기주의의 표현일 뿐이라고 주장하고 있다. 중·소 규모 병원의 경우 100병 상당 연간 6억 원대의 의약품 랜딩 및 리베이 트비 등 약가마진을 챙기고 있다는 게 건강연대의 분석이다"129), "의료 계 요구가 크게 수용됐는데도 파업시위를 벌인 셈이다. 더구나 이제 와 서 완전 의약분업을 요구하는 것은 납득하기 어렵다. 의약분업 시행방 침은 의약품의 오·남용을 막기 위해 불편을 무릅쓰고 반드시 실시돼야 한다는 국민적 합의에 바탕을 두고 마련된 것이다. 구체적 시행안 심의 에는 시민단체와 정부뿐만 아니라 의사와 약사들도 참여했으며, 몇 차 례 보완과정을 거치면서 부분적 예외는 있지만 분업원칙을 최대한 적용 한 시행안이 마련됐던 것이다. 그런데 법률안이 국회 상임위에서 통과 된 마당에 뒤늦게 완전 의약분업을 요구하는 것은 의약분업을 하지 말 자는 얘기로 해석될 수밖에 없다. 이것은 선진국형 의료체계를 갖추기 위한 30년간의 국가적 과제를 내팽개치려는 이기적 행동으로 비판받을 수 있다"130) 등의 내용이다.

128) 한겨레신문, 2000. 2. 12.
129) 한겨레신문, 1999. 11 9.
130) 한겨레신문, 1999. 12. 2.

세 번째 시기는 2000년 6월에서 2000년 9월까지의 시기로, 이 시기에는 의사들의 극단적인 폐업이 벌어짐으로서 언론의 변화가 심했던 시기였다. 그리고 앞의 두 시기에 비해 보도량도 몇 배나 많은 양상을 보이고 있다.[131]

이 시기의 언론보도의 특징은 두 번째 시기와 마찬가지로 '정부의 의사 편들기'가 계속되는데, 특이할만한 점은 파업에 관한 의료인의 입장(파업참여 의료인, 파업반대 의료인)이 상당히 높아졌다는 것이며 대부분 냉철하고 이성적인 판단보다는 감정적이고 격앙된 반응을 유도하는 기사들이 훨씬 많다는 것이나. 즉, 의사폐업이라는 사태를 조속히 마무리하기 위해서는 의사, 정부, 국민 모두가 차분하고 냉정한 사고를 통해 문제에 접근해야 했는데, 대부분의 신문은 '의료대란', '환란' 등의 자극적인 용어로 표현하면서 폐업 현장을 수습 불가능한 '파국의 현장'으로 묘사하는 경우가 많았다. 이러한 자극적인 보도는 의사폐업에 대한 반감을 불필요하게 고조시켜 원만하고 조속한 사태해결을 기대하기 어렵게 만들었던 것이다(장호순, 2000: 54). 신문 보도들은 의료파업 초기에만 의사들에 대한 비판입장을 취했으며, 그 후 의료파업 원인을 진단한 기사, 의사폐업에 대한 해결책 제시, 의사소득, 의료수가, 의료제도 개혁에 관한 기사 등에는 의사들의 주장을 지면에 소개하는 등 다소 편파적인 태도를 보였다. 예컨대, '의사폐업의 한 원인으로 경제적 동기를 부인할 수는 없지만 그것은 빙산의 표면에 불과하고 프로페셔널리즘(전문주의)의 쇠퇴에 대한 반동현상이라고 한 서울대 의대 교수의 말을 인용한 예[132] 라든지, '전임의 오죽하면'이라는 제목의 기사에서는 '불투명한 미래에 대한 자괴감 때문에 폐업에 참여했다'는 한 전임의의 말을 인용함[133]으로써 의사들의 폐업을 부분적으로 정당화하는 인상을 주었다.

---

131) 99년 5월~8월(의약분업 보도량: 90개), 99년 11월~2000년 2월(의약분업 보도량: 234개), 2000년 6월~9월(의약분업 보도량: 1947개)였다.

132) 동아일보, 2000. 7. 22.

133) 동아일보, 2000. 8. 8.

또한 연세대 의대교수의 칼럼을 통해 "그간 의료보험 수가제도, 정부의 지나친 간섭과 규제, 저질 의사의 양산으로 이어지는 의과대학 신설 등 일련의 의료정책에 자존심이 상했고 불만과 울분이 쌓여오다 이번 의약분업을 계기로 폭발한 것"이라고 하고, "의약분업 준비과정에서 의료기관의 재정적인 측면을 전혀 고려하지 않은 약가 실거래가의 갑작스러운 적용은 병·의원 수입의 격감을 초래하게 돼 의료계가 뭉쳐 폐업을 하게 된 결정적인 계기를 제공한 것"이라고 주장했다. 그는 "정부의 고압적인 통제와 간섭, 전문성이 경시된 획일적인 의료제도, 우선순위에서 항상 뒤지는 의료문제, 그리고 국제적으로 낙후한 각종 보건의료지표 등은 정부에 대한 불만을 쌓게 하고 신뢰를 떨어뜨리기에 충분한 것이었다"며 의사 폐업의 탓을 정부에게 돌렸다.134)

이러한 보수언론에 비해 진보적 성향을 띤 한겨레신문은 이강원 시민운동본부 사무국장의 말을 빌려 "어제 영수회담을 통해 이미 폐업은 끝났으며, 결국 힘 있는 집단이기주의에 정부와 정치권이 굴복한 것"이라며 "의료개혁을 포함한 모든 개혁이 좌초될 수 있는 총체적 위기에 처하게 됐다"고 혹평했다135)

이 시기에 조사대상 신문들이 시민단체에게서 주목한 것은 의료 개혁에 대한 요구나 정부 정책에 대한 비판이 아니라 의사 파업에 대한 반대활동이었으며, 또한 왜 시민단체들이 의료파업을 반대하는지 그들의 주장과 제시하는 해결책은 무엇인지 소상히 보도하는 경우도 드물었다. 이는 〈표 4-4〉의 시민단체에 관한 기사가 2.9%에 지나지 않는 것으로도 설명될 수 있을 것이다.

이와 같은 자료검색 결과 보수 언론의 태도변화의 큰 흐름을 찾을 수 있었다. 즉, 의약분업 초기, 'NGO 마당', 'NGO 발언대'등을 통해 시민단체의 의견에 귀를 기울이고 그들의 활동에 대해 상당히 우호적이고 그들을

---

134) 중앙일보, 2000. 6 .24.
135) 한겨레신문, 2000. 6. 26.

우상화하는 분위기였던 적극적 언론보도의 행태가 점차적으로 그 보도량
이 적어졌고,136) 시민단체의 입장을 싣는 것이 아니라 단지 의사들의 폐업
을 부정적으로 평가한다는 식의 소극적 보도137) 혹은 의료계의 입장을 옹
호하고 정부에게 책임을 전가하는 태도변화가 두드러지게 나타났다.138)
이러한 사실로 미루어 볼 때, 아직까지 우리나라에 있어 하부구조가 취약
한 시민단체는 그 입지가 점점 약해지고 의약분업의 중재역할을 일부 맡았
던 시민단체들의 활동은 위축되는 결과를 가져왔던 것으로 보인다.

---

136) 연구의 첫 분석시기인 1999년 5월~8월에는 시민단체에 대한 보도량이 12.2%
　　를 차지했지만, 99년 11월~2000년 2월까지는 1.7%, 2000년 6월~2000년 9
　　월까지는 시민단체 보도량이 2.9%였다.

137) 의사폐업 원인진단과 해결책제시 기사에서 대부분의 책임을 정부로 돌렸으며 폐업
　　에 입각한 의사들에게 대화와 양보 등을 주문하는 등의 입장을 취했으며 문제의
　　원인이 될 수도 있는 의사소득에 관한 기사에서는 제대로 된 근거를 제시하기는커
　　녕 의사들의 경제적 어려움을 동조하는 듯한 시각을 보였다.

138) 이러한 보수언론의 태도와는 달리 파업을 하는 의료계에 대해 비판하고 처음
　　부터 끝까지 시민단체들의 목소리를 조금이라도 싣고자했던 한겨레는 매우 대
　　조적이었다. 이는 어느 한쪽의 옳고 그름을 떠나 한국 언론이 안고 있는 지나
　　치게 편파적이고 비중립적인 모습을 보여준 단면이었다.

<표 4-4> 2000년 6월~9월까지 표제행위 주체의 신문사별 비교

(단위: 회수, %)

	대한매일	동아일보	중앙일보	한국일보	조선일보	한겨레	계
신문자체	33(9.5)	44(13.5)	63(18.2)	40(11.5)	45(17.3)	58(18.1)	283(14.5)
정부관계자	88(25.4)	37(11.4)	57(16.5)	52(14.9)	36(13.8)	44(13.8)	314(16.1)
법원, 검찰	47(13.5)	25(7.7)	29(8.4)	32(9.2)	15(5.8)	12(3.8)	160(8.2)
정치권인사	11(3.2)	15(4.6)	14(4.0)	17(4.9)	17(6.5)	10(3.1)	84(4.3)
파업참여의료인	67(19.3)	42(12.9)	49(14.2)	71(20.3)	25(9.6)	19(5.9)	273(14.0)
지지, 불참의료인	8(2.3)	10(3.1)	16(4.6)		4(1.5)	10(3.1)	48(2.5)
파업반대의료인	11(3.2)	16(4.9)	15(4.3)	12(3.4)	10(3.8)	14(4.4)	78(4.0)
보건의료계			1(0.3)	3(0.9)	2(0.8)	20(6.3)	26(1.3)
제약회사관계자		2(0.6)	2(0.6)	2(0.6)	3(1.2)	4(1.3)	13(0.7)
약사,약국,약품	9(2.6)	12(3.7)	7(2.0)	13(3.7)	13(5.0)	15(4.7)	69(3.5)
시민단체	10(2.9)	8(2.5)	8(2.3)	9(2.6)	7(2.7)	15(4.7)	57(2.9)
환자, 보호자	29(8.4)	42(12.9)	32(9.2)	34(9.7)	31(11.9)	8(2.5)	176(9.0)
시민, 학생	10(2.9)	15(4.6)	5(1.4)	13(3.7)	3(1.2)	5(1.6)	51(2.6)
각계전문가	2(0.6)	7(2.2)	5(1.4)	3(0.9)		8(2.5)	25(1.3)
의료-정부	6(1.7)	13(4.0)	13(3.8)	19(5.4)	13(5.0)	19(5.9)	83(4.3)
의-약계	12(3.5)	9(2.8)	17(4.9)	14(4.0)	19(7.3)	12(3.8)	83(4.3)
의-약-정계		1(0.3)	2(0.6)	2(0.6)	3(1.2)	6(1.9)	14(0.7)
의사-환자	1(0.3)	3(0.9)	3(0.9)	2(0.6)	2(0.8)	1(0.3)	12(0.6)
의사-시민 (단체)		2(0.6)	1(0.3)	3(0.9)	3(1.2)	21(6.6)	30(1.5)
의사-병원	1(0.3)	16(4.9)		2(0.6)	2(0.8)	1(0.3)	22(1.1)
기 타	2(0.6)	6(1.8)	7(2.0)	6(1.7)	7(2.7)	18(5.6)	46(2.4)
계	347(100)	325(100)	346(100)	349(100)	260(100)	234(100)	1947(100)

한 시민단체 관계자는 언론의 태도가 1999년 11월 30일 의사들의 대규모 집단행동 이후에 지대한 관심을 표명하고 파업 이후부터 의사 편에 서기 시작했다[139]고 보고 있는데 그 배경적 원인에 대해서 김용익 교수는 다음과 같이 설명하였다.

"처음 분추협이 중재를 할 때는 언론이 의약분업에 대해서 비판적이었다. 그 후 의사협회가 연기하자고 하고 1999년 2월에 의사회와 약사회가 결렬이 되어 조건부로 1년 연기가 되었었는데 그 때 기사는 '개혁의 연기, 좌초'라고 하여 의약분업을 안 하는 것을 매우 비판했다. 그러다가 시민단체가 합의안을 발표하니까 '매우 질 하는 깃이다'라고 입장을 표명하였다. 그 후 의약분업이 의약분업실행위원회를 통해 추진되니까 언론이 다시 비판적으로 나왔다. 그러므로 언론의 기본적인 태도는 정부가 무언가를 하려고 하면 '나쁜 것', 안 하려고 하면 '개혁 좌초', 그러다가 시민단체가 하면 '질 힌 깃이다'라고 했다가 정부가 막상 꾸미니까 또 '나쁜 것'이라고 하였다. 즉 언론이 똑같은 사안을 놓고도 그런 식으로 다른 평가를 하는 것이었다. 그 후 의사파업이 벌어지니까 조선·중앙·동아는 이런 식으로 정부를 몰아 서게 되고……, 그 즈음에는 김대중 정부와 언론들이 분기점을 넘어서는 시점이었다. 언론의 비판이 의약분업 문제에만 국한된 것이 아니라 국민연금과 기초생보 등, 여러 가지 김대중 정부의 복지정책 전반에 대해서 비판하였는데 그 비판의 연결 고리로 삼은 것이 바로 의사들의 파업행위였다. 즉, 그 당시 의사들이 언론에 대해 접촉을 넓히게 되고 국민들이 불편을 겪게 되니까 언론들이 검토하기 시작

[139) 실제로 2000년 6월 1일부터 9월 9일 사이에 보도된 의약분업 관련기사에서 가장 많이 등장한 표제의 행위 주체는 대통령, 청와대, 관련 부처 인사를 포함한 정부관계자가 가장 많았으며, 파업참여 의료인, 환자 및 보호자, 법원, 검찰 등의 순서로 나타났다. 정부관계자와 법원 및 검찰 인사를 포함한 정부 측 인사가 26.8%, 의료계 인사가 23.3%로 두 집단이 전체의 절반을 차지한 반면, 시민단체의 경우는 표제의 행위 주체 등장 비율이 2.6%에 그쳐 의약분업을 둘러싸고 벌어진 의료파업 과정에서 시민단체는 신문의 관심 밖으로 밀려났음을 알 수 있다(보도비평, 2000. 12. pp.138-139).

하고, 결국 의료파업이 마침 김대중 정부를 깨뜨리는 구실이 된다고 언론은 보았던 것이다. 단 한겨레신문은 예외였다.[140]

　　이러한 정부와 시민단체, 언론과의 관계에 관해서 최근의 한 논문은 "1987년 민주화 이후 정부와 언론과의 관계가 변모하기 시작했는데 언론은 정부와의 종속적인 관계에서 정부와 공존하거나 정부를 압도하는 관계로 변했다고 본다. 그 이유는 정부의 권위가 실추되는 반면 시민 주도의 대안적 지도력 형성이 이루어지지 못한 한국사회에서 권위주의 정치체제가 민주주의 정치체제로 전환되면서 국가와 사회 전반의 권위의 공백을 틈타 언론이 권력화 되었기 때문"이라는 것이다(김이수, 2002: 60). 김대중 정부와 언론과의 관계는 1999년을 기점으로 변하였는데 3월 16일 언론보도에 대한 대통령의 불만과 5월 3일 박지원 공보수석의 불만에 이어 1999년 5월 29일 국세청이 전격적으로 중앙일보 홍석현 사장이 소유하고 있던 보광그룹과 세계일보에 대한 세무조사를 실시, 간접적인 방법으로 언론을 압박하기 시작했다(김이수, 2002). 그리고 2000년대 말 시민단체까지 가세하여 언론개혁을 주장했는데 2001년 1월 초 언론사에 대한 정부의 세무조사가 시작되었다. 이러한 보수 언론과 정부와의 갈등관계는 의약분업 갈등의 후기에 나타났는데, 보수 언론들은 정부에 대항하던 의료계 편을 들고, 정부와 시민단체를 비판하기 시작하였던 것이다.

3. 소　결

　　첫째 기준인 사회적 정당성과 관련하여 시민단체가 언제 개입하였으며, 갈등당사자들의 요구가 있었는지가 문제되는데, 시민단체가 의약분

---

140) 김용익 교수와의 면접조사에 의함(2002. 7. 9).

업 정책과정에 처음 참여한 것은 복지부의 분추협에서 공익단체 대표로
2명이 참여한 데서 시작되었다. 분추협이 중재에 실패하고 여당인 국민
회의가 협상을 시작하면서 인의협의 김용익 교수 등이 이 협상에 참여
하였는데 끈질긴 의료계와 약계의 1년 연기 요구를 받아들이게 되었지
만, 연기하는 조건으로 2개월 이내에 시민단체의 중재 하에 합의안을
도출한다고 하였던 것이다. 이러한 과정 속에서 시민단체는 중재 역할
을 맡게 되었는데 한약분쟁의 경우처럼 갈등당사자들의 요구에 의해 중
재자로 나선 것이 아니고, 국민회의 의약분업정책 추진을 위임받은 김
용익 교수의 인의협과 같은 개혁추신세력이 단시 조힝에 시민단체의 참
여를 규정하였기 때문에 이들을 연결고리로 해서 시민단체는 정치권과
어느 정도 연계되고 있었다. 그리고 시민단체 역시 국민건강과 직결되
는 의약분업 추진을 직능집단에만 맡겨두는 것은 공익에 반한다는 생각
하였기 때문에 시민난체의 중재과정에의 참어는 어느 정도 자발적인 성
격도 띠고 있었던 것으로 보인다.

이와 같이 의약분업의 갈등은 새 정부가 의약분업 정책이라는 개혁정
책의 추진과정 속에서 유발된 것으로 한약분쟁과 같이 이익집단간의 갈
등이 심화되는 과정 속에서 중재자로서의 시민단체 개입이 이루어진 것
이 아니었다. 이 점에서 시민단체는 갈등중재자로서의 역할 이전에 의
약분업이라는 개혁정책의 추진역할도 수행하였던 점이 인정된다. 그 결
괴로 시민단체익 참여는 의료계에서 보면 마치 시민단체가 새 정부 개
혁정책의 동반자 역할을 하는 것으로 비쳐지게 되었던 것이다. 의약분
업 갈등 당시의 정치 환경적 요인은 외환위기를 빚은 정부불신과 이를
극복하는 과정에서 신자유주의의 세계석 흐름과 거버넌스 이론들이 무
게를 실어가는 시기였으므로, 정책과정의 행위자의 다양성 인정으로 시
민단체들에 대한 국민적 지지는 여전히 높았고, 시민단체들의 입지는
더욱 강화되고 있었다. 이러한 과정 속에서 김대중 정부는 이러한 시민
단체들을 전면에 내세워 개혁정책의 국민적 정당성을 획득하려고 하였

고, 시민단체들도 의욕적으로 개혁정책인 의약분업의 과정에 참여하게 되었던 것이다. 따라서 시민단체의 역할은 형식적으로는 의사협회와 약사회간의 갈등을 중재하는 역할로 보이지만, 이에 그치지 않고 의약분업이라는 개혁정책을 추진하는 개혁주체적인 성격도 가지고 있었던 것이다. 따라서 갈등중재자로서의 사회적 정당성은 낮았다고 할 수 있다.

둘째, 신뢰성에 있어서 약사회는 개혁에 긍정적인 입장을 취하는 세력들이어서 의약분업 시행에도 긍정적이었고 이를 추진하려는 시민단체들에 대한 신뢰도 높았지만, 보수성을 강하게 띠고 있었던 의료계는 시민단체를 정부의 하수인으로 보는 시각이 많아 자연히 신뢰성은 낮을 수밖에 없었다. 특히 참여연대의 실거래가 발표 이후 더욱 갈등이 심화되어 갔다. 이러한 신뢰성의 상실로 정기적인 대화채널을 마련하는 것은 불가능하였고 의료파업 이후 언론의 태도 변화는 더욱 의사전달을 어렵게 만들었다. 또한 다른 사례들과는 달리 갈등당사자인 의료계가 시민단체에 갖는 신뢰성은 시간의 변화에 따라 상실되어갔다는 점이 특이하다고 본다. 그러나 일반 국민들의 시민단체에 대한 신뢰성은 아직도 높은 편이었고, 약사회의 시민단체에 대한 신뢰성은 보통 수준으로 전체적인 신뢰성은 보통수준이었다고 하겠다.

셋째, 전문성에서 시민단체들은 건약과 인의협 등의 자문을 받아 대안을 제시하기도 했는데 의료계는 임상경험이 없는 전문가들의 탁상행정에서 나온 대안이라고 하여 현재까지도 시민단체의 전문성을 부정하고 있다. 이러한 주장은 의료계의 보수적인 시각에서 본 것이라는 비판도 있다. 협상능력에 있어서도 의료파업 이후 시민단체는 의사협회의 파업에 대한 대책을 마련하지 못하고 중재 역할을 사실상 중단하고 말았는데 이는 국민들 속에 뿌리내리지 못한 하부구조의 취약과 초기 협조관계에 있었던 언론의 태도변화에도 많은 원인이 있었던 것으로 보인다. 또한 5·10 합의안을 도출하는 과정에서 비민주적인 중재를 했다는 점도 지적되었으며, 경실련의 '시민운동선언문'(2002)에서 경실련은 "이해집단이 승복할 수 있는 정론(正論)의 형성을 위해 다양한 의견을 수렴하고 충분히 토론·합의하는 길을 선택할 것이다"라고 하여 그동안 중재과정에서 다양한 의견의 수렴을 통한 충분한 토론이 부족했음을 간접적으로 인정하였다.

넷째, 자율성 측면에서는 개입 초기부터 정치권과 연계되어 개혁정책의 추진체로서의 역할을 맡게 되어 정부로부터의 자율성은 낮았으며, 일부 단체이긴 하지만 의약분업 추진과정에서 정부의 지원을 받은 사실은 일반 국민들이 볼 때, 정부에 의존적이고 정부의 하수인 역할을 한다는 부정적인 인식을 심어주었다. 시민단체와 언론과의 관계에서는 의료파업 이후 보수언론들이 의사 편에 서게 되자 시민단체들은 더욱 위축되어 공익적 역할을 제대로 수행하지 못하였다. 즉, 시민단체는 언론의 변화에 민감하게 대응하여 자율성을 상실하고 있었던 것이다. 결론적으로 의약분업사례에서 시민단체들은 정부와 언론에 대한 관계에서 자율성을 상실한 모습을 보여주었다.

이러한 의약분업의 갈등과정에서 시민단체가 중재함으로써 유용했던 점은 언론이 자신의 역할을 다하지 못하고 국회나 정당이 정치적인 이유 등으로 중재를 제대로 하지 못하고 있을 때, 시민단체가 나서 의료개혁을 추진했다는 점이다. 과거 이익집단간의 갈등은 주로 정부를 상대로 로비에 의하였는데 이제는 공익을 실현하려는 시민단체들의 개입으로 보다 투명한 구조로 나갈 수 있음을 시사하고 있다. 그러나 의약분업사례에서 몇 가지 우려되는 점도 있다.

첫째, 전문성 측면에서 분석한 결과 도출될 수 있는 문제점으로 시민단체가 광범위한 시민적 토대 위에 뿌리를 내리지 못하고 사회 저명인사나 명망가 중심으로 조직, 운영될 경우에는 의사결정의 민주화가 이루어지지 못할 가능성이 높다는 점으로 아무리 개혁정책이라 하더라도 국민적 공감대가 없는 정책추진은 현실적으로 문제가 많다고 본다.

둘째, 인의협의 권고로 개혁정책의 동반자로서 등장한 시민단체는 정부와 함께 의약분업 정책추진의 견인차 역할을 하게 되는데 보건복지부의 '의약분업추진위원회'의 구성원으로 활동하였고, 정부의 중재가 실패하자 '의약분업실현을 위한 시민대책위원회'를 구성, 1999년 5월 10일 합의에 이르렀으나 의료계의 반발로 결국 의료파업이라는 사태로 악화되고 말았다. 시민단체의 노력으로 5·10합의안이 이루어졌지만 비민주적인 과정을 통해 당사자를 압박하였으므로 결국 의료계가 반대하였음은 한약분쟁사례와 유사하였다. 즉 두 가지 사례 모두 민주적인 분위기 속에서 자유롭고 충분한 토론을 거쳐 이루어낸 합의안은 아니었던 것으로 생각된다. 즉, 시민단체의 갈등조정능력에 문제를 드러낸 것이었다.

셋째, 시민단체들은 전문지식을 갖춘 충분한 인력확보가 어렵기 때문에 전문성 확보를 위해 자문을 해주는 해당 전문가들의 의견에 따를 수밖에 없다. 그러나 문제는 이들 전문가들의 의견이 항상 옳은 것이 아니라는 점이다. 왜냐하면 가치판단을 요하는 중재의 경우 중재자인 시민단체는 특정한 전문가나 전문가 집단이 가지고 있는 가치관으로부터 자유롭지 못하기 때문이다. 이 경우 중요한 것은 보다 다양한 의견을 여과할 수 있는 의사결정구조가 시민단체 내에 갖추어져 있어야 한다는 것과 이러한 전문가들의 견해를 검토하고 최종 판단을 내릴 수 있는 능력을 시민단체가 갖추어야 한다는 것인데 현실은 그렇지 않다는 점이다.

넷째, 의사들의 집단파업 이후 시민단체들은 성명서 발표 이외에는 별다른 활동을 하지 못하고 의약정간의 협상을 지켜볼 수밖에 없었다는 것도 문제라고 보는데 이러한 현상은 아직도 우리의 시민단체들의 조직력과 재정능력이 국민 속에 깊이 뿌리를 내리지 못하여 취약하며, 의약분업은 초기부터 진보성향을 갖고 있었던 소수 의료인들의 자문과 지도 속에 시민단체들이 활동을 해왔기 때문에 의료파업과 같은 위기 시에 이러한 소수 개혁세력들이 대안을 제시하지 못해 시민단체도 자체의 지도력을 발휘할 수 없었던 것으로 생각된다.

다섯째, 의약분업이 지니고 있는 갈등문제의 성격과 관련하여 의약분업사례는 한약분쟁의 경우처럼 갈등의 원인이 직능집단 간의 이익갈등에 있다는 점에서 공통점이 있지만, 의약분업의 경우는 대통령의 공약사항으로서 개혁정책 추진이라는 특징을 가진 정치적 성격이 농후한 문제라는 것이 차이점이다. 이러한 문제의 성격으로 인해 시민단체들은 중재역할 뿐만 아니라 개혁정책 추진이라는 역할까지 맡게 되었다. 또한 의사의 자존심과 결부된 문제여서 해결하기 어려운 문제였는데 이를 위해 중재자는 '대화의 통로제공자'로서의 역할과 '합의형성자'로서의 역할(이달곤 외, 2002)을 해야 한다. 그러나 시민단체들은 이러한 역할을 수행하는 데는 실패했으며, 의약계가 정부를 상대로 과거와 같은 로비를 통한 의약정책의 결정을 방지하는 감시자로서의 역할과 의료계에 공익을 대표하여 대안을 제시하는 역할을 수행하는데 그쳤다.

이러한 논의를 종합한 결과는 다음 〈표 4-5〉와 같다.

<표 4-5> 의약분업사례의 평가기준과 측정내용

평가기준	측 정 변 수	측 정 내 용	강 도
사 회 적 정 당 성	정부나 갈등당사자의 중재요구	복지부의 '분추협' 중재실패와 인의협의 참여 권유	약
신 뢰 성	① 인지적 요소, 정서적 요소	① 약사회: 신뢰성이 보통수준 의사회: 신뢰성이 점점하락 일반국민의 신뢰성은 높은 편임	보통
	② 정기적인 대화채널	② 정기적인 대화채널은 없었음	약
전 문 성	① 합리적인 대안제시능력	① 인의협과 건약의 자문으로 대안을 발표했으나, 의료계는 전문성을 부정함	약
	② 효율적인 중재능력	② 비민주적인 방법으로 5·10합의안을 도출함	약
자 율 성	외부세력으로부터의 자율성	① 개혁정책을 추진하는 과정에서 개입하게 되었음 ② 의료파업 이후 언론의 태도변화에 활동이 미약해짐	약

제3절 김포매립지 사례

1. 사례의 개요와 특성

1) 사례의 개요

환경처가 중점을 두고 추진 중인 쓰레기처리시설 건설계획은 소각시설사업과 광역쓰레기 매립지 건설사업으로 구분되는데 매립지 건설사업과 관련하여 정부는 노천투기식의 비위생적인 매립지를 줄이고 지역주민의 매립지 건설반대로 인한 부지확보의 어려움을 해소하기 위하여 여러 지역이 공동으로 사용할 수 있는 대규모 광역위생매립지 건설을 계획하였다. 이러한 계획의 일환으로 수도권지역에서는 경기도 김포군 검단면 일원 해안간척지 627만 평에 위생매립지를 조성하기 위하여 전체 5공구의 건설계획을 진행하였던 것이다(이수장·박영숙, 2001: 104).

김포매립지 사례에서 갈등이 본격적으로 표출되기 시작한 것은 1992년 4월 10일, 김포매립지에 산업폐기물을 반입하겠다는 정부 방침이 보도된 이후부터였다. 이는 일반 쓰레기만을 매립하겠다고 했던 정부의 약속을 뒤집는 것으로 정부는 20일 이전까지 주민들을 설득하되 주민들의 반발로 효과가 없을 경우 공권력을 동원해서라도 산업폐기물 반입을 강행하겠다는 강경한 발표까지 덧붙였다. 이러한 정부발표는 매립지 주민들이 정부에 대해 가지고 있었던 신뢰를 완전히 뒤엎는 것이었으며 주민시위의 직접적인 원인이 되었던 것이다.[141] 주민들은 정부의 일방적인

---

141) 갈등의 주된 원인은 정책시행기관의 특정 산업폐기물 반입에 대한 일방적인 정책결정이라고 할 수 있으며(주용학, 1995: 83), 정책시행기관은 대상집단을 무시하고 기존의 관례대로 일방적인 정책결정을 함으로써 이에 반발한 주민들에 대해 갈등에 직면하게 되는 것이다.

특정 산업폐기물 반입과 관련하여 '산업폐기물 반입반대 주민대책위원회'
를 결성하고 주민반발에 들어갔으며, 이 임시대책기구는 4월 12일, 가칭
'수도권 산업폐기물 반입반대추진위원회(이하 반추위라 함)'로 재결성되
어 위원장, 분과 위원장, 협상대표를 추대하였다. 반추위는 대정부 건의
문 발송, 호소문 배포, 간담회 개최와 최초의 시위 주도, 자체적인 자금
조성 등 조직화되어갔다. 4월 13일에는 주민요구사항의 해결을 위하여
김포군 주관으로 공청회가 열렸는데 주민들은 산업폐기물을 반입하지 않
겠다고 약속하지 않는 한 공청회도 필요 없다고 하여 공청회를 무산시키
고 4월 20일 수도권 매립지에서 1,000여 명이 참석하는 첫 시위를 하였
다. 이때부터 92년 5월까지 '산업쓰레기 반입반대', '1천억 주민복지기금
조성요구', '쓰레기 반입전면중단' 등의 주민집단저항이 전개되었고 그
과정에서 공권력과의 마찰도 있었다. 이러한 과정에서 김포매립지 사태
에 대한 언론의 집중보도가 계속되었고 한편으로는 주민들의 물리적 집
단시위가 지역이기주의로 몰리고 주민들이 이에 대한 저항감이 고조되는
등 양측의 마찰이 심화되었다. 즉, 인천시와 부천시의 생활쓰레기가 반
입되기 시작하는 날인 5월 1일, 2,000여 명의 주민들은 '산업폐기물 결
사반대 투쟁의 날'을 선포하고 환경처에서 배포한 홍보물을 불태우며 경
기도 보사환경국장과 수도권매립지 운영관리조합 사무국장에게 산업폐기
물 반입결정에 대한 해명을 요구하였다. 5월 4일에는 인천시의 생활폐기
물 차량 수백 대가 예고도 없이 오수를 누출하며 지방도 305호선을 마비
시키자 이를 목격한 인근 지역 청년들이 항의하며 백석 입구를 차단하면
서 3차 시위가 시작되었으며, 이 과정에서 자연스럽게 모여든 주민들은
매립지 입구를 차단하고 차량진입을 저지하면서 무기한 시위에 들어갔
다. 이와 같이 주민들이 강경 대응을 하자 권이혁 환경처장관은 김포를
찾아 "모든 사항은 잘못되었고 깊이 사죄한다. 여러분의 뜻을 최대한 반
영한다"고 하였으며 매립지 운영관리조합의 사무국장을 교체하였다. 5월
9일에는 경기도지사가 김포군청을 내방한 자리에서 대책위 측과 간담회

를 갖고 "국가의 어려움과 주민의 어려움을 포함하여 도지사가 해결책을 제시한다"는 전제로 농성을 풀고 자진 해산하였다.[142] 같은 날, KBS심야 토론 '버릴 곳 없는 산업쓰레기 어떻게 해야 하나'에 추인섭씨 등 대책위 위원들이 참석하였으며, 5월 11일에는 환경처가 주민설명회를 개최하였지만 정부 측이 변명으로 일관하여 주민들이 집단 퇴장하였는데, 주민들은 이 자리에서 산업폐기물의 반입불가, 생활폐기물의 위생매립 등을 재차 요구하였다. 이 시기에 정부 측과 주민들의 접촉은 대개 정부 측 입장을 일방적으로 전달하려는 것이었으며 대화라고 할 만한 수준은 못 되었던 것이다. 5월 15일, 주민대표들은 총회를 열고 '산업폐기물 반입반대 추진위원회'를 '수도권매립지 대책위원회(이하 대책위라 함)'로 바꾸는 한편 대책위원회의 구성과 운영에 관한 정관을 마련하고 위원장을 비롯한 대책위원과 자문위원들을 선출하고 협상대표(12명)들을 선출하는 등 정부 측과의 대화를 통한 문제해결의 발판을 마련하였다. 그리고 과거 반추위가 지역주민활동을 활성화시키는 데는 기여하였지만 공식조직의 성격을 갖지 못한 반면 대책위는 공식조직의 성격을 갖는 상설주민대표기구로서의 성격을 띠게 되었다. 즉, 반추위와는 달리 대책위는 회원의 자격, 임원, 기구조직, 재정, 회의운영, 활동 등에 관한 사항들을 규정한 정관이 있었다.

5월 28일에는 주민들이 주최하는 공청회가 열렸는데 이 공청회에서 장원 교수는 "구법에 의한 일반산업폐기물 15종을 한시적으로 5개월 동안 환경영향평가를 실시하자"는 중재안을 제시하였다. 주민주최 공청회에는 대책위 측이 선임한 장원(대전대학교 환경공학과 교수), 신창현(환경정책연구소장) 소장이, 정부 측에서는 이진(환경처차관), 서울시부시장, 경기도 부지사 등이 참석하였다. 6월 3일, 장원 교수의 중재안을 주민 측이 받아들이겠다고 공문을 발송함으로써 산업폐기물 반입문제는

---

142) 수도권매립지대책위원회, "제4차 정기총회", 1996. 3. 29, p.16.

일단락 짓게 되었다. 이후 제4차 실무협의회에서는 수도권매립지에 특정폐기물 반입계획은 없으며 추후 피해 지역주민의 80% 이상의 동의 없이는 반입계획을 수립하지 않음을 확인하였다. 제5차 실무협의회에서는 주민 제시안을 환경처가 공문으로 확인하여 주기로 함으로써 산업폐기물 반입문제는 일단락되었다.

이와 같이 실무협의회를 통한 주민 측과 정부의 계속적인 상호접촉의 결과 7월 14일 열린 제6차 실무협의회에서는 수도권매립지 운영에 관한 제반사항에 대하여 협약서가 타결되었다. 협약서는 매립지의 운영관리, 피해 영향권지역의 개발, 폐기물 반입 및 운송, 실무협의회 구성 및 운영으로 구성되어있는데 이 중에서도 중요한 것은 실무협의회 구성 및 운영으로 그 내용은 다음과 같다.

실무협의회는 월 1회 정기적으로 회의를 개최하고, 수도권 매립지에 관련된 전반에 걸쳐 광범위하게 논의 결정하며 회의에서 결정된 사항은 개최일로부터 일주일 이내에 참가기관의 이의가 없을 때에는 결정된 것으로 본다. 그리고 협약서의 사항에 명시되지 아니한 사안은 실무협의회를 통하여 논의 결정하며 이 결정사항은 협약서와 동일한 효력을 가진다고 되어 있다

이 협약서는 매립지의 운영·관리에 있어서 정부정책에 참여하는 주민대책위원회의 활동근거를 보장하였을 뿐만 아니라 이와 같은 주민대책위의 활동이 실무협의회를 통하여 이루어짐을 명문화한 것으로 정부가 주민대표와의 대화절차를 공식적으로 보장하였다는 의미를 갖는 것이다.

2차 갈등은 환경영향평가문제를 둘러싼 갈등이었는데, 1993년 4월 13일 주민대책위원회, 정부관계자 등이 참여한 가운데 환경영향 종합평가 보고회[143])가 개최되었다. 이 보고회에서 환경영향평가 용역 팀은 김포

---

143) 이는 배달환경연구소가 주관하고 서울대학교와 대전대학교가 합동연구기관으로 참여한 환경영향평가로 첫 민간주도의 환경영향평가사업이었다. 이 환경영향평가의 연구목적은 일반쓰레기 및 산업계쓰레기를 반입할 경우 매립지와 인

지역이 특정폐기물의 매립지로서 적절하지 않아 폐수오니, 폐가죽의 반입을 불허하여야 할 것이라고 주장하고 일반쓰레기도 시설보완 등의 조치가 필요하다고 하면서 「A」에서 「F」까지 등급을 매기도록 한 평점 중 「E」의 평가결과를 제시했다. 이에 대해 환경처 측은 용역 팀의 평가가 채취한 250개 시료 중 30개만을 조사한 것에 근거하고 있다는 점과 산업폐기물 반입금지조치가 국가경제에 미치는 부정적인 영향 등을 이유로 용역 팀의 평가에 대한 전면 수용을 거부하였다.

환경처는 장원 교수팀이 수도권매립지 환경영향 종합평가 용역조사의 주안점이 특정폐기물 3종의 유·무해성 판정에 있음에도 불구하고 도금공장 등에서 나오는 지정찌꺼기 및 폐가죽류에 대해서 유해성 여부에 대한 조사도 하지 않는 등 불성실한 용역조사를 했으며, 매립지 입지타당성 평가에서도 항목 및 방법에 잘못이 있었다고 주장했다. 즉, 이번 용역의 결과가 불성실한 연구와 특정폐기물에 대한 과학적인 증명을 거치지 않고 나온 것이기 때문에 문제가 있다는 주장이었다.

환경처는 이 문제를 더욱 확실히 하기 위해 1993년 2월, 주민대책위와 정부, 용역 팀이 합의해 추가 정밀조사를 하기로 하고 특정폐기물 시료 220건을 채취해 조합측이 분석할 결과, 문제가 된 것은 단 한 건도 없었으나 용역 팀은 1천7백만 원의 연구비를 추가로 달라면서 분석

근지역의 종합적인 환경상태를 조사하여 일반쓰레기와 산업계쓰레기 반입에 따른 제반 문제를 평가하고, 생태계와 주민의 건강 및 생활환경에 미치는 영향을 조사함으로써 일반쓰레기의 위생매립 및 산업계쓰레기의 매립에 따른 환경질의 변화를 예측하고 아울러 매립지 운영에 따른 환경상의 악영향 저감과 매립지운영에 지역주민의 의사를 반영하고 주민복지를 위한 그린 플랜 수립을 2차적 목적으로 히였다. 이를 위해 7개 분야별 관계 전문가 30여명이 참여하였다(수도권매립지운영관리조합, 수도권매립지 종합환경조사 연구보고서, 1993. 3). 이러한 김포매립지 환경조사용역은 주민대책위가 추천한 장원 교수와 김포매립지 관련 운영조합 간에 1992년 8월, 2억6천7백만 원에 계약이 맺어졌으며 장원 교수는 이 가운데 일부를 서울대학교 김정욱, 유근배, 고철환, 양병이 교수와 대전대 김선태 교수 등에게 다시 맡겼다(한겨레신문, 1993. 4. 21).

도 하지 않은 채 조사결과를 발표했다고 장원 교수팀을 비난했다. 환경처는 용역 팀의 용역결과보고서 내용이 사실과 다른 부분이 많아 그대로 동의하여 받아들일 수 없다며 중금속 허용기준치를 넘지 않는 폐수처리찌꺼기와 폐가죽류 등 특정폐기물 2종을 계속 반입할 방침이라고 밝혔다. 이에 주민대책위는 협의각서 위반이라고 강력히 항의하면서 폐수오니, 폐가죽의 반입저지 활동을 전개(4월 20일~5월 17일)하는 등 다시 한번 갈등상황이 전개되었다. 이와 같이 주민대책위와 정부 측은 환경영향 종합평가 실시 이후 폐수처리 찌꺼기와 폐가죽류의 반입을 둘러싸고 대립하였다. 그러나 계속된 실무협의회를 통한 대화를 통해 협약서가 5월 14일 체결되고, 이 협약서의 체결로 무해한 폐수처리오니와 폐가죽류 등 특정폐기물 2종을 이전처럼 수도권매립지에 계속 묻기로 합의하게 됨으로써 물리적인 충돌 등의 극단적인 갈등은 피하게 되었던 것이다.

2) 갈등문제의 특성

첫째로 한약분쟁과 의약분업의 사례와 달리 김포매립지 사례는 지역의 환경갈등에 관한 사례로 국지적 기피시설(LULUs)로서의 특성을 가지고 있다. 여기서 국지적 기피시설(LULUs)이란 'locally unwanted land uses'의 약자[144]로 입지과정에서 관련 지역공동체의 강력한 저항이나 반대, 즉 님비신드롬(NIMBY syndrome)을 유발하는 토지이용으로서 일반적으로 다음과 같은 시설들이 이에 해당된다.

ⓐ 쓰레기처리시설, 분뇨처리장, 화장장 등과 같은 혐오성 시설, ⓑ 원자력발전소, 핵폐기물처리시설, 교도소 등과 같은 위험성 시설, ⓒ 양

---

144) LULUs라는 용어를 도시계획에서 처음 사용한 사람은 Popper로 다음의 논문에서 비롯되었다. Popper, F. J., "Sitting LULUs, Planning", 47(4), Apr. 1981, pp.12-15.

로원, 정신병원, 장애자시설 등과 같은 순수공익성 시설 등을 들 수 있다.145) 이러한 국지적 기피시설을 둘러싼 갈등문제로 인하여 다음과 같은 특성을 갖게 된다.

첫째, 서비스의 양과 질은 증대·심화되는데 반해 시설의 입지는 극히 제한되어 있어 갈등해결에 있어 시간적 압박이 가해질 수밖에 없는 특성을 갖게 된다.

둘째, 특정 지역을 대상으로 하므로 갈등을 해결하는 과정에 있어 주민들의 감정적 대응이 야기될 수 있으며, 기피시설을 둘러싼 서비스는 단지 일회에 끝나는 문제가 아니라 지속적인 문제를 일으키게 되므로 문제가 더 복잡해지고 불확실성을 갖는 특성이 있다.

셋째, 이러한 기피시설의 건설은 인근 주민들에게 건강한 생활의 원천이 되는 생활기반의 파괴와 지가 하락 등의 경제적 손실을 초래할 우려가 있으므로 이에 대한 적절한 보상책과 철저한 과학적 연구가 이루어질 것을 요구하고 있다. 그렇지 못할 경우 지역주민과 이를 실현시키려는 행정당국과의 갈등문제가 일어날 수밖에 없는데, 환경문제 특히 혐오시설의 입지에 관한 정책결정의 경우 지역주민들과 합의가 이루어져야 원활한 정책집행이 가능하기 때문이다.146) 이러한 점에서 기피시설의 입지에 관한 갈등문제는 가능한 한 신속하게 처리되어야 하며, 주민들에 대한 적절한 보상책과 함께 지속적인 대화채널을 제도화하고, 전문가들의 참여를 통한 객관적인 연구와 함께 보다 합리적인 방법을 통한 문제해결 태도를 견지할 것이 요구된다.

갈등문제의 두 번째 특성은 국지적 기피시설(LULUs)에 관한 것인데 이

---

145) 내무부 지방행정연수원, 지역이기주의의 효율적 극복방안, 1991.
146) 환경위험시설이 입지하는 경우 이로 인한 혜택은 넓게 분산되어 나타나는 반면, 비용은 그 시설이 입주하는 지역에 집중되어 발생되는 특정을 지니고 있다. 이러한 시설물은 많은 위험을 시설이 입지하는 지역주민들에게 주는 것 이외에도 재산가치의 하락, 주변 환경에 대한 오염문제 등의 부정적인 외부효과(negative externalities)를 발생시키기 때문이다(서휘석, 1994: 40).

것은 특정 지역민들이 불이익을 받는 것이므로 입지선정을 할 경우에는 주민들의 대화와 설득을 통하여 합리적인 방법으로 해결해야함에도 불구하고 그동안 정부는 하향적 계획논리를 적용하여, 이른바 결정－발표－옹호(decide－announcedefend, DAD)라는 전통적 계획논리가 과정의 효율성이라는 명목 하에 최근까지 지속되어 입지갈등을 증폭시키고 있었다(이수장, 1996: 3). 그리고 김포매립지 사례의 경우, 후에 침출수 유출이 문제되었는데 기피시설을 둘러싼 갈등은 과학적인 연구와 투명성 있는 공개를 통해 주민들을 설득하는 것이 중요하다고 보며, 문제의 불실확실성에 대비하기 위해 정기적인 대화채널의 제도화가 무엇보다 필요하다고 생각된다.

   갈등문제의 세 번째 특성은 정책유형과 관련시켜보면 김포매립지에 대한 당시 환경처의 산업폐기물관리정책은 다원주의 관점에서 본 정책유형들 중 분배정책과 규제정책에 속하며, 자본주의적 관점에서는 통합기능에 속하는 정책유형으로 이들은 원래 갈등이 심한 정책유형들이다. 특히 Wilson의 정치적 비용편익분석모형에서는 수적으로 많더라도 지지가 분산되는 반면, 수적으로는 적더라도 강력한 반대가 있는 것으로 핵심행정부가 방치하는 경우가 많은 기업가 정치모형에 속하는 것으로(정용덕, 2001: 384), 핵심행정부는 개입하지 않았고 환경처가 중심이 되어 주민들과 협상을 해나갔다.

2. 분석틀의 적용

   김포매립지 사례에 대한 〈그림 3-1〉의 분석틀의 적용에서 주의할 점은, 한약분쟁과 의약분쟁의 경우에 정부의 중재가 실패한 후에 시민단체가 중재에 나서게 된 것이지만, 김포매립지 사례의 경우에 있어서는 정부(당시의 환경처)와 주민과의 갈등관계에 장원 교수가 중심이 된 시민단체(환경단체)가 개입하여 처음부터 중재를 맡았다는 점이다.

1) 사회적 정당성

사회적 정당성과 관련하여 김포매립지 사례는 다른 두 사례들과 특이한 성격을 띠고 있는데, 우선 갈등당사자들이나 중재자인 정부의 개입요구 없이 배달환경연구소의 장원 교수가 자발적으로 개입하여 갈등을 중재했다는 점과 정부의 본격적인 협상이나 중재가 시작되기 이전에 갈등문제에 먼저 개입하였다는 점이 특징이다.

(1) 정부나 갈등당사자이 준재요구

갈등상황에서 당사자 이외의 제3자가 개입하는 상황을 Mitchel l(1981)은 ⓐ 갈등이 지루하게 장기화되고 복잡한 양상을 띨 때, ⓑ 당사자들의 갈등해결노력이 더 이상 진전되지 않고 벽에 부딪칠 때, ⓒ 갈등의 지속이 관련된 요인들을 악화시킬 수 있다고 판단될 때, ⓓ 갈등당사자들 간에 이사소통이나 협력이 존재하고 있을 때 등을 들고 있다. Latour(1976)는 ⓐ 갈등당사자 이외의 갈등해결의 결과에 영향을 받을 제3자의 요구가 있을 때, ⓑ 갈등당사자들의 요구가 있을 때, ⓒ 조정이나 중재에 참여하는 제3자 자신이 갈등상황에 이해관계를 가지고 있을 때, ⓓ 갈등당사자간의 상호작용에 있어서의 기존의 질서를 보존하기 위하여, ⓔ 제3자의 개입이 갈등상황의 종결보다 더 효과적일 것으로 판단될 경우 제3자 개입이 이루어진다고 하였다. 그런데, 김포매립지 사례의 경우 배달환경연구소의 장원 교수가 개입하게 된 배경은 위의 Mitchell(1981)이나 Latour(1976)의 경우에는 전혀 해당되지 않는 특수한 사례로 그가 김포매립지 분쟁에 개입하게 된 배경은 산업폐기물 반입에 반대하는 주민들의 시위에 관한 신문 보도를 보고 직접 주민들을 찾아가서 중재의사를 밝혔다는 것이다.[147] 그 당시 주민들은 이러한 문제를 다룰 전문가를 필요로 하고 있었는데 처음 장원 교수

---

147) 장원 교수와의 면접조사에 의함(2002. 7. 8).

를 대하는 그들의 인식은 장원 교수를 관변교수로 보는 시각이 강해 초기
에는 부정적이었으나, 그들에 대한 신뢰성을 확실히 심어주기 위해 장원
교수는 가족들과 함께 이사를 하여 주거지를 검단면 마전리로 정하였으며
주민들과 현안들을 의논하며 중재에 적극 나서게 되었다.[148]

장원 교수가 주도하고 있었던 배달환경연구소는 1991년 6월, 그가 대
전대학교 환경공학과 교수로 있을 때 설립한 연구소로, 대전에서 활동
을 하면서 회원들이 점점 많아지게 되자 전국 조직인 환경운동단체인
'배달환경클럽'을 만들게 되었는데(1993년) 이것이 현재 녹색연합의 전
신이 되었던 것이다. 그 당시 배달환경클럽은 한국 최초의 환경운동조
직이었는데, 이러한 배달환경연구소의 설립목적은 "환경에 관련된 과학
기술적 연구와 실험, 정보 및 자료의 축적, 교육과 출판 등의 활동을 통
하여 국민의 생명과 건강을 지키고 우리 민족 삶의 터전을 올바르게 함
을 목적으로 한다"(배달환경연구소 정관 제2조)고 하며, 그 목적수행을
위하여 다음과 같은 사업과 활동을 하고 있었다(정관 제4조).

ⓐ 환경문제 및 환경의 질 검사, ⓑ 환경관련 용역수행, ⓒ 환경교육,
ⓓ 환경관련 자료 개발 및 서적출판, ⓔ 환경관련 정보사업, ⓕ 환경관
련 행사기획, ⓖ 국내외 환경단체 연대, ⓗ 주민 환경운동 지원, ⓘ 기
타 본 연구소의 목적을 이루는데 필요한 사업과 활동 등이다.

이러한 사업과 활동을 하는 배달환경연구소는 단순히 연구소라기보다
는 시민단체이자 환경단체로서의 성격을 가진 단체로 파악된다. 따라서
이러한 단체가 김포매립지의 중재에 나선 것이 별 무리는 없었다고 본
다. 연구소의 활동들 중 주민환경 운동 지원이 있으며 실제로 이러한 사
업을 추진하기 위해 환경연구소장 밑에 환경분쟁조정부를 두고 있기 때

---

148) 장원 교수는 그 당시 중재자의 요건으로 쌍방간의 신뢰성이 중요하다고 보아,
탁상공론식의 분쟁해결방식을 지양하고, 분쟁 현장에 직접 들어가 주민들과
많은 시간을 접촉함으로써 그들과의 일체감을 가질 수 있었다. 그는 성공적인
중재를 위해서 가장 중요한 것은 신뢰성임을 강조하였다(장원 교수와의 면접
조사에 의함, 2002. 7. 8.).

문이다. 환경연구소의 임원과 기구는 이사장 1명, 이사 총 14명 이내, 감사 2명 이내, 소장 1명으로 소장은 연구소의 운영에 관한 사항을 총괄 집행한다(정관 제8조, 제11조 제2항). 실제로 조직도표를 보면 이사회, 자문위원회, 감사가 있지만 주민지원사업부, 에코토피아사업부, 환경시스템연구부, 환경분쟁조정부, 아젠다 21기획단, 유기성폐기물자원화부, 민간환경영향평가부 등 7개부를 소장이 직접 총괄하고 있어,[149] 연구소장인 장원 교수가 실질적인 운영을 하고 있었던 것으로 생각된다. 장원 교수와의 최근 면접조사와 배달환경연구소의 조직도표로 보아 김포매립지 사례에 있어 갈등중재는 배달환경연구소라는 시민단체의 활동이었지만 실제로는 장원 교수라는 개인적 리더십이 더 영향력을 발휘했던 갈등중재 사례라고 할 수 있을 것이다.[150] 그리고 앞의 두 사례와는 달리 정부의 중재가 실패한 후 갈등당사자들의 요구에 의해 시민단체가 개입한 것이 아니라, 장원 교수의 개인적 리더십에 의해 중재역할을 맡게 된 것으로 이러한 행동은 이른바, '기업가정신(entrepreneurship)'으로부터 나온 행동으로 볼 수 있을 것이다.

여기서 entrepreneur란 Schumpeter(1949)에 의하면 '생산요소를 새롭게 결합(new combinations of means of production)시키는 사람'으로, 조직의 일반 경영인과는 다른 의미로 사용되는 용어인데 특히 일상적인 업무에 종사하거나 관례화된 의사결정을 하는 일반적 의미의 경영자가 아니라 관리 혹은 조직화된 역할을 수행하는데 있어서 새로운 돌파구를 마련해내는 사람을 뜻한다(Young, 1986: 162).

시민단체와 같은 NGO에 관한 기존의 연구들은 이들 단체의 설립과 활동에 특정한 개인의 리더십이나 기업가정신과 같은 헌신적 노력이 중요한 비중을 차지한다고 지적하고 있는데(강상욱, 2001: 83), 이는 비단

---

149) 녹색연합 사단법인 배달환경연구소, 배달환경연구소보, 1997. 3.
150) 당시 장원 교수는 미국에서 공부한 자신의 전공분야에 대한 지식을 현실세계에 실험하기 위해 김포매립지를 찾았으며, 30대의 젊은 학자로서의 사명감이 충만하고 있었다고 하였다(장원 교수와의 면접조사에 의함, 2002. 7. 8).

우리나라에만 국한된 것이 아니고, 미국의 경우에 있어서도 인권운동의 잭슨 목사나 미국 소비자 운동의 선구자인 랄프 네이더 등이 이러한 대표적인 예에 속한다고 할 수 있다. 특히 우리의 시민단체 초창기에는 종교 지도자를 비롯하여 학계, 인권분야 등 단체대표들의 선도적 역할이 중요한 비중을 차지한 것이 사실이다. 이 과정에서 특정 개인의 리더십이나 명망도가 중요한 역할을 해오고 있으며 우리의 시민단체들은 이들의 개인적 영향력에 대해 크게 의존하고 있는 것이 현실이어서 '시민 없는 시민단체'라는 비판을 받았던 것이다.

(2) 정부의 중재실패요인

　김포매립지 사례의 경우 정부는 갈등당사자들 중 하나였으므로 이 기준은 해당되지 않아 제외한다. 여기서는 이러한 사회적 정당성과 관련된 논의를 요약해보기로 한다.

　본 연구에서는 정부의 중재가 실패한 상태에서 갈등당사자들의 노력만으로 더 이상의 진전이 없을 때 중재자인 정부나 갈등당사자들이 시민단체의 중재를 요청한 경우에 시민단체의 개입은 사회적 정당성이 높은 것으로 보았다. 그런데, 김포매립지 사례의 경우에 있어서 장원교수는 산업폐기물 반입에 반대하는 주민들을 찾아가 직접 중재의사를 밝혔다고 하는데 이 경우 정부의 중재실패가 있지 않았고, 갈등당사자들의 요구가 있었던 것이 아니므로 사회적 정당성은 낮다고 할 수 있다. 다만, 김포매립지 갈등이 있었던 1992년과 1993년은 한약분쟁이 있었던 1993년과 같은 시기여서 시민단체에 대한 일반 국민의 인지도와 신뢰성은 매우 높았던 시기였다. 따라서 이 두 가지 요소를 모두 고려하면 장원 교수의 중재활동에 있어 사회적 정당성의 강도는 '보통'수준으로 표시할 수 있을 것이다.

2) 신뢰성

다른 사례들과는 달리 김포매립지 사례에서는 중재자인 장원교수에게 갖는 신뢰성은 환경전문가라는 인지적 요소와 주민들과의 감정적 유대감의 정서적 요소가 모두 갖추어졌던 이상적인 사례였으며, 신뢰성의 동태적 측면을 감안할 때 신뢰성이 시간의 경과에 따라 강화된 것이 특징이었다. 김포매립지 사례의 경우 주민들이 중재자인 장원교수를 중심으로 한 배달환경연구소와 주무부서인 환경처에 대해 갖는 신뢰성을 측정한 선행연구들이 있어 참조하기로 한다(주용학, 1995).

(1) 선행연구

갈등당사자들 사이에서 갈등관리자가 갖추어야 할 첫째 요건은 갈등당사자들로부터 신뢰성을 확보해야 한다는 전인데, 선행연구의 한 조사에서 주민들이 가장 정부를 신뢰할 수 없을 때는 '주민들과 사전에 협의하지 않고 주민의 의견을 반영하지 않을 때'(42.7%), '정부가 주민들과의 약속을 이행하지 않을 때'(29.5%)라고 응답하였으며, 이외에도 정부를 신뢰할 수 없는 이유로 공권력 행사와 같은 강제성을 띄게 될 때, 정부정책의 일관성이 없을 때, 정보 및 자료의 비공개 등을 지적하고 있다(주용학, 1995).

협상 중재자로 어떠한 사람이나 집단에게 위임해야 하는 것이 좋은가라는 질문에는 가장 많은 사람들이 환경단체를 들었으며, 두 번째로 지방자치단체, 세 번째로 지식인(학자, 교수), 네 번째로 종교 및 사회단체, 그 다음으로 국회 및 담당 공무원을 들었다(주용학, 1995: 113). 그리고 주민의 66.1%가 당시 중재역할을 했던 배달환경연구소가 협상을 하는데 있어 중요한 역할을 하고 있다고 답하였으며, 부정적인 답을 한 주민은 9.4%에 지나지 않았다.

중재자가 갖추어야 할 자격요건에 대해서는 주민들이 가장 중요하게 지적한 것은 전공지식(63.3%)이었고, 정부가 인정한 자격구비(36.7%), 법적 효력권(34.1%), 고도의 학력(23.3%) 등의 순으로 답하였다. 이와 비슷한 질문으로 협상중재자의 능력을 묻는 질문에서 가장 중요한 것은 전문지식이었으며, 종합적으로는 '객관적이고 합리적인 사고방식'과 '적극적이고 긍정적인 사고방식'이라고 답하였는데, '리더십'에 대해서는 큰 비중을 두고 있지 않았다(주용학, 1995: 115).

이를 종합해보면 갈등중재자로서의 시민단체 역할에 대해서는 상당수의 주민들이 긍정적으로 보고 있었으며, 이러한 갈등관리자로서의 자격요건으로 전문성을 들었는데 이는 김포매립지 갈등문제가 환경문제라는 전문지식을 필요로 하였기 때문인 것으로 보인다. 따라서 주민들은 배달환경연구소와 같은 환경문제를 다룬 경험이 있는 단체를 신뢰하고 있었는데 이는 전문성을 갖춘 공익을 추구하는 시민단체였기 때문일 것이다.

전문성과 신뢰성과의 관계를 살펴보면, 환경갈등문제에 있어서 전문성은 신뢰성의 필요조건으로서 중요한 의미를 가진다고 본다. 즉, 중재자의 전문성 확보는 갈등당사자가 중재자의 대안을 수용할 가능성을 높게 해주는 것이지만 이는 어디까지나 갈등당사자들이 중재자의 전문성을 인정할 때 가능한 것이다. 따라서, 중재자의 전문성이라는 것도 단순히 중재하는 개인이나 단체가 소유하는 것이 중요한 것이 아니라 그를 수용하려는 갈등당사자들의 신뢰도가 보다 중요한 의미를 갖는 것이다(Emerson, 1962: 32). 이 점에 있어 장원 교수는 개입 초부터 가족들이 검단면으로 이사를 하는 등 신뢰확보를 위해 많은 노력을 하였던 것으로 보이며, 실제로 그는 주민들에 대한 신뢰도 조사에서 높은 평가를 받았다. 이와 같이 김포매립지 사례에서 장원 교수가 주민들로부터 높은 신뢰를 받고 있었던 이유는 우선 갈등 초기 식구들과 함께 주민들이 사는 검단면으로 거처를 옮겨 갈등 지역에 직접 뛰어들어[151] 그들의 어

---

151) 쓰레기매립장과 소각장 등을 찾아 16번이나 이사하여 그의 가족은 '녹색 5분 대기조'라는 별명이 붙었다고 한다(월간 '말', 1997. 11., p.24).

러움을 피부로 느껴야 한다는 자신의 생각에서부터 출발하여, 정기적인
대화채널인 실무협의회를 제도화하는 데까지 실천을 통하여 자신의 목
표인 '영적 진보'를 달성[152]하려는 행보를 실천하고 있었기 때문일 것이
다. 이러한 높은 신뢰는 실무협의회에서 주민 측, 정부 측과 합의가 이
루어지지 않을 때는 그가 참석하여 재협의한 사실로도 알 수 있다. 그
는 주민대책위원회의 주례회의에 참석, 주민들의 사업관련 요구사항들
에 관한 자문에 응하였다고 한다(진종순, 1997: 76). 또한 장원 교수는
환경영향평가팀이 객관적인 평가를 내리는데 공헌함으로써 주민 측으로
부터 높은 신뢰를 받았는데 이러한 예로 대책위가 무해한 특정폐기물반
입을 위한 정부 측과의 실무협의회에서 협상의 자문역할로 장원 교수의
참석을 요구한 것을 들 수 있다(진종순, 1997: 81).

  이와 같이 김포매립지 사례는 인지적 측면에서 비롯되는 장원 교수와
배달환경연구소에 대한 인지적 측면에서의 신뢰성도 있었지만 동시에
다른 어느 사례보다도 환경운동가인 장원이라는 인간적 요소에서 비롯
된 정서적 측면에서 나오는 신뢰성도 높았던 사례였다고 할 수 있다.

(2) 정기적인 대화채널의 제도화

  일반적으로 갈등관리에 있어 중요한 것은 갈등당사자들 간에 정기적
인 대화채널이 제도화되어야 한다는 것인데 본 사례의 경우 '실무협의
회'라는 장기적인 모임이 제도화되어 중요한 문제들이 발생할 때마다 수
시로 회의를 가졌다.

  실무협의회는 정부와 주민대책위원회간의 정기적인 대화채널로서의
역할뿐만 아니라 주민들에게 대화와 협상의 동등한 파트너로서 지위를
부여한 것으로 권위주의 국가에서 정부에 비해 열악한 위치에 있는 주
민들의 지위를 정부와 동등한 파트너로서의 지위로 격상시킴으로써 주

---

152) 앞의 책, p.29.

민참여의 장을 마련하는 계기가 되었던 것이다. 또한 실무협의회는 특정한 회원뿐만 아니라 일반 주민들도 참석할 수 있어 참여의 폭을 넓혀 민주시민을 양성하는 교육의 장으로서의 역할도 훌륭히 수행해냈으며 김포매립지 사례에서 이와 같은 정기적인 대화채널이 제도화되었다는 사실은 갈등당사자들과 중재자간의 높은 신뢰성이 밑받침되고 있었음을 말해주는 것이다.

3) 전문성

중재자인 장원 교수는 당시 김포매립지 갈등상황을 정확히 인식하고 있었다. 즉, 이 문제는 환경문제로서 환경 등에 관한 전문지식을 갖춘 제3자의 조정이나 중재를 필요로 하고 있었고, 당시 주민들은 정부에 비해 열등한 지위에 놓여 있었다. 따라서 환경문제를 연구하고 다루는 전문성과 주민들로부터 신뢰를 받을 수 있는 시민단체의 개입을 통한 중재가 필요하다는 것을 인식하였으며, 주민들과 정부와의 협상에서 주민들의 지위를 보장해 줄 수 있는 제도적 장치가 필요하다고 보아 실무협의회라는 정기적인 대화채널을 제도화시키는데 성공하였다. 또한 김포매립지 사례는 국지적 기피시설로서의 입지 갈등적 성격을 가지고 있었는데, 기피시설의 건설은 인근주민들의 쾌적한 생활과 지가 하락 등 경제적 손실을 초래하므로 갈등을 원만히 해결하기 위해서는 경제적 손실에 대한 보상책이 강구되어야 한다고 보고 정부 측과 협의, 주민들에게 보상책을 마련하여 갈등을 원만히 해결할 수 있었다.

(1) 합리적인 대안제시능력

김포매립지 환경조사에는 각 분야의 전문가들이 대거 참여함으로써 전문성에 근거하여 합리적 과정을 밟게 되고, 이러한 합리적 태도는 초기 주민들이 무력시위와 같은 극단적인 폭력사용을 배제하고 실무협의회라는 정기적인 대화채널을 마련하여 갈등문제를 토론의 장으로 이끄는 계기를 마련하였다.

김포매립지 갈등문제를 맡았던 배달환경연구소는 서울대학교와 대전대학교를 합동연구기관으로 참여시켜 환경영향평가를 하였는데 이는 첫 민간주도의 환경영향평가사업이었다. 이러한 환경영향평가의 연구목적은 일반쓰레기 및 산업쓰레기를 반입할 경우 매립지와 인근지역의 종합적인 환경상태를 조사하여 일반쓰레기와 산업쓰레기 반입에 따른 제반 문제를 평가하고 생태계와 주민의 건강 및 생활환경에 미치는 영향을 조사하려는 것이었다. 그리고 일반쓰레기의 위생매립과 산업쓰레기의 매립에 따른 환경의 질의 변화를 예측하고 매립지 운영에 따른 환경상의 악영향 저감과 매립지운영에 지역주민의 의사를 반영하며 주민복지를 위한 그린 플랜 수립을 2차적 목적으로 하였는데 이를 위해 7개 분야별 관계 전문가 30여명이 참여하였다(수도권매립지운영관리조합, 1993. 3). 이러한 사업을 시행하기 위하여 30여명의 전문가들이 참여하게 됨에 따라 정부도 이들의 존재를 무시할 수 없었으며, 특히 운동성을 갖춘 전문가들[153]의 자문을 받는 실무협의회의 의사를 존중하지 않을 수 없었을 것이다. 그리고 김포매립지 사례의 경우에 있어서는 갈등문제의 특성 부분에서도 언급하였듯이 국지적 기피시설로서의 성격을 가진 문제로서 이러한 혐오시설의 설치는 건강과 안전에의 위험, 재산 가치 하락, 환경오염 등(이수장, 1996)의 손실을 가져오게 되므로 원만한 해결을 위해서는 경제적 보상이라는 방법이 매력적인 대안이 될 수 있다고 본다. 중재자인 장원 교수 등은 협상을 하면서 갈등당사자 모두에게 이익이 될 수 있는 유인책을 제시하였는데 이 점이 중재를 성공으로 이끌었던 요인으로 작용하였다. 즉, 중재를 통해 정부는 산업폐기물의 반입이 가능하게 되었고 주민들에게는 지역경제발전사업을 위한 지

---

153) 이는 장원교수와 같이 시민운동을 하는 전문가를 지칭한다. 이 표현은 장원 교수와의 면접조사에서 장원 교수가 사용하였다.

원책을 제시하였던 것이다(이수장, 1996).154) 이와 같은 주민들에 대한
지원책은 〈표 4-6〉과 같다.

〈표 4-6〉 주요 지원책 내역

지 원 사 업 항 목	실시(예정) 내역
김포군 환경개선 및 지역개발사업지원	202 억원
생활환경개선 사업비 지원	100 억원
면민회관 및 상수도 공사	102 억원
인천시 백석동 환경개선 사업비	50억원
지역주민 선진폐기물 처리시설 견학 26명	미국, 일본
주민건강진단	3,594명
수도권 정비계획법 완화	취락지역 지정으로 변경수용
주민수혜사업비지원(인천시, 김포군)	매년 40억원(92년부터)

출처: 서울특별시 청소사업본부, '수도권매립지 조성 및 운영관리 현황보고',
　　　1994. 10.

(2) 효율적인 중재능력

　전문성의 두 번째 요소인 효율적인 중재능력이란 갈등당사자 모두가
수용할 수 있고 해결책이 지속적이며, 당사자들과의 관계가 갈등 전보다
더 긍정적인 관계로 발전(Ross, 1993)하도록 중재를 이끌어나가는 능력
이라고 규정하였다. 이러한 효율적인 중재능력의 측정은 시민단체가 개
입한 후 갈등의 완화를 보장하는 합의도출을 성공적인 갈등관리로 보되
(이달곤, 2000), 민주적인 절차(이달곤, 1992, Dahl, 1977)를 거친 경우
로 제한한다고 하였다. 즉, 아무리 합의안을 신속하게 만들어냈다고 하
더라도 비민주적인 방법을 통해 이루어낸 결과라면 본 연구에서는 효율
적인 중재능력이 없다고 보았다. 여기서 민주적인 절차란 Dahl(1977)의

---

154) 이외에도 주민들로 하여금 주민자체감시단을 운영하여 유해폐기물의 불법반입
　　을 감시할 수 있게 한 유인책이 제시되어 실시되었다(이수장, 1996).

'절차적 민주주의(the doctrine of procedural democracy)'를 뜻하는 것
으로 사회 구성원 모두가 동등한 권리를 가지고 있으므로 권리의 행사나
결정과정에 있어서도 우열이 있어서는 안되며, 모든 구성원은 자신의 선
호를 효과적으로 의사결정과정에 투영시킬 수 있어야 한다는 것이다. 이
와 같은 기준에서 김포매립지 사례를 검토해 보기로 한다.

　장원 교수에 의하면 "당시 배달환경연구소의 중재의 기본원칙은 중재
에 관한 연구보고서를 작성하는 것이었는데 이에 대한 계약을 할 때에
는 갈등당사자들이 반드시 연구보고서 내용에 승복한다는 동의를 미리
받고 연구에 착수하는 것"이었다고 한다. 이러한 연구보고서 자선은 갈
등문제 해결을 위해 우선 합리적인 접근을 하고 연구를 통해 합리적인
대안을 제시하는데 그 목적이 있었다는 것이다. 이러한 점에서 구속력
이 있는 중재라고 할 수 있으며, 정부와의 관계에서 시민단체가 협력차
원을 넘어 전문성을 배경으로 정부를 압박하는 관계라고 볼 수 있을 것
이다. 그리고 이러한 과정에 각 분야의 전문가들이 대거 참여함으로써
전문성에 입각한 합리적 과정을 밟게 되고 이러한 합리적 태도는 초기
주민들이 무력시위와 같은 극단적인 폭력사용을 배제하고 실무협의회라
는 토론의 장으로 이끄는 계기가 되었음은 매우 고무적인 일이라 생각
된다. 그러나 일시적이었지만 정부의 보완적 역할을 담당해야 할 시민
단체가 정부의 권위를 초월하는 '초법적 지위'를 누리고 있었다는 점에
서 시민단체의 고유한 역할의 한계를 벗어난 것이라는 비판이 제기될
수 있다. 즉, 시민단체의 중재과정에서 갈등당사자의 하나인 정부를 압
박하고 강제하며, 합의를 이끌었다는 점에서 중재가 비민주적으로 운영
되었던 점이 인정되므로 효율적인 중재라고 볼 수 없다는 견해가 제기
될 수 있는 것이다. 그러나 시민단체의 중재가 다소 비민주적인 운영이
되었던 것은 사실이지만, 이는 환경문제뿐만 아니라 모든 분야에 있어
행정이 중심을 잃고 시민들에게 밀리고 있었던 당시의 정치적 환경의
영향도 있었고, 주민들에 비해 월등하게 강한 정부에 비해 열악한 지위

에 있었던 주민들 편에서 시민단체가 합리적이고 합법적인 방법을 통해 정부와의 갈등을 중재하는 과정 속에서 중립을 유지하는 것이 필요하나, 힘의 균형이 이루어지지 않는 경우에는 중재자가 상대적으로 열악한 편에 섬으로써 힘의 균형을 이룬 것과 같은 효과가 있을 수 있으며 (Rubin, 1994), 수직적 형평성의 입장에 서게 되면 시민단체의 중재활동이 비민주적이었다는 단정을 쉽게 내리기는 어려울 것이다. 즉, 기존의 연구들은 조정자의 중립성을 지지하기도 하지만, 한 당사자가 너무 힘이 약할 경우에는 제3자는 이러한 불균형을 어느 정도 상쇄시켜 주어야 한다는 주장이 있다(Winslade and Monk, 2000).[155] 그리고 공평성을 형평성과 같은 것으로 보고 수평적 형평성과 수직적 형평성으로 나누어 볼 때, 수평적 형평성(horizontal equity)은 '동등한 여건에 있는 사람을 동등하게 취급하는 것'으로 정의하고, 수직적 형평성(vertical equity)은 '대등하지 않은 상황에 있는 사람들을 서로 다르게 취급하는 것'으로 볼 경우, 갈등당사자들 중 일방이 열악한 위치에 놓여있을 때에는 수직적 형평성(vertical equity) 기준을 적용하여 결국 서로 다른 상황에 처해있는 사람들을 좀더 동등하게 만들어 협상을 이끌어나갈 수 있다고 본다(노화준, 1999). 따라서, 정부에 비해 열악한 지위에 있는 피해주민들의 지위를 상승시켜 정부와 대등한 관계에 놓이게 하기 위해서는 강자인 정부를 다소 압박하였다고 비민주적인 중재라고 단정 짓기는 어려울 것이다. 이와 같은 점들을 종합적으로 고려하여볼 때, 김포매립지 사례에 있어 장원 교수는 효율적인 중재능력이 있었다고 본다.

---

155) Winslade and Monk(2000)는 고용주와 근로자, 지주와 소작인 등과 같이 영향력에서 많은 차이가 있는 경우 중재자는 어떤 역할을 해야 할 것인가가 문제된다고 한다. 그리고 교육도 많이 받았고, 부유하며, 뛰어난 화술로 남을 설득할 능력을 갖춘 집단과 교육도 제대로 받지 못하고 가난하며, 발음도 분명하지 않은 두 집단 간의 갈등을 예로 들면서 격차가 심한 갈등당사자들 중 약한 쪽을 어느 정도 상쇄시킬 것을 제시하고 있다.

4) 자율성

자율성은 시민단체가 중재를 하는 과정에서 외부세력으로부터 자신의 독자성을 지키는 것으로 파악하였다. 김포매립지 사례의 경우, 중재자인 시민단체의 자율성을 침해할 가능성이 높았던 주체는 정부와 언론이었다.

(1) 정부로부터의 자율성

최근의 면접조사(2002년 7월)에서 장원 교수는 김포매립지 갈등사례 당시의 정부의 태도에 대하여 다음과 같은 지적을 하고 있다.

"당시 정부는 적극적인 문제해결의 의지가 취약하여 현장성이 부족하고 탁상공론식 행정을 하고 있었다. 문제를 해결할 공무원들이 악취도 맡아가면서 현장의 주민들과 함께 해야 하지 않을까요? 공무원들의 실천적이고 적극적인 자세가 필요하다고 봅니다. 정부는 투명하고 적극적이며 보다 합리적인 결정을 내리고, 단호한 결정을 내리면 거기에 대해서는 추호도 밀려서는 안된다고 생각합니다. 물론 그 전제로 투명하고 합리적인 태도가 필요하지만. 무엇보다 정부가 갈등관리를 하는데 있어 가져야 할 요건은 신뢰성과 투명성을 바탕으로 강력한 갈등해결 의지라 할 것입니다."156)

여기서 알 수 있는 것은 당시 정부 관료들의 행태는 행정편의주의, 무사안일, 무소신 등이 특징이었다는 점이다. 이는 당시의 정치적 환경적 요소도 영향을 미친 것으로 보이는데, 이 점을 시민단체는 간파하고 모든 과정에서 정부를 압박하였던 것 같다. 김포매립지 사례가 전개되고 있었던 1992년과 1993년의 시기는 노태우 정권 말기와 김영삼 대통령의 문민정부에 걸친 시기였다. 특히 장원 교수의 개입이 있었던 1992년 5월은 노태우 대통령의 마지막 임기를 8개월 정도 남겨놓은 시점이

---

156) 장원 교수와의 면담, 2002. 7. 8.

어서 "정권교체기를 맞아 정부의 권위가 안 서고 행정력이 풀어지며 사회기강이 전반적으로 해이해지는 현상"[157]이 사회전반에 나타나고 있었다. 당시 "안면도, 울진, 김포매립지 등에서 주민들의 반대로 쓰레기 매립장이나 폐기물 처리장을 만들지 못하는 실정"[158]이었는데, 정부는 별다른 대책을 세우지 못하고 있었다. "안면도사태와 과기처장관의 경질을 가져온 핵폐기물처리장 설치사업은 작년(1991년) 말에 6개 후보지만 압축해놓고 지금까지 최종 입지선정을 못한 채 표류하고 있다. 아무리 장관이 바뀌어도 노태우 대통령정부가 있는 동안에는 안 될 것이라는 관측이 지배적이다. 어느 쪽으로 결정하느냐에 문제가 있는 것이 아니다. 6공화국의 문제는 바로 어느 것도 결정하지 않는다는데 있다. 이러한 현상은 집권말기로 접어들면서 더욱 심해지고 있다"[159]는 당시 언론의 보도들을 통해 김포매립지 문제에 대해서도 정부가 별다른 대책을 세우지 못하고 있었음을 알 수 있다. 다음 해인 1993년, 김영삼 대통령의 문민정부가 들어선 집권 초기에서도 '개혁과 사정의 회오리가 정가와 민심을 휩쓸고 있는 와중'에서 정부는 김포매립지문제에 대해 신경을 쓸 겨를이 없었던 것으로 보인다.

이런 점들을 살펴보면, 아이러니컬하게도 김포매립지를 둘러싼 갈등은 정치적 요소가 개입되지 않아, 비교적 환경문제 자체를 당사자들이 대화를 통해 합리적으로 해결할 가능성을 더 높여 주었다고 할 수 있다. 또한 한약분쟁과 비슷한 문민정부 초기여서 시민단체에 대한 사회적 인식과 신뢰성은 높았다.

이러한 환경 속에서 당시 장원 교수의 중재의 기본원칙은 중재에 관한 연구보고서를 작성하는 것이었는데 이에 대한 계약을 할 때에는 갈등당사자들이 반드시 연구보고서 내용에 승복한다는 동의를 미리 받고

---

157) 중앙일보, 1992. 5. 11.
158) 중앙일보, 1992. 5. 11.
159) 동아일보, 1992 .6. 3.

연구에 착수하는 것이었다. 이러한 연구보고서 작성은 갈등문제 해결을
위해 우선 합리적인 접근을 하고 연구를 통해 합리적인 대안을 제시하
는데 그 목적이 있었다는 것이다.160) 이러한 점에서 갈등해결방식들 중
에서 조정이라기보다는 구속력 있는 중재라고 할 수 있을 것이며 이는
정부와의 관계에서 시민단체가 협력차원을 넘어 전문성을 배경으로 정
부를 압박하는 관계라고 볼 수 있을 것이다. 다시 말해 시민단체와 정
부와의 관계에 있어 김포매립지사례의 경우는 주민들(주민대책위원회)과
정부와의 갈등과정에서 시민단체가 개입하여 정부를 오히려 주도해나갔
던 사례로 특징지을 수 있을 것이다 이와 같이 시민단체이 지원을 받
던 대책위가 주도권을 장악했던 가장 큰 이유는 첫째, 운동성향이 있는
전문가집단과의 결합을 통하여 합리적인 대안의 제시와 건의를 하였기
때문에 정부도 이러한 대안과 의견을 무시할 수 없었다는 점과 둘째,
대책위원들이 위원장을 중심으로 잘 조직화되었다는 것을 들 수 있
다.161) 특히 새마을단체(새마을협의회)가 잘 조직되어 있어 시위를 하던

---

160) 앞의 면접조사에 의함.
161) 당시 김포매립지의 주민들은 주민대책위원회를 중심으로 강한 응집력을 가지
고 있어 조직력이 뛰어났다고 한다. 그 결과 정부와의 협상에서 대책위원회가
주도권을 잡았으며, 이는 분쟁해결의 메카 역할을 하여 분쟁지역에 있는 사람
들은 다 와서 배우고 갔다고 한다. 대책위가 어떻게 구성되고 운영되었는지를
배우기 위해 외국에서도 찾아 왔고, 당시 서울대 사회학과에서는 '어떻게 주
민들이 정부와의 관계에서 주도권을 잡았는지'에 대해 연구하려고 하였다 한
다. 그런데 이와 같이 대책위가 주도권을 장악했던 가장 큰 이유는 첫째로 운
동성 있는 전문가집단과의 결합, 합리적인 대안과 건의를 제시했기 때문에 정
부가 이들을 함부로 무시할 수 없었다는 점과 둘째, 대책위원들이 위원장을
중심으로 잘 조직화되었고 훌륭했었다는 것이다. 이와 같은 요소들이 조화되
어 그러한 결과를 가져왔다는 것이다. 따라서, 한약분쟁이나 의약분업의 경
우와 같이 합의안을 거부하는 사례와는 달리 주민들은 대책위원회를 중심으로
강한 응집력을 가지고 있었던 것이다. 이러한 사실은 앞의 설문조사에서도 확
인되고 있는데 "현재의 주민대책위원회 활동에서 개선해야 할 문제점은 없는
지"에 대해 지금과 같이 그대로 지속하는 것이 좋다가 62%로 높게 나타났으
며(보고서, 1993: 7-57), "주민대책위원회의 활동을 어느 정도 신뢰하는가"라
는 질문에는 대폭 신뢰한다가 23%, 대체로 신뢰하는 편이다가 56% 로 높은
지지를 받고 있음이 확인되었다(보고서, 1993,: 7-48).

단결을 하던 수천 명이 모일 수 있었고 새마을회를 중심으로 역할분담
도 잘 되었다는 것이다. 마지막으로 시민단체를 이끌었던 장원 교수의
개인적인 지도력(leadership)의 영향과 앞서 지적한 당시의 정치환경적
요인도 작용했던 것으로 보인다.

(2) 언론으로부터의 자율성

한 선행연구에 의하면, 당시 주민들에 대한 설문조사에서 언론보도에
대해 어떤 의견을 가지고 있는가에 대해 주민들은 74%가 주민과 시행
당국간의 갈등해소에 도움을 주었다고 답한데 대해, 공무원들은 53.1%
가 긍정적인 태도를 보였고 45%는 문제해결을 어렵게 한 때가 많거나
오히려 문제만 더 복잡하게 만들었다고 대답하여 언론이 주민들에게 더
우호적으로 인식되었던 것으로 보인다. 그리고 김포매립지 사례에 대한
기사검색에서 나타난 특징은 '환경과 공해연구회'가 1992년의 환경인으
로 '김포쓰레기매립지 주민대책위원회'를[162], 공해인으로는 장원 교수의
배달환경연구소를 선정했다는 보도[163] 이외에는 객관적인 사실보도를
하고 있었으나, 정부의 실책에 대해서는 가혹하게 비판을 하고 있어 상
대적으로 주민대책위원회나 장원 교수 측에게 유리하게 작용하였던 것
같지만, 언론이 시민단체를 옹호하였다든지, 시민단체가 언론 플레이를
하였다든지 하는 점은 찾을 수 없었다.

정부에 대한 언론의 비판은 1992년, 1993년에 걸쳐 강도 높게 행해지
고 있었는데 몇 가지 예를 들어보면 다음과 같다.

"환경처는 공장조업 중단사태라는 위기에 떠밀려 김포지역 주민들과

---

162) 김포매립지 주민대책위가 사전에 충분한 검토 없이 매립을 강행하려는 정부에
    단결된 힘으로 맞서 정부로 하여금 여러 가지 대책을 세우게 한 공로가 인정
    돼 올해의 환경인으로, 신공항건설기획단은 심각한 오염을 일으킬 것이라는
    의견을 무시한 채 공사를 시작해 환경에 많은 피해를 입혀 "올해의 공해인"으
    로 뽑혔다(한겨레,1992.12.27).
163) 한겨레신문, 1992. 12. 27.

어려운 협상을 벌이고 있다. 모두 34가지 요구조건을 제시하고 있는 지역주민들 앞에서 급하게 문제를 해결해야 하는 정부의 무능·무책·무사려에 답답하지 않을 수 없다"164) "누가 봐도 타당한 적지를 선정하고, 해당지역 주민에게 피해를 안 주면서 오히려 지역발전에 도움 되는 지원·건설계획을 세우고, 이런 내용을 주민에게 납득시켜 성사를 가능케하는 종합적인 추진능력이 우리사회에서 나와야 한다. 그 일은 물론 1차적으로 정부가 맡아야 한다. 그러나 지금껏 정부가 신용이 없는 데다 계획에 허점이 발견되고 사탕발림으로 주민을 설득하려 한데서 번번이 실패만 거듭해 왔다. 솔직한 얘기로 이 정부와 고위공직자들이 좀더 신용이 있고 존경을 받았던들 쓰레기매립장은 벌써 몇 군데 마련할 수도 있었을 것이다", "아무리 장관이 바뀌어도 노태우 대통령 정부가 있는 동안에는 안될 것이라는 관측이 지배적이다. 어느 쪽으로 결정하느냐에 문제가 있는 것이 아니다. 6공화국의 문제는 바로 어느 것도 결정하지 않는다는데 있다", "민주화를 표방하고 6공화국이 들어선 이후 세미나 간담회 공청회 여론조사 등이 부쩍 많아졌다. 중요한 정책결정에 앞서 일반 여론과 이해당사자들의 견해를 경청하는 방식은 확실히 구시대의 정책결정과정에 비해 민주화된 것이다. 중요현안을 놓고 열린 공청회에서는 반드시 뜨거운 쟁점이 튀어나오게 마련이다. 여론조사를 해보아도 찬반이 팽팽하게 엇갈리는 경우가 많다. 이럴 경우 중요한 결정을 내리려면 무엇보다 정부당국자의 종합적인 판단과 정책의지가 필요하다. 그러나 지금 정부의 행정스타일은 일단 여론에 부쳐 왁자지껄해지면 결정을 안 내리고 우물쭈물 시간을 보내거나 뒤로 미뤄버리는 식이다"165)

"정부가 개혁이다, 사정이다 해서 서슬 퍼런 찬바람을 일으키고 여기에 행정과 공직자들이 넋을 빼앗기고 있는 사이 경제와 민생문제에서 멍들고 곪아터지는 일은 없는가를 철저히 챙겨야겠다. 누가 무슨 부정

---

164) 조선일보, 1992. 5. 2 .
165) 동아일보, 1992. 6. 3.

을 저질렀고 누가 무슨 잘못으로 목이 달아났다, 골프를 쳐야 옳으냐
말아야 옳으냐 같은 것에 신경을 곤두세우는 분위기가 너무 오래가는
건 바람직하지 않다. 공직자들이 제 할 일을 차분히 할 수 있는 분위기
가 한시바삐 자리 잡혀야 한다."166)

 김포매립지 갈등중재과정에서 이슈가 된 문제들에 대한 접근에서 언
론들은 의약분업 등과는 달리, 갈등의 원인들을 비교적 객관적으로 보
도하고 있는데167) 정황들을 볼 때 장원 교수 등은 언론과의 관계에서
자율성을 지키고 있었다고 할 수 있다.

3. 소 결

 첫째 기준인 사회적 정당성과 관련하여 시민단체가 언제 개입하였는
지, 갈등당사자인 정부(환경처)나 주민들의 개입 요구가 있었는가를 살
펴볼 필요가 있다.

 이에 대해서, 장원 교수는 산업폐기물 반입에 반대하는 주민들을 찾
아가 직접 중재의사를 밝혔다고 하는데 이 경우 정부의 중재실패가 있
지 않았고, 갈등당사자들의 요구가 있었던 것이 아니므로 사회적 정당
성은 낮다고 할 수 있다. 다만, 김포매립지 갈등이 있었던 1992년과
1993년은 한약분쟁이 있었던 1993년과 같은 시기여서 시민단체에 대한
일반 국민의 인지도와 신뢰성은 매우 높았던 시기로 이 두 가지 요소들
을 종합하면 사회적 정당성의 강도는 '보통'수준으로 평가될 수 있다고
본다.

 둘째 기준인 신뢰성에 있어서는 중재자인 장원 교수는 당시의 탁상공
론식 행정을 비판하고 갈등문제를 해결할 공무원들의 실천적인 자세를

---

166) 중앙일보, 1993. 4. 14.
167) 한겨레, 1993. 4. 22.

강조하였는데 실제로 검단면으로 거주를 옮겨 보다 현장성 있는 문제해결을 위한 접근을 시도함으로써 정서적인 측면에서 신뢰성을 높여 나갔다. 또한 환경전문가라는 측면에서 인지적 측면에서의 신뢰성도 높았다. 그리고 실무협의회라는 정기적인 대화채널을 통하여 김포매립지에 관한 갈등들을 대화를 통하여 풀어나갔는데 이는 갈등당사자인 주민대책위원회와 환경처간의 신뢰성이 존재하고 있었음을 뜻한다. 실무협의회는 김포매립지 갈등사례에서 중요한 역할을 하였는데 정부와 주민대책위원회 간의 정기적인 대화채널로서의 역할뿐만 아니라 주민들에게 대화와 협상의 동등한 파트너로서 지위를 부여한 것으로 정부에 비해 열악한 지위에 있는 주민들을 정부와 동등한 파트너로서의 지위로 격상시킴으로서 주민참여의 장을 마련하는 계기가 되었다. 또한 실무협의회는 중요한 문제를 결정한 사항을 정부와 협약서 형식으로 체결했는데 이 점도 당시 신뢰성을 상실한 정부에게 집행에 대한 구속력을 부과한 것으로 볼 수 있다.

셋째 기준인 전문성에 있어서는 중재자인 장원 교수는 환경전문가로서 여러 대학과 단체의 전문가들과 함께 영향평가제를 하는 등 합리적인 대안제시능력이 높았고, 주민들의 의사를 반영한 합의안을 도출하였으므로 갈등중재능력도 높았다고 하겠다. 또한 정부에 비해 열악한 지위에 있었던 주민들 편에서 합리적이고도 합법적인 방법을 통해 정부와의 갈등을 해결하였는데 이러한 주민들에 대한 배려는 도처에서 엿보인다. 우선, 주민들이 경제적인 보상 등을 받을 수 있도록 노력했다는 점과 주민들의 지위를 확고하게 보장받기 위해 실무협의회의 지위를 제도적으로 보장한 점들은 공정성의 원칙 중 중재자나 조정자가 중립을 유지하는 것이 필요하나, 힘의 균형이 이루어지지 않는 경우에는 갈등관리자가 상대적으로 열악한 편에 섬으로써 힘의 균형을 이룬 것과 같은 효과를 가져 올 수 있다는(Rubin, 1994) 수직적 형평성에 입각한 것이라 하겠다.

넷째 기준인 자율성 측면에서는 장원 교수는 정부나 언론에 의존하지 않고 환경전문가로서 전문지식에 충실하게 중재를 해나갔던 것으로 평가받고 있다.

시민단체의 역할과 관련하여 김포매립지 사례에서 신중히 검토해보아야 할 점은 시민단체와 정부와의 관계에서 시민단체가 관여할 수 있는 영역은 어디까지 인정할 것인가이다.

일반적으로 행정이란 국민의지의 표출로 형성되는 국가목표의 성취를 위해 수임 받은 독점적 권력을 바탕으로 봉사·이익분배·조정·규제 등에 관한 정책의 입안에 참여하고 이를 집행하는 활동으로, 민주국가에서 국가목표의 형성은 국민의 뜻에 따르도록 되어있으므로 행정은 궁극적으로 국민에 대한 책임이 있는 것이다(오석홍, 1998: 130). 이러한 점에서 시민단체는 행정에 관여할 수는 있지만 어디까지나 행정의 중심축은 행정 관료들인 것이다. 그러나 김포매립지사례에 있어 당시 장원 교수의 중재 기본원칙은 중재에 관한 연구보고서를 작성하는 것이었는데, 이에 대한 계약을 할 때에는 갈등당사자들이 반드시 연구보고서 내용에 승복한다는 동의를 미리 받고 연구에 착수하는 것이었나. 이러한 연구보고서 작성은 갈등문제 해결을 위해 우선 합리적인 접근을 하고 연구를 통해 합리적인 대안을 제시하는데 그 목적이 있었다는 것이다. 이러한 점에서 중재의 성격은 정부와의 관계에서 협력차원을 넘어 전문성을 배경으로 정부를 압박하는 관계였으며, 한정된 범위지만 정부의 권위를 능가하여 초법적인 지위[168]를 누리고 있었다.

이러한 점들을 고려해 볼 때, 내릴 수 있는 결론은 시민단체와 정부와의 관계에 있어 김포매립지 사례의 경우는 주민들(주민대책위원회)과 정부와의 갈등과정에서 시민단체가 개입하여 정부를 오히려 압박하고 중재의 주도권을 유지해나갔던 사례로 특징지을 수 있을 것이다. 그리고 시

---

168) 장원 교수와의 면접조사에 의함.

민단체의 지원을 받았던 대책위가 주도권을 장악했던 가장 큰 이유는 운
동성 있는 전문가 그룹과 결합, 합리적인 과학적인 대안과 건의를 제시
했기 때문에 정부가 이들을 함부로 무시할 수 없었다는 점과 대책위원들
이 위원장을 중심으로 강한 응집력을 발휘하였다는 점이 지적되며, 시민
단체 지도자의 지도력(leadership)의 영향 또한 컸다고 본다.
   이상의 논의들을 종합하여 분석틀의 평가기준을 김포매립지 사례에
적용시킨 결과는 〈표4-7〉과 같다.

〈표 4-7〉 김포매립지 사례의 평가기준과 측정내용

평가기준	측정변수	측정내용	강도
사회적 정당성	정부나 갈등당사자의 중재요구	스스로 중재의사를 밝힘 (기업가정신)	보통
신　뢰　성	① 인지적 요소, 정서적 요소	① 정서적·인지적인 신뢰도 매우 높음	강
	② 정기적인 대화채널	② 실무협의회라는 정기적인 대화채널 존재	강
전　문　성	① 합리적인 대안제시능력	① 환경전문가들의 참여 하에 합리적인 대안 제시	강
	② 효율적인 중재능력	② 주민들의 의사를 반영한 합의안을 도출	강
자　율　성	외부세력으로부터의 자율성	정부, 언론으로부터 자율성 유지	강

제4절 종합적 논의

1. 평가기준에 의한 사례의 비교분석

본 연구에서 제시한 평가기준들 중에서 사회적 정당성이 제3자로서의 시민단체의 중재과정에의 개입에 대한 평가라고 한다면, 신뢰성이나 전문성, 자율성들과 같은 평가기준들은 중재활동의 과정 자체에 대한 평가라고 할 수 있을 것이다. 따라서 사회적 정당성은 시민단체가 중재자로서 개입하는 그 시기만을 평가하는 것으로 전제하였으므로 시간이라는 요소를 고려한 동태적인 분석이 필요하지 않다고 판단된다. 그러나 신뢰성과 전문성, 자율성들은 각 사례들이 전개되어 가는 과정 속에서 시민단체가 중재활동을 하는 것을 분석대상으로 하므로 시간이라는 요소가 개재된 동태적 분석이 고려되어야 할 것이다. 그리고 이러한 요소들 중에서 전문성은 중재자가 가지고 있는 능력에 바탕을 두므로 사례가 전개되는 기간 내에 큰 변화가 일어난다고 보기는 어려울 것이므로 분석대상에서 제외하기로 한다. 따라서 시간의 변화에 따라 변화 가능성이 가장 높은 평가기준은 신뢰성과 자율성이라 할 수 있을 것이다. 그러나 앞의 세 가지 사례들에서 보았듯이 신뢰성과 자율성이라는 평가기준이 미미한 수준을 넘어 큰 변화를 보였던 것은 그리 많지 않았는데, 여기서는 시간 경과에 따라 두드러진 변화가 있었던 사례들은 이미 각 사례에 대한 설명 부분에서 지적하였다.[169]

---

169) 신뢰성의 변화가 두드러지게 나타났던 첫 번째 사례는 의약분업사례로, 의사협회의 시민단체에 대한 신뢰성이 낮아져갔던 이유를 제4장 제2절, 2의 2)신뢰성 부분에서 언급하였다. 두 번째 사례는 김포매립지 사례로, 장원 교수에 대한 주민들의 신뢰성이 서서히 높아져 갔던 이유를 제4장 제3절의 2의 2)신뢰성에서 지적하였다. 자율성 측면에서는 의약분업의 경우 언론의 영향으로부터 시민단

 본 연구의 제3장 제3절의 분석틀에서 제시한 평가기준을 각 사례들에 대한 적용시켜 얻은 결과를 각 사례별로 비교해보면 다음과 같다.

1) 사회적 정당성에 의한 비교분석

 첫째, 정부의 중재 실패 후, 시민단체가 중재를 맡게 되었던 사례는 한약분쟁과 의약분업사례였으며, 김포매립지 사례의 경우는 시민단체에 의한 중재 이전에 정부의 중재실패는 없었고, 갈등상황이 전개되기 시작하자 장원 교수가 직접 찾아가 중재를 맡았던 이른바 '기업가 정신(entrepreneurship)'이 발현된 사례였다.

 둘째, 시민단체가 갈등당사자들의 요구에 의하여 개입한 중재의 가장 전형적인 경우는 한약분쟁사례였으며, 의약분업사례의 경우는 갈등당사자들의 중재요구에 의한 개입이라기보다는 정부가 개혁정책을 추진하는 과정에서 정책의 정당성을 확보하기 위하여 개혁정책추진의 파트너로서 시민단체의 개입이 이루어진 것이 특징이었다.

 셋째, 본 연구에서 사회적 정당성과 관련하여 추가적으로 고려한 것은 사례가 진행되고 있었던 당시, 시민단체에 대한 사회적 인식이었는데[170] 세 가지 사례들의 경우 모두 시민단체에 대한 사회 인식은 높았다. 이러한 요인까지 감안해 볼 때, 사회적 정당성 측면에서는 한약분쟁사례가 사회적 정당성이 가장 높았으며, 김포매립지 사례가 중간이었고, 의약분업사례가 가장 낮았다고 본다.

 체의 자율성이 큰 영향을 받은 사실을 제4장 제2절, 2의 4)자율성 부분에서 설명하였다.
170) 사회적 인식에 관한 것은 제4장의 사례분석에서 신뢰성에 포함시켜 검토하였다.

2) 신뢰성에 의한 비교분석

한약분쟁과 김포매립지 사례의 경우는 김영삼 대통령 집권초기인 1993
년을 전후한 시기였으므로 시민단체에 대한 호의적인 분위기가 계속되던
시기여서 시민단체에 대한 국민들의 신뢰성도 높았다. 이에 반해 의약분
업의 경우에는 김대중 정부 들어 시민단체들을 정부가 포용하는 시기로
그 어느 때보다 정부와 시민단체와의 거리가 좁혀졌던 때로, 국민들의 신
뢰성도 높았지만 갈등중재과정에서 당사자인 의사협회의 시민단체에 대
한 신뢰성은 매우 낮았다. 또한 의료파업 이후 김대중 정부와 평행선을
긋던 보수 언론들이 의약분업 정책을 비판하게 되는 과정 속에서 정부에
대항하여 파업하는 의사 편을 들게 되고 그 결과 이와 싸우던 시민단체들
은 입지가 약화되는 결과를 가져왔다.

정서적, 인지적 신뢰도와 정기적 대화채널의 존재로 신뢰면에서 가장
높은 평가가 나온 것은 김포매립지 사례였으며, 의약분업의 경우가 가장
낮았다. 이는 정부와의 유착관계로 의료계의 불신을 받았기 때문이다.
그러나 이러한 의료계와 시민단체의 갈등관계는 내재적으로 개혁적인 성
향을 띠고 있는 시민단체의 속성상 필연적인 것이었다. 왜냐하면 당시의
약사회는 의사협회에 비해 보다 개혁적인 성향을 띠고 있었던 반면, 의
사협회는 보수적인 성향을 띠고 있었기 때문에 개혁지향적인 시민단체와
의 마찰은 불가피한 것이었다. 즉, 국민들의 시민단체에 대한 신뢰도와
갈등당사자와 중재자간의 신뢰도는 반드시 일치하지 않았던 것이다.

이상의 논의를 요약하면 한약분쟁이나 의약분업, 김포매립지의 경우
모두 시민단체에 대한 국민들의 신뢰도가 높았던 반면, 의약분업의 경
우에는 중재자인 시민단체와 갈등당사자인 의사협회와의 신뢰관계는 낮
은 편이었다. 그리고 김포매립지 사례의 경우에는 중재자인 시민단체와
당사자인 주민들과의 신뢰도는 매우 높았다.

3) 전문성에 의한 비교분석

본 연구에서는 전문성을 합리적인 대안제시능력과 효율적인 중재능력의 두 가지로 보았는데, 합리적인 대안제시능력이 높았던 사례는 김포매립지사례와 한약분쟁사례였으며, 의약분업의 경우는 낮았다. 그리고 본 연구에서는 효율적인 중재능력이란 '민주적인 절차를 거쳐 갈등당사자 모두가 수용할 수 있고 해결책이 지속적이며, 당사자들의 관계가 갈등 전보다 더 긍정적인 관계로 발전하도록 협상을 이끌어 나갈 수 있는 능력'이라고 정의한 바, 이러한 능력이 가장 높았던 사례는 김포매립지사례였으며, 의약분업사례의 경우가 가장 낮았다.

4) 자율성에 의한 비교분석

의약분업사례를 제외하고는 모두 자율성이 높았다고 할 수 있다. 의약분업사례의 경우 자율성이 가장 낮게 평가된 것은 갈등중재자로서의 역할보다는 의약분업이라는 개혁정책을 추진하는 과정 속에서 갈등중재과정에 개입하게 된 것과, 언론의 태도 변화에 대하여 시민단체가 민감하게 변화하였기 때문이었다.

〈표 4-8〉은 각 사례들에 분석틀의 평가기준을 적용시킨 결과이다. 정부가 중재에 실패한 후 이를 시민단체에 맡길 경우, 아무리 사회적 정당성이나 자율성이 높다고 해도 가장 중요한 요소는 합의를 이끌어낼 수 있는 중재의 효율성이라 할 것이다. 그러나 이 경우, 합의안을 만들었다고 해도 민주적인 절차에 의한 것이 아니라면 결국 그 중재는 실패할 수밖에 없다. 왜냐하면 성공적인 중재란 '갈등당사자 모두가 수용할 수 있고 해결책이 지속적이며, 당사자들의 관계가 갈등 전보다 더 긍정적인 관계로 발전'할 것을 요구하고 있기 때문이다. 즉, 당사자들을 압박하여 합의안을 작성했다하더라도 갈등당사자 모두가 수용한 것이 아

니므로 해결책이 지속적인 효력을 유지할 수는 없는 것이다.

여기서는 한정된 사례이지만 평가기준 간의 상호관계의 대략적인 경향을 생각해보기로 한다. 첫째로, 신뢰성과 전문성과의 관계에서는 일반적으로 '전문성이 높으면 신뢰성이 높다'고 하는데 〈표 4-8〉에서 김포매립지 사례의 경우는 전문성과 신뢰성이 모두 높은 것을 알 수 있고, 한약분쟁사례도 전문성과 신뢰성이 높았는데, 의약분업사례의 경우에는 전문성과 신뢰성이 모두 낮아, 전문성이 낮으면 신뢰성도 낮다는 사실을 말해주고 있다.

둘째로 '전문성이 높으면 자율성이 높다'고 할 수 있는데 그 이유는 전문성은 어떤 문제를 자신의 전문지식과 경험, 정보에 의해 합리적으로 해결하려고 하므로 자연히 외부의 압력이나 권유에 굴하지 않게 되는 것이다. 사례들에서 한약분쟁과 김포의 경우는 모두 '강'으로 전문성과 자율성이 모두 높게 나타났으나, 의약분업의 경우는 모두 '약'으로 나타나 전문성과 자율성과의 관계를 말해주고 있다.

셋째로, Rubin과 Brown(1975)은 협상을 하는 사람들의 개인적 성향과 협상의 효과성간의 관계를 밝힌 연구에서, "모힘을 즐기는 성향이 사람과 자신의 성취감을 충족시키려는 욕구가 강한 사람일수록 사람들 사이의 상호작용(interpersonal orientation)이 부족하여 협상을 성공시키기 어렵다"고 하였는데, 이 가설을 한약분쟁사례와 김포매립지 사례에 적용시켜보면 한약분쟁사례의 경우는 가설의 타당성이 입증되었지만 김포매립지 사례의 경우에는 그렇지 못했다. 즉, 김포매립지 사례에 있어서는 기업가정신으로 무장된 시민단체 지도자가 모험심과 성취욕이 강했던 것은 사실이지만, 많은 전문가를 참여시켜 민주성과 합리성을 확보하였고 실무협의회 등과 같은 정기적인 대화채널을 제도화하였으며 무엇보다 갈등당사자들로부터 두터운 신뢰를 받는데 성공함으로써 중재를 성공시켰던 것이다.

<표 4-8> 각 사례별 비교분석

평가 기준	측정변수	한약분쟁사례		의약분업사례		김포매립지사례	
사회적 정당성	정부나 갈등당사자의 중재요구	한의사회, 약사회의 중재요구, 사회적 인식 높음	강	복지부의 중재 실패로 갈등당 사자가 아닌 개 혁세력인 인의 협이 중재권유	약	당사자들의 개입 요구 없었고, 스 스로 중재의사를 밝힘, 사회적 인 식 높음	보 통
신뢰성	인지적 요소 정서적 요소	매우 높았음	상	의사협회는 매우 낮았지만 약사회는 협조적이었음	보 통	정서적, 인지적인 신뢰성을 갖춤	강
	정기적인 대화채널	없었음	약	없었음	약	중재과정에서 실무협의회가 큰 역할 함	강
전문성	합리적인 대안제시능력	약사와 한의사, 교수 등 전문가 참여 하에, 서경석 총장의 독단성이 개재	보 통	인의협 등의 자문을 받고 대안제시 했으나, 의협은 시민단체의 전문성을 부정	약	환경전문가들의 참여로 합리적인 대안제시	강
	효율적인 중재능력	비민주적 방법으로 합의안 도출	약	비민주적 방법으로 합의안 도출	약	주민 편에서 중재함(수직적 형평성 적용)	강
자율성	외부 세력으로 부터의 자율성	정부를 오히려 압도, 언론을 활용해서 지지를 받음	강	개혁정책을 추진하는 과정에서 개입, 의료파업 이후 언론의 변화에 민감하게 반응하고, 활동이 미약해 짐	약	오히려 정부를 압박, 언론의 태도에 민감하지 않았고, 언론도 객관성 유지함	강

2. 갈등문제의 특성에 의한 사례의 비교분석

첫째, 한약분쟁사례의 경우에는 전문가집단의 이익갈등으로서의 성격을 띠고 있었으며, 수십 년에 걸친 가치이념적 대립의 성격도 가지고 있었다. 또한 약의 전문가라는 약사들에게 한약조제권을 부여할 것인가의 문제를 놓고 대립하였으므로 약사라는 전문직의 자존심이 손상된 갈등이었다. 이와 같은 점에서 중재는 어려울 수밖에 없었으며, 중재자는 이런 점을 감안, '대화의 통로 수행자역할'이 강하게 요구되었다.

둘째, 의약분업사례의 경우는 한약분쟁과 같이 전문가 집단의 이익갈등으로서의 성격을 띠고 있었는데 한약분쟁과 다른 특징은 시민단체가 개혁정책을 추진하는 작업에 참여했다는 점이다. 약사회보다 보수적인 성격을 가지고 있었던 의사협회는 이러한 의료개혁에 대해 처음부터 반대 입장을 취하였는데 개혁정책을 추진하던 시민단체들을 정부와 같은 편으로 인식하여 중재자로서의 시민단체 중립성을 의심하였고 결국 시민단체의 중재는 실패하고 말았다.

셋째, 김포매립지 사례의 경우, 갈등문제의 특성은 기피시설의 설치에 따른 지역주민과 정부와의 갈등으로 경제적 손실에 대한 경제적 보상이 매력적인 갈등해결의 대안이었다. 또한 이와 같은 환경개발문제는 과학적인 연구와 투명성 있는 공개를 통해 주민들을 설득하는 것이 중요하며, 미래의 불확실한 상황에 대비하기 위하여 지속적인 대화채널을 제도화시키는 노력이 성공적인 중재를 위해 중요한 비중을 차지하였다. 이를 위해 주민대책회의라는 정기적인 대화채널을 제도화하였는데, 이 제도는 지속적인 대화 기능뿐만 아니라 정부에 비해 열악한 지위에 있는 주민들을 정부와 대등한 파트너의 위치에 놓음으로써 주민들의 참여의식과 민주의식을 고취하는 데에도 성공한 사례로 평가되었다.

3. 시민단체의 중재역할에 관한 사례의 비교분석

1) 시민단체의 중재역할과 정부와의 관계

첫째, 한약분쟁은 정부가 한의사와 약사와의 갈등문제를 미숙하게 다루는 과정에서 사태가 걷잡을 수 없게 확대되자, 시민단체인 경실련이 중재에 나서 합의를 이루어 낸 사례였다. 1993년은 김영삼 대통령의 문민정부가 출범한 초기여서 사정과 개혁으로 공무원들이 위축되었고, 민생과 관련된 행정에 신경을 쓸 겨를이 없었던 때였는데 이러한 정치적 환경과 정부의 미숙한 갈등처리는 시민단체인 경실련에게 중재역할을 맡기는 결과를 가져왔다. 경실련의 중재는 정부의 갈등관리 기능을 보완하는 역할을 하였지만, 당시 정부에 비해 상대적으로 높았던 국민들의 신뢰를 배경으로 정부보다 더 막강한 영향력을 행사하고 있었다. 그리고 경실련은 한약분쟁사례에서 정보제공자와 대안제시자, 중재자의 역할을 수행하였는데 약사회와 한의사회로부터 합의안을 도출하였지만 '갈등당사자 모두가 수용할 수 있고 해결책이 지속적이며, 당사자들의 관계가 갈등 전보다 더 긍정적인 관계로의 발전'이라는 기준을 놓고 볼 때 성공적인 중재라고 보기 어렵다. 왜냐하면 갈등당사자의 하나인 약사회의 반대가 있었고, 이러한 반대를 여론의 압력으로 굴복시켜 약사회가 체념(resignation)[171]하는 결과를 초래하였기 때문이다. 또한 한의사제도에 대한 문제점은 지금도 제기되고 있어 해결책이 지속적이라고 말하기 힘들며, 당사자들의 관계가 갈등 전보다 더 긍정적인 관계로 발전했다고 보기 어렵기 때문에 시민단체가 중재에 성공했다고 할 수 없다. 또한 불

---

171) 여기서 체념(resignation)이란 한 당사자가 행동할 힘이 없어서 해결책에 반대하지 못하는 경우로 해결책이 당사자들에게 모두 용인되는 수용성(acceptance)이라는 요건을 충족시키지 못하므로 중재가 실패한 것으로 본다(Ross, 1993: 120).

과 며칠 사이에 합의안이 나왔던 배경은 그 당시 여론의 압력과 중재를
맡았던 지도자의 성취욕구 등으로 중재의 효율성이 지나치게 강조되어
민주적인 절차를 통한 운영이 경시되는 측면이 강했기 때문이었다. 그리
고 한약분쟁사례에 있어 시민단체와 정부와의 관계는 형식적으로는 중재
에 실패한 정부를 보완하는 역할을 수행하였지만, 실제로 중재자인 시민
단체는 정부를 보완하는 역할에서 더 나아가 정부의 권위를 능가하는 영
향력을 발휘하고 있었다.

둘째, 의약분업 갈등의 특징은 한약분쟁과는 달리 1997년 김대중 정
부의 대통령선거공약으로 제시되었던 정치적 성격을 띤 개혁정책이었다
는 점이다. 따라서 한약분쟁의 경우와 같이 의사회와 약사회간의 대립
과 분쟁으로만 보는 시각은 본질을 정확히 파악한 것이라 할 수 없으
며, 의료개혁의 하나로서 의약분업 정책을 추진하는 과정 속에서 갈등
이 전개되었던 것이다. 이와 같은 점에서 시민단체의 역할도 한약분업
의 경우와 같이 단순히 갈등중재자로서의 역할에 국한된 것이 아니라
정부의 개혁추진을 돕는 역할까지 수행하였다고 볼 수 있다. 이러한 시
민단체의 역할은 정부가 정책설정과 집행과정에 시민단체를 참여시켜
전략적으로 활용함으로써 정책추진의 정당성을 확보하기 위한 시도와
밀접하게 관련되어 있다고 본다. 그러나 이러한 시도는 단기적으로는
시민단체가 정부의 정책을 지지하는 대신 정부로부터 여러 지원을 받을
수 있지만, 장기적으로는 시민단체의 자율성을 해치는 결과를 초래할
수 있으므로 정부나 시민단체 모두가 신중하게 생각해보아야 할 문제라
할 것이다.

의약분업사례에 있어 시민단체의 역할들 중에서 긍정적인 평가를 받
아야 할 것은 과거와 같이 이익집단들이 비공개적으로 정부와 국회의
상임위원회에 로비를 하여 자신들의 이익을 도모하려는 이른바 '철의 삼
각관계(Iron Triangle)'을 파괴함으로써 부패의 고리를 차단할 수 있는
가능성을 보여준 점이다. 여기서 시민단체는 지나친 사익 추구로부터

공익을 주입시키는 기제로서 감시자로서의 역할을 할 가능성을 보여 주었다.

셋째, 김포매립지 사례의 경우에는 정부의 기피시설 추진에 따른 주민들의 저항을 전문성과 신뢰성을 가진 시민단체가 개입하여 중재함으로써 성공한 사례라고 볼 수 있는데, 정부에 비해 상대적으로 열악한 주민들의 입장을 대변해주고 경제적인 손실분을 물질적 보상과 정신적 보상을 통해 만족시켜 줌으로써 결국 정부의 기피시설 추진을 실현시켰다. 이러한 시민단체와 정부와의 관계에서 시사하는 점은 비교적 좁은 지역에 한정된 기피시설의 입지갈등은 이 분야에 전문성을 가진 신뢰받는 시민단체가 개입하여 중재하는 것이 매우 효율적이라는 사실이다. 그리고 이와 같은 갈등문제의 성공적인 중재를 위해서는 정기적이고 지속적인 갈등당사자들 간의 대화채널이 필수적이라는 점도 지적할 수 있을 것이다.

2) 시민단체 중재역할의 효과

첫째, 한약분쟁사례의 경우에는 갈등당사자들의 요구에 의해 시민단체가 전형적인 중재역할을 하였는데 약사회와 한의사회로부터 합의안을 도출함으로써 정부의 갈등관리 능력을 보완해주는 효과를 가져왔다. 그러나 중재의 효율성을 강조한 결과 민주적인 절차를 통한 중재에는 실패하였다. 한약분쟁에 있어 시민단체와 정부외의 관계는 기본적으로는 중재에 실패한 정부를 보완하는 역할을 수행하였으며, 정부의 갈등중재를 대신 해결하여줌으로써 정부의 기능을 대리하였다고도 할 수 있다. 그러나 합의안 이후 약사회의 합의안 수용 반대에 대해서는 시민단체가 책임성이 없기 때문에 적극적으로 대처할 수 없었으며, 결국 언론과 대통령의 의지가 결합되어 여론의 압력으로 약사회를 굴복시켰던 것이다.

둘째, 의약분업 갈등의 특징은 한약분쟁과는 달리 1997년 김대중 정부

의 대통령선거공약으로 제시되었던 정치적 성격을 띤 개혁정책이었다는
점이다. 이러한 점에서 시민단체의 역할은 한약분업의 경우와 같이 단순
히 갈등중재자로서의 역할에 국한된 것이 아니라 처음에는 정부의 개혁
추진을 돕는 역할로부터 시작되었다고 할 수 있으며, 정책의 추진과정에
서 불거진 의사회와 약사회의 갈등을 중재하는 역할도 수행하였던 것이
다. 그런데 이는 국민의 지지를 상대적으로 많이 받고 있는 시민단체를
전략적으로 활용함으로써 정책추진의 정당성을 확보하기 위한 시도와 밀
접하게 관련되어 있다고 본다. 그러나 이와 같은 시도는 단기적으로는 시
민단체가 정부의 정책을 지지하는 대신 정부의 여러 지원을 받을 수 있어
단체의 성장에 도움이 될지 모르나, 장기적으로는 시민단체의 자율성을
해치는 결과를 초래할 수 있어 특히 경계해야 할 문제라고 생각한다. 그
리고, 의약분업사례에 있어서는 종래의 이익집단들이 로비를 통해 자신
의 이익을 추구하는 이른바 '철의 삼각관계'의 연결고리를 끊어버림으로
써 지나친 사익 추구로부터 공익을 주입시키는 기제로서의 효과를 가져
왔다는 점은 시민단체의 감시자로서의 역할 가능성을 보여준 사례였다.

  셋째, 김포매립지 사례의 경우에는 시민난세가 기피시설을 추진하는
정부와 이에 반대하는 주민들을 중재하여 성공한 사례였는데, 중재과정
에서 시민단체는 정부를 다소 압박했던 것은 사실이나 정부에 비해 열
등한 위치에 있던 주민들과의 균형을 맞추는 과정에서 불가피한 것으로
보았다. 그리고 혐오시설 설치에 따른 지가 하락 등 경제적인 손실분을
물질적 보상과 정신적 보상을 통해 만족시켜 줌으로써 주민들의 불만을
완화시켰고, 정부의 기피시설 추진도 실현시켰다. 이러한 시민단체와 정
부와의 관계에서 시사하는 점은 비교적 좁은 범위에 한정된 지역의 주
민과 정부의 갈등문제에 있어서는 전문성과 신뢰성을 갖춘 시민단체가
개입하여 중재하는 것이 매우 효율적이라는 사실이다. 그리고 이러한
성공을 위해서는 정기적이고 지속적인 갈등당사자들 간의 대화채널이
필수적이라는 점도 지적할 수 있을 것이다. 이러한 노력으로 시민단체

는 지역주민과 정부와의 갈등을 원만히 해결하는 효과를 가져왔다.

3) 시민단체 중재역할의 한계

첫째, 한약분쟁사례의 경우는 갈등당사자들의 요구에 의해 시민단체가 개입, 중재역할을 수행하여 합의안을 도출하였지만 중재의 효율성을 지나치게 강조하여 민주적인 절차를 통한 중재는 실패하였다. 이는 경실련 내부의 의사결정과정의 비민주적인 운영에도 문제가 있었고 시민단체의 중재자가 협상전문가로서의 역량이 갖추어지지 않은 데도 원인이 있었나고 본다. 생각하건대 갈등관리자로서의 시민단체는 공익추구를 목표로 하는 단체이므로 갈등의 종결만을 우선시해서는 안된다고 보며, 갈등문제에 참여한 갈등당사자들의 의견을 수렴하고 대화와 타협을 통해 합의안을 도출해내는 것이 무엇보다 중요하다고 생각한다. 또한 구속력 있는 중재의 결과가 가져오는 사회적 중요성을 감안해볼 때, 우선 중재를 맡는 시민단체의 내부운영의 민주화와 공개화가 요구된다고 보는데 한약분쟁사례에서 시민단체의 운영은 비민주적인 요소가 많이 작용하고 있었던 것이 사실이다.

둘째, 의약분업사례에 있어서는 새로운 정권이 국민의 지지를 많이 받고 있는 시민단체를 전략적으로 활용하려고 할 때, 시민단체 스스로가 이러한 정부의 시도를 막을 수 있는 능력과 의지가 문제된다는 점이다. 특히 재정적으로 열악한 시민단체들이 재정 지원이라는 유인책을 과연 피할 수 있는가 하는 점이다. 그리고 이러한 유인책과 압력을 극복했다고 하더라도 의약분업사례에서 보듯이 초기에 정부가 필요하면 시민단체를 동원하고, 후기에 의약정 협상에서 도움이 안되면 시민단체를 배제하는 상황이 전개될 때, 시민단체가 정부에 이용당하지 않게 처신할 판단력과 능력을 갖추는 것이 중요하다고 생각된다.

셋째, 김포매립지 사례의 경우에는 기피시설 추진을 하는 정부와 이에 반대하는 주민들을 중재하여 성공한 사례였지만, 실제로 중재를 한 것은 장원 교수 개인이었다고 할 때 한약분쟁사례의 경우처럼 시민단체의 내부적 의사결정의 민주화가 요구된다고 본다.

넷째, 시민단체들은 공익추구를 목표로 하므로 중재과정에서 소수 이익집단의 이익보다는 국민 전체의 이익을 더 많이 반영하는 노력을 하여야 할 것이다. 그러나 시민단체들은 빠른 시간 안에 갈등을 해결해야 한다는 여론의 압력을 받게 되고, 이러한 갈등문제의 원만한 해결은 자신의 단체능력을 인정받을 수 있는 계기가 되므로 합의안 도출에 총력을 기울일 수밖에 없는데 이 과정에서 중재과정의 민주적 운영이 경시될 수 있다. 또한 중재자로서의 시민단체는 중재과정에서 공익추구라는 시민단체의 규범적 목표와 갈등해결이라는 현실적 목표 사이에서 많은 고민을 하게 된다.

다섯째, 사회적으로 중요한 갈등문제는 정치적 기관인 국회가 원칙을 세워 해결해야하고 정부는 이에 대한 집행을 통해 갈등문제를 해결해주어야 하는데도 불구하고 우리의 국회와 정부는 이러한 역할을 충분히 하지 못하고 결국 시민단체들이 갈등관리역할을 대신해왔다. 그 결과 정치권과 정부에 대한 국민의 신뢰성은 더욱 낮아졌고 정부의 권위 실추와 공권력에 대한 심각한 위기의식이 만연되고 있었다. 반면에 중재자로서의 시민단체들은 상대적으로 더 높은 사회적 평가를 받았는데 그 배경에는 시민단체가 정부에 비해 더 높은 전문성과 신뢰성, 민주성, 중립성과 공정성을 가지고 중재에 임하고 있다는 전제가 밑받침되고 있었다. 그러나 세 가지 사례의 분석 결과 이러한 요소들은 개선할 여지가 많은 것으로 밝혀졌다.

여섯째, 중재자로서의 시민단체들에게 필요한 것은 중립성인데, 이는 공익을 전제로 시민단체가 갈등당사자의 중간적 위치에 서있는 것을 전제하고 있다. 그러나 사회적 갈등을 둘러싸고 두 세력이 팽팽하게 대립되고 있을 때, 사회적 정당성의 보호를 받아 발언권이 강하고, 언론과의 관계가 정부보다 유리한 시민단체가 한 쪽 편을 들어주면 세력균형은 무너지고 무게 중심은 일시에 한 편으로 쏠리게 되는 것이다. 여기서 문제되는 것은 중재역할을 맡은 시민단체가 과연 공익증대를 목표로 끝까지 중간 위치를 지켰는지 혹은 공익 증대가 아니고 일종의 게임 상황에서 시민단체가 하나의 세력 쪽으로 힘을 보태 주었는가 하는 점이다.[172]

　가장 대표적인 사례는 김포매립지 사례로 장원 교수는 정부에 비해 불리한 위치에 놓여있었던 주민들 편에 무게를 실어 줌으로써 주민 측에 불리하지 않게 협상을 이끌어나갔다. 그리고 정부의 신뢰성이 낮았기 때문에 시민단체는 이러한 정부에 대해 견제하고 압박함으로써 자신의 위상을 높일 수 있었고, 정부는 이러한 시민단체의 견제를 감수하여 결과적으로 자신의 목표인 매립지 문제를 해결할 수 있었던 것이다. 정부의 신뢰성이 낮을 경우에는 시민단체가 정부에 대해 견제전략을 취하고 정부는 협력정책을 취하는 것이 상호 유리한 것이라고 보았을 때(박상필, 2002: 134), 김포매립지 사례는 바로 이러한 경우에 해당된다고 하겠다.

---

172) 여기서는 비교적 파악이 용이한 김포매립지 사례의 예를 간단히 보기로 한다. 한약분쟁과 의약분업사례는 갈등문제가 단순하지 않아 별도의 연구가 필요하다고 생각한다.

제5장 결　론

제1절 연구의 요약

　본 연구는 제1장 제1절의 연구목적에서도 언급했듯이 앞으로 점증할 사회적 갈등을 해결하는데 있어 주된 행위자인 정부의 갈등조정 메커니즘이 그 한계를 드러낼 경우, 이를 보완해줄 수 있는 대안은 공익을 추구하는 시민단체라고 전제하고, 시민단체가 갈등관리역할을 하였던 세 가지 사례들에 대한 분석을 통하여 다음과 같은 점들을 규명하고자 하였다.

　첫째, 세 가지 사례를 통한 시민단체의 중재활동을 분석함으로써 시민단체들의 중재의 유용성과 문제점이 무엇이었는지를 살펴보았으며, 이를 통해 과연 시민단체가 정부를 대신하여 효율적인 중재를 할 능력이 있는지, 혹은 시민단체가 중재를 하는데 있어 한계는 무엇인지를 규명하고자 하였다. 그리고 갈등관리역할을 맡는 시민단체의 내부적 문제점과 외부적 문제점도 분석하여 개선점을 함께 제시하고자 하였다.

　둘째, 갈등문제의 성격과 관련하여 어떤 성격을 가진 갈등문제에서 시민단체의 중재가 성공할 가능성이 높은 것인지를 분석하고, 또한 중재가 실패할 가능성이 높은 갈등문제라면 시민단체는 중재 역할 이외에 어떠한 갈등관리역할을 하는 것이 갈등해결을 위해 도움이 될 것인지를 규명하고자 하였다.

　셋째, 이러한 분석을 통해 시민단체의 중재가 일정한 영역에서 효율성을 가질 수 있는 가능성이 있다면, 시민단체의 중재에 있어 어떠한 점을 개선하고 보강하여야 할 것인지를 제시함으로써 시민단체들의 갈등관리

역량을 강화시키는데 도움을 주고자 하였다.

이러한 사례들을 바탕으로 한 시민단체의 역할에 대한 분석에서 다음과 같은 결론에 도달하였다.

첫째, 세 가지 사례분석 결과 모든 사례에서 갈등의 주된 원인 제공자는 바로 정부였다는 것이다. 한약분쟁의 경우, 갈등의 시작은 이미 1950년대부터 있었지만 직접적인 불씨는 1993년 1월 보사부가 약사법시행규칙 제11조 제1항 7호를 삭제한 데서 시작되었던 것이며, 의약분업의 경우에도 준비가 채 안된 상태에서 개혁정책의 일환으로 여당에 의해 시도되었다. 김포매립지 사례의 경우에는 산업폐기물반입을 하지 않겠다던 약속을 환경처가 어기고 반입한 것이 갈등을 시작하게 하였던 것이다. 따라서 세 가지 사례의 경우 모두 갈등의 진원지는 정부(정치권 포함)였는데도 초기 갈등관리단계에서 안이한 대응을 하거나 신뢰성과 중립성, 공정성을 상실하여 갈등관리자로서의 주어진 역할을 다하지 못하는 경우가 많았다. 정부의 이러한 안이한 자세는 갈등당사자 간의 감정대립을 더욱 악화시켜 갈등이 심화된 상태에서 갈등관리를 시민단체에 떠넘김으로써 시민단체가 이 분쟁를 맡아 해결하는데 있어서는 근원적인 한계가 있었던 것이다.

둘째, 본 연구의 기본입장은 효율적인 중재란 갈등당사자 모두가 수용할 수 있고 해결책이 지속적이며, 당사자들의 관계가 갈등 전보다 더 긍정적인 관계로 발전된 상태를 의미하며, 중재과정이 반드시 민주적인 절차에 따라 이루어져야 되는 것을 됨을 뜻하는 것으로 보았다. 따라서 합의안이 도출되더라도 민주적 절차를 거치지 않은 경우에는 중재의 효율성은 없는 것으로 보았다. 이러한 기준에서 세 가지 사례에 대한 분석결과 시민단체들의 중재가 효율적인 것으로 평가된 사례는 다소 문제는 있었지만 김포매립지 사례뿐이었다. 그러나 한약분쟁과 의약분업사례의 경우, 비록 시민단체의 중재는 성공하지 못했다하더라도 다음과 같은 점에서 기여한 점이 인정되었다.

우선, 한약분쟁사례의 경우 갈등당사자들의 요구에 의해 중재를 맡아 갈등당사자들 간에 막혀있던 대화통로를 열게 해주었으며, 시민단체 나름대로 전문성에 입각하여 정보제공자와 대안제시자로서의 역할을 하였다.

의약분업사례에서 시민단체들이 기여한 점은 종래의 이익집단들이 로비를 통해 자신의 이익을 추구하는 이른바 '철의 삼각관계'의 연결고리를 끊어버림으로써 밀실정치중심의 사익 추구로부터 공론화를 통하여 공익을 주입시키는 기제로서의 효과를 가져왔다는 것이다.

끝으로, 김포매립지 사례의 경우에는 시민단체의 지도자가 기업가적 정신을 발휘, 기피시설 추진을 하는 정부와 이에 반대하는 주민들이 서로 농능한 위치에서 대화를 통한 합리적 해결을 모색하고 혐오시설 설치에 따른 지가 하락 등 경제적인 손실을 물질적 보상을 통해 보전하여 결국 정부의 기피시설 추진을 실현시켰던 성공한 사례였다.

셋째, 시민단체의 중재역할의 장점은 갈등문제해결을 당사자들의 사적 이익추구 중심으로부터 공론화를 통해 공익적 측면에 의한 해결을 가능하게 하였다는 점과 국회나 정부가 해결하지 못한 갈등문제를 시민단체가 해결함으로써 정부 역할을 보완하는 기능을 하였다는 점들이 지적될 수 있으나, 다음과 같은 점에서 중재역할의 한계를 드러내었다.

한약분쟁사례의 경우는 갈등당사자들의 요구에 의해 시민단체가 개입, 중재역할을 수행하여 합의안을 도출하였지만, 중재의 효율성을 지나치게 강조하여 민주적인 절차를 통한 중재는 실패하고 말았다. 이는 중재역할의 핵심이 경실련이라는 단체라기보나는 사부총장의 개인적 지도력에 의존한 결과로, 시민단체 내부의 의사결정과정의 비민주적인 운영과 협상전문가로서의 중재자의 역량이 갖추어지지 않은데 그 원인이 있었다. 의약분업사례에 있어서는 개혁정책의 추진과정에서 국민의 지지가 취약했던 정권이 상대적으로 더 많은 지지를 받는 시민단체를 전략적으로 이용할 경우, 정책의 정당성 확보는 용이할지 모르나 시민단체의 독자성 혹은 자율성이 손상될 수 있다는 우려를 낳게 한 사례였다.

김포매립지 사례의 경우에는 실제로 중재역할을 한 장원 교수는 특유의
리더십으로 중재를 성공적으로 이끌었으나 한약분쟁의 경우처럼 시민단
체 내부의 민주적인 운영이 요구되었던 사례였다. 그리고 중재자로서의
시민단체는 중재과정에서 공익추구라는 시민단체의 규범적 목표와 갈등
해결이라는 현실적 목표 사이에서 많은 고민을 하게 된다. 또한 중재자
로서의 시민단체들에게 필요한 것은 중립성인데, 이는 공익을 전제로
시민단체가 갈등당사자의 중간적 위치에 서있는 것을 전제하고 있다.
그러나 실제 중재역할을 맡은 시민단체가 공익증대를 목표로 끝까지 중
립적 위치를 지켰는지 혹은 일종의 게임 상황에서 시민단체가 하나의
세력 쪽으로 힘을 보태 주었는지가 문제되었다.

넷째, 시민단체들의 중재역할을 분석한 결과 시민단체들의 내부적 문
제점들 중의 하나는 시민단체가 합리적인 대안제시능력은 어느 정도 갖
추고 있으나, 가장 취약한 점은 합의안 도출이라는 결과에 지나치게 집
착한 나머지 합의안을 도출하는 절차나 과정을 경시하고 있다는 점이었
다. '민주화'를 주장하는 시민단체들이 갈등을 중재하는 과정에서는 스
스로 민주적인 원칙의 준수를 가볍게 여기는 것은 한약분쟁과 의약분업
의 중재과정에서 두드러지게 나타났다. 한약분쟁의 경우에는 1993년 9
월 16일, '한약조제권 분쟁해결을 위한 조정위원회'를 구성하여 중재에
들어가 불과 4일 만에(9월 20일) 한의사회와 약사회의 합의를 이끌어냈
는데 약사회는 이에 반발, 약국휴업까지 벌였으나 당시 여론에 힘을 얻
은 정부의 강경조치로 진화되었던 것이며 한의사회에서도 합의안 수용
에 상당한 진통이 있었다는 것은 한약분업의 중재과정이 자유롭고 충분
하며, 공정한 토론에 바탕을 둔 민주적인 과정(김영수, 1997)을 거친 중
재였다기보다는 갈등당사자들의 합의 도출 자체를 더 중요시한, 즉, 중
재의 효율성 자체에 집착한 중재였음을 짐작하게 한다. 이는 의약분업
사례에 있어 '의약분업을 위한 시민대책위원회'의 5·10 합의안 도출과
정에서도 그대로 재현되었던 것이다.

이와 같이 시민단체들이 갈등을 중재하는 과정에서 스스로 민주적인 원칙의 준수보다는 합의안에 더 집착하는 경향이 높다는 것과 관련하여 지적할 것은 이러한 성향이 나타나는 것은 시민단체 내부의 의사결정구조가 민주화되어있지 못하다는 데에서 첫 번째 원인을 찾을 수 있을 것이다. 성장 초기에 있는 시민단체의 경우에는 특히 지도자의 역할이 매우 중요한데 이들은 조직의 성장과 세력 확대를 위하여 국민들과 언론이 지켜보는 자리에서, '대타협'이라는 성과를 이루어내기 위해 토론을 통하여 갈등을 근원적으로 해결하려는 노력보다는 분출된 갈등을 신속하게 봉합하려는 과정에서 다소 무리수를 썼던 것이다. 따라서 이러한 과성에서 공언목표(stated goal)와 실질목표(real goal)와의 괴리가 일어나게 되고, 시민단체의 지도자의 개인적 행위는 모두 시민단체의 의사결정기구의 추인을 거친 것으로서 합법화되어버렸던 것이다. 그런데 문제는 국민적 신뢰를 받고 있는 시민단체라 하더라도 국민전체의 이익과 직접적으로 관련된 중대 사안을 한 두 사람의 의사로 결정하는 것이 정당한가 하는 점이다. 현재 우리나라 시민단체들의 정관을 분석한 선행연구들에 의하면, 의사결정 및 집행에 관한 기능과 권한은 분리되어 있지만 실제로는 집행기구와 의결기구의 분리가 명확하지 않다고 하며, 총회는 실제로 최고 의결기구의 기능을 다하지 못하고 단지 '회원들의 모임'또는 '회원들의 축제의 장'으로 성격이 변화하고 있으며, 의사결정구조도 집권화 되어있다는 지적들이 많다. 또한 조직구조도 복잡하고 비대하여 관료적인 성격을 나타내고 있으며, 소수의 전문가와 상근 운동가들이 중심이 되어 의사결정과정에 일반회원인 시민들의 참여가 제한되어 시민 속에 뿌리를 내리지 못하고 있는 실정이다. 따라서 시민단체가 시민들 속에서 호흡하는 신뢰받는 단체로 거듭나기 위해서는 시민단체 내부의 지배구조와 의사결정과정의 민주화가 우선적으로 개혁되어야 한다고 본다.

시민단체들이 갈등을 중재하는 과정에서 민주적인 원칙의 준수보다는 합의안에 더 집착하는 경향이 높은 두 번째 이유는 시민단체들이 전문성을 요하는 문제에서 갈등당사들이 회의 도중에 제기하는 전문적 사안의 문제들에 충분한 답변을 할 수 있을 정도의 전문지식이 없었기 때문이며, 그 결과 가능한 짧은 시간에 상대방을 압박하여 양측이 한 걸음씩 양보하는 타협안을 이끌어냄으로써 갈등을 근본적으로 해결하지 못하고 일시적으로 봉합하는 차원에 머무르고 말았던 것으로 보인다. 다만 김포매립지의 경우에는 중재자가 실제로 환경 전문가였기 때문에 실무협의회라는 기구를 통해 오랜 시일 토론을 거쳐 합의안을 작성하는데 성공하였던 것이다. 이런 점에서 중재자에게 반드시 필요한 사항은 해당 문제에 대한 충분한 전문지식을 갖추어야 한다는 점이고 대립되는 의견을 효율적으로 관리할 능력이 있는 협상전문가로서의 지식과 경험도 함께 구비됨이 요청된다고 하겠다.

다섯째, 시민단체의 내부적 문제점과 관련하여 또 하나 지적할 것은 시민단체에 여러 가지 대안들을 제공하여주는 전문가집단에 대한 시민단체들의 수용자세에 관한 문제이다. 시민단체가 중재자로서 특정한 갈등문제를 해결하기 위해서는 그 문제에 관한 전문지식과 경험의 구비가 필요한데 이를 충분히 갖추지 못한 시민단체들은 재정적인 어려움 등으로 전문지식을 갖춘 인재의 확보가 어렵기 때문에 자발적으로 참여하는 해당 전문가들의 의견에 따라 의사결정을 하게 된다. 이 경우, 과연 이들 전문가들의 의견이 항상 옳은 것이냐 하는 점과 이러한 전문가들의 의견이 옳다고 판단을 내릴 수 있는 능력과 이들의 의견을 여과할 수 있는 안목을 시민단체가 갖추고 있느냐는 의문이 제기된다. 이러한 문제들 중에는 가치판단을 요하는 문제도 많을 것이므로 중요한 것은 보다 다양한 의견을 여과할 수 있는 의사결정구조가 시민단체 내에 갖추어져 있어야 하는데 앞에서도 보았듯이 현실은 그렇지 않다는 점이다. 여기서 일부 전문가들에 의한 진리를 가장한 독선이 나올 수 있고 결과적으로 '전문가의 독재'가 이루어질 위험성도 배제하지 못할 것이다.

여섯째, 시민단체의 외부적 문제점들 중 첫 번째는 국민적 지지가 약한 정권이 정책의 정당성을 확보하기 위한 전략으로 시민단체들을 이용하려는 유혹에 빠질 가능성이 있는데, 시민단체들은 정부와 협력관계를 갖는 경우라 하더라도 자율성을 유지하기 위해 정부와의 일정한 거리를 유지하며 긴장관계에 설 필요가 있다는 점이다. 한약분쟁과 김포매립지 사례의 경우처럼 시민단체가 정부를 압박하며 일시적이지만 '초법적 지위'를 누린 적이 있어 시민단체와 정부와의 관계설정도 고려할 점이라 생각한다. 외부적 문제점들 중 두 번째는 언론과의 관계에 있어 다음과 같은 점들이 문제된다. 현재 우리나라의 시민단체의 활동은 가장 영향력이 큰 시민단체라 하더라도 일반회원들이 중심이 된 활동이 펼쳐지는 것이 아니라 소수의 전문가와 상근 운동가들이 중심이 되어 주로 언론 홍보에 의존하여 펼치는 운동방식을 탈피하지 못하고 있는 실정이다. 그런데, 한국의 시민단체가 단기간에 급성장한 이면에는 인적·물적 자원과 같은 성장에 필요한 기초자원의 확보보다는 사회적 명망가를 중심으로 한 시민단체들이 사회적 관심이 높은 현안들을 이슈화하고 언론의 영향력을 빌어 일반에 홍보함으로써 시민단체의 사회적 영향력과 위상을 높이는 성장전략을 취해왔기 때문이었다. 이러한 사실로 볼 때, 시민단체는 그동안 언론에 의존한 활동을 하였다고 볼 수 있으며, 이점에서 시민단체의 언론기관으로부터의 자율성이 완전히 확보되었다고 보기는 어려울 것이다. 의약분업의 사례에서 의사들의 파업 이후 신문들이 시민단체보다는 의사 측에 서게 되자, 시민단체들의 활농이 위축되었다는 점에서도 이러한 시민단체의 언론기관에 대한 의존현상을 엿볼 수 있었다.

일곱째, 갈등관리를 통한 갈등해결에 가장 필요한 조건은 상대방에 대한 이해에 바탕을 둔 충분한 대화의 장(場)을 마련하는 것이라고 생각한다. 이러한 가장 대표적인 사례가 김포매립지 사례에 있어 실무협의회 구성이었는데, 이러한 실무협의회에 대한 기본 아이디어는 갈등당사자인 정부와 주민대책위원회간의 정기적인 대화채널로서의 역할뿐만 아니라 주민들에게 대화와 협상의 동등한 파트너로서 지위를 부여한 것으로 갈등관리에 있어 주민참여의 장을 마련하는 계기가 되었으며, 지속적인 대화의 장을 통하여 서로의 이해의 폭을 넓힘으로써 결과적으로 갈등해결을 가능하게 하였던 것이다.

　마지막으로, 사례분석에서도 검토하였듯이 시민단체의 역할들 중 갈등중재역할이 소기의 성과를 거두지 못한 경우도 있었다. 정부의 중재실패 이후 시민단체가 중재역할을 맡게 된 배경은 시민단체가 정부에 비해 신뢰성이 높았고, 상대적으로 수평적인 조직구조를 가지고 있어 민주적인 중재가 기대되었지만, 실제 운영은 비민주적으로 운영되어 정부에 비해 상대적인 강점은 희석되었다. 특히 직능집단간의 중재과정에서 전문성이 부족한 시민단체들은 고전을 면치 못하였다. 이런 점에서 갈등문제의 성격상 직능집단간의 갈등은 시민단체가 중재하는데 한계가 있으며, 대안제시나 정보제공 그리고 갈등관리에서 알선이나 조정과 같은 역할을 수행하는 것이 적절하지 않을까 한다. 그리고 갈등문제의 특성과 관련하여 시민단체의 중재가 성공할 가능성이 높은 경우는 김포매립지 사례와 같이 비교적 좁은 지역 내에 국한된 주민들과의 갈등문제로 정치적인 영향을 거의 받지 않는 성격을 가진 갈등문제라 할 수 있는데, 이 경우 중재자가 갖추어야할 요건은 갈등문제에 대한 전문성과 '대화의 통로제공자'로서의 능력이라고 생각한다. 그리고 직능집단간의 첨예한 이해관계 대립의 성격을 갖거나, 광범위한 지역에 걸쳐 정치성이 많이 개재된 갈등문제는 시민단체보다는 정부가 책임성을 가지고 중재자로서의 역할을 다해야 한다고 생각된다. 그러나, 이러한 문제에 있어서도 부득이 시민단체가 갈등관리역할을 해야 할 경우에는 알선이나 조정 수준에 그치고, 중재역할은 가능한 한 피해야 한다고 본다. 왜냐하면 중재란 가치판단적인 성격을 갖게 될 가능성이 높으므로 시민단체가 구속력이 있는 중재역할을 맡게 될 경우, 시민단체를 정치화시킬 위험성이 있기 때문이다. 따라서 알선이나 조정을 통해서 시민단체들은 갈등당사자들 간의 대화를

열어주고 정보와 의견을 교환하며, 보다 합리적인 대안을 제시하는 역할
에 그치게 하는 것이 결과적으로 시민단체의 자율성을 보장해줄 수 있는
방법이라고 생각된다.

제2절 이론적 시사점

　시민단체의 갈등중재에 관한 사례분석을 통하여 나타난 문제점들 중의
하나는 아직도 우리의 시민단체들의 내부적 운영이 민주화되어 있지 못
하다는 점이다. 또한 그동안 정부에 대해서는 예산감시활동 등을 통해
공개화, 투명성을 요구했지만 시민단체들은 조직을 비공개적으로 운영한
면이 없지 않았다. 따라서 효과성에 대한 개념이 경시되어온 것이 사실
이며, 사례들에서 보듯이 아직도 내부의 의사결정구조는 비민주화된 요
소를 많이 찾아볼 수 있었다. 1999년 영국 Sussex 대학이 22개국의 전
문가들을 초청해서 개최한 '시민사회와 가버넌스'워크샵에서 정리된 시민
단체의 역할은 우리의 시민단체들과 이를 지원하는 정부정책에 대하여
시사하는 바가 큰 데 여기서 정리된 시민단체의 역할은 ⓐ 공공정책과
정책결정에 대한 기능, ⓑ 투명성과 정보 유용성의 제고, ⓒ 정부 성과의
향상에 대한 기여, ⓓ 사회정의, 권익과 법의 지배에 대한 기여 등이었다
(Manor, 1999). 여기서 ⓑ 투명성과 정보유용성의 제고는 시민단체들의
정책결정과 집행에 관한 투명성과 정보의 유용성을 높여주며 '훌륭한 가
버넌스(good governance)'에 기여한다는 내용이고, ⓒ 정부 성과의 향상
에 대한 기여는 시민단체가 공공서비스와 재정지출의 질과 효과성을 높
여주는데 기여한다는 것이었다. 이 두 가지 사항이 시사하는 바는 정부
와의 관계에서 시민단체가 정부의 투명성과 성과 향상에 기여하고 있다
는 점으로 이는 곧 시민단체가 정부에 대하여 투명성과 효과성이라는 가

치의 이행을 요구하고 있다는 뜻으로 해석된다. 그런데 오늘날과 같이 정부와 시민단체가 대등한 파트너로서 국정운영의 동반자 관계를 유지하고 있는 현실에서 보면 이 두 사항은 정부에만 국한된 성질의 것이 아니라, 아직도 재정적인 면에서 열악한 것이 한국의 현실이기는 하지만, 시민단체에도 적용될 성질의 것이 아닌가 한다. 즉, 공공재를 정부와 같이 생산하고 시민들의 후원금으로 운영하며, 나아가 국민의 세금에 바탕을 둔 재정적 지원을 받는 시민단체들도 정부와 마찬가지로 내부 운영의 투명성과 효과성을 제고하려는 노력을 게을리 해서는 안된다고 생각하기 때문이다. 최근 한 포럼에서도 한 시민단체 실무자는 "그동안 한국의 시민운동에 대한 분석이 다분히 정치학적 내지는 사회학적 접근에 의해 이루어졌음을 인정하며, 이제 한국의 시민운동은 한국 사회에 어떠한, 또는 어느 정도의 공공이익의 증진을 가져다주는지에 대한 경제적 접근이 이루어져야함을 인식하고, 외국의 경우 NGO활동의 경제적 규모와 효과에 대한 다양한 연구와 분석이 시도되고 있는데 비해 한국은 이러한 분야에 대한 연구가 거의 전무한 실정(박병옥, 2001)"이라고 비판하였다. 그는 또한 시민단체의 활동을 사회적으로 꼭 필요한 공공재의 생산으로 바라볼 때, 시민단체의 발전을 위해 국가기관을 포함한 사회 전체적 차원에서 이를 지원해야 할 필요성이 자연스럽게 대두되는 것이며, 공공재를 생산하는 공적 기관으로서의 정부와 공공재를 생산하는 사적 기관으로서의 시민단체는 한정된 자원으로 최대의 공공재를 생산하기 위해 각 부문의 비교우위에 기초한 역할분담과 협력체계를 구축해야 할 것을 주장하였다. 그리고 정보의 공유와 자원의 공유 및 필요한 경우, 공동 행동을 위한 구체적 방안들이 마련되고 제도화됨으로써 시민단체와 정부간의 관계가 공공재 생산의 극대화라는 생산적인 방향으로 발전되어 나갈 것을 제시하였다.

이러한 논의에서 주목할 점은 시민단체에 의한 활동을 사회적 공공재로 보고 공공재를 생산하는 정부와 시민단체가 제한된 자원으로 최대의 공공재를 생산하기 위해 각 부문간의 비교우위에 기초한 역할분담과 협력체계를 구축해야 하며, 정부도 이러한 공공재를 생산하는 시민단체에 대한 지원체계를 구축해야한다는 점이다.

이러한 시각에서는 정부와 시민단체를 공공재를 생산하는 대등한 관계의 동반자로 보고 있으므로, 앞서 지적한 Manor(1999)의 투명성과 효과성에 대한 의무가 정부와 대등한 관계에 있는 시민단체에도 부여된다고 보며, 공공재를 생산하는 시민단체에 대한 지원에 있어 평가기준도 이러한 요소들을 측정할 수 있는 방향으로 변화되어야 한다는 점을 시민단체 실무자들도 인식하고 있는 것으로 보인다.

이와 같이 시민단체에 대하여 효과성[1]과 투명성 의무를 부과하는 것과 미국의 경우 비영리법인의 이사회(nonprofit boards)의 운영이 효과적인가를 측정하는 연구들이 이루어지고 있는 점(Jackson and Holland, 1998)[2] 등은 아직도 국민들에게 중대한 영향을 미치는 중요한 의사결정이 내부의 지배구조 속에서 비민주적으로 이루어지는 한국의 시민단체들에게 공개화와 민주화의 계기가 될 수 있으리라 생각된다. 그러나 조직의 효과성이란 중요하면서도 논의의 여지가 많은 개념(a powerful and

---

1) 일반적으로 조직의 효과성이란 조직의 산출이 목표를 어느 정도 달성했느냐를 의미하는데, 조직이 어느 정도 목표에 도달하였는가(To what extent does an organization reach its goals)라는 질문으로 표현된다. 이 질문은 조직이라는 것이 목표들을 가지고 있다는 것을 전제하고, 그 목표들은 발견될 수 있는 것이어야 하고, 목표들은 어느 정도 안정적이어야 하며, 추상적 목표들은 척도로 전환될 수 있고, 이러한 척도들에 의해 자료들이 수집되고, 처리되고, 적기에 적합한 방식으로 적용되어야 함을 의미한다(Herman and Renz, 1999).

2) Jackson과 Holland는 미국의 비영리단체 이사회의 성과를 측정하기 위해 The Board Self-Assessment Questionnaire(BSAQ)를 개발, 여섯 개의 영역에 있어 이사회의 성과를 측정하였다. 높은 성과를 올린 이사회의 특색을 조사한 선행연구를 기초로 6개 영역을 나누고 34개의 비영리단체들 중에서 623개의 이사회 직원들로부터 수집한 자료로 조사 도구의 신뢰성, 타당성, 민감도, 이사회의 점수와 조직의 재정적 성과 지표간의 관계들을 검토하였는데 조사결과는 적절한 것으로 나타났고 이사회의 성과를 평가하는데 유용한 도구임이 확인되었다(Jackson & Holland, 1998 : 159-182).

problematic concept)인데 이는 조직의 업무를 정밀하게 평가하고 업무를 향상시킨다는 점에서 중요한 의미를 갖지만, 효과성이란 개념은 서로 다른 사람들이 서로 다른 의미로 이해하고 있어 측정하는데 있어 다양한 방식들이 존재하고 있다는 점에서 정의 내리기 어려운 개념이기 때문이다.3) 그러나 이러한 효과성 개념이 논의의 여지가 많고 혼란을 가져오는 용어이긴 하지만 최근 NGO를 연구하는 학계에서 NGO의 효과성에 대한 평가를 시행하는데 있어 새로운 관심영역으로 떠오르고 있다는 점 (Forbes, 1998)은 효과성이 높은 조직은 유연성과 대응성에 민감하여 시민들의 요구를 반영하는데 유리하기 때문(Kushner and Poole, 1998)에 상대적으로 지배구조 내에서 소수간부들에 의한 의사결정권의 독점을 방지하는데 도움을 주기 때문이다.

이와 같은 점에서 시민단체의 효과성 측정과 관련된 연구들이 진행되어야 한다고 보며, 앞으로 시민단체들을 지원하는 기준으로 효과성을 측정할 수 있는 현실적인 방안들을 점진적으로 도입함으로써 시민단체들의 책임성 확보를 위한 노력을 유도해야할 것이다. 이러한 객관적인 평가기준의 도입은 지원기관인 정부의 자의적 해석을 방지함으로써 정치적 의도로 이루어지는 정부지원의 위험성을 방지할 수 있고, 결국은 정부로부터 시민단체의 자율성과 민주성을 확보하는데 기여하리라 생각되기 때문이다.

---

3) 조직의 효과성을 연구하는 것은 NGO의 맥락에서는 특별히 문제가 많은 것인데 그 이유는 첫째로, NGO의 뚜렷한 법적, 재정적 위치 때문에 비영리단체는 수익성이라든가 주식시세와 같은 영리기관의 효과성 측정수단을 그대로 사용하여 측정하기 어렵다는 점과 둘째, 조직의 성과를 양적으로 측정하는 대용물 (surrogate)을 개발하는 전망은 어려울 것으로 보이는데 이는 NGO조직이 무정형(無定型, amorphous)의 目標들을 가지고 무형의(intangible) 서비스들을 제공하기 때문이며(Newman & Wallender, 1978), 셋째로, NGO 조직의 업무들은 흔히 합의가 적거나 합의가 없는 사회적 가치들에 근거를 두기 때문에 양적 측정에 한계가 있다는 것이다. 그런데 여기서 효과성의 기준에 관한 논의의 전개가 필요한 것(Kanter and Summers, 1987)으로 Stone과 Cutcher-Gershenfeld(1996) 등은 효과성에 관한 이론적 논문의 맥락에서 최근의 경험적 연구들의 검토를 하고 있는데 NGO의 효과성에 관한 경험적 연구의 광범위한 검토는 여전히 부족한 상태라 할 수 있다(Forbes, 1998).

제3절 정책적 시사점

사례분석을 통해 얻은 결론을 토대로 정책적 시사점들을 제시해보면 다음과 같다.

첫째, 갈등을 해결할 수 있는 기능과 권한을 가진 정기적인 대화채널의 제도화를 위한 정부의 노력이 선행되어야 할 것이다. 김포매립지 사례에서도 보았듯이 합리적인 갈등해결을 위해 중재자에게 가장 필요한 조건은 상대방에 대한 이해에 바탕을 둔 충분한 대화의 장(場)을 마련하는 것이라고 생각한다. 그리고 이러한 대화의 장을 효율적으로 운영하기 위해서는 김포매립지 사례의 실무협의회의 경우처럼 이해당사자들 간의 정기적인 대화채널의 제도적 보장이 가능해야할 뿐만 아니라 협상이나 토론과정에서 중재자의 공정한 운영이 반드시 보장되어야 할 것이다. 따라서 향후 갈등문제가 발생할 경우 갈등당사자들과 갈등중재자는 정기적으로 만나 서로의 입장을 이해하고 의견 차를 좁히는 기능을 할 상설 의견교환 기구를 제도화하는 작업이 선행되어야 한다고 생각된다. 특히 이익집단간의 갈등이 첨예한 경우에는 상호간의 공존을 위한 의견 및 정보교환이 지극히 저조할 수밖에 없는데 이러한 경우 정기적으로 만나는 것을 제도화함으로써 접촉의 기회를 자주 갖게 하여 서로의 이해의 폭을 넓게 하는 것이 중요하다고 생각된다. 이러한 점에서 한국노총과 한국경총이 중심이 되어 1990년에 결성한 '국민경제사회협의회'와 1993년 10월에 발표된 '국민경제와 노사관계 발전을 위한 노·사·정 공동합의문'은 1994년 노사관계 설정에 있어 상당한 영향력을 발휘하였으며, 앞으로 더 발전시킬 필요가 있다고 생각된다.

둘째, 시민단체의 전문성 확보방안이 모색되어야 한다. 현재 이익갈등이나 환경문제로 발생되는 갈등들의 대부분은 그 해결에 있어 전문적 지식을 요구하는 경우가 많다. 따라서 갈등관리자로서의 정부는 말할 것도 없고 시민단체의 경우에 있어서도 전문지식으로 무장한 상근자들의 확보가 무엇보다 중요하다고 할 것이다. 그러나 우리나라 시민단체의 대부분은 열악한 재정으로 전문성을 갖춘 고급두뇌의 채용이 불가능한 것이 현실로 다수의 학자, 교수, 변호사, 회계사, 의사, 약사 등 전문가들이 무보수로 시민단체에 참여하여 전문성을 제공하고 있는 실정이다. 그런데, 여기서 문제가 되는 것은 이러한 전문가들이 자신의 학문적 지향과 관련하여 사물을 보게 되고 이러한 준거틀은 정책결정과 같은 가치판단을 필요로 하는 문제에서 편향적인 성향을 띠게 될 가능성이 있다는 점이다. 따라서 시민단체 내에서 이러한 전문가집단들의 의사결정방식이 민주적으로 운영되는 것이 필요하다고 보며, 전문가집단의 판단에 대한 최종적인 결정은 시민단체 상근자들이 시민단체의 활동목적과 연관시켜 내려야 되는데 이러한 판단을 합리적으로 할 수 있을 정도의 능력은 갖추어야 한다고 생각된다. 이를 위해서는 시민단체와 대학 등 교육기관이 연계하여 시민단체 상근자들에 대한 교육 프로그램 등의 제공 등 제도적으로 상근자들의 전문성 확보를 위한 교육훈련의 기회를 제공하는 것이 필요하다고 보며, 이는 정부의 시민단체 지원방안의 하나로 제도화 할 수도 있을 것이라 생각된다. 그리고 여기서 간과해서 안 될 것은 갈등관리자로서의 전문성 확보를 위한 프로그램은 전문지식과 정보의 획득에 그치지 말고, 협상능력의 강화를 위한 교육도 강조되어야 한다고 생각한다. 이러한 유능한 협상 전문가가 절실하게 필요함은 한약분쟁과 의약분업의 사례에서도 이미 확인되었다.

셋째, 정치권이나 정부가 시민단체와의 관계를 정립함에 있어 반드시 지켜야할 사항은 시민단체는 정권의 하수인이나 대행자가 아니라는 인식이다. 의약분업사례에서 정치세력이나 정부가 자신의 목적을 달성하기 위해 시민단체를 정책적으로 이용하려는 의도가 있었는데, 정부와 시민단체와의 관계는 본질적으로 협력관계와 긴장관계를 유지해야한다는 점을 깊이 인식해야 할 것이다. 여기서 협력관계란 상호간의 독자성과 자율성을 전제로 한 개념이기 때문이다. 따라서 행정부의 여러 위원회에서 시민단체를 형식적으로 참여시켜 그들의 동의를 구함으로써 정책의 정당성을 확보하려는 경향이 있는데 이를 시정하고, 진정으로 시민들의 요구와 의사를 반영할 수 있는 장(場)이 마련되도록 정부는 노력해야 할 것이다. 또한 시민단체와 정부와의 관계설정에 있어서도 분쟁해결의 1차적인 책임자는 정부이며, 시민단체는 어디까지나 정부와 파트너로서 갈등관리에 있어 협력관계에 있는 보완적 역할에 머물러야 한다는 점이다. 이와 같은 점에서 앞으로 시민단체는 갈등관리전략들 중에 중재가 아닌 조정이나 알선 역할에 머무르고, 정부는 끝까지 중재자로서의 책임을 다해야 한다고 생각한다.

넷째, 한약분쟁과 김포매립지 사례에서 보았듯이 한국의 시민단체가 단기간에 급성장한 이면에는 인적·물적 자원과 같은 성장에 필요한 기초자원의 확보보다는 사회적 명망가를 중심으로 한 시민단체들이 사회적 관심이 높은 현안들을 이슈화하고 언론의 영향력을 빌어 일반에 홍보함으로써 시민단체의 사회적 영향력과 위상을 높이는 성장전략을 취해왔기 때문이었다. 따라서 그동안 시민단체들이 즐겨 쓰던 언론플레이는 결국 시민단체가 소수의 전문가에만 의존하는 방식으로 일한다는 것을 의미하는데, 이제부터 시민단체들이 언론으로부터의 자율성을 확보하기 위해서는 보다 많은 시민들 속에 뿌리를 깊이 내리는 시민단체의 공개적이고도 민주적인 운영이 선행되어야 할 것이다. 또한 시민단체가 언론으로부터 자율성을 확보할 수 있는 방안 중의 하나로 들 수 있는 것은 정보화를 통한 시민운동인데, 이는 현대사회가 '사이버크라시(cybercracy)', 즉 사이버 공간을 잘 발전시켜 활용하는 정치체제로 변화하여 과거 언론과는 다른 쌍방향 의사전달이 가능하게 되었기 때문이며, 이는 시민단체들이 과거와 같이 언론에만 의존할 필요성이 감소되었음을 의미하는 것이다. 최근 제3회 전국시민단체대회의 주제별 워크샵 세션에서 제5주제는 '정보화와 시민운동'이었는데 여기서 정보사회시

민운동은 "우리 사회가 정보사회로의 패러다임적 전환을 하고 있다는
전제 하에서 시민운동의 새로운 정체성을 정보사회에 두고 있는 것"이
며, 정보화 정책에 대한 운동, 정보민주주의에 대한 운동, 정보가치에
관한 운동(정보독점, 정보불평등 등), 정보화를 통한 참여민주주의 운
동, 전자정부와 관련한 정부개혁운동 등 제반의 운동 등을 통칭하는 것
으로 정의내리고 있다. 이러한 정보사회시민운동은 정보화의 확산을 수
요를 중심으로 하는 시장논리에만 맡겨둘 경우 필연적으로 수도권과 대
도시 중심으로 정보화의 혜택이 이루질 수 있다는 역기능도 있지만, 시
민들의 정치·행정 과정에 참여할 수 있는 기회가 확대되고 여론정치가
활성화되며 의사소통이 원활하게 이루어짐으로써 상호간의 신뢰·협력
관계가 증진될 수 있다는 이점 때문에 시민단체들도 이에 대한 준비작
업을 하고 있다. 그러나 이러한 작업을 추진하기 위해서는 정보화를 담
당하고 관리하며 추진하는 인적 조직의 구성과 이의 실현을 위한 자금
의 조달이 필요한데 재정상태가 열악한 시민단체의 경우는 추진에 어려
움이 따를 수밖에 없는 것이다. 이 점과 관련하여 정부의 시민단체에
대한 재정지원은 이러한 정보화를 위한 시설구축에도 관심을 기울일 필
요가 있다고 생각한다. 이와 같이 시민단체들은 뒤늦게 정보화 사회에
서의 시민운동과 시민단체의 역할 등에 대해 많은 관심을 가지고 있지
만4) 아직도 인터넷의 급속한 확산으로 인한 네티즌들의 눈부신 움직임
에 비해 시민단체들의 변화는 느린 편이고, 여전히 대개의 시민단체들
의 사이트는 홍보중심의 사이트이고 시민운동적 의미를 지닌 사이트는
적은 편이라는 것이 시민단체 자체의 지적이다.

---

4) 시민단체들은 쌍방향 의사소통(Interactive Communication)에 좀 더 집중해
   야 하고 '느낌'과 '재미', '감동'이 있는 사이트를 만들고, 인터넷상의 시민운동을
   창출해야 할 것을 제시하였다.

제4절 연구의 한계

본 연구는 연구대상의 선정과 연구방법상의 몇 가지 제약으로 인하여 일반화시키는데 다음과 같은 한계가 있음을 밝힌다.

첫째, 사례선정에 있어서의 한계로, 제시된 세 가지 사례들이 본 연구의 목적을 설명하는데 최적의 사례들인가 하는 점에서 한계가 있음을 인정한다. 여기서는 갈등관리과정에 시민단체가 개입하여 중재를 통해 합의안을 이끌어낸 경우를 주로 선정하였다. 그리고 서로 유사한 유형이 사례들을 비교하는 것이 갈등중재자로서의 시민단체역할을 보다 분명하게 나타낼 수 있다고 보아, 직능집단간의 갈등인 한약분쟁과 의약분업사례를 선정하였던 것이다. 그러나 반드시 이 사례들만이 분석에 가장 많은 도움을 줄 것인가에 대해서는 의견 차가 있을 수 있음을 밝힌다.

둘째, 이익갈등문제와 환경에 관한 사례를 들었는데 갈등의 유형이 반드시 이 두 가지에 국한된 것은 아닐 것이다. 따라서 이러한 유형의 사례에서 내린 결론을 다른 유형의 사례들에 적용시켜 일반화하는 데는 한계가 있다고 생각한다.

셋째, 사례연구가 갖는 한계로, 사례연구는 분석하고자 하는 사례들을 심층적으로 파악할 수 있지만 그 사례가 갖고 있는 특수성을 지나치게 확대 해석하여 다른 모든 사례들에 적용시키는 것은 위험한 사고라 생각된다. 본 연구에서도 김포매립지 사례의 경우 기업가적 정신을 가진 한 시민운동가의 헌신적인 노력이 합의를 이끌어 내는 결정적인 계기가 되었는데, 이러한 예는 다른 사례에서는 찾아보기 힘든 사례였다. 다만 이를 일반화하는 데는 신중해야겠지만, 실무협의회라는 정기적인 대화채널의 아이디어를 제공해주었던 사례로, 이 점은 양적인 연구가 제시 못하는 미묘한(unique) 특징을 주었던 사례연구의 장점이었다고 생각된다.

넷째, 평가요소들의 측정변수 선정에 따른 문제점이다. 이는 양적인 측정이 어려운 영역으로 논자에 따라 다른 견해가 있음을 인정한다.

다섯째, 세 가지 사례들 중 의약분업사례는 아직 해결되지 않은 채 갈등상황이 진행 중인 사례여서 분석의 편의상 이를 정지시키고 분석한 본 연구에 한계가 있다는 점이다.

여섯째, 본 연구는 사례연구로서 이러한 연구방법이 갖는 단점을 보완하기 위해 양적인 연구의 필요성이 제기될 수 있으나, 사례의 발생시기로부터 상당한 시간이 경과하여 통계적 보완이 어려웠는데 이 점이 연구결과의 일반화를 어렵게 하였다.

앞으로 우리 사회는 보다 다양한 이해관계의 갈등이 증폭될 것이 예측되는데 이러한 사회갈등을 사회 구성원의 합의의 틀 속에 내재화시켜 체계적으로 해결하려는 노력이 필요하다고 보며, 이를 위해서 우리 상황에 맞는 갈등관리의 모델개발이 시급히 요청된다고 생각된다. 그러나, 무엇보다 중요한 것은 권위주의방식을 통한 갈등의 일시적 봉합을 지양하고 보다 근본적인 갈등해결을 위해서는 갈등당사자들의 인간의 존엄성을 존중하는 토대 위에서 갈등 해결방식이 모색되어야 한다고 보며, 이 분야에 있어 많은 연구가 이루어질 것을 기대해 본다.

참고문헌

<국내 단행본>

강명구 외, 『한국 언론의 신뢰도, 위기현황분석과 극복방안』, 한국언론
　　재단, 2001.

경실련, 『경실련 출범 4주년 기념자료집』, 1994.

국세청, 『국세통계연보』, 1998.

김광식, 『한국NGO: 시민사회단체, 21세기의 희망인가?』, 동명사, 1999.

김기홍, 『한국인은 왜 항상 협상에서 지는가』, 굿인포메이션, 2002.

김동춘 외, 『2001 NGO 리포트』, 아르케, 2001.

김농준 외, 『NGO란 무엇인가』, 아르케, 2000.

김　렬, 『사회과학 조사방법론: 정책연구의 원리』, 박영사, 1999.

김병완, 『환경정책의 논리와 실제』, 나남출판, 2001.

김석준, 『뉴거버넌스 연구』, 대영문화사, 2000.

김영래 외, 『이익집단정치와 이익갈등』, 한울아카데미, 1997.

김영수, 『민주시민론』, 법문사, 1997.

김종순 편, 『지속가능발전과 환경거버넌스』, 대영문화사, 2002.

김혁래, 문대훈, 정영국, 「한국의 이익갈등 양태와 조정제도」, 김영래
　　　　외, 『이익집단정치와 이익 갈등』, 한울아카데미, 1997.

남궁근, 『행정조사방법론: 경험적 연구의 설계와 분석』, 법문사, 1995.

노화준, 『정책분석론』, 박영사, 1999.

녹색연합(사)배달환경연구소, 『배달환경연구소보』, 1997. 3.

민　진, 『행정학의 이해』, 대명출판사, 2002.

박경호·박천오 공저, 『한국관료제의 이해: 현상과 변화』, 법문사, 1997.

박동서, 『한국행정론』, 법문사, 1998.

박동서, 『한국NGO의 활동방향』, 박재창 편, 『정부와 NGO』, 법문사, 2000.

박상필, 『NGO와 현대사회』, 아르케, 2001.

박상필, 『NGO와 정부 그리고 정책』, 아르케, 2002.

박우순, 『행정학의 새로운 패러다임』, 법문사, 2002.

박원순, 『한국의 시민운동, 프로크루스테스의 침대』, 당대, 2002.

박재창 편, 『정부와 NGO』, 법문사, 2000.

백경남, 송하중 외, 『새천년의 한국정치와 행정: 정치선진화와 행정혁신』, 나남, 2000.

백완기, 『행정학』, 박영사, 1992.

백완기, 『한국행정학의 기본문제들』, 나남출판, 1996.

사득환, 『한국 환경정책의 이해』, 비봉 출판사, 1997.

새정치국민회의, 『보건의료 개혁정책보고서』, 1998.

서경석, 『꿈꾸는 자만이 세상을 바꿀 수 있다』, 웅진출판, 1996.

서울특별시, 『99민간단체 국민운동사업 추진현황』, 1999.

서울특별시, 『99시정참여 시민운동 추진사항 보고서』, 1999.

송호근, 『정치 없는 정치시대: 한국의 민주화와 이해충돌』, 나남출판, 1999.

송호근, 『의사들도 할 말 있었다』, 삼성경제연구소, 2001.

수도권매립지운영관리조합, 『수도권매립지 종합환경조사 연구보고서』(주민용 보고서), 1993. 3.

수도권매립지운영관리조합, 『수도권매립지 종합환경조사 연구보고서』, 1993. 3.

안광일, 『정부갈등관리론』, 대명출판사, 1994.

연세대학교 의과대학 교수일동, 『전공의와 학생들의 복귀를 호소하며』, 2000. 10. 20.

오석홍, 『행정학』, 나남출판, 1998.

오석홍, 외 편저, 『조직학의 주요이론』, 법문사, 2000.

오석홍, 『조직이론』(제3판), 박영사, 1999.

오석홍, 『한국의 행정』, 법문사, 2002.

오석홍·송하중·박정수 편저, 『행정학의 주요이론』(제2판), 법문사, 2000.

유종해 외 공저, 『21세기 한국행정론』, 박영사, 1996.

유팔무 외, 『시민사회와 시민운동』, 한울, 2001.

유해운 외, 『환경갈등과 님비이론』, 선학사, 2001.

윤성식, 「새천년과 새로운 행정패러다임」, 백경남 외, 『새천년의 한국정치와 행정: 정치선진화와 행정혁신』, 나남출판, 2000.

윤재풍, 「한국의 새로운 정부관료제상의 구상」, 김광웅 편, 『행정과 나라 만들기: 이한빈 박사 고희기념』, 박영사, 1996.

이근주, 『정부와 NGO간의 파트너십에 관한 연구』, 한국행정연구원, 1999.

이근주, 『NGO지원과 정부』, 한국행정연구원, 2000.

이달곤, 『협상론: 협상의 과정, 구조, 그리고 전략』, 법문사, 1995.

이수장·박영숙, 『환경분쟁조정론』, 경인문화사, 2001.

이종찬, 『한국의료대논쟁』, 소나무, 2000.

이형진 역, 『NPO란 무엇인가』, 아르케, 2000.

임승빈, 『행정과 NGO간의 네트워크 구축에 관한 연구』, 한국행정연구원, 1999.

임혁백·안석교, 『새천년의 한국과 세계: 국가비전과 전략』, 나남출판, 2000.

장호순 외, 『보도비평: 신문의 의약분업 보도, 내용분석과 전문가들의 현실진단』, 한국 언론재단, 2000. 12.

전상경, 『정책분석의 정치경제』, 박영사, 1999.

정동근, 『전환기에서의 정부와 NGO관계』, 박재창 편, 『정부와 NGO』, 법문사, 2000.

정무권, 『새로운 국정관리와 민주적 책임성, 새천년의 한국정치와 행정』, 나남출판, 2001.

정수복, 『참여민주주의를 위한 시민단체의 역할과 정책과제』, 박영률출판사, 1996.

정수복, 『시민의식과 시민참여, 문명전환을 꿈꾸는 새로운 시민운동』, 아르케, 2002.

정용덕, 『현대국가의 행정학』, 법문사, 2001.

정용덕 외 공저, 『신제도주의 연구』, 대영문화사, 1999.

정정길, 『정책학원론』, 대명출판사, 1994.

정정길, 『행정학의 새로운 이해』, 대명출판사, 2001.

조희연, 『한국 시민사회단체의 역사, 현황과 전망』, 김동춘 외 『NGO란 무엇인가』, 아르케, 2000.

주성수, 『글로벌 가버넌스와 NGO』, 아르케, 2000.

주성수, 『시민사회와 제3섹터』, 한양대학교 출판부, 1999.

주성수·남정일, 『정부와 제3섹터 파트너십』, 한양대학교 출판부, 1999.

주성수·남정일, 『한국 NGO 리포트』, 한양대학교 출판부, 2001.

최병두, 『환경갈등과 불평등 - 한국 환경문제의 재인식』, 한울, 1999.

최연홍, 『한국 환경정책과 행정: 진단과 처방』, 신광출판사, 2001.

하타무라 요타로 저, 정택상 역, 『실패를 감추는 사람, 실패를 살리는 사람』, 세종서적, 2001.

한국시민단체협의회, 『시민단체지원사업 운영현황 및 개선을 위한 설문조사』, 1999.

한국시민단체협의회, 『정부프로젝트(공모사업)에 관한 시민단체 설문조사』, 1999.

한국지방행정연구원, 『지역 NGO의 지방자치단체 정책참여방안』, 2000. 12.

한양대학교 제3섹터연구소, 『2000 민주공동체 실천사업 평가보고서』, 2000.

한양대학교 제3섹터연구소, 『99 민주공동체 실천사업 평가보고서』, 1999.

한영환 외, 『한국행정의 과제와 개혁』, 아세아문화사, 1998.

행정자치부, 『99 민간단체 보조사업 선정 민간단체 편람』, 1999.

〈국내 논문〉

강상욱, 「우리나라 NGO의 성장에 관한 연구」, 서울대학교 행정대학원 박사학위 논문. 2001.

강상욱, 「NGO의 성장과 인적자원의 특성에 관한 연구」, 『한국행정연구』, 11(3), 2002.

고득영, 「사회복지전문요원의 전문성에 관한 연구」, 서울대학교 행정대학원 석사학위 논문, 1994.

권해수, 「시민단체의 조직화 과정과 정책변화에 대한 영향력 비교 연구」, 『한국사회와 행정연구』, 서울행정학회, 1999, 제10권 1호.

김고운, 「지역 간 환경갈등에서 환경운동단체의 역할」, 서울대 환경대학원 환경계획학 석사학위논문, 1998.

김 렬, 「자치시대의 환경정책: 참여와 협상을 통한 규칙제정」, 『한국행정학보』, 한국행성학회, 29(4), 1995.

김미진, 「이익갈등과 시민단체의 중재에 관한 연구: 의약분업과 그린벨트 분쟁 사례를 중심으로」, 이화여대 대학원, 행정하서사하위논문, 2000.

김병섭, 「신뢰와 정부개혁: 신뢰사회와 정부」, 1999년도 춘계학술대회 발표 논문집, 한국행정학회, 1999.

김병진, 현종민, 「님비(NIMBY)극복을 위한 환경정책: 상계동과 산본 쓰레기 소각장 사례」,『정책분석평가학회보』, 4(1), 1994.

김선빈, 「한국사회 갈등구조에 대한 이해」,『삼성경제연구소 연구보고서』, 2001. 4.

김용익, 「의약분업의 쟁점과 국민건강」, 의약분업정착과 시민소비자운동의 역할에 관한 협의회, 의료개혁시민연합 토론자료집, 2000. 2.

김이수, 「정부와 언론의 갈등관계에 관한 연구: 정책도구의 정치적 측면을 중심으로」, 서울대학교 대학원 행정학 석사학위논문, 2002.

김인춘, 「비영리부문연구의 이론적 고찰: 한국 비영리부문 연구를 위한 시론」,『동서연구』, 10(2), 1998.

김정렬, 「정부의 미래와 거버넌스: 신공공관리와 정책네트워크」,『한국행정학보』, 34(1), 2000.

김종순, 「한국 NGO의 실태와 발전방향: 민간환경단체를 중심으로」.『한국행정연구』, 8(1), 1999, 봄호.

김주환, 「이익집단갈등에 대한 갈등중재 비교연구: 한약분쟁갈등에 있어 정부와 경실련의 갈등중재를 중심으로」, 고려대학교 대학원 행정학석사학위논문, 1994.

김준기, 「비영리단체(NPOs)의 생성과 일반적 행태: 주인-대리인 이론의 관점에서」.『행정논총』, 1998. 6.

김준기, 「한국비영리단체(NPOs)의 사회·경제적 역할에 관한 연구」. 한국행정학회 동계학술대회 발표논문집, 1998.

김준기, 「정부-NGO관계에 관한 이론적 고찰 및 정부 NGO지원사업 분석」. 한국행정학회 동계학술대회 발표논문집, 1999

김준기, 「서울시 시정참여사업에 대한 평가와 전망」, 1999.

김준기, 「비영리부문의 성장과 정부와의 관계에 관한 연구」, 한국행정학회 2000년도 기획세미나 발표논문집, 정부와 NGO, 2000.

김준기, 「한국에서의 '제3자적 정부'에 대한 논의」,『행정논총』, 서울대학교 행정대학원, 2001.

김학실, 「지방의 환경정책에 있어서 공익단체의 역할: 청주 용암2지구 열병합발전소에 관한 청주 경실련의 중재를 중심으로」, 고려대 대학원 행정학 석사학위 논문, 1996.

김한기, 「한국의 이익 갈등에 대한 정부중재에 관한 연구: 한약 조제권 갈등을 중심으로」, 원광대 대학원 행정학석사논문, 1996.

김호정, 「신뢰와 조직몰입, 신뢰사회와 정부」, 1999년도 춘계학술대회, 한국행정학회, 1999.

나영재, 「정책의제형성과정에서 공익집단의 역할분석: 경제정의실천시민 연합의 한약 조제권분쟁 사례분석을 중심으로」, 경상대학교대 학원 행정학석사학위논문, 1997.

박병옥, 「NGO와 정부간의 올바른 관계 정립 방안」, 제4회 시민사회포 럼 발표, 2000.

박경효, 「행정인력의 전문화를 위한 정책방안」, 『한국행정연구』 4(1), 1995.

박상필, 「시민단체의 자주성과 공익활동능력」, 경북대학교대학원 행정학 박사학위논문, 1998.

박상필, 「시민단체와 정부간의 견제·협력의 변증법적 조화 모색: 경제 정의실천시민 연합을 중심으로」, 『한국행정논집』, 11(1), 1999.

박상필, 「시민단체와 정부의 관계유형과 지원체제」, 『한국행정학보』, 33(1), 1999.

박상필, 「NGO의 재정 충원방안: 정부지원을 중심으로」, 한국행정학회 동계학술대회 발표 논문집」, 2000.

박상필, 「이익집단 갈등과 사회자본: 경실련의 한약분쟁 조정사례연구」, 『한국행정학보』, 한국행정학회, 34(2), 2000.

박상필, 「직능단체와 시민단체간의 갈등: 사법개혁과 의약분업을 중심으 로」, 시민정치학회 2001년 동계학술대회발표논문집, 2001.

박영주, 「뉴 거버넌스와 사회계약: 시민, 정부, 시장 간 역할과 책임의 모색」, 『한국행정학보』34(4), 2000.

박원순, 「언론과 시민운동: 그 생산적 긴장관계를 위하여」, 제1회 중앙 시민사회포럼 발표논문, 2000. 8. 10.

박통희, 「신뢰와 불신의 역학: 불신의 제도화를 중심으로, 신뢰사회와 정부」, 1999년도 춘계 학술대회 발표논문집, 한국행정학회, 1999.

사득환, 「지방시대 환경갈등의 해결기제: 제3자 조정을 중심으로」, 『한국행정학보』, 한국행정학회, 31(3), 1997.

서휘석, 「환경위험시설의 입지에 따른 갈등해결에 관한 연구; 화성사업소 사례를 중심으로」, 『전북행정학보』, 8권, 1994.

송호근, 「신사회운동 참여자 분석: 누가, 왜, 어떻게 참여하는가?」, 『한국사회과학』, 20(3), 서울대 사회과학연구원, 1998.

안병철, 「정책형성과정에서의 역동성 분석: 의약분업정책의 참여자간 상호작용을 중심으로」, 고려대학교 대학원 행정학박사학위논문, 2000.

오경민, 박흥식, 「정부신뢰의 측정과 비교에 관한 연구」, 2000년 농계학술대회, 새천년의 행정학 패러다임, 2000.

원숙연, 「부하에 대한 상관 신뢰의 영향요인」, 『한국행정학보』, 35(1), 2001.

이광우, 「이익집단의 정치적 기능과 압력행사방법」, 『한국정치학회보』, 24(2), 1990.

이구원, 「이익집단과 공공정책결정에 관한 연구: 한약조제권에 관한 이익표출과 갈등 사례를 중심으로」, 경남대학교대학원 행정학박사학위논문, 1996.

이달곤, 「협상이론의 연구와 원칙에 준거한 협상전략」, 『행정논총』, 27(1), 1989.

이달곤, 「중앙정부와 지방자치단체간의 갈등관리에 관한 연구」, 행정논총, 30(1), 서울대학교 행정대학원, 1992.

이달곤, 「환경갈등관리: 입지정책 사례를 중심으로」, 『행정논총』, 31(1), 1993.

이달곤, 전주상, 「지방자치단체장의 갈등조정: 서울시 '시민과 시장의 토요 데이트' 분석」, 『행정논총』, 40(3), 서울대학교 행정대학 원, 2002. 9.

이상달, 「환경보전을 위한 민간환경단체의 역할」, 서강대 경제대학원 경 제학석사학위논문, 1997.

이수장, 「기피시설입지의 갈등해소에 관한 연구」, 서울대학교 대학원 훤 경계획학과 박사학위논문, 1996.

이시경, 「조직 간 교호작용의 결정요인에 관한 연구」, 서울대학교행정대 학원 박사학위논문, 1998.

이종열, 권해수, 「지역개발과정상 지방자치단체 간 갈등분석과 관리전 략: 위천공단 지정 사례분석」, 『한국정책학회보』, 7(3), 1998.

이헌수, 「국민의 행정신뢰에 관한 영향요인 분석: 공무원에 대한 신뢰를 중심으로, 신뢰와 정부」, 한국행정학회, 1999.

전주상, 「지방정부와 주민 간 정책갈등에 관한 연구」, 서울대학교 대학 원 행정학박사 학위논문, 2000.

정승건, 「발전주의와 신자유주의를 넘어서: 한국행정개혁이론의 모색」. 『한국행정학회보』, 여름호, 34(2), 2000.

정윤수, 「비영리민간단체에 대한 정부지원의 체계화 방안」, 한국행정학 회 하계학술 세미나 발표논문, 2000.

조병희, 「의약분업정책과 사회적 갈등」, 한국보건행정학회 후기학술대 회, 2000.

조병희, 「보건의료 분야에 있어서 NGO의 역할과 과제」, 한국 NGO학회 심포지엄발표논문, 2001. 5. 18.

조용륜, 「갈등상황에 처한 양극집단의 갈등해결조건에 관한 연구: 한약

분업 갈등 사례를 중심으로」, 고려대학교 대학원 행정학석사학
위논문, 1995.

주성수, 「정부와 NGO의 새로운 관계설정」, 제4회 시민사회포럼 발표논
문, 2001.

주용학, 「협상당사자의 역할에 대한 주민태도의 결정요소: 수도권매립지
건립을 중심으로」, 한국외국어대학교 대학원 행정학박사학위논
문, 1995.

진종순, 「주민조직의 갈등대응양식과 정책결정의 갈등양상에 관한 연구:
김포 수도권 매립지를 중심으로」, 고려대학교 대학원 행정학
석사학위논문, 1997.

최성두, 「의약분업정책과 갈등조정」, 『한국행정연구』, 9(4), 겨울호, 한국
행정연구원, 2000.

홍준형, 「환경분쟁과 분쟁해결제도」, 한국행정학회 동계학술대회 논문집
(II), 한국행정학회, 1996.

〈외국문헌〉

Barber, Bernard, The Logic and Limits of Trust, Rutgers University
Press, 1983.

Bercovitch, Jacob, Social Conflict and Third Parties: strategics of conflict
resolution, Westview Press. 1984.

Berman, evan M, Productivity in Public and Nonprofit organizations,
Sage Publications, 1998.

Blake, Robert R. and Mouton, Jane S., "Overcoming Group warfare", in
Harvard Business Review on Negotiation and Conflict
Resolution, Harvard Business School Press, 2000.

Boris, Elizabeth T. & Eugene Steuerle, C., Nonprofits and Government: collaboration and Conflict, Washington, D. C.: The Urban Institute Press. 1999.

Boulding, K. E., "Conflict Management as a Learning Process", in A. de Reuck & J. Knight(eds.), Conflict in Society, London: J. A .Churchill, 1966.

Bryson, John M., Strategic Planning for Public and Nonprofit Organizations: A Guide to Strengthening and Sustaining Organizational Achievement, San Francisco: Jossey-Bass Publisher. 1998.

Burton, J. W., World Society, London and New York: Cambridge University Press, 1972.

Carnevale, P. J., & Lawler, E. J., "Time Pressure and the Development of Integrative Agreements in Bilateral Negotiation", Journal of Conflict Resolution, 30, 1986.

Chrislip, David D. & Larson Carl E, Callaborative Leadership: How Citizens and Civic Leaders Can Make a Difference, San Francisco: Jossey-Bass Publisher, 1994.

Ciancutti, Arky and Thomas L. Steding, Built on Trust :Gaining Competitive Advantage in Any Organization, McGraw-Hill, 2000.

Clark & Dear, M., State Apparatus: Structure and Language of Legitimacy, Boston: Allen & Unwin, 1984.

Cohen, Herb, You can negotiate anything, 1994. 강운희 역, 「협상의 법 칙」, 청년정신, 2001.

Coleman, James S., Foundation of Social Theory, Harvard University Press, 1990.

Connors, Tracy Daniel(ed.), The Nonprofit Handbook: Management, third edition, John Wiley & Sons, Inc., 2001.

Coser, Lewis A., "Conflict: Social Aspects", in David Sills, (ed.), International Encyclopedia of the Social Science, New York: Macmillan, vol.3, 1968.

Coser, Lewis A., The Functions of Conflict, Free Press, 1956, 박재환 역, 「갈등의 사회적 기능」, 한길사, 1980.

Dahl, Robert A., "On Removing Certain Impediments to Democracy in the United States", Political Science Quartly, Vol. 92(1), Spring, 1977.

Darendorf Ralf, Class and Class Conflict in Industrial Society, London: Routledge and Kegan Paul, 1959.

Dawson Roger, Secrets of Power Negotiating: Inside Secrets from a Master Negotiator, Career Press, 2001.

Denhardt, Robert B. & Gruss Josepf W., Public Administration: an Action Orientation (Third Edition), Harcourt Brace, 1999.

Deutsch, Merton, "Productive and Destructive Conflict", in Thomas J. M. & Bennis W. G. (ed.) Management of Change & Conflict, Penguin Books Ltd, 1972.

Deutsch, Merton, The Resolution of Conflict: Constructive and Destructive Process, New Haven and London: Yale University Press, 1973.

Deutsch, Merton, "A Theoretical perspective on conflict and conflict resolution", in Sandole, Dennis J. D. and Sandole-Staroste Ingrid, Conflict Management and Problem Solving: Interpersonal to International Applications, New York University Press, 1987.

Deutsch, Merton, (ed.), The Handbook of Conflict Resolution: Theory and Practice, Jossey-Bass, 2000.

Donnerly, Gibson & Ivancevich, Foundations of Management, 10th edition, Irwin NcGraw-Hill, 1998.

Douglass, J. "The Political Theories of Nonprofit Organization", in by Walter W. Powell (ed). The nonprofit sector. New Heaven: Yale Univ. Press, 1987.

Drucker, Peter F. Managing The Non-profit Organization Practice and Principles, Harper Collins Publisher, 1990.

Dye, Thomas R., Understanding Public Policy(9th ed), Rentice Hall, 1998.

Emerson, Richard M., "Power Dependence Relations", American Sociological Review 27(1), 1962.

Estelle, James, "The Nonprofit Sector in Comparative Perspective", in Walter W. Powell (ed.), The Nonprofit Sector, New Haven: Yale University Press, 1987.

Estelle, James, Susan Rose-Ackerman, The Nonprofit Enterprise in Market Economics Fundamentals of Pure and Applied Economics, Vol. 9., Routledge, 1986.

Fairfield, Roy P. (ed.), The Federalist Papers, (2nd ed.), Garden City, NY: Anchor Books, 1966.

Farazmand, Ali, Handbook of Bureaucracy, Marcel Dekker, Inc., 1994.

Ferris, J. M. & Graddy, E. A., "Structural changes in the hospital industry, charity care, and the nonprofit role in health care". Nonprofit and Voluntary Sector Quarterly, 28(1), 1999.

Fisher, R., Dear Israelis, Dear Arabs: A Working Approach to Peace, New York: Harper & Row, 1972.

Folger, J. P., and Bush, R. A., "Ideology, Orientations to Conflict, and

Mediation Discourse," in J. Folger and T. Jones(eds.), New Directions in Mediation: Communication Research and Perspective, Thousand Oaks, Sage, 1994.

Forbes, Daniel P., "Measuring the Unmeasurable: Empirical Studies of Nonprofit Organization Effectiveness from 1977 to 1997", Nonprofit and Voluntary Sector Quarterly, 27(2), June 1998.

Frederick, Lane. S., Current Issues in Public Administration, St. Matin's Press. 1994.

Frumkin, Peter, On being Nonprofit: A Conceptual and Policy Primer, Harvard University Press, 2002.

Fukuyama, Francis, Trust: The Social Virtures and the Creation of Prosperity, The Free Press, 1995.

Gies, David L. & Ott, Steven J.(ed.), The Nonprofit Organization: Essential Readings Pacific Grove, California: Brooks/Cole Publishing Company, 1990.

Gladwin, Thomas N, "Patterns of Environmental Conflict Over Industrial facilities in the United States, 1970-78", in Robert W. Lake, Resolving Locational Conflict, New Jersey: The State University of New Jersey, 1987.

Godwin, R. Kenneth and Wahlke, John C., Introduction to Political Science: Reason, Reflection, and Analysis, Harcourt Brace, 1997.

Gortner, Harold F. & Mahler, J. & Nicholson, J. B., Organization Theory: A Public Perspective, The Dorsey Press, 1987.

Hall, Peter Dobkin, Inventing the Nonprofit Sector: Essays on Philanthropy, Voluntarism and Nonprofit Organizations, Johns Hopkins University Press, 1992.

Hall, Richard H., Organizations: Structures, Processes, & Outcomes, Prentice Hall, 1991.

Hansmann, Henry, "Economic Theories of Nonprofit Organizations", in Walter W. Powell, ed., The Nonprofit Sector: A Research Handbook., New Haven: Yale University Press, 1987.

Herman, Robert D. and Renz David O., "Theses on Nonprofit Organization Effectiveness" Nonprofit and Voluntary Sector Quarterly, June 1999.

Hodge, B. J. & Anthony, William P., Organizational Theory: A Strategic Approach, Prentice Hall, 1991.

Hodge, B. J. & Anthony, William P. & Gales, Lawrence M., Organizational Theory: A Strategic Approach, Prentice Hall, 1996.

Hodgkinson, V. A., Lyman, R. A., & Associates., The Future of the Nonprofit Sector, San Francisco: A Publication of Independent Sector, 1989.

Hood, Christopher, The Art of The State: Culture, Rhetoric, and Public management, Oxford: Clarendon Press. 2000.

Hudock, Ann C., NGOs and Civil Society: Democracy by Proxy?, London: Polity Press, 1999.

Hunt. V. Daniel, Quality Management for Government: A Guide to Federal, State, and Local Implementation, ASQC Quality Press, 1993.

Ingram, Helen & Smith, S. R.(ed.), Public Policy for Democracy, Washington, D.C. The Brookings Institution., 1993.

J. Gregory Dees, Jed Emerson, and Peter Economy, Enterprising Nonprofits: A Toolkit for Social Entrepreneurs, John Wiley & Sons, Inc. 2001.

Jackson, Douglas K. and Holland, Thomas P., "Measuring the Effectiveness of Nonprofit Boards", Nonprofit and Voluntary Sector Quarterly, Vol. 27, no. 2, June 1998.

Jenkins, J. Craig, "Nonprofit Organizations and Policy Advocacy", in Powell Walter W.(ed.), The Nonprofit Sector: A Research Handbook, New Haven: Yale University Press. 1987.

Jennings, Daniel F., Multiple Perspectives of Entrepreneurship: Text, Readings, and Cases, College Division South-Western Publishing Co. 1994.

Jessop, Bob, "Governance Failure", in Gerry Stoker(ed.), The New Politics of British Local Governance, Macmillan Press, 2000.

Kanter, R., & Summers, D., "Doing well while doing good: Dilemmas of performance measurement in nonprofit organizations and the need for a multiple-constituency approach", in W. W. Powell(ed.), The nonprofit sector: A research handbook, New Haven, Yale University Press, 1987.

Kim, Inchoon, & Hwang, Changsoon, "Defining the Nonprofit Sector": Korea, mineo, Yonsei University, 2000.

Kozak, David C. & James M. Keaqgle, Bureaucratic Politics and National Security, Theory and Practice, Lynne Rienner Publishers, 1988.

Kushner, R., & Poole, P., "Exploring structure-effectiveness relationships in nonprofit arts organizations", Nonprofit Management & Leadership, 7, 1996.

Krauss Ellis S., "Conflict in the Diet: Toward Conflict Management in Parliamentary Politics", in Krauss Ellis S. (eds.), Conflict in Japan, Honolulu: University of Hawaii Press, 1984.

Krauss, R. M., & Deutsch, M., "Communication in interpersonal bargaining", Journal of Personality and Social Psychology, 4, 1966.

Kriesberg, Louis, Social Conflicts, (second ed.), Prentice-Hall, 1982.

Kressel Kenneth, "Mediation", in Morton Deutsch and Peter T. Coleman, ed. Handbook of Conflict Resolution, Theory and Practice, Jossey-Bass, 2000.

Lan, Zhiyong, "A Conflict Resolution Approach to Public Administration", Public Administration Review, 57(1), 1997.

Latour, S., "Some Determinants of Reference for Modes of Conflict Resolution", Journal of Conflict Resolution, 20(4), 1976.

Letts, Christine W., William P. Ryan, Allen Grossman, High Performance Nonprofit Organizations, Managing Upstream for Greater Impact, John Wiley & Sons, 1999.

Lewicki, Roy J., Wiethoff Carolyn, "Trust, Trust Development, and Trust Repair", in Merton Deutsch(eds.), The Handbook of Conflict Resolution: Theory and Practice, Jossey-Bass, 2000.

Lewis, David, The Management of Non-governmental Development Organizations, London and New York: Routledge, 2001.

Light Paul C., Sustaining Innovation: Creating Nonprofit and Government Organizations, That Innovate Naturally, Jossey-Bass Publisher, 1998.

Lipsky, Michael., & Smith, Steven Rathgeb, "Nonprofit Organizations, Government, and the Welfare State", Political Science Quarterly, 104(4), 1998.

Lowi, T, "American Business, Public Policy, Case Studies and Political Theory", World Politics, 16(6), 1964.

Lowi, T., "Four Systems of Policy, Politics and Choice", Public Administration Review, 32, 1972.

Manor, J., "Civil Society and Governance: A Concept Paper", Institute of Development Studies, University of Sussex, UK. 1999. (www.ids.ac.uk/ids/civsoc)

March, James G. & Simon Herbert A., Organizations, John Wiley & Sons, Inc. 1958.

Mayer, Bernard, The Dynamics of Conflict Resolution: A Practitioner's Guide, Jossey-Bass, 2000.

Mitchell, C. R., Peacemaking and the Consultant's Role, Farnborough: Gower Publishing Co, 1981.

Mitchell, C. R., "Conflict, War and Conflict Management" in M. Light and A.J.R.Groom(eds), International Relations: A Handbook of Current Theory, London, Frances Pinter and Boulder, Lynne Rienner, 1985.

Nelson, Richard, and Michael Krashinsky, "Two Major Issues of Public Policy: Public Policy and Organization of Supply", in Richard Nelson and Dennis Young(ed) Public Subsidy for Day Care of Young Children, Lexington, Mass: D.C. Health & Co., 1973.

Newman, W., & Wallender, H., "Managing not-for-profit enterprises", Academy of Management Review, 6, 1978.

Nicholls, David, The Pluralist State, MacMillian, 1975.

O'Connell, B., People Power: Service, Advocacy, Empowerment, Foundation Center, 1994.

O'Leary, Rosemary and Yandle Tracy, "Environmental Management at the Millennium: The Use of Environmental Dispute Resolution by State Governments", Journal of Public Administration

Research and Theory, 2000: 1.

Olson, M., The logic of collective action, Cambridge Mass: Harvard Univ. Press, 1971.

Osborne, David and Gaebler, Ted, Reinventing Government: How the Entrepreneurial Spirit is Transforming the Public Sector, Addison Wesley, 1992.

Oster, Sharon M., Management of Non-profit Organizations. Dartmouth, 1994.

Perry, James L.(ed.), Handbook of Public Administration(2nd). San Francisco: Jossey-Bass Publisher, 1996.

Pfeffer, J. & Salancik, G. R., The external control of Organizations, New York: Harper'a Row, 1978.

Powell, Walter W.(ed.), The Nonprofit Sector: A Research Handbook, New Haven: Yale University Press. 1987.

Putnam, Robert D., Bowling Alone: The Collapse and Revival of American Community, Simon & Schuster, 2000.

Putnam, Robert D., Making Democracy Work: Civil Tradition in Modern Italy, 2000. 안청시 외 옮김, '사회적 자본주의와 민주주의', 박영사.

Rhodes, R. A. W., Understanding Governance: Policy Networks, Gove rnance, Reflexivity and Accountability, Buckingham: Open University Press, 1997.

Rifkin, Millen, and Cobb, "Toward a New Discourse for mediation: A Critique of Neutrality", Mediation Quarterly, 9(2), 1991.

Robbins, Stephen P., Organizational Behaviour, 9th edition, Prentice Hall, 2001.

Robinson, Robert V. and Elton F. Jackson, "Is Trust in Others Declining in America?: An Age-Period Cohort Analysis", Social

Science Research 30., 2001.

Ross, Marc Howard, The management of conflict, Interpretation and interests in comparative perspective, Yale university, 1993.

Rotter, J., "A New Scale for the Measurement of Interpersonal Trust", Journal Personality, 35, 1967.

Rotter, "Generalized Expectancies for interpersonal Trust", American Psychologist, 26, 1971.

Rubin, Jeffrey Z. and Brown, Bert R., The social psychology of bargaining and negotiation, Academic Press, Inc. 1975.

Rubin, Jeffrey Z., Dean G. Pruitt and Sung Hee Kim, Social conflict, escalation, stalemate, and settlement, second edition, McGraw-Hill, 1994.

Sandole, Dennis J. D. and Sandole-Staroste Ingrid, Conflict Management and Problem Solving: Interpersonal to International Applications, New York University Press, 1987.

Salamon, L. M., "Rethinking public management: Third-party government and the changing forms of government action", Public Policy, 29(3), 1981, Summer, 255-275.

Salamon, "Of market failure, voluntary failure, and third-party government: Toward a theory of government-nonprofit relations in the modern welfare state", Journal of Voluntary Action Research, 1987, 6(1).

Salamon, "The rise of the nonprofit sector: a global associational revolution". Foreign Affairs, 73(4), July/August, 1994.

Salamon, Partners in the public service, Baltimore: Johns Hopkins University Press, 1995.

Salamon, America's nonprofit sector: A primer, The Foundation Center, 1999.

Salamon, & Anheier. H. K., "The civil society sector", Social Science and Modern Society, 34(2), 1997.

Salamon, The Tools of Government: A Guide to the New Governance, Oxford, 2002.

Schellenberg, The Science of Conflict, Oxford University Press, 1982.

Schermerhorn, John, R., Management, John Wiley & sons, Inc., 1999.

Schmidt, Warren H. and Tannenbaum, Robert, "Management of Differences", in Harvard Business Review on Negotiation and Conflict Resolution, Harvard Business School Press, 2000.

Schumpeter, Joseph A., Capitalism, Socialism, and Democracy, Allen and Unwin, 1943.

Shafritz, Jay M. & Albert C. Hyde, Classics of Public Administration(3rd ed.), Wadsworth, 1992.

Smith, Steven Rathgeb, and Michael Lipsky, Nonprofits for Hire, Harvard University Press, 1993.

Solomon, Robert C. And Fernando Flores, Building Trust in Business, Poltics, Relationships, and Life, Oxford University Press, 2001.

Spicer, Michael W., The Founders, the Constitution and Public Administration: A Conflict in Worldviews, Washington, DC: Georgetown University Press, 1995.

Starling, Grover, Managing the Public Sector, 5th edition, Harcourt Brace College Publishers, 1998.

Stone, M., & Cutcher-Gershenfeld, S., "Challenges of measuring performance in nonprofit organizations", Paper presented at the Conference of Independent Sector, Washington DC., 1996.

Strange, S., The Retreat of the State, Cambridge: Cambridge University Press, 1996.

Susan, Rose-Ackerman, The Economics of Nonprofit Institutions: Studies In Structure and Policy. Oxford: Oxford University Press, 1988.

Thomas Kenneth, "Conflict and Conflict Management in Dunnette", in Marvin D. ed., Handbook of Industrial and Organizational Psychology, Chicago: Rand Mcnally,1976.

Thompson, James D.(ed.), Organizations in Action, McGraw-hill, 1967.

Thompson, James D.(ed.), Organizational Design and Research, University of Pittsburgh Press, 1967.

Thompson Leigh & Nadler Janice, "Judgemental Biases in Conflict Resolution and How to Overcome Them", in Merton Deutsch(ed.). The Handbook of Conflict Resolution: Theory and Practice, Jossey-Bass, 2000.

Van Til, Jon and Pettrone Swalve, David A., "Change Leadership or Change Management?", in Tracy Daniel Connors(eds.), The Nonprofit Handbook: Management, Third Edition, John Wiley & Sons, Inc., 2001.

Wall, J. A. Jr., "The effects of mediator rewards and suggestions upon negotiations", Journal of Personality and Social Psychology, 37, 1979.

Walton, R. E., Interpersonal Peacemaking: Confrontations and Third-Party Consultation, Addison-Wesley Publishing Co., 1969.

Warren H. Schmidt and Robert Tannenbaum, "Management of Differences", in Harvard Business Review on Negotiation and Conflict Resolution, Harvard Business School Press, 2000.

Weisbrod. B. A., "The Future of the Nonprofit Sector: Its Entwining with Private Enterprise and Government", Journal of Policy Analysis and Management., 16(4), 1997.

Weisbrod, B. A, The Nonprofit Economy., Cambridge Mass.: Harvard University, Press, 1988.

Wilson, J, American Government: Institutions and Policies, Lexington, MA: D.C. Heath, 1986.

Winslade, John and Monk, Gerald, Narrative Mediation: A New Approach to Conflict Resolution, Jossey-Bass Publishers, 2000.

Worchel, P., "Trust and Distrust", in W. G. Austin and S. Worchel (eds.), The Social Psychology of Intergroup Relations, Belmont, Calif.: Wadsworth, 1979.

Wolch, Jenniffer R., The Shadow State: Government and Voluntary Sector in Transition, The Foundation Center, New York, 1990.

Wolf. Charles, Jr., Markets or Governments: Choosing between Imperfect Alternatives(2nd ed.), Cambridge, Mass.:The MIT Press, 1994.

Young, Dennis, "Entrepreneurship and the Behavior of Nonprofit Organizations: Elements of a Theory",1986, in Gies, David L. & Ott, Steven J.(ed.), The Nonprofit Organization: Essential Readings, Pacific Grove, California: Brooks/Cole Publishing Company, 1990.

Young, Dennis, "Executive Leadership in Nonprofit Organizations", in Powell, Walter W.(ed.), The Nonprofit Sector: A Research Handbook, New Haven: Yale University Press. 1987.

Young, Dennis, "Organizing Principles for international advocacy associations", Voluntas, 3, 1: 1-28, 1992.

Young, Dennis, "Complementary, Supplementary, or Adversarial? A Theoretical and Historical Examination of Nonprofit-Government Relations in the United States", in Boris, Elizabeth T. and Eugene Steuerle C., Nonprofits and Government: Collaboration and

Conflict. Washington, D. C: The Urban Institute Press. 1999.

Zand, Dale E., "Trust and Managerial Problem Solving", Administrative Science Quarterly, 17(2), 1972.

● **저자** ●

● 김영수 (金榮洙) 약력
　　　　　　　　　경희대학교 법과대학 행정학과 졸업
　　　　　　　　　서울대학교 대학원 행정학 석사
　　　　　　　　　서울대학교 대학원 행정학 박사
　　　　　　　　　교육부 정책연구위원, 국가자격시험 출제위원
　　　　　　　　　한국행정학회 운영이사
　　　　　　　　　한국비서학회 홍보섭외이사
　　　　　　　　　숭의여자대학 비서행정학과장
　　　　　　　　　숭의여자대학 비서행정학과 교수

　　　　　　　　　주요 논저
　　　　　　　　　『민주시민론』, 『시민단체의 공익적 역할에 관한 연구(박사학위논문)』,
　　　　　　　　　『시민단체 갈등중재의 성공요인에 관한 연구』, 『법률비서 교육프로그
　　　　　　　　　램개발에 관한 연구』, 『비정부조직(NGO)과 정부와의 관계』, 『대학의
　　　　　　　　　학과발전전략에 관한 연구』, 『세계화에 따른 조직변화의 특징』, 『민주
　　　　　　　　　발전을 위한 민주시민교육의 역할』, 『현대 산업사회의 가치관에 관한
　　　　　　　　　연구』, 『민주주의의 철학적 토대에 관한 연구』
　　　　　　　　　외 다수.

시민단체의 갈등중재 역할

• 초판 인쇄	2004년 8 월 19 일
• 초판 발행	2004년 8 월 20 일
• 지 은 이	김영수
• 펴 낸 이	채종준
• 펴 낸 곳	한국학술정보㈜
	경기도 파주시 교하읍 문발리
	파주출판문화정보산업단지 526-2
	전화　031) 908-3181(대표) · 팩스　031) 908-3189
	홈페이지　http://www.kstudy.com
	e mail(e-Book사업부)　ebook@kstudy.com
• 등　　록	제일산-115호(2000. 6. 19)
• 가　　격	18,000원

ISBN　　89-534-1953-0 93350　(paper book)
　　　　89-534-1954-9 98350　(e-book)